数字中国出版工程·数据发展
丛书主编 上海数据研究院

International Data Law
国际数据法学

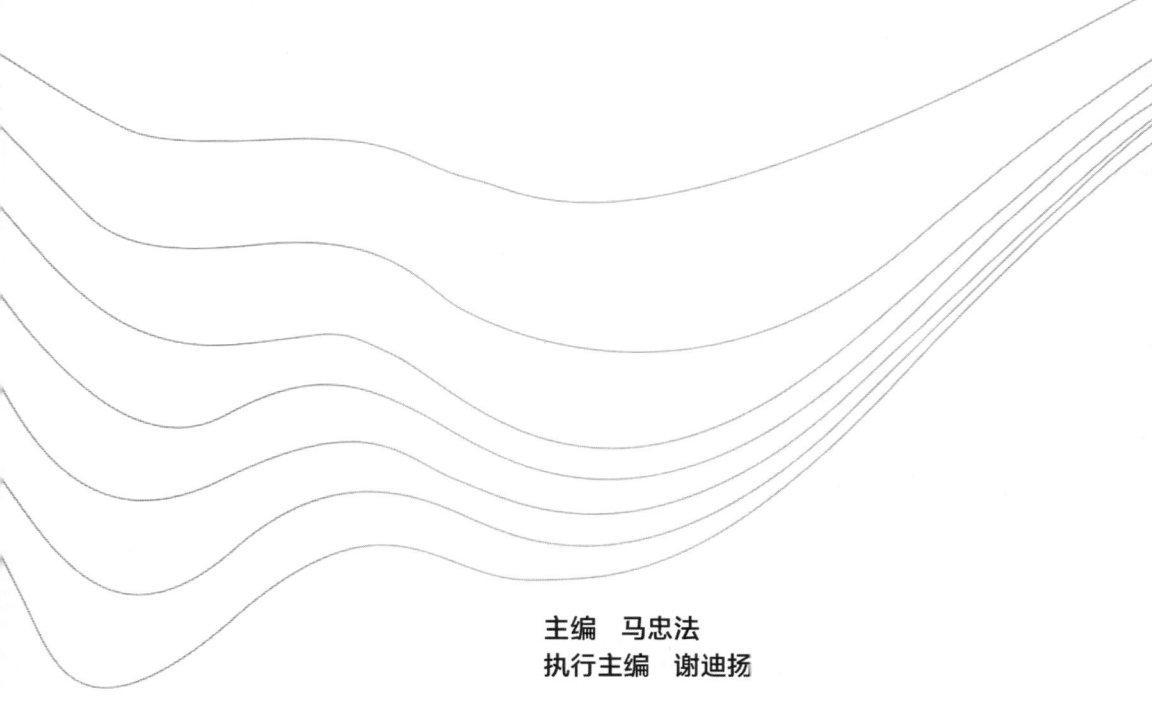

主编 马忠法
执行主编 谢迪扬

上海科学技术出版社

图书在版编目（CIP）数据

国际数据法学 / 马忠法主编. -- 上海：上海科学技术出版社，2025. 7. -- ISBN 978-7-5478-7214-7
Ⅰ. D912.8
中国国家版本馆CIP数据核字第2025W3R120号

国际数据法学

主　　编　马忠法
执行主编　谢迪扬

上海世纪出版(集团)有限公司 出版、发行
上海科学技术出版社
(上海市闵行区号景路159弄A座9F-10F)
邮政编码 201101　www.sstp.cn
江阴金马印刷有限公司印刷
开本 787×1092　1/16　印张 20.5
字数 350 千字
2025 年 7 月第 1 版　2025 年 7 月第 1 次印刷
ISBN 978-7-5478-7214-7/TP·100
定价：98.00 元

本书如有缺页、错装或坏损等严重质量问题，请向印刷厂联系调换

内容提要

本书旨在以多维视角阐释国际数据法这一新兴领域,内容涵盖国际数据法的理论基础、实践应用以及全球治理等多个层面。本书在现有研究的基础上,综合相关学术论文及国际数据法学的相关内容,以当下国际数据法相关多边条约、双边条约及有关国际软法的内容为主要研究和分析对象,结合中国、美国等主要国家或地区相关数据及数据交易或跨境流动的规范,意图构建一个较为系统、完整的国际数据法的初步体系,并提出一些展望,为国际数据法的进一步研究添砖加瓦。本书适合国际法学、民商法学、数据法学等专业的研究生学习,适合法学专业的本科生作为拓展阅读材料,也可供国际数据领域的实务工作者参考。

编写人员名单

主　编

马忠法

执行主编

谢迪扬

参编人员

王悦玥　公惟韬　孙玉山　徐子淳　王又丹　郑文龙
吴　昱　王　钰　陈子木　胡玉屏　唐金翎　苏　涵
赵鹤翔　辜辰炜　李明威

前　言

在当今全球化与数字化交织的时代,数据已经成为推动社会进步、经济发展和技术创新的核心资源。从个人的日常通信到企业的商业决策,从国家的治理能力到全球的合作与竞争,数据无处不在,深刻地影响着我们的生活和未来。然而,随着数据的爆炸式增长和跨国流动的加速,数据的法律问题也日益复杂,成为国际社会共同面对的重大挑战。

《国际数据法学》的编写,正是基于这一背景。本书旨在系统地探讨国际数据法学的理论与实践,分析数据在全球范围内的法律治理问题,并为读者提供一个全面、深入的视角,以理解这一新兴领域的核心议题。全书共由7章内容组成。第1章作为绪论,探讨了国际数据法研究的目的、意义和现状,阐明了全书的基本框架、主要内容、研究思路和方法。第2至6章分别聚焦国际数据法的基本理论、全球性机制、区域性与双边机制、前沿问题、争议与解决。最后第7章回到中国视角,阐述了全球数据治理的中国理念、行动及中国涉外数据法治问题。

本书的特点有二。一是真正以"条约"为基础,开展国际数据协调法律机制的分析和研究,本质上区别于以往的国别法与比较法研究,凸显了国际法的学科特点。二是对国际数据法学的一些基础理论问题进行了初步探讨,虽然仍较为浅显,有待进一步拓宽和加深,但迈出了抛砖引玉的第一步。

本书的编写是在复旦大学马忠法教授的指导下,由马忠法课题组的成员合作完成。第1章由马忠法、谢迪扬编写,第2章由王悦玥、苏涵、胡玉屏、公惟韬、唐金翎、辜辰炜编写,第3章由公惟韬、唐金翎、辜辰炜编写,第4章由王悦玥、苏涵、胡玉屏编写,第5章由王悦玥、苏涵、胡玉屏、孙玉山、吴昱、郑文龙、赵鹤翔、徐子淳、王又丹、王钰、李明威编写，第6章由孙玉山、吴昱、郑文龙、赵鹤翔编写，第7章由徐子淳、王又丹、王钰、李明威编写。谢迪扬负责草拟并与团队成员讨论全书大纲、细目、研究思路和方法，协调各章编写工作。陈子木负责统稿与校对。马忠法负责全书写作大纲与写作内容的审定。

  限于作者水平，书中难免有不妥和错漏之处，恳请读者批评指正。最后，衷心祝愿各位读者收获愉悦的阅读体验。

目 录

第1章 绪论

1.1 国际数据法研究的背景与意义 / 1
1.2 国际数据法国内外研究现状 / 2
1.3 本书的基本框架和主要内容 / 7
    1.3.1 基本框架 / 7
    1.3.2 主要内容 / 9
1.4 研究思路及研究方法 / 16

第2章 国际数据法的基本理论

2.1 国际数据法涉及的基本概念 / 18
    2.1.1 数据的定义与特性 / 18
    2.1.2 信息的定义及与数据的关系 / 20
    2.1.3 数据的权益与法治化 / 22
    2.1.4 大数据的定义与数据应用 / 23
    2.1.5 数据跨境流动与本地化 / 24
2.2 国际数据法的涵义与特征 / 26
    2.2.1 国际数据法的定义 / 26
    2.2.2 国际数据法的内涵与外延 / 27
    2.2.3 国际数据法的特征 / 36
2.3 国际数据法的基本原则 / 39
    2.3.1 数据主权原则 / 39
    2.3.2 数据自由流动原则 / 41
    2.3.3 个人信息保护原则 / 43
    2.3.4 数据保护原则 / 44
    2.3.5 数据私权与公共领域的平衡保护原则 / 45
    2.3.6 可持续发展原则 / 46

2.3.7　平等与非歧视原则 / 46
　2.4　国际数据法的法律渊源 / 47
　　　2.4.1　国际数据法的渊源之一：全球性多边国际条约 / 47
　　　2.4.2　国际数据法的渊源之二：重要的区域性和双边国际规则 / 49
　　　2.4.3　国际数据法的渊源之三：国际习惯 / 50
　　　2.4.4　国际数据法的渊源之四：各国承认的一般法律原则 / 51
　　　2.4.5　国际数据法的渊源之五：司法判例与公法家学说 / 51
　2.5　国际数据法的发展历程及趋势 / 52
　　　2.5.1　国际数据法的萌芽：多重需求下的必然产物 / 52
　　　2.5.2　国际数据法的发展阶段：从萌芽到深化 / 54
　　　2.5.3　国际数据法的未来发展趋势 / 57

第 3 章　国际数据法的全球性机制

　3.1　联合国与数据治理 / 62
　　　3.1.1　联合国在国际数据治理方面的发展与作用 / 62
　　　3.1.2　国际电信联盟 / 66
　　　3.1.3　联合国世界数据论坛 / 68
　3.2　世界贸易组织与国际数据法 / 71
　　　3.2.1　《关税与贸易总协定》中的数据规则 / 71
　　　3.2.2　《服务贸易总协定》中的数据规则 / 73
　　　3.2.3　《技术性贸易壁垒协定》中的数据规则 / 75
　　　3.2.4　《与贸易有关的知识产权协定》中的数据规则 / 76
　　　3.2.5　世界贸易组织电子商务谈判中的数据规则 / 79
　3.3　其他全球性国际组织与国际数据法 / 82
　　　3.3.1　经济合作与发展组织的数据规则 / 82
　　　3.3.2　世界知识产权组织的数据规则 / 91
　　　3.3.3　国际标准化组织的数据规则 / 94
　　　3.3.4　国际科技数据委员会的数据规则 / 95
　　　3.3.5　国际数据空间协会的数据规则 / 98
　　　3.3.6　国际数据管理协会的数据规则 / 99

第 4 章　国际数据法的区域性与双边机制

　4.1　欧盟区域规则 / 101
　　　4.1.1　《数据保护指令》/ 101

        4.1.2 《通用数据保护条例》／104
        4.1.3 《数据法》／106
        4.1.4 《数字服务法》／108
        4.1.5 《数字市场法》／110
    4.2 以欧盟为核心的区域性及双边规则 ／113
        4.2.1 欧盟-英国自由贸易协定 ／113
        4.2.2 欧盟-越南自由贸易协定 ／115
        4.2.3 欧盟-加拿大自由贸易协定 ／117
        4.2.4 欧盟-韩国自由贸易协定 ／119
    4.3 以美国为核心的区域性及双边规则 ／121
        4.3.1 《美国-墨西哥-加拿大协定》／121
        4.3.2 《关于为打击严重犯罪而获取电子数据的协议》／124
        4.3.3 《欧美数据隐私框架》／126
        4.3.4 跨境隐私规则 ／129
    4.4 环太平洋地区的区域性及双边规则 ／132
        4.4.1 《数字经济伙伴关系协定》／132
        4.4.2 《全面与进步跨太平洋伙伴关系协定》／135
        4.4.3 《新加坡-澳大利亚数字经济协定》／138
        4.4.4 《韩国-新加坡数字伙伴关系协定》／140

第 5 章　国际数据法的前沿问题：挑战与应对

    5.1 人权与国际数据法 ／143
        5.1.1 人权的发展历程 ／144
        5.1.2 国际数据法与基本人权 ／145
        5.1.3 面临的挑战 ／149
        5.1.4 应对策略与展望 ／151
    5.2 国际贸易与国际数据法 ／154
        5.2.1 国际贸易中的数据跨境流动问题 ／155
        5.2.2 国际贸易中的个人数据安全问题 ／159
    5.3 国际金融与国际数据法 ／163
        5.3.1 国际金融的数据合规挑战 ／164
        5.3.2 金融科技创新与国际数据法 ／167
    5.4 知识产权与国际数据法 ／171
        5.4.1 数据作为知识产权对象的争议 ／171
        5.4.2 数据共享与知识产权独占性的冲突 ／177

5.4.3 数据跨境流动中的知识产权问题 /180
5.5 气候变化与国际数据法 /181
　　5.5.1 全球气候变化的发展趋势与带来的挑战 /182
　　5.5.2 气候变化与国际数据法的互动和关联 /183
　　5.5.3 气候变化给国际数据法带来的挑战 /185
　　5.5.4 气候变化背景下国际数据法的应对策略与完善方向 /188
5.6 人工智能与国际数据法 /190
　　5.6.1 既有人工智能的治理规范 /191
　　5.6.2 与数据相关的人工智能治理挑战 /193
　　5.6.3 以国际数据法为主构建人工智能治理 /197
5.7 区块链与国际数据法 /198
　　5.7.1 区块链技术 /199
　　5.7.2 区块链技术与国际数据法的互动与关联 /203
　　5.7.3 区块链技术给国际数据法体系构建带来的挑战 /205
　　5.7.4 应对策略与未来展望 /208

第6章 国际数据争端与解决

6.1 国际性贸易组织中的争端解决 /213
　　6.1.1 数据争端在传统贸易领域的案例（DS375案）/215
　　6.1.2 网络信息时代的国际数据争端案例（DS285案）/217
　　6.1.3 国际数据争端的新生产物——数字服务（DST）税争端及案例 /220
　　6.1.4 国际性贸易组织中数字贸易争端解决的未来发展 /223
6.2 自由贸易协定与国际投资协议下的争议解决 /225
　　6.2.1 美韩自贸协定中有关数据争议的规定与案例 /226
　　6.2.2 北美自由贸易协定中有关数据争议的规定与案例 /228
　　6.2.3 阿根廷-意大利双边投资协定中有关数据争议的规定与案例 /230
　　6.2.4 德国-瑞典双边投资协定中有关数据争议的程序规定与案例 /232
　　6.2.5 自由贸易协定与国际投资协议下的争端解决发展现状与评述 /233
6.3 区域性人权法院中的争端解决 /235
　　6.3.1 欧洲人权法院的争端解决规则及相关案例 /236
　　6.3.2 美洲人权法院的争端解决规则及相关案例 /241

    6.3.3 非洲人权与民族权法院的争端解决规则及相关案例 /244
    6.3.4 区域性人权法院数据争端解决的发展现状与评述 /247
  6.4 欧盟内部数据立法中有关争端解决的规定及案例 /248
    6.4.1 欧盟《通用数据保护条例》中的争端解决规定 /248
    6.4.2 欧盟内部涉及违反数据处理基本原则相关规定及案例分析 /250
    6.4.3 欧盟内部涉及违反数据处理透明度义务相关规定及案例分析 /252
    6.4.4 欧盟内部涉及违反数据主体权利保障相关规定及案例分析 /255
    6.4.5 欧盟数据争端解决的发展现状与评述 /259

第 7 章 国际数据法学与中国

  7.1 全球数据治理的中国理念 /261
    7.1.1 实现全球数据安全自由流动 /261
    7.1.2 构建多层次全球数据治理新秩序 /266
    7.1.3 构建多元主体数据协调治理机制 /270
  7.2 全球性国际组织中的中国行动 /272
    7.2.1 中国在联合国的数据治理倡议与影响 /272
    7.2.2 中国与世界贸易组织的互动 /278
    7.2.3 中国与世界知识产权组织的交流 /279
    7.2.4 中国参与的其他全球性国际组织及贡献 /280
  7.3 以中国为核心的区域性规则 /283
    7.3.1 《区域全面经济伙伴关系协定》/283
    7.3.2 亚太经济合作组织 /287
    7.3.3 《中欧全面投资协定》/291
    7.3.4 中国数据安全合作倡议 /292
  7.4 中国涉外数据法治 /294
    7.4.1 国内法中数据规则的涉外适用 /295
    7.4.2 数据的域外管辖 /298
    7.4.3 数据跨境流动规则 /301

后 记 /305

主要参考文献 /308

第 1 章 绪 论

1.1 国际数据法研究的背景与意义

在当今数智时代①,"数智"理念及技术的深度融合正重构全球发展格局——数据成为沟通虚拟与现实的重要桥梁,人机协同共享智慧,数据与智慧结合以赋能未来发展。各行各业的发展以人工智能和大数据技术为基础,使数据资源的价值日益凸显,被人们称为 21 世纪的"数字石油"。各国战略竞争的焦点已主要体现在对数据的采集、治理、应用和保护等方面。随着全球化程度的加深和数字技术的发展,数据成为国际法不容忽视的重要内容。同时,数据治理成为国际经济贸易、投资谈判的关键内容,数据跨境流动更是一国参与全球数字经济活动的先决要素。为此,有必要深入研究和分析"国际数据法"。

数据的电子化加速了其资源化,推动形成了以算法、算力和数据为三大基石的数字经济架构。目前,数据资源展现出较高的性价比,而算法、算力仍需更多投入。高质量发展离不开"因地制宜发展新质生产力"。《中共中央关于进一步全面深化改革 推进中国式现代化的决定》(简称《决定》)提出要加快形成同新质生产力更相适应的生产关系,健全传统产业优化升级体制机制,完善战略性产业发展政策和治理体系,建立未来产业投入增长机制,完善促进数字产业化和产业数字化政策体系,促进各类先进生产要素向发展新质生产力集聚,大幅提升全要素生产率。《决定》强调要促进实体经济和数字经济深度融合,加快发展现代服务业,加强现代化基础设施建设,提升产业链供应链韧性和安全

---

① "数智"意指数字化与智能化,而"数智时代"是指在数字化和智能化技术高度发展的背景下,社会各个领域都受到数据和智能技术深刻影响的时代。

水平。①

本书以"国际数据法学"为题,并非指数据领域的国际协调已成为独立的一个国际法的分支。一是,相比于成熟的部门国际法(如国际环境法、国际金融法、国际海洋法、国际航空法、国际投资法、国际人权法、国际贸易法、国际人道法等),数据的国际法调整领域尚未有全球性、专门的多边条约[如国际数据(交易)条约等]的支撑。有关数据的国际法调整目前还主要体现在全球性的、区域性的多边自由贸易协定或双边自由贸易协定之中。二是,根据《国际法院规约》第38条的规定,国际法渊源的第二个主要形式是"习惯国际法";但由于数据是新兴领域,因此也不具备形成"习惯国际法"的条件。三是,对很多发展中国家和最不发达国家而言,在数据领域进行国内立法并形成各国接受的"一般法律原则"还较为困难。可见,仅根据区域性的或双边经济贸易协定来构建"国际数据法"至少在实证方面是难以成立的。基于此背景,本书以"国际数据法"为研究对象,通过系统的理论分析,并结合当下有关数据法国际调整的法律实践经验展开探讨。这一理论与部分实证相结合的尝试,希望能为数据领域的国际协调从区域性协议向全球性多边协议的发展贡献微薄之力,进一步能为未来国际数据法的体系化建设提供一定的指导与支撑。

1.2 国际数据法国内外研究现状

关于国际数据法研究现状的分析,本节主要基于国内外已有的专著和论文两方面入手。

1)专著方面

武长海先生等在2021年出版了《国际数据法学》(法律出版社出版)。该书分为上篇和下篇两部分。上篇的内容主要对国外数据法律制度进行了全面解读和研究,具体包括对美国、英国、日本、法国、德国等十个国家现行有效的规范性法律文件中关于数据的法律规定进行介绍并分析,以及梳理和概括了各国关于数据立法的沿革、模式和体系、数据监管体制。其中,涉及各国数据领域的专门立法及在信息和网络方面的立法情况的阐述,还结合国外与数据相关的典型司法判例和监管案例做进一步说明。下篇的内容分三章,主要介绍欧洲数据法(包括欧盟数据法概要、欧盟主要数据立法、欧洲其他区域性组织数据法)、以中国为核心的区域性数据法、以美国为核心的区域性数据法。该书为国际数据法

---

① 《中共中央关于进一步全面深化改革 推进中国式现代化的决定》,《人民日报》2024年7月22日第1版。

的研究奠定了良好的基础。但从本质上来说,其上篇主要涉及国别法的内容,并非真正意义上的"国际数据法";下篇主要涉及区域性的国际数据法的内容。① 张敏等的《数据法学》在体系和内容方面反映了法学界在数据法领域的最新动态和专业水准。该书针对数据的性质、数据法概述、数据治理现状、数据法律关系、数据的流程、数据交易、数据的竞争与垄断、个人信息的侵权保护、个人数据跨境流动监管及国际协调等方面进行深入分析,阐释数据法治的重点问题与未来研究动向,为中国数据治理的建设和发展做出一定的努力和贡献。② 武长海先生在 2024 年出版的《数据法前沿》的第七章中,就"数据跨境流动监管理论"从其基础理论、国际数据跨境流动监管实践及国际数据跨境流动监管合作等方面进行了分析,但仅就"监管"的国际问题进行了探讨。③ 李爱君等《数据出境法学原理与实务》以《中华人民共和国数据安全法》为基础,以国家互联网信息办公室出台的《数据出境安全评估办法》《个人信息出境标准合同办法》,以及国家市场监督管理总局、国家互联网信息办公室发布的《关于实施个人信息保护认证的公告》为重点,结合相关法律实务经验,对数据出境法学理论与实践问题进行了系统深入的研究;④但主要还是从国内法的角度研究数据出境的问题。

国外专著中目前专门以"国际数据法(学)"为题的鲜有见到,但涉及区域性的数据国际保护或协调的著作有 2018 年的《欧洲数据保护法手册》。其涉及的内容主要是欧洲的个人数据权利及隐私保护等内容,包括欧洲数据保护术语、保护原则(如加工处理数据的合法性、公平性和透明度原则,目的限制原则,数据最小化原则,数据准确性原则,存储限制原则,信息安全原则及问责制原则)、规则、监管、数据主体的权利(被告知权、修正权、消除权-被遗忘权、处理限制权、数据携带权、反对权及个人自动化决策包括分析权)、国际数据转让及个人数据流动、警察和刑事正义场景中的数据保护、数据的具体类型及相关保护、数据保护面对的挑战等。⑤ 该著作主要是从个人数据保护的角度进行探讨的。

2)论文方面

一是关于全球个人数据跨境流动的国际规制的研究。全球个人数据跨境流动的国际规制现状是一个复杂且多变的领域,涉及多个国家或地区及采取的不

---

① 武长海:《国际数据法学》,法律出版社,2021。
② 张敏:《数据法学》,中国政法大学出版社,2023。
③ 武长海等:《数据法学前沿》,中国政法大学出版社,2024。
④ 李爱君、王艺:《数据出境法学原理与实务》,法律出版社,2023。
⑤ European Union Agency for Fundamental Rights and Council of Europe, *Handbook on European Data Protection Law*: 2018 Edition (Luxembourg: Publications Office of the European Union, 2018).

同策略和措施。不同学者从不同视角进行了研究。如邹军指出欧盟通过《通用数据保护条例》(General Data Protection Regulation，GDPR)设立了严格的数据跨境传输标准,强调保护、平衡和信任的新机制。[①] 这表明在欧洲,个人数据的保护是优先考虑的事项,而这种保护水平要求成为数据进口方进行个人数据转移的前提条件。范思博认为,美国则采取了不同的策略,主要通过双边或多边协议来破除他国壁垒和限制,促进数据自由流动;这种市场主导模式强调私营部门对数据的控制。[②] 美国基于其国内具有较为完善的商业秘密保护方面的法律制度,能对敏感数据及与商业秘密相关的数据提供较为完善的保护,故对数据在国际社会的自由流动持开放态度。王佳宜关注俄罗斯的数据跨境流动规则特征,指出俄罗斯的数据主权强化模式则强调政府对数据的有效控制,这反映了国家在价值取向上的根源性差异。[③] 俄罗斯基于自己的特殊情况对数据的国际流动持谨慎态度有其合理的背景因素。

二是关于各国采取不同的数据跨境流动的限制措施原因的分析与研究。由于数据既关系到个人隐私,又涉及国家安全等,学者基于数据国际流动的不可避免性,对相关的数据国际流动的限制及限制原因也进行了分析。如石静霞认为,在数字经济时代背景下,各国政府限制跨境数据流动的主要原因可以从多个维度进行分析。国家安全是各国政府考虑限制跨境数据流动的首要因素之一。随着数字经济的全球扩张和深度发展,数据跨境流动成为国际经贸活动中的常态,这不仅导致数据所伴生的潜在风险随之跨境传导,也对传统物理环境内的国家主权规制体系形成冲击。[④] 孙方江指出,经济利益也是影响跨境数据流动的一个重要因素。随着跨境电商、数字贸易等数字经济在全球范围内的加速发展,经济贸易全球化推动了数据在不同国家之间的交互、流动。[⑤] 刘宏松指出,数据保护也是一个关键因素。由于缺乏有效的全球性规制体系,数据跨境流动领域面临如何平衡良好的数据保护与跨境数据自由流动的难题。欧盟和美国在价值理念和规制模式上的根本性差异,以及数字化企业竞争,在隐私保护、境外管辖权和数字服务税等问题上产生了难以弥合的分歧。这种分歧反映了不同国家和地区在数据保护方面的自主权需求,也是限制跨境数据流动的一

---

① 邹军:《欧盟〈通用数据保护条例〉的个人数据跨境流动规制机制研究》,《新闻大学》2019 年第 12 期,第 16—27、119 页。
② 范思博:《数据跨境流动中的个人数据保护》,《电子知识产权》2020 年第 6 期,第 85—97 页。
③ 王佳宜、王子岩:《个人数据跨境流动规则的欧美博弈及中国因应——基于双重外部性视角》,《电子政务》2022 年第 1 期,第 99—111 页。
④ 石静霞、张舵:《跨境数据流动规制的国家安全问题》,《广西社会科学》2018 年第 8 期,第 128—133 页。
⑤ 孙方江:《跨境数据流动:数字经济下的全球博弈与中国选择》,《西南金融》2021 年第 1 期,第 3—13 页。

个重要原因。①

三是数据跨境国际规则的相关研究。有学者就数据跨境流动中的国际贸易规则进行了研究,认为数据跨境流动已成为国际贸易规则中的重要议题;世界贸易组织体系下的《关税与贸易总协定》和《服务贸易总协定》对跨境数据流动进行了一定程度的规制与平衡,但仍不能解决目前跨境数据流动所面临的一系列复杂问题;欧盟、美国在各自主导下的双边贸易协定中,推广适合各自实际情况的跨境数据流动规则;而在诸如《全面与进步跨太平洋伙伴关系协定》和《国际服务贸易协定》这类区域贸易协定中,对跨境数据流动的规制又体现出了不同的特点;中国在参与跨境数据流动规则制定的过程中应秉持兼容与发展的观点,并策略性、阶段性地提出中国的应对策略和发展模式。② 有学者认为,跨境数据贸易逐渐呈现出内容庞杂、技术密集、正向清单覆盖不足和成本低廉等特征;传统的经贸规则与谈判机制无力解决数据贸易链上确权难、定价难、互信难与监管难等问题;不同国家和地区在地缘因素、文化传统、科技水平和产业数字化转型状况等的持续影响下秉持差异化的利益诉求,相关国际规约呈现出国别调控割裂化、多双边规则殊别化、区域性规制社群化与开放式规范零散化的复杂格局;中国亟待立足国家大数据发展战略,打造基于安全发展宗旨的跨境数据贸易规制的顶层设计,积极探索主导建设全球统一的数据承载介质标准、跨境通路管控机制、交付主体行为限定和交易流程监督管理等的具体路径。③ 还有学者从具体领域的国际法规则进行了研究,如黄琳琳就金融数据跨境流动的国际贸易法规制进行了探讨④,郭德香等从数字贸易背景下国内与国际数据监管规则协调等角度提出了自己的看法⑤。这些都为丰富国际数据法的内容做出了积极贡献。

国外也有相关论文涉及国际数据法方面的内容,与前述国外的著作类似,主要集中于个人数据跨境流动的隐私保护、数据贸易与人权、国际数据治理等内容。如有学者运用博弈论来分析通过国际数据隐私协议的形成和实施能较好地促进个人数据的跨境流动⑥;有组织通过比较研究认为,就国家数据保护立

---

① 刘宏松、程海烨:《跨境数据流动的全球治理——进展、趋势与中国路径》,《国际展望》2020 年第 6 期,第 65—88、148—149 页。
② 时业伟:《跨境数据流动中的国际贸易规则:规制、兼容与发展》,《比较法研究》2020 年第 4 期,第 12 页。
③ 眭占、刘敏:《跨境数据贸易规制的国际规约与中国因应》,《图书与情报》2022 年第 6 期,第 34—42 页。
④ 黄琳琳:《金融数据跨境流动的国际贸易法规制》,《上海对外经贸大学学报》2023 年第 6 期,第 66—77 页。
⑤ 郭德香、桑琦:《数字贸易背景下国内与国际数据监管规则协调之困境》,《当代经济》2023 年第 1 期,第 30—37 页。
⑥ James Y. Wang, "The Best Data Plan Is to Have a Game Plan: Obstacles and Solutions to Reaching International Data Privacy Agreements," *Michigan Technology Law Review* 28, no. 2 (2022): 385-420.

法而言，为了应对众多司法管辖区出现的异构法律要求，分散的国际卫生联盟必须形成可扩展的组织，结合适当的技术安排，使数据能够跨越司法管辖区边界流动；同时使卫生部门组织能够通过公法共同监管和私法工具等，使数据运用与不断变化的保护规范相结合[①]。也有学者通过对主要的区域性国际条约（《全面与进步跨太平洋伙伴关系协定》《区域全面经济伙伴关系协定》）和重要国际法文件（《电子商务联合声明倡议》草案文本）中的数据跨境流动的监管制度进行了分析和研究，认为它们管理数字贸易的方法具有新颖、多样化的监管事项，政策制定者和民间社会能够理解数字贸易协定谈判中潜在的监管问题，这些将有利于推进数字贸易条款的实施且使相关审议在未来更具包容性[②]。上述论文方面的研究从不同的视角为国际数据法的研究提供了丰富的内容。

在已有相关研究的基础上，可以从多个角度来分析探讨数据跨境国际规则，以适应当前的国际格局、应对挑战，以及寻找出中国应当采取的适当举措。首先，全球对于个人数据跨境流动的规制尚未形成统一规则，主要由欧美等发达国家和地区引领。欧盟通过严格的立法范式限制个人数据跨境流动，以提升数据权保护水平；而美国则基于信息产业优势和对数据自由流动的依赖性，采取市场主导和行业自律的政策。这种差异导致了激烈的竞争和相互妥协，构成了个人数据跨境流动规制的国际格局。中国在参与跨境数据流动规则制定过程中应秉持兼容与发展的观点，并策略性、阶段性地提出应对策略和发展模式。近年来，全球个人信息跨境领域中关于数据本地化的合理性、"长臂管辖"的正当性的议题备受关注。不同类型的个人信息在主权属性上的差异，导致单一的主权原则适用模式不利于国家利益的实现。欧美试图借助技术与立法优势，主导国际规则制定，塑造符合其利益的国际规则。在数字经济时代背景下，数据跨境流动成为国际贸易的关键平台。然而，各国政府出于不同原因限制跨境数据流动，聚焦数据跨境流动的国际规制中的三个焦点问题——数据跨境的自由流动与合法政策目标的矛盾平衡、数据跨境流动规制的路径选择、涉及国家和政府部门的数据的跨境流动规制。美国和欧盟代表了全球数据跨境流动监管的两大立法范式，研究其在大数据环境下数据跨境流动监管的立法应对和冲突协调，对制定和完善中国相关立法具有重要的参考意义。我国应当借鉴国际上这些关于数据跨境流动管控的成熟机制，并结合本国的数据保护实践，从建立

---

① Alexander Bernier, Fruzsina Molnár-Gábor, and Bartha Maria Knoppers, "The International Data Governance Landscape," *Journal of Law & the Biosciences* 9, no. 1 (2022): lsac005.

② Andrew D. Mitchell and Vandana Gyanchandani, "Convergence & Divergence in Digital Trade Regulation: A Comparative Analysis of CPTPP, RCEP, and EJSI," *South Carolina Journal of International Law & Business* 19, no. 2 (2022): 98–132.

数据分类审核制度、强化技术安全建设等多个维度出发,构建起收放协调的数据跨境流动的法律监管机制。数据跨境流动政策是数据治理国际化中的重要议题,事关国家数据安全和数字产业经济发展。对比国内外数据跨境流动的法律监管制度,有助于完善和发展我国跨境数据流动法律监管制度。数据跨境流动是进行数字贸易的前提,但各国对于跨境数据流动规制的分歧目前还较难弥合。

总之,数据跨境国际规则的相关研究表明,虽然目前全球尚未形成统一的规则体系,但通过国际合作和多边谈判,逐步推动形成更加兼容和协调的国际规则是可能的。中国在这一过程中应积极参与国际规则制定,平衡国家安全、公共利益和个人数据保护的需求,同时加强与国际社会的合作,提升在全球数据治理中的话语权。

本书在现有研究的基础上,综合相关学术论文及"国际数据法学"的相关内容,就当下国际数据法从多边条约、相关双边条约及有关国际软法的内容为主要研究和分析对象,结合中国、美国等主要国家或地区相关数据及数据交易或跨境流动的规范,以期构建一个较为系统、完整的国际数据法的初步体系,并提出一些展望,为国际数据法的进一步研究添砖加瓦。

1.3 本书的基本框架和主要内容

1.3.1 基本框架

本书旨在以多维视角阐释国际数据法这一新兴领域,内容涵盖国际数据法的理论基础、实践应用及全球治理等多个层面,基本框架如图 1-1 所示。

第 1 章作为全书的导论,论证了国际数据法研究的目的和意义,并从整体上分析了国际数据法的国内外研究现状。在此基础上,阐述了全书的基本框架和主要内容,提出了主要研究思路和方法,并揭示了本书区别于其他同类书籍的特征,以让读者对本书全貌有基本的了解。

第 2 章将剖析国际数据法的根基,从基本概念出发,探讨其内涵与外延,揭示其独特的法律特征和基本原则,并追溯国际数据法的历史脉络,分析其发展轨迹,概述其基本框架和核心内容,为理解后续章节打下基础。

在全球化背景下,国际条约对国际数据法的影响不容忽视,第 3 章就将介绍作为国际数据法渊源之一的全球性多边国际条约,分析全球性多边国际条约在国际数据法中的作用,并探讨联合国、世界贸易组织等国际组织与国际数据法的互动关系,以及这些组织对国际数据法的影响。

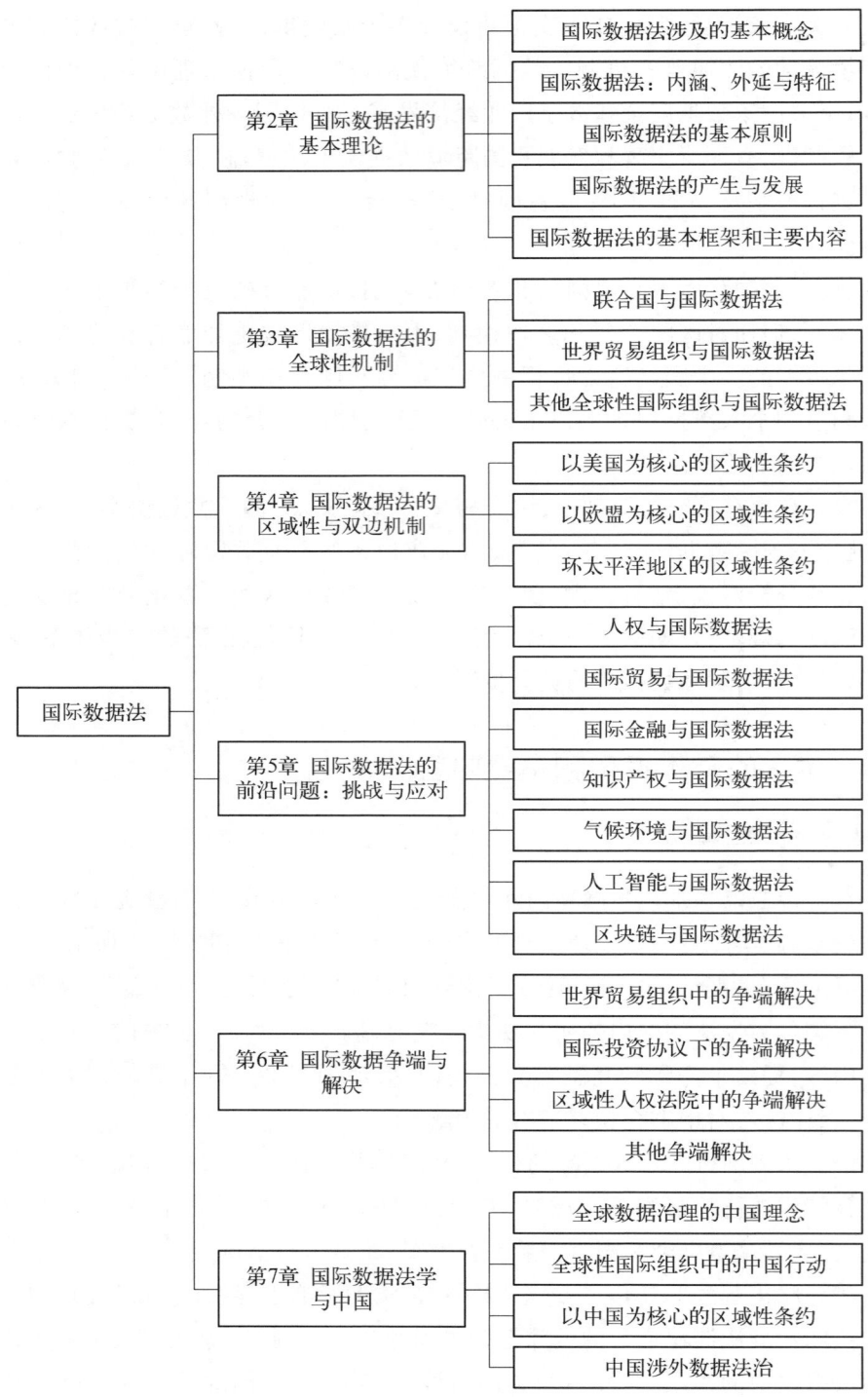

图 1-1 基本框架

除了全球性多边国际条约,区域性国际条约和双边协议在国际数据法中同样扮演着关键角色,因而第 4 章将介绍作为国际数据法渊源之二的区域性国际条约及重要的双边协议,并侧重对美国、欧盟和环太平洋地区的相关实践进行介绍,进而在此基础上阐释这些区域性条约和双边协议在国际数据法中的重要性。

第 5 章将深入分析国际数据法的前沿问题,探讨人权、国际贸易、国际金融、知识产权、气候环境、人工智能、区块链等与国际数据法的交叉问题及其挑战与应对。

争端解决是国际法中的重要组成部分,本书的第 6 章将介绍国际数据争端解决的重要性和复杂性,在分别介绍世界贸易组织、国际投资协议、区域性人权法院及其他争端解决机制的基础上,总结并归纳国际数据争端解决机制的特征和趋势。

第 7 章则将视野拉回中国,概述中国在全球数据治理中的角色和贡献,讨论全球数据治理的中国理念,介绍中国在国际组织中的行动、以中国为核心的区域性条约及中国的涉外数据法治,并概括中国在国际数据法中的地位和影响。

通过上述 7 章的分析,本书将提供一个关于国际数据法的结构框架,为研究国际数据法的未来发展方向和趋势打下坚实的基础。

1.3.2 主要内容

本书共分为 7 章,即绪论、国际数据法的基础理论、国际数据法的全球性机制、国际数据法的区域性与双边机制、国际数据法的前沿问题、国际数据争端与解决、国际数据法学与中国。现对本书的主要内容进行总体概括,如下所述。

1)国际数据法的基本理论

本书第 2 章将主要分析和探讨国际数据法学的基本理论问题。首先分析和介绍国际数据法涉及的基本概念,包括数据的定义与特征、数据与"信息"的区别与联系、数据权益与数字法治、大数据的概念与应用、数据跨境流动与本地化等。其次,探讨国际数据法的定义(指调整国家等国际法主体在开发、利用、保护和交易数据的国际交往过程中形成的国际数据法律关系的原则、规则和规章制度的总体)、国际数据法的内涵、外延与特征,国际数据法的基本原则(包括数据主权原则、数据自由流动原则、个人信息保护原则、数据保护原则、数据私权与公共领域的平衡保护原则、可持续发展原则、平等与非歧视原则)。然后分析和简要论述国际数据法的协调机制,主要论及国际数据法的法律渊源,包括全球性多边国际条约、重要的区域性与双边国际规则、国际习惯法、各国承认的一般法律原则及主要的司法判例与公法家学说等。最后,简要分析国际数据法的产生与发展,包括分析国际数据法的萌芽(即它是多重需求下的必然产物)、国际数据法的发展阶段(分析了其从萌芽到深化的过程)和国际数据法的未来发展趋势等。

2) 国际数据法的渊源

本书第 3 章、第 4 章主要介绍和分析国际数据协调的全球性机制和区域性与双边机制,其核心内容实质上即国际数据法的法律渊源。第 3 章是着重对全球性多边国际条约渊源的介绍,包括联合国、世界贸易组织、经济合作与发展组织等国际组织在数据治理方面的政策框架、指导原则及相关条约,以及其在国际数据治理中的作用、局限和未来发展方向。联合国在数据治理方面发挥了推动国际合作与对话、促进可持续发展目标实现的关键作用。联合国贸易和发展会议发布的《2021 年数字经济报告》特别强调了跨境数据流动的重要性,倡导数据自由流动,同时关注数据治理中的伦理问题和新兴技术挑战。世界贸易组织作为国际贸易规则的核心制定者,其下多份协定为数据流动、数据安全、技术壁垒和知识产权保护等提供了法律框架,并为成员方之间的相关争议提供了解决平台。自 1980 年起,经济合作与发展组织通过一系列原则和指南的制定,形成了全面的数据规则,为个人数据保护和合理利用提供基本遵循,在数据治理领域发挥着规则制定者、政策推动者和国际合作平台的角色。第 3 章意在强调国际数据法在全球化背景下的重要性和紧迫性。国际组织通过制定政策和原则为数据治理提供了框架和指导,但同时也面临着新兴技术所带来的挑战。国际数据法的发展需要注重数据的质量和安全、隐私保护与数据利用的平衡,以及数据治理的公平性和包容性,以建立一个开放、透明和协作的国际数据治理环境,促进全球数据治理的可持续发展。

第 4 章则介绍国际数据法在区域性和双边层面的渊源,重点分析欧盟和美国在数据法领域的主要规则及其全球影响,并将介绍其他亚太地区国家在数据法领域的规则和协定,阐释国际数据法在区域和双边层面的发展。欧盟在数据保护方面的两大支柱为《数据保护指令》和《通用数据保护条例》,前者是欧盟隐私和人权法的重要组成部分,旨在促进数据自由流动,保护个人数据隐私与自由;后者则更强调对个人数据的保护,适用范围更广,违法惩罚力度也更大。欧盟另颁布了《数据法》《数字服务法》和《数字市场法》,并在与其他国家和地区签署的自由贸易协定中也有关于电子商务和数据保护的相关规定。其中,《数据法》有利于推动数据流转利用,符合欧盟规则和价值观;《数字服务法》和《数字市场法》则从数字服务治理和反垄断的角度,对数字服务提供商和作为"守门人"的平台提出要求。在讨论美国的数据法规则时,第 4 章将重点分析《美国-墨西哥-加拿大协定》中的数字贸易规则和《关于为打击严重犯罪而获取电子数据的协议》,因为前者体现了美国在全球数据治理中的强势地位,而后者则为跨境数据调取提供了法律基础。此外,第 4 章还将概述亚太地区的区域性及双边规则,如《数字经济伙伴关系协定》和《全面与进步跨太平洋伙伴关系协定》在促进数据流动、保护消费者权益、鼓励技术创新方面发挥的重要作用。这些规则对全球数据治理体系的形成和发展起到了关键作用,体现了个人隐私权利的保护、跨境数据流动的规范等多重考量。

3) 国际数据法的前沿问题

在数字化时代,国际数据法塑造了全球数据治理框架,但毋庸置疑,国际数据法面临着个人隐私与数据利用的平衡、各国之间数据治理差异和冲突的协调、数据安全与消费者权益的保障等挑战,涉及人权保护、个人数据安全、金融数据合规、数据跨境流动、气候变化、人工智能及区块链等前沿问题。本书第 5 章将探讨这些前沿问题,分析国际数据法在人权保护、国际贸易、国际金融、应对气候变化、人工智能领域及区块链技术等方面与国际数据法的互动关系,分析它们对现有国际数据法体系的影响,展现国际数据法在全球化背景下的复杂性和动态性;同时明确国际社会在制定和实施相关国际数据法规则时需要考虑的关键因素,并在此基础上提出可能的应对策略;强调在全球化背景下建立统一、协调的国际数据法规则体系的重要性,以及通过技术创新促进数据治理发展的途径。

(1)就人权保护而言,数据时代的到来为人权保护带来了前所未有的机遇与挑战,如算法歧视将挑战平等权,因为自动化决策可能导致对特定群体的不公平对待,而在强化国家安全的同时,如何保护个人隐私不被侵犯,即平衡个人隐私与总体安全也是数据时代人权保护的新议题。还有内容监管与表达自由的冲突,也就是网络审查与信息自由流通的矛盾;数字鸿沟和数据殖民主义导致的技术不平等与数据资源控制问题;数据流动可能加剧的南北发展不均衡及其对发展中国家的特别影响都是数据时代人权保护将面临的新挑战。国际数据法作为调整全球数据流动和使用的规则体系,其发展状况将直接影响人权的实现和保护,应通过国际合作与法律协调,增强国际机构的作用,如发挥联合国在数据治理中的重要作用,并加强多边和双边协议在协调数据流动和人权保护中的优势。此外,由于新兴技术带来的挑战与机遇,国际数据法需要调整与技术进步的适应性,促进各国技术与法律的协同发展,在全球数据生态中实现人权保障。

（2）在国际贸易与国际数据法领域，国际贸易中的数据跨境流动问题是其核心。目前的现实困境是数据隐私保护的国际差异、数据本地化要求，以及不同国家间数据保护法规的冲突等。此外，数据流动的监管机制在很多国家尚不完善，导致国际贸易中的数据使用存在法律风险。为了解决这一现实困境，需要建立统一的数据跨境流动治理框架，加强国际合作，制定多边协议以降低数据流动壁垒，同时推动国际间数据保护标准的协调、促进数据自由流动与安全并重也是化解之径。此外，国际贸易中的个人数据安全问题也不容忽视。如跨国公司在不同法域运营时，由于不同国家对个人数据保护的法律要求有所差异，其会增加合规成本和操作难度，导致个人数据在国际贸易中的安全问题日益凸显，个人数据泄露风险增加。对此，应提升个人数据保护意识，并加强国际间在个人数据保护方面的法规协调与合作，推动建立跨境数据保护认证机制，在降低企业合规成本的同时保障个人数据安全。

（3）就国际金融中的国际数据法来说，合规挑战是重中之重。国际金融市场的数字化带来了数据合规的挑战，因为金融机构需要处理大量敏感数据，如何在符合各国数据保护法规的同时确保数据的有效利用和风险控制，是一个亟待解决的问题。此外，金融技术创新也对国际数据法产生影响，如区块链、云计算等金融科技的快速发展对国际数据法提出了新的要求。因为这些技术在提高金融服务效率的同时，也对数据安全和隐私保护提出了更高的标准。

（4）国际数据法问题绕不开对知识产权的讨论，本书第5章5.4节将深入分析国际数据法中的知识产权问题。首先，就数据的知识产权属性来说，数据作为知识产权对象的争议主要源于其与传统知识产权对象的差异，数据的无形性、可复制性和广泛性使其在知识产权法中的定位模糊，而且数据的公共属性和开放性使其难以符合传统知识产权的独占性要求。然而，数据的收集、整理和分析又往往需要投入大量的劳动和资源，并具备一定的独创性，这使得数据的知识产权保护因分类而异，即原始数据和经过加工处理的数据在知识产权保护上将存在差异——原始数据因其缺乏加工而难以获得著作权保护，但经过分析、整理的数据产品则可能被视为具有独创性而获得相应的知识产权保护。此外，即使数据是可被知识产权保护的对象，其保护界限又极为复杂，其中涉及数据的商业价值、公共利益和数据主体的隐私权等多方面权益。因此，在保护数据的知识产权并明确其保护界限时，需要平衡创新激励与数据开放共享之间的关系。

其次，数据共享与知识产权独占性的冲突也有待国际数据法解决。目前，数据共享存在的知识产权障碍是数据共享与知识产权的独占性之间存在的固有冲突所致。知识产权法旨在保护创作者的独占权利,而数据共享则要求数据能够自由流通和使用。这种冲突在开放数据运动和商业数据保护之间尤为明显,因为开放数据政策鼓励数据的自由共享和再利用,所以如何在开放数据和知识产权保护之间找到平衡点,仍是有待国际数据法解决的问题。对此,知识产权许可机制为解决数据共享与知识产权的独占性冲突提供了一种途径。通过这类知识产权许可协议,数据提供者可以在保留知识产权的同时,允许他人在一定条件下使用数据,这种机制将有助于促进数据的合理利用和传播,以适应数据共享的需求。

最后,跨境数据流动也将引发知识产权问题。跨境数据流动中的法律冲突明显,因为跨境数据流动涉及不同国家之间的法律体系,知识产权保护标准各异,这使得数据在跨国界的传输过程中可能面临多重法律审查,使得知识产权保护具有不确定性和复杂性。虽然国际协议中有关于知识产权的规定,如世界贸易组织的《与贸易有关的知识产权协定》为数据跨境流动中的知识产权问题提供了一定的规则框架,但这些规则在实际应用中仍存在解释和执行上的挑战,需要各国在国际合作中不断协调和完善。此外,数据本地化要求对于数据存储和处理的地域限制,可能导致数据跨境流动中的知识产权保护和执行的难度增加。因此,如何在尊重数据本地化要求的同时有效保障知识产权,是国际数据法亟待解决的问题。

本书第5章5.4节将在深入探讨上述数据作为知识产权对象的争议、数据共享与知识产权独占性的冲突,以及数据跨境流动中的知识产权问题的基础上,强调全球化和数字化背景下国际数据法在知识产权保护方面面临的挑战和机遇,并提出在保护知识产权的同时促进数据共享和跨境流动的策略,以及在国际层面上加强合作和协调的必要性。

(5)虽然气候变化与国际数据法看似毫无干系,但其实国际数据法在监测、评估和应对气候变化中扮演着重要角色。全球气候变化是全人类面临的严峻挑战,气候变化与国际数据法的互动和关联体现在:数据收集统计对于气候变化的监测评估作用、应对气候变化对于数据共享的透明度要求,以及构建统一的国际数据监管框架对应对气候变化的重要意义等方面。目前,气候变化对国际数据法的四大挑战是气候数据的统计核算标准存在争议、气候数据的监控评估需求难以满足、气候数据的共享和透明度要求有限、国际气候合作协调机制建设不足。对此,应建立统一的气候数据监测与评估标准、加强围绕气候数据的能力建设与技术支持、增强气候数据共享和透明度,并完善应对气候变化的国际合作协调机制作为国际数据法的应对策略与发展方向。国际数据法在气候变化议题中具有重要性,而如何通过法律手段促进气候数据的有效利用和国际合作也将是国际数据法的重要命题。

（6）人工智能与国际数据法密切相关,因为人工智能技术本身就与数据密不可分,其发展和应用也依赖于大量数据的支持。人工智能技术在提升数据处理能力的同时也对国际数据法提出了新的规则需求。因此,本书第 5 章 5.6 节将探讨人工智能技术对国际数据法的挑战和影响。人工智能技术对国际数据法的最大挑战在于安全领域,人工智能技术的应用可能会增加数据泄露和滥用的风险。如何确保人工智能技术在处理和分析数据过程中的安全性,防止数据被不当利用,是国际数据法需要关注的重点问题。此外,人工智能技术的发展其实有助于国际数据治理,因为人工智能技术可以提高国际数据治理的效率和效果,并通过智能化的数据分析和管理,加强数据质量控制、提升数据透明度和促进数据共享。然而,人工智能作为新兴技术对国际数据法同样提出了法律对技术适应性的要求,人工智能技术在数据隐私保护、数据分类和处理等方面的应用,就需要国际数据法在现有规则的基础上进行更新和完善,确保技术发展与法律保护同步推进。

（7）区块链技术与国际数据法的关系同样也是技术创新与法律保护的再平衡。区块链技术具有独特性,其对国际数据法体系的挑战存在着"透明性"对隐私保护的冲击、"不可篡改性"与"被遗忘权"的矛盾、管辖权与数据主权的法律合规性问题、智能合约执行与现有法律框架的冲突,以及"去中心化"趋势下传统监管机制的新需求。对此,国际数据法应通过发展和采纳标准化国际进程,确保区块链技术的规范化发展,并加强数据保护与隐私的顶层设计,确立"数据最小化"原则的方式来应对。此外,还可通过法律与治理架构的适应性改革,适应区块链技术的特点。考虑到国际合作在推动区块链技术与国际数据法融合中的关键作用,改良国际合作与对话机制,推动共商、共建、共享的治理模式也是国际数据法在改善法律和技术标准之外的应对区块链技术挑战、确保区块链技术健康发展的方式。

4）国际数据争端解决

在数字贸易迅猛增长的背景下,针对数据流动的法律问题,建立、完善相关的争端解决机制具有紧迫性,因此本书第 6 章将试图通过对既有国际数据争端与解决机制进行介绍与总结,为提升其效力提供理论基础和实践指导。

随着数据成为现代经济的核心资产,其跨境流动对全球经济贸易与安全至关重要,相关国际数据争端解决将影响国际贸易政策的制定。由于不同国家法律体系间的冲突,因此需要从区域或者国际层面进行协调。此外,国际数据争端解决机制需要回应数字货物贸易、数字服务贸易和数据技术贸易的多元化挑战,并结合区域和双边实践作为争端解决的其他途径。譬如,在一些国际投资协议项下为数据争议提供包括协商解决、改革计划、仲裁和司法诉讼等步骤,确保投资者与接受国家之间履行义务,维护法律秩序和投资保护的稳定性等在内的争端解决程序性规定。《美国-墨西哥-加拿大协定》专门设定的争端解决章节就为可能出现的数据争议提供了解决流程,涵盖咨询、专家组成立、小组审查、执行和遵守等步骤。欧盟内部的区域性数据立法也为争端解决机制设置了规定,如《通用数据保护条例》等法律法规就建立了数据保护和争端解决的框架,明确了数据处理的基本原则和数据主体的权利,为数据争端提供了司法救济途径。此外,区域性人权法院的实践中也涉及国际数据争端解决,如欧洲人权法院、美洲人权法院和非洲人权与民族权法院在保护和促进人权、调整人权与国际数据法之间的冲突方面发挥着重要作用。这些区域性人权法院为明确认定标准、协调各国的立法和司法体系,以及处理跨国人权的国际数据争端提供了有效的平台。

随着全球数字化进程的加速,数据已成为国际贸易中不可或缺的部分。确保数据流动的安全和效率,解决数据争端,将是未来国际贸易发展的关键。本书第 6 章就基于国际数据争端与解决机制的形成和发展,分析其对推动国际贸易、保护个人隐私权和促进数字经济健康发展的重要意义。

5) 国际数据法与中国

本书第 7 章全面探讨国际数据法的发展及其与中国的关系,详细阐述我国在全球数据治理中的理念、行动、实践和贡献,涵盖我国涉外数据法治的主要内容,并突出我国在全球数据治理中的积极参与,以及我国对数据安全和数据自由流动的双重目标的追求。

首先,就全球数据治理的中国理念而言,我国在数据治理上主张数据安全,强调在尊重数据主权的同时实现数据的依法、有序、自由流动。我国认为,数据安全是数据自由流动的底线,反对任何形式的网络霸权主义,提倡构建网络空间命运共同体。其中,我国认为数据主权是国家主权在网络空间的延伸,主张各国应尊重彼此的网络主权和数据主权。从我国提出的《全球数据安全倡议》中可见,我国要求各国应基于事实全面客观地看待数据安全问题,反对非法获取和利用数据。其次,我国通过积极参与全球数字议程的制定、隐私权和数据保护议题的讨论、联合国、G20 等全球性国际组织的活动,积极推动数据治理的国际合作和规则制定,完善全球数据治理。而在数据治理的区域合作实践中,我国通过参与《区域全面经济伙伴关系协定》等自由贸易协定,积极加强与其他国家在数据跨境流动和管理方面的合作,发挥我国在数据治理区域合作中的作用和贡献。最后,就我国涉外数据法治体系的建设而言,随着全球化的深入,我国已逐步构建相应的涉外数据法治体系,包括数据跨境流动规则的制定,相关域外适用条款的设立及域外管辖规则的实施等。

我国在全球数据治理中正发挥着越来越重要的作用,不仅已提出自己的理念和主张,而且积极参与国际组织和区域合作,推动数据治理体系的完善。我国在国际数据治理中的行动和贡献不仅有助于推动全球数据治理体系的发展,也为其他国家提供了宝贵的经验和启示,并能够通过积极推进与国际社会的合作,共同应对国际数据治理的挑战。

1.4 研究思路及研究方法

1) 研究思路

本书的研究思路是首先以"绪论"为引,介绍研究的背景、意义、现有的研究状况与评析及研究基本框架与内容等,让读者对本书内容全貌有一个基本的了解。接着讨论本书的基本理论,为后文的分析提供理论基础和指引。接下来分析和讨论国际数据法最具代表性的全球多边条约中规范数据国际流动的内容,并探讨最为适用并在实务中实际运行和操作的区域性多边协议和双边协议中的国际数据规范。然后基于已有的规范性内容,结合实际操作中碰到的问题,就国际数据法的前沿问题进行探讨。在分析完该问题后,对国际数据争端与解决进行了研究。最后落实到中国应当采取的态度与措施。这一部分主要就中国未来的做法与实践进行分析和探索。

2) 研究方法

(1) 跨法学学科研究法:"国际数据法学"涵盖的理论维度大、内容广泛,是国际法学、数据法学和法理学等诸多法学学科的研究对象。这些交叉的研究成果为国际法层面的研究提供了广阔的视野和丰富的素材。作为调整国际法关系中国际数据法律关系的规范,本书通过多法学学科视角进行研究,克服单一学科研究的局限。

(2) 理论联系实践研究法:国际数据法学从来就不是纯学术的思辨,而是为了回应或解决国际数据关系的新问题、新挑战而产生和发展的。本书以数据国际流动及全球治理等为着眼点,直面中国乃至国际社会面临的数据跨境流动问题与挑战,探讨解决这些问题和应对这些挑战的方案。这需要基础理论、创新思维与具体实践的紧密结合,提出相应的国际法原则和规则。

（3）规范分析法：明确国际数据法学的价值判断基础，提出分析处理制度规范的标准，研究制定或完善国际数据法律和政策规范的准确性、可行性，并研究相关理论及相应的法律制度完善来促进创新的发展。

（4）文献（含法律文本本身）分析法：对国内外相关法律、政策文献进行调研。① 立法调研：对于国内外与国际数据法学有关的立法制度从理论和规则两个层面进行实证调研，并从规则层面探求目前国际法体系存在的缺失、错位和漏洞。② 政策调研：对国内外政府在促进国际数据法学的公共政策文件方面进行实证分析。

（5）比较研究法：通过历史的比较和国别的比较研究，力图借鉴国外有代表性的国家在国际交往中的经验和教训，有助于他国相关国际数据政策或法律法规的制定及国际条约中有关国际数据的法律规范的研究。

第 2 章 国际数据法的基本理论

步入数字化时代,数据已成为一种至关重要的新型资源,它不仅渗透到日常生活的方方面面,更成为推动经济发展、科技进步的关键要素。随着数据量的爆炸式增长,数据的收集、处理、存储、传输和使用等问题日益凸显,对个人隐私、企业竞争和国家安全产生了深远的影响。因此,对数据的国际法律规制成为全球性的挑战和课题。在深入探讨国际数据法之前,有必要廓清国际数据法的基本理论,为读者深入学习国际数据法学奠定坚实的理论基础。围绕这一目标,本章将首先厘清国际数据法涉及的基本概念,包括数据、信息、数据权益、数据法等;其次介绍国际数据法涵义,包括内涵、外延,以及对其特征进行分析;最后,阐述国际数据法的基本原则及其法律渊源,并从历史视角梳理国际数据法的发展历程及趋势。

2.1 国际数据法涉及的基本概念

2.1.1 数据的定义与特性

1)数据的定义

根据国际标准化组织(International Organization for Standardization, ISO)在信息技术术语标准中的定义,通常意义上的数据是"信息的一种形式化方式的表现,这种表现背后的含义可再被展示出来,且这种表现适用于沟通、展示含义或处理"。[①] 由此定义可知,数据与信息在标准定义的符号语言学上存在区别,

---

① ISO/IEC 2382:2015(en) *Information Technology-Vocabulary*, https://www.iso.org/standard/63598.html, accessed 16 April 2016.

数据一般承载着信息,且是信息的一种表现形式,即可以由某种编码组成,也可通过特定的设备或机械装置再现出来。① 美国网络法专家劳伦斯·莱斯格指出信息通常在三个层面被支配和控制,分别是物理层(包括计算机和网线等)、代码层(主要指因特网协议及基于此协议运行的软件)和内容层(在因特网上传输的信息内容)。② 人们所讨论的数据通常在后两层的信息语境中,即其属于有价值的代码层和有相对更高价值的内容层。"数据"一词在法律上无论是从其本身的客体归属还是从语意理解层面来看,都有不同的含义,但目前通常被认为是一种无形客体。进而言之,其是基于可管理性(例如,日常生活中的数据收集与处理,特别是带有人身属性的数据)或事物的经济可利用性两个层面向被区分。③ 前者通常代表实务中人们关注的,基于大数据技术的个人信息收集、使用与保护;后者是指与人身基本无关并在法律和政策范围内可进入市场流通转让的数据,包括基于企业收集的原始数据和再加工编排后的衍生性的数据集合。④

数据的概念具有较高的抽象性,界定内涵时可先从与其相近概念的辨析入手,通常与"数据"相混淆的概念为"信息"与"数字"。学界一般认为,数据是信息的载体和表现方式,数字为数据的传输和处理方式。再从现行法律规范来看,《中华人民共和国数据安全法》(简称《数据安全法》)中数据的定义是"任何以电子或者其他方式对信息的记录";《〈中华人民共和国治安管理处罚法〉释义及适用指南》中规定"计算机信息系统中存储、处理或者传输的数据"是指在计算机信息系统中实际处理的一切文字、符号、声音、图像等内容有意义的组合;《中华人民共和国电子签名法》中规定的"数据电文"是指"以电子、光学、磁或者类似手段生成、发送、接收或者储存的信息",该法还专门设置一章对电子数据的效力、保存等内容进行规定;《中华人民共和国网络安全法》(简称《网络安全法》)中,将"网络数据"定义为"通过网络收集、存储、传输、处理和产生的各种电子数据"。综上所述,数据在现行法律法规体系中的内涵核心为"信息载体"。随着数字经济的发展,承载信息的数据介入生产、分配、流通、消费等各个经济环节,数据要素逐渐成为炙手可热的新型资源,具有极高的经济价值。因此,"信息载体"这一界定已不足以涵盖数据丰富的外延,结合数据在经济资源领域中发挥的重大作用,本书将数据的概念界定为以数字形式传输,作为信息载体的新型生产要素。

---

① 纪海龙:《数据的私法定位与保护》,《法学研究》2018 年第 6 期,第 73—75 页。
② 劳伦斯·莱斯格:《思想的未来——网络时代公共知识领域的警世喻言》,李旭译,中信出版社,2004,第 23 页。
③ Herbert Zech, "Besitz an Daten?", in: Wolfgang Pertot (Hrsg.), *Rechte an Daten*, Tübingen: Mohr Siebeck, 2020, S. 92.
④ 吴桂德:《商业数据作为知识产权客体的考察与保护》,《知识产权》2022 年第 7 期,第 91—109 页。

2）数据的特性

由于数据这一概念本身就存在较高争议，其特性目前也是众说纷纭。有学者认为数据具有结构性、排他性和客观性，与传统的事物或知识产权存在较大不同；也有学者从民事法律关系的角度入手，认为数据具有存在于人体之外、确定性、独立性等特点；还有学者认为数据是非客体、非财产的。① 基于前文所述，可以将数据的特性总结为非物质性、非消耗性和非排他性。

（1）数据具有非物质性。数据本质上是以0和1字符形式组成的一系列代码，通过二进制的模拟形态被储存于特定数字化设备中，用于计算机的识别与处理活动。这意味着数据不存在物理概念的实体形态，也就是不存在所有权客体的"有体性"，具有与知识产权客体相似的无形性、非物质性客体属性，即数据与知识产权客体的表达方式上具有高度的一致性。

（2）数据具有非消耗性。数据不同于其他实体性的有限资源，可以被无限地反复利用，对数据的利用与传播并不会对数据有所减损和消耗，也不会让使用数据的主体间产生冲突和竞争关系。相反地，越是使用数据，其再生能力就越强，数据之间的相关性也会越多。这一特性亦与知识产权客体具有相似性。

（3）数据具有非排他性。正是因为数据具有非物质性和非消耗性，数据可以同时被多个主体控制、处理和利用。这意味着，最初持有者将数据公开后，仅有通过"拟制稀缺"形式进行法律规制，才能排除其他主体对数据的再次利用。这与知识产权客体被利用的形式亦有相同之处。

2.1.2　信息的定义及与数据的关系

1）信息的定义

信息（information）作为科学术语其定义并不统一。1924年，美国物理学家奈奎斯特（N. Nyquist）发现，如果以一个确定的速度来传输电报信号，就需要一定的带宽，这就是奈奎斯特定律，即信道的极限速率（码元速率）等于信道宽度（低通信道）的2倍。这一定律是将信息率与带宽联系起来。1928年，哈特莱（R. V. Hartley）进一步深化了奈奎斯特的工作，在前者著作《信息传输》一文中，将"信息"一词作为科学术语提取出来。

20世纪40年代，美国数学家、发明家、密码学家和信息论创始人克劳德·艾尔伍德·香农（C.E.Shannon）给出了信息的明确定义。1948年，香农在 Bell

---

① 北京互联网法院课题组：《数据权益知识产权司法保护的体系协调与规则创新》，《法律适用》2024年第4期，第102—119页。

System Technical Journal 期刊上发表了《通信的数学理论》一文,标志着信息论的诞生。香农认为,从通信角度看,信息是通信的内容。通信的目的就是要减少或消除接收端(信宿)对于发出端(信源)可能会发出消息的不确定性。所谓不确定性,就是指人们对客观事物的不了解或不清楚程度。人们通过某种方式或手段,获取了新的情况或知识,就可从对客观事物的不清楚变为较清楚或完全清楚,不确定性也就减少或消除了。这种使人们减少或消除不确定性的东西就是信息。这一定义被人们看作是经典性定义并加以引用。此后许多研究者从各自的研究领域出发,给出了不同的定义。例如,控制论的创始人维纳(Norbert Wiener)于 1950 年发表的论文《人有人的用处——控制论与社会》中指出,"信息这个名称的内容就是我们对外界进行调节并使我们的调节为外界所了解而与外界交换来的东西"。对于信息的特性,中国学者于光远认为,信息的特点就在于它的差异性,两个信息之间总是存有差异的,而信息的意义就在于这种差异。香农认为,信息是组织的程度,能使物质系统有序性增强,减少破坏、混乱和噪声。维纳也把信息看作系统的组织程度,一个系统的组织程度愈高,它所提供的信息量就愈大。基于此,信息管理学的教材将信息的概念定义为,信息是主体感知的按照一定方式排列起来并能反映事物运动状态及变化方式的内容。按信息产生领域可将信息划分为自然信息和社会信息;按信息存在方式可将信息划分为实物型信息、文献型信息、数据型信息、声像型信息和多媒体信息等;按信息加工程度可将信息划分为原始信息、简单加工信息和深加工信息。按信息使用价值可将信息划分为有价值信息和无价值信息。[①]

2) 信息与数据的关系

在"数据法"的语境下,信息和数据概念目前在法律表述上是混用的,主要体现为在诸多法律文件和资料中两者经常相互指代。有学者总结了信息和数据概念混用的三种表现形式,分别为信息包括数据型、数据包括信息型、信息和数据并立型。有学者将"信息问题"和"数据问题"做出了区分:网络侵害知识产权和人格权、个人信息保护、网络安全中的信息安全及电子交易被归为纯粹信息问题类型;虚拟财产问题、网络安全中的网络运行安全,以及企业数据的法律保护被归为纯粹数据问题类型;跨境电子数据流动等同时涉及两种范畴的诉求的问题,以及平台责任等存在信息和数据问题交错出现的情形则可能被归为信息与数据问题混合类型。[②]

[①] 杜栋:《信息管理学教程(第5版)》,清华大学出版社,2019,第4—10页。
[②] 梅夏英:《信息和数据概念区分的法律意义》,《比较法研究》2020年第6期,第151—162页。

2.1.3　数据的权益与法治化

1）数据权益

数据权益是指能进入市场流通的商业数据权益。关于数据权益，理论界、实务界存在不同表述，包括数据资产、数据产品及服务、数字资产等，还存在个人数据、公共数据、公开数据、政务数据、组织数据、一般数据、重要数据、核心数据等权益的细分。相关概念之间存在交叉，涉及个人、企业、社会、国家等多方主体，具有复杂内涵。本书探讨的数据权益是指能进入市场流通的商业数据权益。如何实现数据权益是发展数字经济的重要议题。近几年，理论界对此展开了讨论，提出了数据财产权、数据权利束、数据伦理、数据权利块等相关理论。

2）数据法治化

（1）数据法。

数据法是调整因数据的收集、存储、加工、使用、提供、交易和公开等数据活动而产生社会关系的法律规范总称。数据法的调整对象是因数据活动产生的人身关系、财产关系和数据管理关系。人身关系和财产关系是平等主体之间的社会关系，数据管理关系则是监管主体与作为被监管一方的数据主体、数据控制者和数据处理的不平等主体之间的社会关系。[①]

（2）数字法治。

数字法治是将法治理念延伸到数字环境的结果。首先，法治是一套确保社会有序、公正的原则或理想。在所有法律和合同平等地适用于每个人的情况下，执行法律和合同的程序清晰公平，所有人的人权得到保障。其次，数字法治是一套确保数字社会有序、公正的原则或理想。在所有法律和合同平等、自动适用于每个人的地方，有明确和公平的自动执行法律和合同的流程，有独立的司法机构，所有人的数字权利得到保障。有学者认为，作为当今世界法治的新形态，数字法治不仅推动法治机构、法律职业、社会主体等传统法治要素发生新变化，而且产生出数字科技、技术规范、数字基础设施等新法治要素，从而形成了数字法治的新构造。[②] 数字法治作为法治类型，必然要坚守法治思维、理念和原则，如法律至上、良法善治、权力制约、人权保障、程序正义、社会自治等。但与此同时，数字法治借助数字科技之力，形成了超越传统法治形态的新思维方

[①]　张敏、杨红霞、郭思辰：《论数据法的调整对象和基本原则》，《西北工业大学学报（社会科学版）》2022 年第 3 期，第 99—107 页。

[②]　熊明辉：《数字法治与数字法学》，搜狐网，https://www.sohu.com/a/585573073_254324，访问日期：2024 年 6 月 15 日。

式,如全样本思维、关联性思维、跨界性思维、扁平化思维、用户式思维。从立法、执法、司法到纠纷解决、法律服务等法律活动,都是数字法治运行的重要场景。数字法治正在开辟万物皆可连通、万物皆可共享、万物皆可复制、万物皆可监控、万物皆可计算、万物皆可智能的未来法治新图景。这种新型法治能够破解传统法治的诸多难题,化不知为可知、化不能为可能、化不行为可行,以超乎想象力的方式提升法治工作质量和效能。①

2.1.4　大数据的定义与数据应用

1）大数据的定义

大数据是一个比较抽象的概念,目前尚无确切和公认的定义。最早提出大数据,并认识到其重要性的是全球知名咨询公司麦肯锡。涂子沛在《大数据》中提到,"大数据"指一般的软件工具难以捕捉、管理和分析的大容量数据,一般以"太字节(terabyte,TB)"为单位。美国学者维克托·迈尔·舍恩伯格将大数据解释为是人们获得新的认知、创造新的价值的源泉,是改变市场、组织机构,以及政府与公民关系的方法。大数据将不再仅追寻数据之间的因果关系,而是探寻数据之间的相关性,并进行合理的预测。例如,通过大数据分析,药学家可以更便捷地测定药物的交叉反应;商家能及时解读看似杂乱无章的消费者行为,更好地引导购买;犯罪学家创建了算法犯罪学,用来预防并惩治犯罪。可见,大数据的突出价值在于通过预测获得新知识,以促进决策实现,从而创造新的社会价值。相关研究指出,在传统立法中的个人数据保护问题尚未得到有效解决的情形下,大数据时代的到来又给个人数据法律保护带来了新的困惑,其主要表现为数据主体对数据的控制权严重削弱、数据控制者数据垄断不断强化、数据安全风险和数据监控风险增加、"通知—同意"规则难以有效执行,以及责任追究难度加大。②

2）数据应用

(1) 数据产品。

数据产品是通过结构化数据与用户进行价值交换的产品,其核心组成要素是指标、维度和口径。数据产品不仅是技术特征的集合,还包括语义层和访问层,它们是通过产品管理原理构建的,并有一个指定的所有者。数据产品是数据集、领域模型和访问方式的组合,提供一致和可靠的数据访问,以支持商业决

---

① 黄文艺:《数字法治是法治文明的新形态》,光明网,https://theory.gmw.cn/2023-06/12/content_36624371.htm,2023年6月12日发布,访问日期:2024年6月17日。
② 黄道丽、张敏:《大数据背景下我国个人数据法律保护模式分析》,《中国信息安全》2015年第6期,第111—116页。

策或结果。根据美国数据科学家 DJ Patil 的定义,数据产品是使用数据去促进一个最终目标的产品。它必须有一个业务目标,需要有用户使用,并且其首要目标是使用数据作为原材料。数据产品可以是企业内部用户、外部客户或外部个人客户使用的产品,其可以是报表型、仪表板型或分析型,目的是发挥数据的价值辅助用户做出决策。数据产品是利用数据辅助做出决策的一种产品,包含了供应原始数据、数据加工过程、数据展示和数据结论等服务和形式,其本质是让决策效率最大化。综上所述,数据产品的定义强调了数据的利用、结构化思维、用户体验、业务目标和产品管理的重要性。

(2)数据库。

数据库是结构化信息或数据的有序集合,一般以电子形式存储在计算机系统中,通常由数据库管理系统来控制。在实际中,数据、数据库管理系统及关联应用一起被称为数据库系统,简称为数据库。为了提高数据处理和查询效率,目前最常见的数据库是以行和列的形式将数据存储在一系列的表中,支持用户便捷地访问、管理、修改、更新、控制和组织数据。此外,大多数数据库都使用结构化查询语言(structured query language,SQL)来编写和查询数据。自 20 世纪 60 年代初诞生至今,数据库已经发生翻天覆地的变化。最初,人们使用分层数据库(树形模型,仅支持一对多关系)和网络数据库(更加灵活,支持多种关系)这样的导航数据库来存储和操作数据。这些早期系统虽然简单,但缺乏灵活性。20 世纪 80 年代,关系数据库开始兴起;20 世纪 90 年代,面向对象的数据库开始成为主流。近年来,随着互联网的快速发展,为了更快速地处理非结构化数据,NoSQL 数据库应运而生。现在,云数据库和自治驾驶数据库在数据收集、存储、管理和利用方面正不断取得新的突破。数据库有很多种类,例如关系数据库、面向对象数据库、分布式数据库、数据仓库、NoSQL 数据库、图形数据库等。这些只是目前投入使用的几十种数据库中的一小部分。还有许多针对具体的科学、财务或其他功能而定制的数据库。除了不同的数据库类型,技术开发方法的变化,以及云计算和自动化等重大进步也在推动数据库朝着新的方向发展,比如一些最新的数据库包括开源数据库、云数据库、多模型数据库、文档/JSON 数据库和自治驾驶数据库。

2.1.5 数据跨境流动与本地化

1)数据跨境流动

目前,国际上对数据跨境流动的概念尚未形成统一的看法,数据跨境流动治理领域也并未形成全球性规制体系。经济合作与发展组织(Organization for

Economic Cooperation and Development，OECD)、亚太经济合作组织(Asia-Pacific Economic Cooperation，APEC)、二十国集团(G20)和世界贸易组织(World Trade Organization，WTO)等国际机制,成为参与全球跨境数据流动治理的主要多边机制。美国和欧盟作为两大独立法域,正积极开展跨境数据流动治理和规制协调。1980 年,OECD 在《隐私保护与个人数据跨境流通指南》中首次定义了"跨境数据流动(data cross-border flows)",用以指代个人数据的跨国界移动。① 与此同时,欧盟在《欧盟数据保护指令》中则将其表述为"个人数据被传输至第三国"。欧洲条约第 108 号《有关个人数据自动化处理的个人保护公约》则定义"个人数据的跨境流动"是个人数据不论通过何种方式跨越国界传输并自动处理,或者即使未跨越国界,但被认为用于自动处理的情况。APEC 通过 2005 年发布、2015 年修订的《APEC 隐私框架》指导亚太地区跨境数据自由流动。APEC 的相关文件中出现了"跨越国境的数据传输""跨越国境的信息流动""信息流动并跨越国境"等不同的表述,这些概念在文件中被交替使用。此外,许多国家的国内法规对数据跨境流动也有各自的定义和解释,但大体上与前述表述保持一致。国际上对数据跨境流动的界定主要分为两类:一类是数据跨国界的传输、处理和存储;另一类是数据虽然未跨国界,但第三国的实体能够对其进行处理。

  从中国学者的相关研究现状上看,有学者认为数据跨境流动是指数据跨越国家、地区或国际组织之间的政治边界,并发生数据传输、存储和处理等行为。② 有学者认为,数据本身虽未被传输出境,但能够被别国的主体访问也应该被视为数据跨境流动。③ 也有学者认为,个人数据跨越国境的访问、收集、流动、处理和存储的全过程即为数据跨境流动。④ 还有学者认为,数据跨境流动是指一国数据可跨越物理边界在境外被访问、获取、传输和操作。⑤ 2023 年 11 月,国家网信办公布了《促进和规范数据跨境流动规定》,专家对该规定进行解读时提出,数据跨境流动是指数据处理者向境外提供个人信息等数据。一般将数据跨境流动理解为"数据从一法域被转移至另一法域的行为"或"跨境对存储在计算机

---

① 刘宏松、程海烨:《跨境数据流动的全球治理——进展、趋势与中国路径》,《国际展望》2020 年第 6 期,第 65—88 页。
② 东方:《欧盟、美国跨境数据流动法律规制比较分析及应对挑战的"中国智慧"》,《图书馆杂志》2019 年第 12 期,第 92—97、104 页。
③ 张茱楠:《数字主权背景下的全球跨境数据流动向与对策》,《中国经贸导刊》2020 年第 18 期,第 49—52 页。
④ 相丽玲、张佳彧:《中外跨境数据流动的法律监管制度研究》,《情报理论与实践》2021 年第 4 期,第 74—78、49 页。
⑤ 冉从敬、郭潇凡、何梦婷:《国际跨境数据流动治理合作:机理、困境与变革》,《图书馆论坛》2023 年,第 1—9 页。

中的机器可读数据进行处理"。数据跨境流动主要包括两种情形：一种是数据跨境的传输、转移行为；另一种是尽管数据尚未跨境，但能够被境外的主体进行访问处理的情形。①

2）数据本地化

世界银行出版的《2016年世界发展报告 数字红利》中提及了"数据本地化"的概念，该报告指出，"互联网推动实现更多跨境货物、服务贸易，使消费者和企业摆脱国家边界限制。但跨境贸易存在的问题，如数据流动壁垒、各行其是的知识产权保护制度，限制互联网企业的发展，剥夺消费者受益于更多数字贸易的机会。……一些国家正在考虑制定相关法规，把必须在本国储存国民的数据或有关国民的数据作为法定要求，这也被称为数据本地化或数据国家主义"。② 有学者认为，数据本地化通常指在数据发生跨境传输前，要求对其收集、处理和存储均发生在数据产生国境内的一项要求，传统上这一要求的目的是保护个人数据不被侵犯。数据本地化是一项专门针对数据跨境传输行为而产生的术语，对数据本地化的强调源于数据主权概念的普及。③ 有学者从广义和狭义上解释了数据本地化：数据本地化广义上是指对数据跨越国境所采取的各种类型的限制，包含了从附带条件的流动到完全禁止；而狭义的数据本地化指要求将数据的储存和处理放在数据来源国境内的数据中心和服务器。根据限制的宽严程度不同，实际中存在的类型有：仅要求在当地有数据备份而并不对跨境提供进行过多限制，数据留存在当地且对跨境提供进行限制，数据留存在境内的自有设施上而不得向境外提供，要求特定类型的数据留存在境内等。④

2.2 国际数据法的涵义与特征

2.2.1 国际数据法的定义

"国际数据法"是一个涉及跨国数据流动、数据保护、数据主权和数据治理等方面的法律体系。它包括各国对数据的立法和国际条约或协议，旨在规范数据的收集、存储、处理、传输和使用，同时保护个人隐私、企业利益和国家安全。

---

① 张新宝：《专家解读｜促进和规范数据跨境流动的重要规定》，2024年3月22日，https://www.cac.gov.cn/2024-03/22/c_1712776625820516.htm，访问日期：2024年6月22日。
② 世界银行：《2016年世界发展报告 数字红利》，https://documents1.worldbank.org/curated/en/950951467993193548/pdf/102724-WDR-WDR2016Overview-CHINESE-WebResBox-394840B-OUO-9.pdf，访问日期：2024年6月23日。
③ 田旭：《自贸区内数据跨境传输机制构建刍议》，《上海法学研究》集刊2021年第13卷，第142—149页。
④ 刘金河、崔保国：《数据本地化和数据防御主义的合理性与趋势》，《国际展望》2020年第6期，第89—107、149—150页。

国际数据法的定义并不是一个固定的概念,而是一个不断发展和变化的法律领域,其核心是平衡数据的自由流动与安全保护之间的关系。具体来说,国际数据法涉及的内容包括:① 数据主权,即国家对其境内数据的控制和管辖权,包括数据的存储、处理和跨境传输;② 数据保护,即确保个人数据的安全,防止数据泄露和滥用;③ 数据跨境流动,不同国家和地区间的数据传输,需要考虑数据的安全性和合规性,以及不同国家法律的差异;④ 数据本地化,在数据跨境流动的过程中,一些国家通过立法要求数据在本国境内存储和处理,以增强数据控制和保护;⑤ 国际合作,即国家间在数据安全和治理方面的合作,包括参与国际规则和标准的制定。

从现有国际实践的动向上来看,各国正通过立法加强对数据的控制,同时推动国际合作以应对数据跨境流动带来的挑战。例如,美国的《澄清境外合法使用数据法案》(Clarifying Lawful Overseas Use of Data Act,简称《CLOUD 法案》)允许美国政府在特定情况下访问存储在境外的数据。而欧盟则通过《非个人数据自由流动条例》推动非个人数据的跨境自由流动,并禁止数据本地化限制。中国也通过《数据安全法》《促进和规范数据跨境流动规定》等法律法规加强对数据的保护和监管,同时积极参与国际数据治理和规则制定。

综上所述,本书认为国际数据法是指调整国家等国际法主体在开发、利用、保护和交易数据的国际交往过程中形成的国际数据法律关系的原则、规则和规章制度的总体。国际数据法是随着信息技术的发展而处于不断完善的相对独立的学科体系,虽然它目前尚不成熟,但将会成为国际法的一个分支。

2.2.2 国际数据法的内涵与外延

1)国际数据法的内涵

基于前文对国际数据法定义的分析可以看出,国际数据法具有一般部门国际法的普遍内涵或特征。它涵盖数据主权、数据保护、跨境数据流动、数据本地化、国际合作等议题,是一个多维度、多层次的法律体系,不仅包括各国的国内立法,还包括国际条约和协议,旨在实现数据的安全、自由流动和合理利用。接下来将国际数据法体系划分为两方面的内容进行探讨,分别是实体性制度和程序性制度。

(1)实体性制度。

① 数据主权制度。

数据主权源于网络主权,是国家主权在大数据时代的核心表现。网络空间治理面临的最首要也最根本的问题是"由谁治理"。从当前全球层面的国际形式上看,"网络空间是否拥有主权"这一问题存在争议。以美国为代表的部分西方国家凭借自己较早进入互联网领域,拥有较多先进的网络技术,认为自己能够掌控网络空间,便在相关文件与公开发表的演讲中公然将网络空间纳入全球公共领域,以所谓公民自由神圣不可侵犯为理由,否定他国的网络空间主权,排斥主权国家平等参与网络空间国际共治,而借此阻断发展中国家在网络空间建章立制的步伐。[①] 但中国向来主张主权国家是维护网络空间秩序的关键行为体。2010 年,由中华人民共和国国务院新闻办公室发布的《中国互联网状况》白皮书首次提出了"互联网主权"。2015 年 12 月第二届世界互联网大会上,习近平主席提出了"构建网络空间命运共同体"的宏大命题与美好愿景,强调要尊重各国网络主权,每个国家都享有自主选择网络发展道路,并根据各自不同的政治文化背景和法律框架管理网络空间的权利。[②]《国家安全法》中第 25 条要求"维护国家网络空间主权",2016 年通过的《网络安全法》于第 1 条开宗明义,规定应以"维护网络空间主权"为宗旨。2020 年 11 月,《上海合作组织成员国元首理事会关于保障国际信息安全领域合作的声明》中也重申在维护国际信息安全问题上的合作应基于《联合国宪章》基本原则,特别是国家主权,这对构建和平、安全、开放和稳定的全球信息空间具有重大意义。

自 1648 年《威斯特伐利亚和约》签订以来,主权观念被广为接受并深入人心,《联合国宪章》明确规定了主权原则,每个国家对其领土和内政拥有主权,任何国家都不能干涉别国内政已成为当今国际社会的共识。网络空间主权则是国家主权在位于其领土的信息通信基础设施所承载网络空间中的自然延伸。[③]

网络空间作为人造电磁空间并非悬浮的空中楼阁,其形成离不开相互关联的计算机、服务器、路由器、交换机和光缆等物质载体。一般认为,网络空间包含三个层次或场域:美国兰德公司的技术专家马丁·利比基(Martin Libicki)将网络空间划分为语义层、语法层和物理层;美国军方在《联合信息作战》中把信息作战空间划分为认知域、物理域和信息域;《塔林手册 2.0》也不约而同地将网络空间划分为物理层、逻辑层和社会层。其中,物理层主要为有形的信息通信设施设备;逻辑层指传输信息的设备间的非物理性的连接或架构,具体而言,包括应用程序、数据和网络协议;社会层则指向网络空间中的用户及其网络活动。

---

① 刘博雅、兰迪:《人类命运共同体视阈下的网络反恐法制论》,《云南警官学院学报》2021 年第 3 期,第 64—70 页。

② 中国政府网:《习近平在第二届世界互联网大会开幕式上的讲话》,https://www.gov.cn/xinwen/2015-12/16/content_5024712.htm,访问日期:2024 年 6 月 29 日。

③ 方滨兴:《论网络空间主权》,科学出版社,2017,第 82 页。

物理层位于底层,逻辑层居中,社会层居于顶层,形成"婚礼蛋糕式"结构①,而网络空间主权则是指向三层次及其构成内容的全方位的主权。

国家对于物理层的网络空间主权行使没有法理和技术的阻碍。法理上,一个国家位于其领土内的有形网络资产与全球互联网相连这一事实,并不能妨碍一个国家对这些网络资产和涉及这些资产的活动的领土主权;②技术上,运用传统上对事物的管理手段就可以对位于一国境内的互联网有形设备达成控制。③物理层的网络主权已得到国际法上的确认,联合国信息安全政府专家组(Group of Government Experts on Information Security,UNGGE)在2013年的官方文件中承认国家主权和在主权基础上衍生的国际规范及原则适用于国家进行的信息通信技术活动,以及国家在其领土内对信息通信技术基础设施的管辖权。④

逻辑层的网络空间主权行使则颇具争议。由于信息传输的基本网络协议和相关标准在制定之初就完全公开而并不涉及主权问题,因此逻辑层的主要矛盾指向互联网地址与域名系统。⑤ 目前,域名治理的主要权力通过互联网名称与数字地址分配机构(The Internet Corporation for Assigned Names and Numbers,ICANN)被赋予了技术行业组织,遵循自下而上、多元主体的治理模式,国家仅能通过政府咨询委员会进行有限度的参与,但并不拥有决策权。有学者认为,这种参与不同于联合国框架下政府主导的多边治理,有悖于传统威斯特伐利亚主权要求;但也有观点认为,互联网新疆界需要新的主权样态,即"相互依赖的主权"⑥,这种主权在延续"权威"和"控制"要素的同时接纳主权的多元主体实施,ICANN多利益相关方中的国家参与即为行使主权的体现。⑦

社会层的主权行使主要表现为国家的信息审查规制和数据流动管理,这些曾被视为非法干预的行为如今在众多国家中已建立广泛的法律实践。在国家的信息审查规制上,意识形态、种族歧视、战争仇恨、文化宗教相关的信息都可以是各国信息管制的对象,例如"法国雅虎案"这一典型案例中,法国法院判决雅虎法国网站销售纳粹纪念品因涉及纳粹内容而违法,并不受言论自由保护。

---

① 希瑟·M. 罗夫:《网络和平——从积极和平的视角看网络安全》,《信息安全与通信保密》2016年第12期,第30—40页。
② Michael N. Schmitt (ed.), *Tallinn manual 2.0 on the international law applicable to cyber operations* (Cambridge: Cambridge University Press, 2017).
③ 许开轶、俞润泽:《基于多重场域原理的网络空间主权生成逻辑》,《社会科学研究》2020年第2期,第49—56页。
④ 参见联合国大会文件 A/68/98。
⑤ 刘晗、叶开儒:《网络主权的分层法律形态》,《华东政法大学学报》2020年第4期,第67—82页。
⑥ Stephen D. Krasner, *Sovereignty: Organized Hypocrisy*, (Princeton: Princeton University Press, 1999).
⑦ 同⑤。

在数据流动管理上,一些国家也已采取不同强度和不同路径的数据流动限制措施以维护国家安全和个人隐私,例如俄罗斯在"棱镜门"事件后采取的数据本地化严格要求、欧盟《通用数据保护条例》(GDPR)对数据流动目的地的规定,而这与反网络空间主权论者声称的网络空间信息自由流动原则背道而驰。

综上所述,尽管与传统的威斯特伐利亚模式下搭筑于物理领土之上的主权样态有所区别,在包括物理层、逻辑层和社会层的网络空间这一新的疆域上建立网络空间国家主权都是正当、可行且在世界各国实际发生的,国际层面对于网络空间主权的理论质疑和现实否认是站不住脚的。数据主权表现为国家对本国数据与本国国民数据的所有权、控制权、管辖权和使用权。数据主权对内体现了国家对数据的最高管辖权,对外体现了国家在网络数据上的独立自主与合作权。广义上的数据主权包括国家的数据主权与个人的数据主权。①

随着数据主权的概念被广泛接受,国家对域外数据的管辖问题也成为争议的焦点。域外数据的管辖应是指非存储地国家对存储在其他国家或地区的数据的管辖。以美国为例,美国通过立法确立了以数据控制者为标准的域外数据管辖权,将美国公司在全球数据领域的优势转变为美国对域外数据的管辖权。在立法管辖权上,对数据大国而言,对控制者的属人管辖有着传统的属人管辖基础,较易被接受。目前,美国对域外数据的管辖权主要是通过立法扩展至属人管辖实现的。在执法管辖上,尽管在传统法律领域,执法管辖权的地域性事实上成功地限制了域外立法管辖权的实现,但在数据领域,美国可以凭借其在互联网领域的主导地位和国际金融体系的霸主地位,不经数据存储地国的同意即可对域外数据行使执法管辖权。这使传统意义上的领土疆界变得模糊,对执法管辖权限制在本国领土范围内这一习惯法构成严重的挑战。②

② 数据确权制度。

2022年,中国共产党中央委员会、中华人民共和国国务院印发《关于构建数据基础制度 更好发挥数据要素作用的意见》(简称《数据二十条》),将数据分为公共数据、企业数据和个人信息数据,强调"建立保障权益、合规使用的数据产权制度……根据数据来源和数据生产特征,分别界定数据生产、流通、使用过程中各参与方享有的合法权利,建立数据资源持有权、数据加工使用权、数据产品经营权等分置的产权运行机制"。

确权是数据价值建构的基础。对于数据确权的意义,学者指出,数据确权

---

① 张晓君:《数据主权规则建设的模式与借鉴——兼论中国数据主权的规则构建》,《现代法学》2020年第6期,第136—149页。
② 杨永红:《美国域外数据管辖权研究》,《法商研究》2022年第2期,第146—157页。

是对数字经济的制度回应。回顾人类财产权演进史不难发现，财产权是工具而非目的，其始终服务于更为广泛、多元的目标。从农业经济到工业经济，再到知识经济，人们珍视的财产不断演化——从"土地财产"到"金融财产"，再到"知识财产"。随着数字经济的到来，作为关键生产要素的数据价值不断凸显。如果数据权利归属不明，则纠纷必然难以避免：相互争斗将导致资源利用成本陡增，过度利用终令资源耗费殆尽。如欲止争，莫过于定分，这就是数据确权的重要主旨。数据确权能够大幅降低数据交易流通中各方调查权利边界的核实成本和就权利内容讨价还价的磋商成本，降低人们约束自身行为和防范侵权的估量成本，降低数据权利人向非法获取数据的第三方主张权利的行权成本。这些成本的降低，使得数据的高质量交易流通成为可能。也有学者指出，数据确权一方面可以保障数据流通和利用的有序进行；另一方面可以促进数据生产和流通的有效进行。还有学者指出，数据确权一是有助于明确各法律主体享有的具体权利；二是有助于减少数据流动的制度障碍；三是有利于更大范围地释放数据要素价值，也能明确不同业务环节的数据安全保护义务主体。综上可知，数据确权的意义可以分为两个层面，一是确认数据的权属避免纠纷，二是实现数据的流通发挥其经济价值。①

③ 个人信息保护制度。

个人信息保护制度是指一系列法律、法规、政策和标准，旨在保护个人信息的安全和隐私，防止个人信息的滥用、泄露或未经授权的访问。这一制度的建立是为了平衡个人隐私权与数据利用之间的关系，确保数据收集和处理的合法性、正当性和透明性。

个人信息保护制度的内涵可概述为四个方面。一是尊重个人隐私，个人信息保护制度旨在尊重和保护个人的隐私权，确保个人信息不被非法获取和使用。二是保障数据安全，通过技术和管理措施确保个人信息的安全，防止数据泄露、损坏或丢失。三是实现合法合规，个人信息的收集和处理必须符合法律法规的要求，遵循合法性原则。四是确保个人控制，个人应有权控制自己的个人信息，包括访问、更正、删除等权利。

个人信息保护制度的主要内容包括：一是数据收集原则，确立了个人信息收集的基本准则和前提条件，包括但不限于目的限定性、数据最小化原则，以及收集过程的透明度和合法性。二是数据存储规范，规定了个人信息存储的期

---

① 王珏、底亚星：《数据确权：必要性、复杂性与实现路径》，2024年3月15日，http://www.qstheory.cn/qshyjx/2024-03/15/c_1130089637.htm，访问日期：2024年6月25日。

限、环境条件及必须采取的安全防护措施,以保障数据在存储期间的安全性和完整性。三是数据使用限制,明确了个人信息使用的范围和目的,严禁个人信息被用于超出事先约定或授权的目的。四是数据传输规则,对个人信息的跨境传输制定严格的规则和标准,确保在数据传输过程中的安全性和合规性。五是数据共享条件,规定了个人信息在不同组织或个人之间共享时必须满足的条件和要求,以保护数据主体的隐私权益。六是数据保护责任界定,明确了数据控制者和数据处理者在数据保护方面的责任和义务,包括采取必要措施保障数据安全。七是数据主体权利保障,赋予数据主体一系列权利,包括但不限于知情权、访问权、更正权、删除权(即被遗忘权),以及在必要时对数据处理提出异议的权利。八是数据安全事件应急响应,在数据泄露或其他安全事件发生时的应急措施和通知程序,确保及时采取行动减少损害。九是监管机制,通过专门的监管机构监督和评估个人信息保护制度的实施情况,确保各项规定得到有效执行。十是法律责任,违反个人信息保护制度的法律后果,包括但不限于行政处罚、民事赔偿,以及可能涉及的刑事责任。

从目前国内外的立法上看,欧盟的《通用数据保护条例》是全球最全面和最严格的个人信息保护法规之一,它规定了数据处理的合法依据、数据主体的权利、数据保护的影响评估等内容。美国的《消费者隐私法案》、德国《联邦数据保护法》同样对个人信息的处理设置了严格的规定。《中华人民共和国个人信息保护法》(简称《个人信息保护法》)、《网络安全法》《数据安全法》等法律法规共同构建了中国个人信息保护体系,旨在保护个人信息权益,促进合理利用个人信息,规范个人信息处理活动。

④ 数据进出口制度。

数据进出口制度是指国家或地区为了保护国家安全、促进经济发展、保护个人隐私和知识产权等,对数据跨境传输实施的一系列法律、政策和程序。这些制度规定了数据从国内传输到国外(数据出口),以及从国外传输到国内(数据进口)的条件、限制和要求。

从中国当前的立法现状上看,网络安全领域的首部基础性法律——《网络安全法》,首次规定了数据出境的安全评估制度,为跨境数据安全流动与数据监管奠定了基础。2021年,中国陆续出台《数据安全法》《个人信息保护法》,形成了数据分类分级管理的设计框架,为开展数据跨境流动管理提供了法律依据。2022年7月,《数据出境安全评估办法》(简称《评估办法》)发布并明确了需要进行出境安全评估的三类场景:第一类是重要数据出境;第二类是关键信息基础设施运营者收集和产生的个人信息出境;第三类是达到一定条件的非关键信息基础设施运营者收集和产生的个人信息出境。《评估办法》对数据出境管理中最为重要的"安全评估"手段予以明确，实现了规则性立法落地，是完善数字治理顶层制度设计的重要配套性规章，标志着中国数据治理法治实践走出了关键一步。随着数字经济的蓬勃发展，个人信息出境需求快速增长，2023年2月，国家互联网信息办公室公布《个人信息出境标准合同办法》(简称《标准合同办法》)，对"标准合同"途径下个人信息出境的要求做了详细规定，明确了个人信息出境标准合同的适用范围、订立条件和备案要求，其"附件"还列出了标准合同的基本条款，将法律规范转化为合同规则。《标准合同办法》与《评估办法》互为补充、互相衔接，为"非关键、小规模"的个人信息出境提供了详细规范，为《个人信息保护法》视域下的个人信息跨境方式之一的"标准合同"提供了落地蓝本，进一步完善了个人信息出境的管理制度。

⑤ 环境保护制度。

环境保护制度与数据法两者之间跨越了学科领域的界限，数据法在一定程度上能够支持和加强环境保护工作。环境保护制度是指一系列旨在保护和改善环境质量、促进可持续发展的法律、政策、措施和实践活动。这些制度涵盖了污染控制、生态保护、资源管理和环境影响评估等多个方面。环境保护制度是国家和地方政府为了维护生态平衡、防止环境退化、保障人类健康和生态系统安全而制定的规范和措施的总和。

环境保护制度包含的主要内容：一是环境立法，制定环境保护相关的法律、法规和标准。二是环境监管，通过环境监测、执法和处罚等手段确保法律的执行。三是环境影响评估，评估项目对环境的潜在影响，并提出缓解措施。四是污染排放控制，设定污染物排放标准和总量控制。五是生态保护和修复，保护重要生态系统，实施生态修复工程。六是环境教育和公众参与，提高公众环保意识，鼓励公众参与环境保护。七是国际合作，参与全球环境治理，履行国际环境公约。中国高度重视环境保护，已经建立较为完善的环境保护法律体系，主要包括：《环境保护法》《大气污染防治法》《水污染防治法》《固体废物污染环境防治法》《环境影响评价法》《野生动物保护法》《土壤污染防治法》。

大力发展数据产业可能对环境、气候带来一定的挑战。首先，数据中心作为耗电大户，其能源需求随着数据量的增长而不断上升。据《数据中心能源十大趋势白皮书》显示，全国数据中心耗电量已经达到2 700亿 kW·h，占全社会用电量的约3%，并预计到2030年接近4 000亿 kW·h；其次，数据中心的能源如果主要依赖于化石燃料，其运营将直接导致温室气体排放的增加。第六次评估报告综合报告《气候变化2023》中强调了全球气温上升带来的毁灭性后果，包括极端天气事件的频发和生态系统的破坏;最后,数据中心需要大量的能源来维持适宜的运行温度。随着全球气候变暖,一些地区的冷却需求可能会增加,从而进一步增加能源消耗。总之,大力发展数据产业在推动经济增长和技术进步的同时,也需要充分考虑其对能源消耗和气候变化的影响,并采取有效措施以实现可持续发展。

(2)程序性制度。

① 经营许可制度(报备/审批)。

经营许可制度是指国家对某些特定行业或领域实行的市场准入制度。该制度要求企业或个人在从事某些经营活动前,必须依法获得政府相关部门颁发的许可证或执照,以确保经营活动的合法性、安全性和合规性。经营许可证制度包含的主要内容:一是市场准入门槛,明确哪些行业或活动需要获得许可才能开展。二是许可条件,规定申请许可所需满足的条件,如资质、资金、设备等。三是申请程序,明确申请许可的流程,包括提交材料、审核、决定等步骤。四是监管机制,对持牌经营者进行监督管理的监管体系。五是法律责任,对未经许可擅自经营或违反许可条件的行为设定法律责任。六是许可更新与撤销,规定许可的有效期和在特定情况下撤销许可的条件。

我国实行了一系列经营许可制度,以规范市场秩序和保护消费者权益。先是《中华人民共和国行政许可法》规定了行政许可的基本原则、设定、实施程序和监督等。然后《食品安全法》《药品管理法》等部门法针对特定行业设定了详细的经营许可要求。此外,法律、法规及部分规范性文件等还对"资质认证""安全生产许可""环保许可""进出口许可"等内容做了规定。

我国与数据的保护、跨境流动等相关的经营许可证制度包含的主要内容有:一是网络安全审查制度,依据《网络安全法》《数据安全法》,关键信息基础设施运营者采购网络产品和服务,影响或可能影响国家安全的,应当进行网络安全审查。二是数据出境安全评估制度,根据《数据安全法》《个人信息保护法》,在特定情况下,数据出境需要进行安全评估。三是个人信息保护影响评估制度,依据《数据出境安全评估办法》,数据处理者向境外提供特定数据的,应当通过所在地省级网信部门向国家网信部门申报数据出境安全评估。四是应用程序(application,APP)备案制度,依据国家互联网信息办公室的规定,部分APP需要进行备案,特别是涉及用户个人信息收集使用的APP。五是个人信息保护认证制度,依据《个人信息保护法》,鼓励数据处理者参与个人信息保护认证。

② 尽职调查制度。

尽职调查制度是指在商业交易、投资并购、合作等活动中,一方或多方对目标公司或项目进行全面的调查和评估,以确认其价值、风险和潜在问题的一种系统性工作流程。尽职调查的目的是为决策提供充分、准确的信息,确保交易的透明度和合规性。

尽职调查制度包含的主要内容有:一是商业尽职调查,评估目标公司的市场地位、经营状况、竞争能力、管理团队和未来发展潜力。二是财务尽职调查,检查目标公司的财务报表、资产负债表、收入和支出情况,评估财务健康状况。三是法律尽职调查,调查目标公司的法律地位、合同义务、潜在诉讼、合规性及知识产权等法律问题。四是技术尽职调查,评估目标公司的技术能力、研发水平、技术资产和技术创新潜力。五是环境尽职调查,评估目标公司的环境影响、环境合规性、潜在的环境风险和责任。六是人力资源尽职调查,了解目标公司的员工结构、薪酬福利、劳资关系和人力资源管理状况。七是运营尽职调查,评估目标公司的运营效率、生产流程、供应链管理和质量控制系统。八是市场和客户尽职调查,分析目标公司的目标市场、客户基础、市场份额和销售渠道。九是合规性尽职调查,确保目标公司遵守相关法律法规,包括税务、环保、劳动法等。十是数据安全和隐私尽职调查,评估目标公司的数据保护措施、数据安全政策和个人信息保护实践。十一是风险评估,识别和评估交易中的潜在风险,包括财务风险、运营风险和市场风险等。

从我国目前的立法上看,《数据安全法》《网络安全法》和《个人信息保护法》共同构筑了我国信息及数据安全领域的基础法律框架,相应地企业数据安全合规也有了法律层面的清晰要求。相较于《网络安全法》,《数据安全法》更强调数据本身的安全,且数据的含义不限于电子化数据;而较之即将出台的《个人信息保护法》,《数据安全法》则从更加宏观的角度全面规定了数据安全合规要求,可以说《数据安全法》是数据合规领域的顶层设计。《数据安全法》明确了对数据的收集、存储、使用、加工、传输、提供、公开等各个环节进行数据安全风险的监测、评估和防护要求,以及权限管控、数据脱敏、数据加密、审计溯源等多种技术要求,并对后续的执法检查、标准制定、企业数据安全防护、个人权益保障等方面做出了规定。有关单位和个人收集、存储、使用、加工、传输、提供、公开数据资源,都应当依法建立健全数据安全管理制度,采取相应技术措施保障数据安全。企业未来应该加强数据安全的自监管,国家行政主管部门的执法监管要与企业自监管有机结合,以促进数据的有序使用。

③ 信息公开制度(透明度)。

信息公开制度主要是指政府信息公开制度或政务公开制度。政府或公共机构依法向公众披露其掌握信息的一系列规范和程序。这一制度旨在提高政府工作的透明度,保障公民的知情权和参与权,促进政府责任制和民主监督。

在数据法的语境下,政府信息公开涉及政府收集、处理、存储、传播数据的透明度和公开性。随着数字化转型和数据驱动决策的普及,政府信息公开不仅是维护民主原则和公民权利的必要手段,而且是推动数据利用和创新的关键因素。

政府信息公开基于的原则:一是公开为常态原则,政府信息以公开为原则,不公开为例外。二是合法性原则,信息公开应当符合法律法规的规定,不泄露国家机密、商业秘密和个人隐私。三是及时性原则,政府信息应当在规定时限内及时公开。四是便民性原则,信息公开应当便于公众获取和理解。五是公正性原则,信息公开应当公平对待所有请求者,不得歧视。

④ 争端解决制度。

争端解决制度是指一套正式的程序和机制,用于解决个人、企业或国家之间出现的争议和纠纷。这些制度通常包括协商、调解、仲裁和诉讼等多种解决手段,旨在通过法律框架内的方法公正、高效地解决争端。随着数据的重要性日益增加,数据相关的争端也逐渐增多,包括数据安全、隐私保护、数据所有权、数据泄露等问题。争端解决基于的原则:一是公平性原则,确保争端解决过程中各方权利平等,结果公正。二是合法性原则,争端解决必须基于法律规范和程序进行。三是自愿性原则,争端双方应自愿参与解决过程,尤其是在选择调解或仲裁时。四是效率性原则,争端解决应迅速进行,避免不必要的延误。五是保密性原则,某些争端解决过程(如调解)应保密进行,保护当事人隐私。

2)国际数据法的外延

国际数据法的外延则主要来源于国际法的法律渊源,包括全球性多边条约和重要的区域性、双边国际规则。全球性多边条约如联合国、世界贸易组织等的政策框架和指导原则是其首要渊源。区域性和双边规则,如欧盟和美国推动的数据保护和跨境流动法律,也对国际数据法体系的构建起到关键作用。接下来将在2.4节深入探讨并梳理国际数据法的法律渊源。

2.2.3 国际数据法的特征

国际数据法是一个新兴且快速发展的法律领域,它涉及数据跨国流动、数据保护、数据主权和数据治理等内容。本书归纳国际数据法具有的特征如下所述。

1)跨国性

国际数据法最显著的特征是跨国性。随着全球化和数字化的发展,数据流动不再局限于单一国家的边界。国际数据法需要解决数据在不同国家和地区间的传输、存储和处理问题。跨国性深刻影响了国际数据法的制定、实施和发展趋势。

国际数据法的跨国性特征要求法律制定者、政策决策者和业界领袖在全球视野内考虑数据法的问题。这不仅涉及技术、经济和法律的多学科融合,还需要在全球层面上建立起有效的治理结构和合作机制,以应对数据流动带来的机遇和挑战。

2) 多样性

国际数据法体现了不同国家和地区在数据保护和利用方面的多样性。在数据"跨国性"特征的基础上,不同国家的法律体系、政策取向、经济发展水平、技术发展水平、加入的国际条约等方面存在差异,因此不同国家的数据保护法律和政策也有所不同,这导致在国际层面上缺乏统一的数据治理标准。

国际数据法的多样性是全球化和数字化背景下的一个必然现象,它要求国际社会在尊重各国差异的基础上寻求共识和协调。多样性既是国际数据法发展的挑战,也是促进创新和适应不同需求的机会。为了有效应对全球数据流动带来的问题,需要建立更加灵活和包容的国际数据治理体系,平衡不同国家的利益,促进数据的合理利用和保护。同时,也需要加强国际交流和合作,共享数据法的最佳实践,提高全球数据治理的能力。

3) 动态性

国际数据法是一个持续发展的领域。国际数据法的动态性是其不断发展和完善的重要标志。面对快速变化的技术环境和社会需求,国际数据法需要保持灵活性和适应性。技术是推动国际数据法发展的核心动力。随着人工智能、大数据、云计算、物联网和区块链等技术的发展,新的数据处理方式和应用场景不断出现,要求数据法不断更新以适应技术变革。数据已成为关键的经济资源,对经济增长、产业升级和企业竞争具有重要的影响。国际数据法需要适应经济发展的需要,制定促进数据流通、交易和创新的法律规则。社会对数据的需求和应用方式也在不断变化。例如,随着社交媒体的普及,个人信息的收集和使用方式发生了变化,这促使数据法需要对个人隐私和数据保护进行重新审视和规定。各国政府对数据的政策导向也在不断调整。一方面,政府需要保护个人隐私和数据安全;另一方面,也需要促进数据经济的发展。政策导向的调整直接影响数据法的制定和实施。因此,为了适应技术发展和社会需求的变化,国际数据法的法律规范需要不断更新与完善。这包括对现有法律的修订和新法律的制定,以解决出现的新的数据问题。

4) 复杂性

复杂性是国际数据法的一个显著的特征,其源于数据法所涉议题的多样性、法律关系的交织,以及不同法律体系和技术环境的相互作用。具体而言,国际数据法的复杂性体现在以下几个方面：一是议题多样性，国际数据法不仅涉及个人隐私和数据保护，而且包括网络安全、知识产权、电子商务、市场竞争等多个领域；这些议题各自具有独特的法律问题和解决机制，增加了数据法的复杂性。二是法律关系交织，数据法中涉及的法律关系错综复杂，包括数据主体、数据控制者、数据处理者、监管机构、消费者、企业等多方主体；这些主体之间的权责关系和法律义务相互交织，形成了复杂的法律网络。三是技术与法律的互动，技术发展与法律规范之间存在密切的互动关系；技术的进步不断推动数据法的发展，而法律又需要对技术应用进行规范和约束，这种双向互动增加了数据法的复杂性。四是不同法律体系的融合，国际数据法需要考虑不同国家法律体系的差异，如大陆法系、英美法系等；不同法律体系的融合和协调是国际数据法制定和实施中的一个难点。五是国际标准的协调的复杂性，国际数据法的发展需要依赖统一的国际标准和规范，不同国家和地区对标准的认可和实施程度存在差异，增加了国际数据法的复杂性。六是数据跨境流动管理的复杂性。数据跨境流动是国际数据法中的一个核心议题；不同国家对数据本地化和数据传输有不同的法律要求，管理数据跨境流动需要协调各国的法律差异。七是数据主权与全球数据治理的复杂性，数据主权的概念涉及国家对数据的控制权，这与全球数据治理的需求之间存在张力；如何在尊重数据主权的同时实现有效的全球数据治理是一个复杂的问题。八是法律适用的不确定性，在国际数据法中，确定适用哪国法律是一个复杂的问题；特别是在涉及多个法域的跨境交易和争端中，法律适用的不确定性增加了法律风险。

5）法律协调性

国际数据法需要在不同国家的法律体系之间寻求协调。国际组织如联合国、世界贸易组织、经济合作与发展组织等，通过制定国际标准和指导原则，为各国数据法的协调提供了参考框架。这些标准有助于缩小不同国家在数据保护和利用方面的差异。为了促进数据的自由流动和保护，国家之间还通过签订双边协议或参与多边协议，如自由贸易协定、数据保护协议等，实现法律协调，为数据交换和共享提供法律基础。有效的国际合作机制是实现法律协调性的关键。通过建立国际论坛、工作组和协调机构，各国可以在数据法的制定和实施方面进行交流和合作。综上所述，国际条约、协议和合作机制在促进数据法的协调和统一方面发挥着重要作用。

6）利益平衡性

国际数据法旨在平衡不同利益相关者的利益，包括个人隐私权、企业数据权益、国家安全和社会公共利益等。这种平衡是国际数据法制定和实施中的一个关键考量。具体而言,国际数据法要追求的利益平衡体现在以下几个方面。一是个人隐私与数据利用的平衡。国际数据法需要在保护个人隐私和促进数据的商业及科研利用之间寻求平衡。一方面,要确保个人信息不被滥用或进行未经授权的访问;另一方面,也要允许数据流动和共享,以推动创新和经济增长。二是数据安全与数据自由流动的平衡。数据安全是国际数据法的重要考量,但同时也要保障数据的自由流动。法律需要设定合理的数据保护措施,同时避免过度限制数据跨境传输,妨碍国际贸易和全球化进程。三是经济发展与数据保护的平衡。数据驱动的创新对经济发展至关重要。国际数据法需要支持数据经济的发展,同时确保数据保护措施不会过度抑制企业的创新能力和市场竞争力。四是企业利益与消费者权益的平衡。企业依赖数据来优化服务和产品,而消费者期望自己的数据得到保护。法律需要平衡企业的数据处理需求与消费者的隐私权和数据控制权。五是国家安全与全球数据治理的平衡。国家安全是数据法中不可忽视的因素,但同时国际数据法也需要推动全球数据治理,确保数据流动不受不合理的国家安全考量限制。六是不同国家和地区利益的平衡。国际数据法需要考虑不同国家和地区的利益,尊重文化差异和法律多样性,同时寻求共同点,促进国际合作和数据法的协调。七是技术创新与法律稳定性的平衡。技术发展迅速,而法律则需要一定的稳定性。国际数据法需要在鼓励技术创新和维护法律稳定性之间寻求平衡,确保法律能够适应技术的发展。八是数据主权与国际数据共享的平衡。数据主权强调国家对数据的控制权,而国际数据共享则要求一定程度的数据开放。国际数据法需要在尊重国家数据主权的同时,促进国际间的数据共享和合作。九是短期利益与长期可持续性的平衡。在制订数据法时,需要考虑短期经济利益与数据法长期可持续性之间的关系,确保法律既能满足当前需求又能适应未来变化。

2.3 国际数据法的基本原则

2.3.1 数据主权原则

数据主权与传统的主权理论不同。威斯特伐利亚体系下的主权仅要求文明国家将自己的管辖范围限定在本国的领土之内,并以此建立以"属地管辖"为核心的主权理论。互联网数据的出现在很大程度上突破了这一理论,这主要表现在以下两个方面:一是数据的无形性和可分性动摇了以"属地管辖"为核心的传统主权理论,例如一家甲国的公司收集了乙国公民的数据,这时甲国和乙国都有权以属地为依据主张对数据的管辖权,争议也就因此而产生了;二是数据的流通性使得领土之间的壁垒被消解。数据在互联网中流通,而互联网则是一个巨大的信息集换交流场所,任何主体都能够随时访问其他国家的互联网空间,并在不经过相关国家同意的情况下收集该国公民的个人数据。[1] 可见,由于现实因素的不同,数据主权理论与传统的主权理论并不相同,并且从上述分析中也可以发现,数据主权的核心是数据的归属和管辖问题。

数据主权可以依据其处理的核心问题来定义:数据主权是一个国家独立自主地对本国数据进行管理和利用的权力,即国家对数据的管辖权,可以说数据主权实际上是国家主权在互联网领域的延伸。[2] 依据数据主权主体的不同可将其划分为四类:共享数据主权、国家数据主权、个人数据主权和企业数据主权。[3][4] 共享数据主权又可以分为国家、个人与企业共享以及个人和国家共享两种。

虽然关于数据主权的主体是否只能是国家这一问题尚存在争议,但必须承认的是,数据主权的主体必然包含国家。一方面,从数据主权的发展历程上看,2003年联合国信息社会世界高峰会议上首次以国际会议的形式提出网络空间主权相关内容,并指出"与因特网有关的公共政策问题的决策权是各国主权"。[5] 之后,网络空间主权的概念得到了进一步的发展,并于2016年在中国的《网络安全法》中首次被提出。[6] 数据处理显然与因特网有着密不可分的联系,因为数据需要通过因特网进行传输,从这个意义上说,对数据的管辖必然属于国家主权的管辖范围之内,即数据主权必然具有国家对数据管辖的内涵。另一方面,从主权的含义出发,主权是一个公法上的概念,它的出发点就是国家,其起源《威斯特伐利亚和约》本质上就是确定国家在其领土范围的各项权力不受他国干涉的自由,与国家的概念高度绑定。如果在一个概念中加入"主权",那么就意味着这个概念的主体必然包括国家,因此数据主权的主体必然包含国家。

综上所述,得出数据主权原则的内涵是:数据主权原则是指一个国家对本国数据享有主权,有权出于国家利益或者公共利益等的需要对本国数据进行管辖,本国数据的范围则包括本国主体的所有数据。然而,数据的价值在于流通,为了最大化数据本身的价值,需要平衡国家管控与数据流通之间的张力。

---

[1] 王玫黎、陈雨:《中国数据主权的法律意涵与体系构建》,《情报杂志》2022年第6期,第93页。
[2] 冉从敬、刘妍:《数据主权主体论》,《武汉大学学报(哲学社会科学版)》2024年第2期,第42页。
[3] 冯伟、梅越:《大数据时代,数据主权主沉浮》,《信息安全与通信保密》2016年第6期。
[4] 卜学民:《论数据本地化模式的反思与制度构建》,《情报理论与实践》2021年第12期,第80—87、79页。
[5] 信息社会世界高峰会议:《日内瓦原则宣言》,2003年12月12日,国际电信联盟官网,https://www.itu.int/dms_pub/itu-s/md/03/wsis/doc/S03-WSIS-DOC-0004!!PDF-C.pdf,访问日期:2024年9月1日。
[6] 条文原文为"为了保障网络安全,维护网络空间主权和国家安全、社会公共利益,保护公民、法人和其他组织的合法权益,促进经济社会信息化健康发展,制定本法"。根据此处的文本表述,网络空间主权应当是国家主权在网络空间的延伸。

2.3.2　数据自由流动原则

数据的价值在流动中产生。正如联合国开发计划署强调的那样,数据通过流动推进经济的发展和社会的进步,而这正是实现可持续发展目标的关键和基础。因此,数据只有在流动中才能够创造价值。数据的流动,尤其是跨境流动的实现能够显著地提高社会生产力,加速技术和科技的创新发展,增强企业的生产力和竞争力。① 此外,数据的自由流动已成为数字经济不可或缺的重要组成部分。互联网产业的健康发展、信息和知识的传播更新等方面,都离不开数据的自由流动,这是数字贸易得以存在的基础和前提。加强数据获取和共享可以为数据持有者、数据用户及更广泛的经济创造倍增的效益。同时,数据的自由流动也是全球化的要求之一,世界上的多个国家或国际组织都在积极地推动数据跨境的自由流动。例如,欧盟于 2018 年出台了《通用数据保护条例》,该条例在此前《数据保护指令》的基础上进行了进一步的创新,强调数据跨境流动,还促进了标准合同等配套规则的修改,从而顺应和推动数据跨境流动的趋势,充分实现数据的价值。② 因此,只有顺应数据自由流动的本质,才能充分利用数据技术创造价值,以实现经济的发展和繁荣。

在确定数据自由流动原则的必要性后,还需要探讨数据自由流动原则的内涵。望文生义,数据自由流动原则的涵义是"数据自由地流动"。这就会涉及进一步的问题:什么样的数据可以自由地流动,数据在哪里自由地流动,数据如何自由地流动?

首先,不是所有数据都能够自由地流动。一些涉及国家安全、个人隐私的数据则不能随意地流动。大多数国家的数据法律规则都兼顾了保护国家安全和个人隐私的需要,几乎没有主张数据完全自由流动的做法。③ 我国《网络安全法》第 37 条便规定,关键信息基础设施的运营者在我国境内运营中收集和产生的个人信息和重要数据,因业务需要,确需向境外提供的,应当按照国家网信部门会同国务院有关部门制定的办法进行安全评估,评估通过方可流出。可见,出于国家安全及公共利益等方面的考虑,我国的《网络安全法》对数据自由流动的限制至少包含了这两个方面的内容:一是适用的主体为"关键信息的运营

---

① 文铭、李星熠:《"自由-规制"框架下跨境数据流动治理及中国方案》,《中国科技论坛》2024 年第 4 期,第 107 页。

② 比如在《通用数据保护条例》中,标准合同的适用范围得到了扩大,并规定了四种数据传输模式:数据控制者至数据控制者(C-C)、数据控制者至数据处理者(C-P)、数据处理者至数据控制者(P-C)和数据处理者至数据处理者(P-P),其中 P-C 和 P-P 两种模式就是《通用数据保护条例》新增的,是为了使数据传输的效率得到有效提高。

③ 邵怿:《跨境数据流动规制的自由化与本地化之辨》,《政法论丛》2023 年第 5 期,第 141 页。

者",二是适用的范围为"我国境内收集的个人信息和重要数据"。

其次,数据不一定在所有地方都能够自由流动。在一国范围之内,不同主体之间数据的流动显然需要得到对方的同意,对于数据持有者不是数据权利人的情况下,还需要得到权利人的同意。例如,在使用智能手机时,不同的应用程序之间需要共享数据的,相关的程序会要求数据权利人的统一。在一国范围之外的数据流动,即跨境数据流动,则更为复杂,涉及不同国家之间法规的协调及国际条约的签署,任何一个国家不能任意使用另一个国家管辖范围内的数据。

最后,各国在数据流通中的价值判断是不同的,因此对数据流通也采取了不同的规制模式。在数据流动的具体模式上,欧盟与美国采取的做法并不相同,并分别对应国际数据流动的两种主流模式。美国对跨境数据流动采取的是一种开放的立场,在国际社会中积极地推行数据的跨境自由流动。例如,美国在其所签订的自由贸易协定中均强调了跨境数据的自由流动。① 自 2012 年美韩在自由贸易协定中首次提出"不得给跨境数据自由流动设立条件"后,美国在后续签订的所有自由贸易协定中都积极地践行并推广这一规则,如在《美国-墨西哥-加拿大协定》中设立专门的数字贸易章节。作为配套,美国在隐私保护方面采取了较为严格的措施。同时在惩罚力度上,美国并没有对侵犯个人隐私行为的惩罚数额设置上限,在历史判决中也有很多巨额的处罚。不同于美国,欧盟则侧重于强调隐私保护,这在《通用数据保护条例》通过后尤为明显。就标准合同而言,在新的制度下,数据跨境传输双方必须对数据接收方所在国家的法律及其司法实践是否阻碍双方履行义务进行评估,审查接收国法律及司法实践是否违反欧盟相关的数据隐私保护法律。其评估标准包括客观和主观两方面,客观标准即审查接收国家的法律;主观标准则是审查接收国数据保护法律在实践中的运用情况,包括数据保护法律是否被遵守、不符合欧盟标准的法律的具体运用情况,以及该国数据调取行为的具体做法等。在上述评估没有通过的情况下,则需要在标准合同里采取补充措施将数据保护提高至欧盟标准。此外,新版标准合同规制强调了对政府数据访问请求的规制,在接收方收到非欧盟国家数据访问的请求,且有合理依据认为该请求不合法的情况下,必须立刻告知数据发送方。此外,欧盟还对数据接收方应当提供的必要救济措施做出要求,内容包括告知数据主体相关的投诉方式、迅速处理请求等。当然,欧美之间的不同只是整体规则倾向上的不同,并非欧盟不重视数据流通或者美国不重视权

---

① 张光、宋歌:《数字经济下的全球规则博弈与中国路径选择——基于跨境数据流动规制的视角》,《学术交流》2022 年第 1 期,第 100 页。

益保护，而只是两者在整体规则设计的导向上有所不同。

总的来说，数据自由流通规则的涵义是：在不违反国家强制性规定的情况下，数据在一国国内或者国际之间不受阻碍地自由流动。

2.3.3 个人信息保护原则

数据跨境传输中必然会涉及个人信息的传输问题。实际上，个人信息在如今具有很高的商业价值，比如用户的个人信息能够帮助企业准确地定位其偏好，从而指导企业的商业活动，尤其是对于跨国公司而言，不同地区居民的个人信息数据能够帮助跨国公司针对不同的地区设定不同的销售策略，从而扩大公司在全球的规模。可知，数据传输中必然会涉及个人信息数据的传输。而这会给个人隐私带来威胁，由于显然几乎没有人会愿意自己的个人信息在不知情的情况下被泄露出去。因此，保护个人信息已经成为各国数据规则的一个通行做法，也是国际数据法的一项基本原则。

对个人信息保护的理解可以从"个人"和"保护"两个角度展开。首先，就"个人"来说，"个人"包括所有的公民，保护公民隐私作为一种宪法要求，法律当然会保护本国公民的隐私。其次，对一个主权国家而言，"个人"也应当包括外国公民，因为这是国际法的基本要求。在许多与国际贸易有关的国际条约中，国民待遇原则都被视为一项基本的内容。国民待遇原则要求一国给他国公民或者法人提供与本国公民或法人相同的待遇。倘若一国法律保护本国公民数据流动中的个人信息安全，那么在国民待遇原则的要求下它就有义务保护他国公民数据流动中的个人信息安全。即便不考虑国民待遇原则而仅从促进数据流动的规制的角度来说，一个对管辖范围内所有数据统一保护的法律规则显然更加有利于数据的流动，并发挥数据的价值，而且一个拥有稳定且完善的法律环境的国家也更容易吸引到高质量的投资。最后，"个人"还应当包括企业等法人或非法人组织。法律上的个人不仅指自然人，还包括法人和非法人组织。这些组织的一些信息也有着重要的商业价值，并且在数据传输中占有可观的比例，同样值得法律去保护。

就"保护"而言，在保护的范围上，从横向来看，各国数据法的保护范围并不仅局限于某几个行业，而是主张将保护的范围延伸至所有涉及数据流动的行业中；从纵向来看，数据保护的种类也多种多样，不仅包括个人的隐私信息，还包括商业秘密等各种信息，并且每个信息的内涵也是丰富的，比如隐私信息就包括个人的身份信息、行为记录等多方面内容。在保护的手段上，不同国家采取了不同的措施。其中，欧盟认为个人信息保护是一项基本人权，必须通过法律确定；美国则认为个人信息应当在自由的框架之内，反对针对个人信息的过度干预，并更多的是把个人数据视为一种商品，倡导以市场为主导辅之以贸易框架内的保护方式。尽管在手段上有差别，但欧盟和美国在对个人隐私的保护力度上并没有很明显的差别，并且两者都主张对个人信息数据采取国家保护，并由国家来保障数据的自由流动和公平交易。[①]

因此，个人信息保护原则的内涵可总结为法律法规对包括自然人、法人在内的一切产生数据主体的个人信息进行全方位的保护。

2.3.4 数据保护原则

事实上，在数字经济时代不存在纯粹的数据保护，当今数据保护的目的本质上是在保护和促进数据流通中取得平衡[②]，对于数据保护原则的理解也应当从这一角度出发。

首先，在数据保护的范围上，数据保护的对象无疑是数据。此处的数据包括很多方面的内容，比如在当今信息社会，信息与数据逐渐融为一体，许多信息是以数据的形式表现出来的[③]，此时数据不再是内容而是手段，而对于这些以数据为载体的信息应当提供保护。同时，数据保护原则并不是没有界限的，作为一种民事权利的客体，数据保护需要符合法律的有关规定，且出于平衡数据流动的需要，受保护的数据必须具有价值或者至少可能会有价值。可见。数据保护的范围应当是所有合法且可能有价值的数据，以及以其为载体的事物。

其次，在数据保护的主体上，国家有义务通过制定法律对数据进行保护，其他与数据有关的主体也有义务对数据进行保护，依照职责可划分为数据来源者、数据处理者、数据资源持有者和数据产品持有者。其中，仅数据来源者与数据的来源相关，其余的主体都是数据的使用者。数据来源者有权依据有关规定或约定处理数据，并且相关数据在后续使用过程中的安全也应当得到其他数据使用者的保护。数据处理者、数据资源持有者和数据产品持有者这三类数据使用者则在其使用权范围内享有数据得到保护的权利，并且有义务对其权利范围内的数据进行保护。当上述主体无法实现数据保护的职能时，就需要国家介入。因此，数据保护的主体不仅仅是国家，而是国家与其他数据主体的共同配合。

---

① 韩关峰：《从分歧到共识：欧美跨境数据流动合作的逻辑》，《国际关系研究》2024年第3期，第137页。
② 商建刚：《从保护到流通：我国数据治理范式反思》，《苏州大学学报（哲学社会科学版）》2024年第1期，第105页。
③ 管荣齐：《论数据保护的法律边界》，《知识产权》2023年第11期，第25页。

最后,在数据保护的手段上,不同类型的数据应当适用不同的保护规则。例如,涉及国家安全的数据应当采取绝对保护措施,即除非特殊情况否则不允许传播;企业数据和个人数据则可以经过同意后传播;一些抹去个人信息的数据则可以不经过数据来源者的允许就能传播。当然,数据保护的情况很复杂,远非上述三种情况所能概述,不过可以确定的是,对于不同类型的数据,法律应当采用不同的保护手段,而这些保护手段必须同时满足保护数据的必要性。

因此,数据保护原则的涵义可以界定为:数据保护原则是国家和有关数据主体在相应的范围内对数据依据其特性而采取的充分且必要的保护。

2.3.5 数据私权与公共领域的平衡保护原则

国际数据法是指涉及国家间的数据交流、隐私保护等方面的法律体系和规范。在国际数据法视域下,数据私权与公共领域的平衡保护原则是一个重要议题,因为随着信息技术的快速发展和全球化进程的加速推进,数据的重要性日益凸显。国际社会逐渐意识到数据隐私保护的重要性,并开始探讨如何权衡数据私权与公共利益之间的关系。

数据私权与公共领域的平衡保护原则要求确保个人数据的合法获得和使用,同时又要兼顾在公共利益范围内对数据进行合法处理和传递。其法理基础源于个人数据本身具备个人性和公共性的二元属性,其中的公共性意味着个人数据需要转化为公共数据才能最大程度地发挥个人数据的社会价值。就数据上的私权而言,其表现为权利主体对其人格利益和财产利益的合法诉求,数据不仅产生人格利益,也产生财产利益,作为私权保护的内容,其边界是公共利益,这是公权力行使的最大外围。① 例如,国家为了疫情防控的需要,在必要范围内公开新型冠状病毒感染患者的个人信息数据。

随着数字化时代的不断发展,国际社会对数据私权与公共领域的平衡保护原则也在不断演进,且各国纷纷采取数字技术以提高政府的工作效率与智能化办案水平,因此政府信息的公开要求与个人数据的隐私保护之间的平衡面临巨大挑战。各国努力通过立法、监管和国际镜鉴等方式,找到数据隐私保护与数据利用之间的平衡点。

数据私权与公共领域的平衡保护原则在国际数据法中扮演着重要角色,在数据利用和传递时纳入对个人数据隐私的保护及公共利益的考量,将更多表现

---

① 余筱兰:《个人数据处理中权益的冲突与和解》,《西南民族大学学报(人文社会科学版)》2022年第9期,第74—75页。

为促进数据的合法使用和传递,但与此同时,也需要不断根据技术和社会发展的需要进一步地完善和调整。

2.3.6　可持续发展原则

国际数据法的发展始终将可持续发展原则作为重要的指导原则之一。可持续发展原则的历史可以追溯到20世纪70年代的《联合国人类环境会议宣言》,其中首次提出保护环境和人类生存的必要性。1987年,世界环境与发展委员会发布的《我们共同的未来》中提出了"满足当代人需求的同时,不危害子孙后代满足其自身需求的能力"这一著名定义,将可持续发展原则正式提到国际舞台。

传统的可持续发展原则的基本内涵主要包括三个方面:经济可持续性、社会可持续性和环境可持续性。经济可持续性要求在发展过程中保持资源的长期利用和承诺;社会可持续性要求充分保障人权、社会公正和包容性发展;环境可持续性要求在发展过程中保护并有效管理生态系统。这三个方面相互关联、相辅相成,是可持续发展原则的重要组成部分。

在数字经济已经进入高速发展的时代背景下,将可持续发展原则引入并作为国际数据法的基本原则,不仅有益于数据价值最大化、应对数据治理挑战、支撑数字经济发展,而且对数据治理决策具有重要意义。在2023年第四届联合国世界数据论坛上,联合国主管经济和社会事务的副秘书长李军华表示,当前全球社会、经济、人道主义和环境问题等交织,不确定性上升,可靠的数据是社会各界了解情况和制定决策的基础,未来联合国会更加关注各国家、各地区、各区域的全球数据治理与发展。可见,在国际数据法视域下,可持续发展原则已成为联合国与各国合作和行动的核心价值,未来关于数据治理的可持续发展行动势必会得到更多的重视与投入,这对于解决全球性挑战和促进全球可持续发展具有重大意义。

2.3.7　平等与非歧视原则

国际数据法视域下的平等与非歧视原则,涉及人权领域的核心价值观和法治原则。平等与非歧视原则作为人权法的基础,早在《世界人权宣言》中就被确立。① 此后,各种国际公约和法律文件都进一步强调了这一原则,如《公民权利和政治权利国际公约》《经济、社会和文化权利国际公约》等。平等与非歧视原

---

① 《世界人权宣言》第7条规定:"法律面前人人平等,并有权享受法律的平等保护,不受任何歧视。人人有权受平等保护,以免受违反本宣言的任何歧视行为以及煽动这种歧视的任何行为之害",参见联合国《世界人权宣言》,1948年12月10日。

则强调所有人享有相同的权利和机会,无论其种族、性别、宗教、国籍、残疾状况或其他任何身份特征。这意味着任何人都不应因其个人特征而受到不公平的对待或歧视。

随着国际社会的进步和法治意识的增强,平等与非歧视原则在国际法领域中受到了越来越多的重视,各国和国际组织通过立法、政策和措施,努力确保这一原则得到切实贯彻与落实。这种立法行动随着科技革命的潮起,逐渐从国际公法领域融入各国私法领域,在数据法中亦有所体现。例如 2021 年 9 月 1 日起施行的《中华人民共和国数据安全法》第 26 条规定,"任何国家或者地区在与数据和数据开发利用技术等有关的投资、贸易等方面对中华人民共和国采取歧视性的禁止、限制或者其他类似措施的,中华人民共和国可以根据实际情况对该国家或者地区对等采取措施",这体现了我国对于数据保护平等与非歧视的态度。

总的来说,平等与非歧视原则在国际数据法视域下具有重要的地位和意义,是确保人类尊严和权利得到尊重和保护的基石,也是构建一个公正、包容、和谐的国际数据法体系的重要法治原则。

2.4 国际数据法的法律渊源

尽管没有公认的专门定义国际法渊源的国际法律文件,但国际法学界普遍以《国际法院规约》第 38 条有关国际法院应适用的法律的规定为依据对国际法渊源进行解释。《国际法院规约》第 38 条规定是:"1. 法院对于陈述各项争端,应依国际法裁判之,裁判时应适用:(1)不论普遍或特别国际协约,确立诉讼当事国明白承认之规条者。(2)国际习惯,作为通例之证明而经接受为法律者。(3)一般法律原则为文明各国所承认者。(4)在第 59 条规定之下,司法判例及各国权威最高之公法家学说,作为确定法律原则之补助资料者。2. 前项规定不妨碍法院经当事国同意本公允及善良原则裁判案件之权"。基于此规定,国际数据法主要的法律渊源总结归纳为如下五项。

2.4.1 国际数据法的渊源之一:全球性多边国际条约

随着全球化进程的加速和技术的飞速发展,数据已成为现代社会的重要资源。在这一背景下,国际数据法的制定和实施变得尤为重要。国际数据法是指调整数据跨国流动及其相关活动的法律规范的集合,涉及隐私权、数据保护及跨境传输等多个方面。全球性多边国际条约作为国际法的主要渊源之一,在国际数据法的发展中扮演着核心角色。

1) 全球性多边国际条约的定义与基本原则

全球性多边国际条约是由具备缔约资格的国际法主体依据国际法准则缔结的,用以确定相互间权利与义务关系的国际书面协议。① "条约必须遵守"是国际法的一项基本原则,这一原则在 1969 年和 1986 年的《维也纳条约法公约》中得到确认并被普遍接受为国际法的基本准则。② 具体来说,1969 年的《维也纳条约法公约》第 26 条明确规定:"条约必须遵守",这意味着所有有效的条约对其缔约方均具有约束力,并且缔约方必须出于善意履行条约义务。同样地,1986 年的《维也纳条约法公约》第 26 条也重申了这一原则。③

2) 全球性多边国际条约在国际数据法中的作用

在现代国际社会中,全球性多边国际条约逐渐成为国际法的主要来源之一。国际数据法的形成和发展离不开一系列全球性多边国际条约的支持。这些条约不仅规定了数据治理的基本原则,而且为各国提供了共同遵守的规则标准和框架。

联合国(United Nations, UN)作为全球最大的国际组织之一,在促进与国际数据法相关的全球性多边国际条约的发展方面发挥着关键作用。④ 联合国通过其下属机构发布了一系列关于数据和隐私权保护的指导原则,这些原则为国际数据法的形成提供了重要的理论和实践支持。此外,WTO 在其框架内也涉及了数据流动的相关议题,如《服务贸易总协定》(General Agreement on Trade in Services, GATS)和《信息技术协定》(Information Technology Agreement, ITA)等文件中均包含有关数据跨境流动的规定,旨在平衡贸易便利性和数据保护的需求。世界贸易组织的这些规则为成员方之间的数据交易设定了标准,促进了全球经济的一体化。OECD 则通过发布《隐私保护和个人数据跨境流动指南》(Guidelines on the Protection of Privacy and Transborder Flows of Personal Data)等一系列文件,为国际数据法的发展提供了重要的指导原则。经济合作与发展组织的这份指南着重强调数据保护和个人隐私的重要性,同时也考虑了数据的商业价值,有助于建立一个既保护个人隐私又能促进数字经济发展的平衡框架。

全球性多边国际条约是国际数据法的重要组成部分,其不仅为数据治理提供了共同遵守的标准,而且促进了跨国数据流动的规范化标准。联合国、世界贸易组织和经济合作与发展组织等国际组织通过制定相关政策和指导原则,为

---

① 李力:《OECD "软法"的 NCP 实施模式及其对亚洲建立独立经合组织的启示》,苏州大学硕士学位论文,2012 年。
② 贾静慧:《我国海事主管机关适用国际海事公约问题研究》,大连海事大学硕士学位论文,2011 年。
③ 毛俊响、杨逢柱:《制定及实施国家人权行动计划的国际法依据》,《广州大学学报(社会科学版)》2012 年第 1 期,第 22—27 页。
④ 李东燕:《力推千年发展目标实现》,《瞭望》2008 年第 39 期,第 54 页。

与国际数据法相关的全球性多边国际条约的发展奠定了坚实的基础。随着数据在全球范围内的流动日益频繁,全球性多边国际条约将继续在保障数据安全和个人隐私方面发挥重要作用。

2.4.2 国际数据法的渊源之二:重要的区域性和双边国际规则

区域性和双边国际规则通常也以国际条约的形式呈现。当前,在区域、双边合作层面,各国政府和国际组织都在积极推动数据与个人信息保护、数据跨境流动相关的法律体系和制度框架建设。其中,欧盟和美国作为全球数据治理的重要参与者,其《欧美隐私盾协议》(*EU-US Privacy Shield Framework*)便是一个典型的例子,它为欧盟与美国之间的数据转移提供了法律框架。该协议基于一套严格的数据保护标准,确保了个人数据在跨境传输过程中的安全。虽然该协议后来因欧洲法院的裁决而失效,并被《欧美数据隐私框架》(*EU-U.S. Data Privacy Framework*)取代,但它仍然凸显了双边国际规则在数据保护领域的重要性。

欧盟和美国要制定一系列与国际数据法相关的区域性及双边规则,是因为当发达国家在全球层面的多边谈判中难以达成其规则改革目标时,它们可能会运用场所转移策略,将规则推广行动转移至其占力量优势的双边或区域平台,引导和劝说单个或相关的目标国接受新规则,最终达成其改变传统多边规则的战略目标。[①] 具体来说,欧盟在数据保护领域的两大基石是《数据保护指令》(*Data Protection Directive*, DPD)和《通用数据保护条例》(GDPR),前者旨在促进不同国家之间数据的自由流动以统一彼时较为混乱的欧盟数据规则[②];而后者则可以看作是前者的升级,强调了对个人隐私权等基本权利的保护。正是自 GDPR 发布起,欧盟正式开始布局其数据法规的输出,并取得了显著的效果。[③] 统计数据显示,在欧盟成员国以外的国家中已有超过 42 个国家遵循了欧盟数据规则框架[④],足以见得欧盟数据规则输出的成功。因此,欧盟的区域性条约已成为国际数据法的重要法律渊源。此外,以美国为核心的双边或区域法律协议也是国际数据法的重要法律渊源。例如,《美国-墨西哥-加拿大协定》(*United*

[①] 余博闻:《"场所转移"与国际规则改革:动力和制约》,《世界经济与政治》2023 年第 4 期,第 96—125、159—160 页。

[②] 金晶:《欧盟的规则,全球的标准?数据跨境流动监管的"逐顶竞争"》,《中外法学》2023 年第 1 期,第 49 页。

[③] 金晶:《个人数据跨境传输的欧盟标准——规则建构、司法推动与范式扩张》,《欧洲研究》2021 年第 4 期,第 89—109 页。

[④] European Parliament, *European Parliament Resolution of 25 March 2021 on the Commission Evaluation Report on the Implementation of the General Data Protection Regulation Two Years after Its Application*, https://www.europarl.europa.eu/doceo/document/TA-9-2021-0111_EN.html, accessed 1 september 2014.

States-Mexico-Canada Agreement，USMCA；简称《美墨加协定》)中就有诸多关于跨境数据流通的规则。该协定中的数据规则具有鲜明的强调数据流通的"美国特色"，通过推行其数据跨境隐私规则体系，规定数据发送方不能要求接收方提供超过数据跨境隐私规则规定的标准，而数据跨境隐私规则标准本身并不是一种严格的标准。因此，美国通过提供较低的保护标准，并要求条约的另一方也接受这一标准或更低标准，以促进数据流动进而实现数据的商业化。①

由此可见，不同的区域性或双边条约体现出的价值取向和国家立场不同——美国强调数据流通，而欧盟强调数据保护，但欧美作为主流的数据规则制定者都在积极地输出数据规则，从而在数据规则方面获得控制权，因为获得在某个行业中制定规则的能力在某种程度上意味着控制了这个行业。在此意义上，中国也应积极参与到国际数据规则的制定中，而参考欧美的经验，双边条约或区域规则或许是理想的参与方式。

虽然欧盟和美国是当今国际数据治理的重要参与者，在国际社会中发挥重要影响力的数据规则也主要以此二者为中心，但其他国家之间也有一些区域性或双边条约实践。例如，APEC 制定的一套跨境隐私规则（Cross-Border Privacy Rules，CBPR）便是相关的区域性国际规则的范例，旨在促进亚太地区内的数据流动。该系统建立了一套认证机制，确保参与国的数据保护水平达到一定标准，有助于加强区域内数据治理的合作，减少数据保护方面的障碍。又如由新加坡、智利和新西兰三国签订的《数字经济伙伴关系协定》(Digital Economy Partnership Agreement，DEPA)等中也存在有关数据流动和保护的规则。不同国家之间的区域或者双边国际规则共同构成了国际数据法的法律渊源。这些条约之间维持着一种动态的关系，它们或是相互竞争，或是相互配合，共同支撑着国际数据法的发展。

2.4.3　国际数据法的渊源之三：国际习惯

国际习惯的形成依赖于两个基本要素：普遍的实践和法律确信。国际数据法的国际习惯是国家间在数据保护方面共识的体现，而就目前来说，能够反映出各国在数据保护方面的共同法律信念和实践的是已为各国普遍采纳的数据处理原则，以及各国对个人隐私保护的认同。

国际习惯的实践体现在各国的国内立法和国际条约中。许多国家都已通过

---

① 单文华、邓娜：《欧美跨境数据流动规则：冲突、协调与借鉴——基于欧盟法院"隐私盾"无效案的考察》，《西安交通大学学报（社会科学版）》2021 年第 9 期，第 95 页。

立法明确数据主体的权利,以及数据收集、存储、处理和传输的规则。例如要求只收集实现特定目的所必需最少量的个人数据;又如数据收集和处理必须有明确、合法的目的,并确保数据的准确性和时效性;再如应采取适当的技术和管理措施保护数据安全,并允许数据主体访问、更正和删除其个人数据。这些实践与国际数据法规范数据跨境流动和个人信息保护的核心相契合。尽管国际习惯为数据保护提供了一定的指导,但也为全球化的数据流动带来了新的挑战。由于不同国家的数据保护水平存在差异,数据跨境流动的法律冲突时有发生。为了应对这些挑战,国际社会需要进一步加强合作,推动既有的国际习惯向更加统一、协调的国际数据法规则发展。

2.4.4 国际数据法的渊源之四:各国承认的一般法律原则

一般法律原则是指在法律体系中普遍适用的基本原则和规则,它们作为法律体系的基石,对法律的制定、解释和实施具有指导作用,如平等、合法、公正、诚信、比例原则等。这些一般法律原则体现在国际数据法领域中:要求对数据资源平等利用便体现的是平等原则;而要求数据处理活动必须建立在法律授权的基础上,无论是基于合同、合意、法定义务还是保护数据主体的利益,任何数据收集和使用必须有明确的法律依据,体现的则是合法性原则的要求;强调数据处理应当公正、合理,且不得对数据主体造成不公正影响,体现的是要求数据控制者在处理数据时必须考虑到数据主体合法权益的公正性原则。此外,要求法律关系中各方应当诚实守信的诚信原则,以及法律的制裁应当与违法行为的性质和严重程度相匹配的比例原则在国际数据法中也有所体现。这些一般法律原则反映了国际社会在数据保护和利用方面的共识,它们为全球数据治理提供了基础性指导,有益于平衡数据自由流动与个人隐私权的保护。

2.4.5 国际数据法的渊源之五:司法判例与公法家学说

司法判例是国际数据法发展的重要组成部分,其提供了对数据保护法律原则的具体应用和解释。例如,欧盟法院在多个案例中对《通用数据保护条例》做出解释,确立了数据主体的权利和数据控制者的责任。公法家学说为国际数据法提供理论支持和发展方向。司法判例与公法家学说之间存在互动关系。法院在裁决时会参考学者的观点,而学者也会对法院的判决进行分析和评论,从而推动法律原则的发展和完善。例如,对于数据跨境流动的限制和个人数据的保护,不同法域的法院判决和学者的论述正共同影响着国际数据法的演进。学者们对数据主权、数据保护与贸易自由之间的关系等问题深入探讨,也已形成一系列有影响力的学说和理论,对法律实践和政策制定起到一定的指引作用。

2.5 国际数据法的发展历程及趋势

国际数据法的起源可追溯至信息技术的迅速发展、全球化进程的加速,以及由此导致的日益频繁的数据跨境流动。20世纪末至21世纪初,随着互联网的普及和电子商务的兴起,各国开始意识到数据保护的重要性。在此背景下,国际社会逐渐形成了一系列关于保护数据和隐私权的法律规范。从早期欧洲的《数据保护指令》到后来的《通用数据保护条例》,再到《跨太平洋伙伴关系协定》(Trans-Pacific Partnership Agreement,TPP)等多边协议,旨在平衡数据自由流动与个人隐私保护之间关系的国际数据法不断发展。

2.5.1 国际数据法的萌芽:多重需求下的必然产物

在21世纪的今天,数据被誉为"数字石油",是驱动全球经济和科技进步的关键资源。国际数据法的萌芽并非偶然,而是多种需求交织作用的结果,包括高效利用数据资源以追求经济利益、保障个人信息安全以维护人权与社会稳定,以及在高新科技产业中争夺国际竞争优势。以下将分别从这三个角度探讨国际数据法的起源背景及其发展动因。

1)高效利用数据资源的需要

自20世纪末互联网的普及与深化,全球步入了信息爆炸的时代,数据量以惊人的速度呈指数级增长,数据资源的战略价值日益凸显。企业和政府敏锐地捕捉到了这一趋势,并认识到数据不仅是静态的信息载体,更是驱动经济增长、优化公共服务和提升决策质量的关键资产。数据分析技术的进步,使得从海量数据中提取有价值的信息成为可能,为企业洞察市场动态、个性化产品服务、精细化运营管理提供了强有力的支持,进而创造更为巨大的经济价值和社会效益。

然而,数据的高效利用并非坦途。数据所有权的模糊界定、数据跨境流动的法律限制、数据安全与隐私保护的紧迫需求,构成了数据利用道路上的重重障碍。数据所有权的归属不清,导致了数据交易市场的混乱与低效;数据跨境流动的壁垒,限制了全球数据资源的有效配置;数据安全漏洞的存在,威胁着个人隐私与国家安全。这些问题严重制约了数据资源的潜力释放,阻碍了数字经济的健康发展。

在此背景下,国际数据法应运而生,成为连接数据利用与法律规范的桥梁。国际数据法旨在构建一套全面、合理的法律体系,明确数据所有权归属,规范数据跨境流动,强化数据安全保护,以平衡数据利用的商业利益与法律风险,进而确保数据市场的健康发展,并为数据经济的繁荣奠定坚实的法治基础。以欧盟《数据治理法案》为例,该法案的出台标志着欧盟在国际数据法领域的创新与突破。它旨在打破数据孤岛现象,促进数据的跨部门、跨行业、跨国界流动;建立统一的数据市场,消除数据流动的法律和技术障碍,实现数据资源的高效配置与利用。该法案还强调数据的共享与开放,鼓励公共部门与私营部门之间的数据交换,同时强化数据保护措施,确保数据使用的合法性和安全性,体现了法律规范在平衡促进数据经济与保护个人隐私之间的关键作用。

2)个人信息保护的需要

随着数据采集技术的不断进步,个人隐私面临前所未有的威胁。非法的数据收集、处理和泄露,不仅侵犯了个体的基本人权,还可能引发严重的社会问题,如身份盗窃、网络欺诈等。面对这一严峻形势,保护个人信息安全成了国际社会的共同呼声。各国政府、国际组织及民间社会纷纷呼吁加强数据保护立法,以期在保障数据利用的同时,维护个人隐私与尊严。国际数据法在这一背景下扮演了至关重要的角色,它通过确立一系列严格而细致的法律标准,为数据处理活动划定了清晰的界限,确保个人数据的安全与合理利用。

数据最小化原则、目的限制原则和数据主体权利等核心概念,构成了国际数据法的基石。数据最小化原则要求数据处理者仅收集完成特定目的所必需最少数据,避免过度收集与存储。[①] 目的限制原则规定数据处理必须遵循事先声明的目的,不得随意更改或超出原定范围,以防止数据被滥用。更重要的是,数据主体权利是指国际数据法赋予数据主体对其个人信息的控制权,包括知情权、访问权、更正权、删除权等,确保个人能够自主决定其数据的处理方式,这强化了个人在数据处理过程中的主体地位与权益保障。

《通用数据保护条例》作为全球数据保护领域的里程碑式立法,体现了国际数据法在个人信息保护方面的最高标准。该条例不仅要求数据处理活动必须遵循合法性、公正性和透明性原则,而且明确了数据主体的广泛权利,包括但不限于获得信息、访问数据、纠正错误、限制处理、反对处理和数据可携带性等。此外,条例中还设立了严格的违规处罚机制,对违反数据保护规定的实体处以高额罚款,有效震慑潜在的违规行为、推动全球范围内数据保护意识的提升和

---

① 张晏:《网络安全等级保护下数据安全治理措施》,《通讯世界》2023年第6期,第58—60页。

实践的改进。《通用数据保护条例》的实施,标志着国际数据法在个人信息保护领域迈出了实质性的一步,它不仅为欧盟成员国提供了统一的数据保护框架,也为其他主体提供了宝贵的立法参考和实践典范。许多国家和地区纷纷效仿或借鉴《通用数据保护条例》,加强本国或本地区的数据保护法律体系,共同织就一张全球性的个人信息保护网,为构建更加安全、公平、可信的数字社会提供重要的法律制度支撑。

3) 高新科技产业竞争的需要

在全球化的今天,科技实力已成为衡量国家竞争力的重要指标。尤其在大数据、云计算和人工智能等领域,谁掌握了先进的数据技术和庞大的数据资源,谁就能在未来的科技竞争中占据先机。[1] 因此,国际数据法的制定,不仅是对数据本身的规范,更是大国之间科技战略博弈的一部分。各国纷纷出台相关政策,旨在打造有利于本国科技企业发展的数据环境,同时防止他国的技术封锁和数据垄断。例如,美国的《澄清境外合法使用数据法案》和欧盟的《数字市场法》都是在国际竞争背景下,为确保本国企业在数据获取和使用方面的优势地位而制定的。此外,中国亦出台了《个人信息保护法》和《数据安全法》,旨在构建国内数据治理体系,并帮助我国积极参与国际数据治理规则的制定,以提升在全球数据领域的影响力。

国际数据法的萌芽和发展,是国际社会对数据时代挑战与机遇的回应,不仅体现了对经济利益、人权保护和科技竞争的综合考量,而且反映了国际社会在面对全球性问题时的合作与竞争。随着数据经济的持续扩张和技术的不断革新,国际数据法将继续演变,以适应不断变化的全球数据治理需求。未来,如何在促进数据自由流动与保护个人隐私、国家安全之间找到平衡,将是国际数据法面临的重大挑战。[2] 而在这一进程中,国际合作与对话显得尤为重要。只有通过建立公平、合理、包容的国际数据治理框架,才能确保数据资源的合理利用,促进全球数字经济的可持续发展。

2.5.2 国际数据法的发展阶段:从萌芽到深化

国际数据法的演进随全球信息技术革命与全球化进程而来,并逐步从一个模糊的概念转变为具有实质性内容的法律领域。这一发展历程大致可以划分为两个阶段:早期发展和新近发展。每个阶段都有其特定的背景、标志性事件

---

[1] 李冰峰:《金融科技对商业银行流动性影响的实证研究》,成都理工大学硕士学位论文,2023年。
[2] 熊光清:《推动跨境数据流动国际合作治理》,《前线》2023年第10期,第36—39页。

及大国的关注焦点等因素,这些因素共同推动了国际数据法的构建与成熟。

1)国际数据法的早期发展(20世纪70年代至90年代)

(1)背景与动因。

20世纪70年代,随着计算机技术的广泛应用,数据处理能力显著提升,个人数据的收集与存储成为可能。然而,随之而来的是个人隐私保护需求的日益凸显,数据安全问题开始受到国际社会的关注。在这一背景下,国际数据法的雏形开始显现,并主要关注数据保护和个人隐私。

(2)标志性事件与立法。

1973年,瑞典颁布了全球首部综合性数据保护法律《数据法案》,这是国际数据法早期发展的重要里程碑,标志着数据保护作为一个独立的法律领域首次得到国家层面的认可。随后,欧洲其他国家如丹麦、挪威等相继出台了类似的数据保护法律,初步构建了欧洲数据保护的法律框架。

1980年,经济合作与发展组织发布《隐私保护和个人数据跨境流动指南》,提出了八项基本原则,包括信息收集的限制、数据质量、目的特定性、使用限制、安全性、公开性、个人访问及责任,这些原则为国际数据法的发展奠定了基础。

1995年,欧盟通过《数据保护指令》,这是国际数据法早期发展中的又一标志性事件。该指令确立了欧盟内部数据保护的基本原则,规定了个人数据跨境传输的条件,为后续全球数据保护标准的形成提供了模板,标志着国际数据法进入了实质性的规范化阶段。

(3)大国的关注重点。

在国际数据法的早期发展阶段,大国的关注重点主要集中在数据自由流动与个人隐私保护之间的平衡问题。一方面,数据自由流动被视为推动国际贸易和经济增长的关键;另一方面,个人隐私的保护也被视为不容忽视的基本人权。因此,如何在促进数据流动的同时,确保个人数据的安全和隐私,成为这一阶段国际数据法发展的核心议题。

2)国际数据法的新近发展(21世纪初至今)

(1)背景与动因。

进入21世纪,互联网的普及和信息技术的飞速发展,特别是大数据、云计算、人工智能等新兴技术的崛起,使得数据资源的战略价值进一步凸显。数据安全、隐私保护、数据主权、数据跨境流动等问题逐渐成为全球关注的热点,国际数据法也进入了深化发展的新阶段。

(2)标志性事件与立法。

2018年,欧盟《通用数据保护条例》的生效,标志着国际数据法的发展进入高峰期。该条例不仅加大了欧盟内部的数据保护力度,还对全球数据治理产生了深远影响,许多国家和地区纷纷效仿或调整自身的数据保护法律体系,以适应《通用数据保护条例》设定的高标准。

2020年,美国加利福尼亚州通过了《加利福尼亚州消费者隐私法案》,这是美国首个全面的数据隐私法律①,旨在赋予加州居民对其个人数据更多的控制权。同年,欧盟法院裁定欧美"隐私盾"协议无效,再次凸显了跨大西洋数据传输的法律不确定性,引发了全球范围内对数据跨境流动规则的重新审视。

2021年,中国通过了《个人信息保护法》和《数据安全法》,构建了较为完善的国内数据治理体系,也为我国积极参与国际数据治理规则的制定,提升我国在全球数据治理领域的话语权和影响力打下了基础。②

在国际数据法的新近发展阶段,一系列重大的数据安全事件成为推动立法深化的重要催化剂。例如,2013年的斯诺登事件揭露了美国政府大规模监控项目的存在,引发全球对数据隐私和国家安全的广泛讨论,促使多个国家加强对政府数据的收集和使用的监管。

2021年,滴滴公司在美国上市后不久宣布退市,这一事件背后涉及中美两国在数据安全和监管政策上的分歧,体现了数据跨境流动中的国家利益冲突,但同时也促使国际社会对数据本地化存储和数据跨境流动规则重新审视。

(3)大国的关注重点。

在国际数据法的新近发展阶段,大国的关注重点已从单纯的数据自由流动转向更加综合的视角,包括数据安全、个人信息保护、数据主权、数据本地化存储、数据跨境流动规则等多个方面。随着全球数字经济的蓬勃发展,数据资源的战略地位愈发突出,如何在保障数据安全和个人隐私的同时,促进数据的合理利用和跨境流动,成为国际数据法新近发展阶段的核心议题。

国际数据法的发展是一个循序渐进的过程,从早期对数据自由流动和个人隐私的关注,到新近阶段对数据安全、数据主权、数据跨境流动等多维度问题的深入探讨,反映了全球社会对数据时代挑战与机遇的认识与应对。未来,随着信息技术的不断进步和全球数据治理需求的日益复杂,国际数据法将继续演进,以适应不断变化的国际环境,为全球数据资源的合理利用与保护提供更加完善的法律框架。

---

① 谷月:《基于算法的消费者价格歧视的反垄断规制探究》,中国社会科学院研究生院硕士学位论文,2022年。
② 徐怡雯、韩璐:《跨境数据流动治理困境与中国—东盟数字经济合作策略优化》,《东南亚纵横》2022年第6期,第90—100页。

2.5.3 国际数据法的未来发展趋势

在当前全球化的背景下,数据已经成为推动经济发展、科技创新和社会变革的关键因素。国际数据法作为规范数据流动、保护数据安全和个人隐私的法律体系,其未来发展趋势将受到国际组织、大国涉外数据法治、跨国公司和科技创新等多方面力量的影响。

1) 国际组织对国际数据法未来发展的影响

国际组织在全球数据治理中的作用日益凸显,通过制定国际标准和协议,不仅促进了各国数据法律体系的趋同,也为国际数据法的统一和协调奠定了基础。联合国、世界贸易组织、国际电信联盟等国际组织,凭借其广泛的成员国或成员方基础和权威性,成为国际数据法发展的重要推手。

联合国通过其下属的联合国国际贸易法委员会,制定了《电子商务示范法》等一系列法律文件,为全球电子商务和电子交易的规范化提供了指导。这些示范法虽然不具备强制约束力,但它们在推动各国立法者采纳相似的法律原则和规则方面发挥了重要作用,促进了全球范围内电子商务法律的一致性和互操作性。

世界贸易组织的《服务贸易总协定》虽然主要聚焦服务贸易的自由化,但其条款间接涵盖了数据流动的规制,为数据跨境传输的法律框架提供了基础。尽管《服务贸易总协定》并未专门针对数据流动制定详细规则,但它确立的原则,如国民待遇、最惠国待遇和透明度,为各国在制定数据流动政策时提供了参考框架,有助于减少数据流动的壁垒,促进数据市场的开放。

国际电信联盟作为联合国系统中负责信息通信技术事务的专门机构,通过制定国际电信标准和建议书,为全球数据通信和网络安全提供了技术规范和指导。国际电信联盟的工作不仅涉及传统电信领域,还覆盖了互联网、物联网等新兴技术领域,对于构建安全可靠的国际数据传输环境至关重要。

未来国际组织在国际数据法领域的角色将更加重要。一方面,随着大数据、人工智能、区块链等新兴技术的快速发展,国际组织将加强跨学科研究,制定相应的国际标准和指南,以应对新技术带来的数据治理挑战。例如,国际电信联盟已启动多项与人工智能相关的标准制定项目,旨在促进人工智能技术的负责任使用,确保其对个人隐私和数据安全的影响得到妥善管理。另一方面,国际组织还将致力弥合不同国家和地区在数据保护和数据流动方面的法律差异,推动全球数据治理规则的统一。[①] 这将促进数据保护法律的国际互认,建立

---

① 罗旱西:《人工智能如何影响跨境数据流动规则》,《中国外资》2023年第19期,第44—47页。

数据跨境流动的法律框架,以及加强数据治理的国际合作与对话。例如,欧盟与日本之间的数据传输协议,以及欧盟与美国就"隐私盾"机制的谈判,都体现了国际组织在协调不同数据保护标准方面的努力。

2）大国涉外数据法治对国际数据法未来发展的影响

大国的涉外数据法治政策在国际数据法的演进中占据核心地位,其不仅深刻影响着本国数据产业的生态布局,而且对全球数据治理的形态和趋势有重要的影响。美国、中国等全球影响力显著的大国,通过立法和政策制定,构建了一套旨在平衡数据利用与保护的法律体系,这些体系不仅在国内实施,其外溢效应也为塑造国际数据法的框架与标准奠定了基础。

美国的《澄清境外合法使用数据法案》允许美国执法机构在特定条件下访问存储在国外服务器上的数据[1],这一法案不仅影响了跨国企业的数据处理策略,还激发了国际社会对于数据主权和跨境数据请求机制的讨论。中国的《个人信息保护法》和《数据安全法》则着重于规范数据处理活动,保护个人信息安全,同时强调数据跨境流动的管控,这些法律不仅强化了中国数据市场的规范化,也为国际数据治理提供了中国视角和中国方案。

展望未来,大国之间在涉外数据法治上的竞争与合作将呈现新的态势。一方面,出于国家安全和公民隐私的考量,各国将更加注重数据本地化存储的要求,以及对数据跨境传输的严格监管。这种趋势可能导致数据碎片化,增加跨国企业运营的复杂性和成本,但同时也推动了数据安全技术的发展和数据治理能力的提升。另一方面,鉴于数据自由流动对于数字经济的重要性,大国们也在积极探索建立更加灵活和包容的数据流动机制,通过签订双边或多边的数据保护协议,协调各国间的数据保护标准,降低数据交易的法律障碍,促进全球数据市场的开放与合作。

大国间数据治理的合作与竞争,实质上是对全球数据治理规则的重塑。在这个过程中,国际数据法将经历不断地磨合与调整,以期达到既能保障数据安全与隐私,又能促进数据资源有效利用的平衡状态。同时,大国的涉外数据法治政策也将持续推动国际数据法的创新,为构建公平、合理、高效的全球数据治理体系奠定基础。这一演变过程不仅考验各国的智慧与合作意愿,也将决定全球数字经济的未来走向。

3）跨国公司对国际数据法未来发展的影响

在全球化与数字化双轮驱动下,跨国公司作为全球数据市场中的领军者,

---

[1] 李春桥:《数据可携权研究》,华中师范大学硕士学位论文,2021年。

其对数据的处理能力和数据跨境流动的规模,对国际数据法的演进路径产生了深远影响。以谷歌、亚马逊、微软、阿里巴巴为代表的大型科技企业,凭借其在全球范围内部署的庞大数据中心网络和云服务基础设施,构成了全球数据生态系统的核心骨架。这些公司不仅在数据收集、存储、分析和应用等方面拥有领先技术,还在数据跨境流动机制的构建与实践中扮演着关键角色,其数据治理模式和实践标准往往成为国际数据法制定和修订的重要参考。未来,跨国公司对国际数据法的影响将体现在多个层面。

首先,跨国公司将更加主动地参与国际数据法的制定过程,与国际组织、各国政府展开深度合作,共同探讨和设计既能保障数据安全、个人隐私,又有利于促进数据自由流动和技术创新的法律框架。通过分享最佳实践、提出行业建议,跨国公司能够助力构建一个更加开放、透明、公平的全球数据治理环境,促进跨国数据交易的便利性和数据创新的活力。

其次,跨国公司将进一步强化自身数据治理能力的建设,采用先进的数据保护技术,例如加密、匿名化、数据最小化等措施,建立健全合规管理体系,确保数据处理活动符合国际和各地区数据保护法规的要求。这些举措不仅能有效提升数据安全水平,防范数据泄露和滥用风险,而且能增强用户对数据处理的信任度,为公司赢得良好声誉,同时也将为国际数据法的实施提供成功案例和实践经验,推动法律规范的细化与完善。

最后,跨国公司还将利用其全球业务网络和技术创新优势,积极推动国际数据法的创新与发展。通过参与跨国数据治理项目、支持数据伦理研究、倡导数据共享等,跨国公司能够促进国际社会对包括数据主权、算法透明度、数据伦理等在内的数据治理新议题的认识与共识,为国际数据法的前瞻性布局贡献智慧和力量。

4) 科技创新对国际数据法未来发展的影响

科技创新,尤其是大数据、人工智能、区块链等前沿技术的飞速发展,正在以前所未有的速度重塑国际数据法的边界与内涵。这些技术不仅极大地拓展了数据的收集、分析和应用能力,同时也带来了前所未有的法律与伦理挑战,促使国际数据法必须不断创新以适应新的科技生态。

(1) 大数据:机遇与风险并存。

大数据技术的广泛应用,让数据成为推动经济社会发展的关键生产要素。然而,随之而来的数据滥用、隐私泄露等问题,对国际数据法提出了更高要求。数据保护法必须在促进数据自由流动与保护个人隐私之间找到平衡,确保数据合理利用而不会侵犯个人权益。为此,国际数据法需要明确数据主体的权利,强化数据控制者和处理者的法律责任,建立健全数据跨境流动的监管机制,以保障数据安全和隐私保护。

(2) 人工智能:算法透明与责任归属。

人工智能,尤其是机器学习和算法决策,正日益渗透社会生活的各个角落。算法的黑箱特性增加了数据处理的复杂性和不确定性,对国际数据法提出了新挑战。国际数据法必须在保障算法透明度和算法责任方面创新,建立算法审查和责任追溯机制,确保算法决策的公正性和可解释性,防止算法歧视和使用不当,保护数据主体的合法权益。

(3) 区块链:确权与安全的双刃剑。

区块链技术以其去中心化、不可篡改的特性,为数据确权、数据交易和数据安全提供了创新性解决方案。① 然而,区块链技术的应用对国际数据法也提出了新的挑战,尤其是在数据主权、跨境数据监管和执法合作等方面。国际数据法需要探索建立适应区块链技术特性的法律框架,明确数据主权归属,规范数据跨境流动,同时强化区块链系统的安全监管,防范数据滥用和非法交易。

(4) 科技手段:与法律深度融合。

未来,国际数据法将更加紧密地与科技创新相融合,形成适应新技术特点的法律规范。这不仅意味着国际数据法将加强对新兴技术带来的数据治理问题的研究,制定相应的法律原则和规则,以解决数据主权、算法歧视、智能合约的法律效力等前沿问题;也意味着国际数据法将积极探索利用科技手段提升数据保护和数据治理的效能,如通过区块链技术实现数据追踪和确权,利用人工智能技术进行数据安全监测和风险预警,以构建更加智能、高效的数据治理体系。

在这个多维度、多层次的演变过程中,国际合作与对话、法律创新与科技融合将成为推动国际数据法发展的关键驱动力。国际社会需要加强跨领域、跨国界的交流合作,共同探索适应科技发展趋势的国际数据治理新路径。同时,国际数据法将不断适应科技创新的步伐,形成更加开放、包容、安全的全球数据治理体系,以应对数据时代带来的各种挑战和机遇,为全球数字经济的健康发展提供坚实的法律保障,促进数据资源的合理利用与公平分配。

国际数据法的产生与发展,是全球数字化转型与法治建设同步推进的必然结果。从最初的隐私保护到如今涵盖数据安全、跨境流动、技术创新等多维议题,国际数据法见证了科技进步与法律规制的互动共生。面向未来,国际数据

---

① 董昊:《基于区块链的大数据安全共享研究》,内蒙古科技大学硕士学位论文,2022年。

法将更加注重平衡数据自由与个人隐私、促进数据流动与维护国家安全,同时积极探索适应新兴技术的法律框架。在国际合作与竞争的交织中,国际数据法将持续进化,构建更加开放、包容、安全的全球数据治理体系,为数字经济的健康繁荣奠定坚实的法治基石,更好地引领我们迈向数据驱动的未来社会。

第 3 章 国际数据法的全球性机制

在数字化时代,数据对经济发展、社会治理、科技创新和国家安全等方面产生深远影响。全球性多边国际条约在协调各国数据政策、促进数据共享、保护数据主体权利等方面发挥着关键作用,而这需要国际社会共同努力,通过制定全球性多边国际条约以完善国际数据法的内容。本章旨在介绍国际数据法的全球性多边国际条约渊源,包括联合国、世界贸易组织、经济合作与发展组织等国际组织在数据治理方面的政策框架和指导原则,以及为国际数据法提供规范基础的相关条约,并分析其在国际数据治理中的作用、在实践中的局限及其未来发展方向。

3.1 联合国与数据治理

3.1.1 联合国在国际数据治理方面的发展与作用

1) 联合国在国际数据治理方面的发展阶段

作为全球最大的政府间国际组织,联合国在数据治理方面经历了四个阶段的发展:首先是早期阶段。在这一阶段中,数据治理主要集中在联合国内部对数据收集的基础工作上。1947 年,联合国统计委员会成立,作为联合国经济和社会理事会下的职司委员会,联合国统计委员会开始建立国际统计标准和方法,以确保数据的可比性和一致性,而统计、收集数据的目的是支持包括维护国际和平与安全、促进人权、实现可持续发展等联合国的使命。其次,进入电子数据时代后,随着计算机和互联网技术的发展,数据治理开始转向电子数据的管理和共享方向,联合国逐渐认识到数据共享的重要性,不再将工作重心集中在其对数据的内部收集上,而是开始推动成员国之间进行数据交换。同时,随着这些数据中个人数据的增加,隐私保护成为一个重要议题。再次,全球化和数据经济时代的到来,使联合国扩展了其对数据治理的关注范围,不再只注重内部的数据收集与成员国之间的数据交换,而是开始关注数据在促进经济发展、社会进步和环境保护中的作用。在这一阶段,联合国通过发布报告、组织会议和研讨会等方式,推动对数据治理的全球讨论。同时,联合国也开始关注数据治理中的伦理问题,如数据的公平使用和数据主体的权利。最后,随着信息技术的飞速发展,数据已成为推动经济增长和社会进步的关键资源。在数字化转型的背景下,构建国际数据治理体系逐渐成为联合国工作的核心内容之一。联合国认识到,有效的数据治理对于实现可持续发展目标至关重要。因此,联合国开始推动建立更加全面的数据治理框架,包括数据质量管理、数据安全、数据隐私、数据开放和共享等。

当前,联合国正致力加强国际数据治理合作,同时也在积极应对数据治理中的新兴挑战,如人工智能、大数据分析和跨境数据流动等议题。采取组织全球数据论坛、推动国际数据共享协议、建立全球数据伙伴关系等措施,以期建立一个更加开放、透明和协作的国际数据治理环境。

2) 联合国在国际数据治理中扮演的角色

作为国际政策的制定者,联合国通过其下属机构和专门机构,如其教育、科学及文化组织、经济及社会理事会等,制定国际数据治理的政策框架和指导原则。这些框架和原则旨在为成员国提供关于数据收集、处理、共享和保护的最佳标准。这些标准有助于在数据跨境流动和共享时保护数据主体的权益。

此外,联合国还通过组织国际会议、研讨会和论坛,如联合国世界数据论坛等,促进各国政府、私营部门、民间组织和国际机构之间的合作与对话,承担起国际合作的促进者义务。这些活动为国际数据治理的共同挑战提供了交流和协作的平台,以便发现、分析不同发展阶段的国家在数据治理方面的需求,从而为其提供包括培训数据管理人员、建立国家统计系统、提高数据处理和分析能力等技术援助,帮助发展中国家建立和加强其数据治理能力。

联合国将国际数据治理与可持续发展目标紧密结合,强调数据在监测和实现可持续发展目标方面的关键作用;鼓励各国利用数据和统计信息来指导政策制定,评估发展成效;确保资源的有效分配,并推动各国政府和国际社会对数据治理的承诺和责任,以应对国际数据治理可能面临的全球挑战,体现了联合国作为全球挑战的应对者身份。

概括而言,联合国在数据治理方面的发展历程反映了其对数据在全球治理中的作用的深刻理解。从最初的统计和数据收集,到现在的全面数据治理框架,联合国不断适应技术发展和社会变化,推动国际数据治理的进步。未来,随着数据技术的不断演进和全球挑战的日益复杂,联合国在国际数据治理中的作用将更加重要。联合国不仅将在国际数据治理中发挥关键的领导和协调作用,还将通过政策和国际标准的制定、促进国际合作和技术援助、应对全球性挑战等多方面工作,推动国际数据治理的发展和完善,确保数据治理能够支持全球公共利益和可持续发展。

3)《2021年数字经济报告》

在联合国框架下,直接调整数据治理的国际法规则并不多,而与之最为密切相关的是2021年9月29日联合国贸易和发展会议(UN Trade and Development, UNCTAD)发布的《2021年数字经济报告》(简称《报告》)。该《报告》主要探讨了数据跨境流动的发展和政策影响,强调数据跨境流动对全球经济的作用,并提出国际数据治理的新框架建议,倡导创建新的国际数据治理方针与架构来促进数据尽可能自由地跨境流动。其中强调,当前碎片化的数据治理格局可能导致隐私泄露、网络攻击等重大风险,因此全球亟须开展数据治理的创新实践,增强互信并减少数字经济中的不确定性。

(1)数据跨境流动的重要性。

《报告》中指出,数据跨境流动是数字技术如数据分析、人工智能、区块链、物联网、云计算等的核心,对贸易、创新和经济进步有着重要影响。数据的价值产生于其聚合和处理,《报告》中提出数据分类的不同标准,如商业目的与政府目的、敏感与非敏感数据等,并基于数据不同于传统商品和服务的特殊属性,提出不应将数据跨境流动视为传统意义上的贸易,而应从共享的角度来看待。但现存的问题是,由于数据治理模式在全球范围内差异极大,比如发达国家与不发达国家之间、国家内部农村和城市地区之间存在巨大的数字鸿沟问题,导致数据流动无法在互联网的普及程度以及在参与国际数据供应链、价值链的能力上造福所有人。

(2)国际数据治理的新道路。

为了弥合分歧,《报告》倡导创建新的国际数据治理方针与架构,以促进数据尽可能自由地跨境流动,并强调需要创新的治理架构来结束互联网的碎片化趋势,从而缩小不平等。如《报告》的序言中所述,开启数据治理的新道路,现在比以往任何时候都更加重要,因此,报告中提议设立一个负责评估全球数据治理并具备相关技能的新的联合国协调机构,从而实现发展收益最大化,确保收益的公平分配并减少风险与危害。该机构的工作将结合多边、多利益相关方和多学科的参与,并致力解决发展中国家在全球和区域数据治理中代表性不足的问题,提供多种个人数据传输机制,鼓励企业提高数据管理的透明度,并向发展中国家提供援助和数字经济政策支持,以帮助这些国家从数据驱动的数字经济中获益。

(3)国际数据治理的优先事项。

目前对数据的概念尚未达成一致理解,《报告》中强调应将包括对数据相关重要概念的定义达成共识等在内的关键问题作为国际数据治理的优先事项,规定访问数据的条件、加强对数据价值和跨境数据流量的测度、探讨新兴的数据治理方式,从而就数字和数据相关权利及原则达成共识,并制定数据相关的各种标准来治理数字平台企业,以加强数字经济中的竞争和税收政策的国际合作。

4)全球数字契约

2023年1月,联合国面向全球公开征集《全球数字契约》(简称《契约》)提案。世界互联网大会联合15家单位,围绕连接数据保护、歧视与误导性内容治理、人工智能监管、数字公共产品5项议题提交提案。2023年3至6月,联合国围绕数字包容性和连接、互联网治理、数据保护、网络人权、人工智能及其他前沿技术、数字可信和安全召开6次研讨会,针对前述议题进行了开放式发言。

《契约》旨在为所有人创造一个开放、自由、安全的数字未来。在数据治理方面,《契约》提出了一系列原则、目标和行动,涉及数据鸿沟、数据治理原则、数据保护和赋权、数据权利宣言、数据标准和框架、数据公域投资、数据和人工智能应用、数据生态系统、全球数据治理、国际数据和人工智能治理等议题。《契约》中指出,尽管全球数据流量预计大幅增长,但数据活动仍集中在少数全球参与者中,许多发展中国家可能仅成为原始数据的提供者,并为使用这些数据提供的服务付费。因此,《契约》建议制定包含数据管理的数据权利宣言,确保数据管理造福所有人,并强调需要向人们提供管理和控制其个人数据的能力和工具,包括选择加入或退出数字平台的权利和技术,同时保护透明度,并确保可解读的数据驱动决策、互操作性和可移植性。

就数据标准和框架的构建,《契约》要求在尊重知识产权的前提下,为数据评估和使用制定多层次和可互操作的标准与框架,以实现安全可靠的数据流动和包容性的全球经济。同时,基于对"数据公域"投资的迫切需要,建立数据集和互操作性标准,汇集公共、私营机构的数据和人工智能专业知识,为可持续发展目标构造具有价值的应用程序。同时,针对数据和人工智能应用,《契约》就农业、教育、能源、卫生和绿色转型等优先领域,为数据和人工智能应用制定合作研究倡议,促进开放和可进入的数据生态系统,以便更早、更快、更有针对性地减轻灾害和应对危机,从而完善全球数据治理、创建新的全球数据治理方针,提供更多有效的全球性公共产品。此外,《契约》要求加强在制定数据标准方面的全球合作,推动达成共识,以期最终形成全球性的解决方案,妥善利用激增的数据来造福全人类,并解决数据跨境流动带来的经济收益公平分配问题。

总而言之,《契约》表明了联合国正积极推动国际数据治理的进程,倡导制定更加公平、透明和有利于全球数字经济发展的国际数据法规则。同时,联合国也强调了发展中国家在国际数据治理中的参与和利益保护,以及数据治理对缩小数字鸿沟、实现可持续发展的重要性。

3.1.2 国际电信联盟

国际电信联盟(International Telecommunication Union,ITU)是联合国的一个专门机构,其前身是 1865 年在法国巴黎成立的"国际电报联盟",1934 年改用现名。目前,国际电信联盟已具有 193 个成员国和约 900 个部门成员、部门准成员和学术成员。通过制定信息和通信技术领域的标准、促进数据安全、协调国际合作等方式,ITU 在国际数据治理领域中发挥了重要作用。

1)基本作用

(1)制定国际标准。

国际电信联盟通过其研究部门和工作组,制定了一系列关于数据治理的国际标准。这些标准涵盖数据质量、数据交换格式、数据隐私、数据安全、数据通信和信息系统等多个方面,为全球数据交换提供了技术基础。国际电信联盟认识到数据开放和共享对于促进创新和社会发展至关重要,因此倡议全球数据共享并开放政府数据,以便企业和研究机构能够利用这些数据进行研究和开发。国际电信联盟还提供技术指导和支持,帮助各国建立数据共享平台,确保数据的可访问性和可用性。

(2)促进数据安全。

数据安全是数据治理的核心议题之一。国际电信联盟通过其网络安全基础技术工作组,开展了一系列关于数据安全的研究。这些工作包括制定数据加密标准、推广安全通信协议、开展网络安全教育和培训等。国际电信联盟也对数据隐私保护高度重视,制定了关于个人数据保护和隐私的方针和框架,旨在为各国提供指导,帮助各国制定或更新数据保护法规,在保护公民隐私的同时促进数据的合理利用。此外,国际电信联盟还通过举办研讨会、发布报告等方式,提高公众对数据安全重要性的认识,并鼓励企业采取措施保护用户数据,共同应对数据泄露、网络攻击等安全威胁,确保数据在全球范围内的安全传输和存储。

（3）应对新兴挑战。

随着人工智能、大数据、物联网等技术的发展,数据治理面临着许多新兴挑战。作为一个国际平台,国际电信联盟积极应对这些挑战,通过促进不同国家和地区在数据治理方面的合作、组织国际会议、研讨会和培训活动,为各国提供交流经验的机会,同时积极研究和制定相关标准,引导全球数据治理的发展方向,如国际电信联盟正在研究如何利用区块链技术来提高数据的透明度和可追溯性,以及如何通过人工智能来提高数据处理的效率和准确性。此外,国际电信联盟还与其他国际组织合作,如联合国、世界银行和世界贸易组织等,共同应对全球数据治理面临的新兴挑战。

总的来说,国际电信联盟在数据治理方面的贡献是多方面的,涵盖了标准制定、数据开放和共享、数据安全与隐私保护、应对新兴挑战等关键领域。通过这些工作,国际电信联盟不仅帮助各国提高了数据治理的能力,而且促进了全球数据治理体系的建立和完善。

2）数据治理

作为国际信息通信领域的核心国际组织,国际电信联盟很早就开始关注数字治理领域。20世纪末,国际通信领域迈入技术创新迭代的发展阶段,特别是光纤技术、卫星技术的快速发展使全球网络通信成为可能。互联网的各层次均与电信资源密切相关。由此,国际电信联盟的管辖范围拓展至整个互联网系统,涉及从数字广播到网络视频、从移动技术到三维电视,甚至扩展到大数据、云计算、人工智能等领域。

如何消除数据鸿沟,实现包容性发展,日益成为国际电信联盟推进全球数字治理的重要议题。1985年,国际电信联盟世界电信发展独立委员会主席唐纳德·梅特兰在其提交的《缺少的环节》报告中提出,电信与国家的经济发展存在密切关联,国际社会应重视发达国家和发展中国家在电信资源分配上的均衡发展议题。2002年,马拉喀什国际电信联盟全权代表会议明确了消除数据鸿沟是国际电信联盟的首要任务。该会议也授权国际电信联盟在消除数据鸿沟上采取更加务实的措施,并要求将发展议题引入信息社会世界峰会中。近年来,增强最不发达国家对数字技术的可获得性,成为国际电信联盟的重点任务之一。2023年,国际电信联盟将世界电信和信息社会日大会的主题定为"通过信息通信技术增强最不发达国家的能力"。

总体上,国际电信联盟在数字治理领域的重点任务包括三个方面。一是服务世界联通。国际电信联盟的重要任务在于建设现代化的信息世界，2012年，国际电信联盟在迪拜召开的世界国际电信会议修改了《国际电信法规》，使其符合高速发展的联通世界的需求；二是制定国际标准。国际电信联盟的电信标准化业务的核心目标是构建一个标准化的数字世界。其主要功能是推动电信资源和设备在数字空间有效运行并实现可交互性。从网络基础设施、网络安全，到宽带、光纤传输体系，再到下一代网络及网址等议题，国际电信联盟已产生了4 000多个标准化建议。三是推进包容性发展。根据国际电信联盟的统计，在发达国家和发展中国家之间及其不同社会团体间，数据鸿沟仍广泛存在。因此，国际电信联盟尤为关注数字资源的合理分配和获得问题。

3.1.3 联合国世界数据论坛

在数据日益成为推动社会经济发展的关键因素的背景下，非常有必要建立一个全球性数据治理平台。联合国世界数据论坛则应运而生，旨在推动全球数据和统计发展，并促进各国在数据收集、处理、共享和使用等方面的交流与合作，同时推动数据治理规则的制定和完善。

2017年1月15—18日，第一届联合国世界数据论坛于南非开普敦召开，就利用数据和通过监测促进实现可持续发展目标的挑战和机遇进行探讨。论坛的主题为"让世界更有意义——用数据革命推动可持续发展"，围绕下述几个专题展开了讨论。在获取更优质数据能力发展的新方式方面，要求对能力开发进行再思考，并在国家层面进行数据变革、总结国家数据战略的经验教训，推动数据生态系统、协调和利益攸关方的参与等。在不同数据生态系统的创新和协同方面，要求在输入到输出环节利用行政数据进行统计，引入大数据和新数据源，并拓展至人口和住房普查等方面。此外，还要求用数据统计改善民生、提高数据质量，为落实可持续发展目标和《残疾人权利公约》收集相关数据，整合不同来源的数据以统计最脆弱群体数据等，不让任何人掉队。在通过数据了解世界方面，提出了数据素养概念，要求利用数据了解人们的价值观、优先事项和愿望，并对创新性数据素养的技巧和工具等数据赋权事宜进行了专题会议。在建立对数据和统计的信任方面，要求开放数据和国家统计，即官方统计数据公开常态化，以应对不断变化的数据生态系统中的挑战和机遇，并平衡创新性与可推广性，从而在快速创新的时代建立可持续的数据系统。最后第一届世界数据论坛形成了成果文件《开普敦全球可持续发展数据行动计划》，旨在强调国家统计机构现代化对实现2030年可持续发展目标的重要性。该计划为成员国评估、建设和加强国家统计机构的能力制定了框架，分为六个战略领域：① 可持续发展数据的协调和战略领导;② 国家统计系统的创新和现代化;③ 加强基本的统计活动和设计并尤其关注 2030 年议程的监测需求;④ 可持续发展数据的传播和使用;⑤ 可持续发展数据各利益攸关方的伙伴关系;⑥ 为统计能力建设动员和协调资源和力量。

第二届论坛联合国世界数据论坛于 2018 年 10 月 22—24 日在阿联酋迪拜举办,主题为"推动为可持续发展数据挑战提出创新方案,为未来工作落实加强合作和资源探索"。第二届论坛与第一届一样,围绕"获取更优质数据能力发展的新方式""不同数据生态系统的创新和协同""不让任何人掉队""通过数据了解世界"和"建立对数据和统计的信任"五个专题展开;讨论了数据世界有效的能力建设和技术援助、私营部门和伙伴关系在衡量影响可持续发展目标和支持官方统计方面的作用、统计能力的现状和未来、可持续发展中的人工智能与数据革命、数据融合以实现跨生态系统可持续发展等数据互通、运用大数据推动全面发展、优化老龄人口数据、国家统计机构增加数据使用的新参与方法、性别数据、联合数据生产者和使用者、公众利益分析、国际机构在建立信任、增强对数据和统计的信心方面的作用内容。论坛闭幕时发布《迪拜宣言》,聚焦"支持《开普敦全球可持续发展数据行动计划》的落实"这一主题,提出要确保所有用户能够获取及时、开放、高质量和更加细分的数据,并利用新的数据源和技术,确保统计数据产品达到更高标准作为所取得的进展,呼吁建立面向各个利益攸关方开放的创新融资机制,旨在动员国内外资源,加强国家数据和统计系统能力建设。

2020 年 10 月 19—21 日,受新冠肺炎疫情影响,第三届虚拟世界数据论坛在瑞士伯尔尼线上举办。围绕前两届的五大主题,此次线上论坛提出要在不寻常领域发现机遇,如各国通过相互帮助利用行政数据实现可持续发展目标,并通过公私合作伙伴关系加速利用移动大数据和人工智能服务塑造市场、实现可持续发展目标、促进性别平等、保障残疾人权益。同时,国家统计机构也应争取受众更广泛的新方法,建立数据改革,对数据治理采取全面的处理方法,而政策制定者通过数据和佐证进行决策能力的建设,推动形成全球数据访问框架。此外,会议上还讨论了很多与新冠肺炎疫情相关的话题,如使用地理信息数据支持应对新冠肺炎疫情、收集相关数据分析应对新冠肺炎疫情的数据责任。最后作为成果,此次线上论坛在闭幕式上发表了《关于全球数据界应对新冠肺炎疫情的声明》,指出在新冠肺炎疫情期间,对数据和统计的需求比以往任何时候都大,因此整个数据界要团结起来,应对疫情,建立对数据的信任,以及增加对数据的投资以更有效应对新冠肺炎疫情和未来的灾害;《迪拜宣言》中关于创新融资机制的呼吁得到更新,以帮助实施《开普敦全球可持续发展数据行动计划》。

此后,第三届联合国世界数据论坛于 2021 年 10 月 3—6 日同样在瑞士伯尔尼线上召开。围绕前述五大主题,在第三届虚拟世界数据论坛的基础上,进一步探讨能力建设、建立网络以解决性别数据缺口,并重新定义生活在数字社会中的意义的数据价值,加强被迫流离失所人群和移民数据的统计,实现可持续发展十年行动和交付计划,公共财政数据的公开以平衡质量、隐私和透明度,以及通过全球数据公约来实现可持续发展的必要性。对于新冠肺炎疫情,论坛要求发挥数据和统计在流行病和其他灾难期间的作用,从而利用数据智能系统做出应对新冠肺炎疫情的决策。该论坛的成果文件为《可持续发展目标伯尔尼数据契约十年行动》,表达了参与者加强合作伙伴关系,即政府、民间社会、私营部门、地理空间社区、学术和专业协会、媒体、公众、捐助者和慈善团体,以及联合国系统之间,应加强合作以收集更多数据,并利用解决方案生成包容性数据的承诺。通过国际社会共同努力,确保对国家数据生态系统的投资,以期能够生成高质量、及时、开放、可靠和细分的数据。

为了寻找解决获取公平、开放的数据的方案,第四届联合国世界数据论坛于 2023 年 4 月 24—27 日在中国杭州召开。本届论坛将数据治理与联合国可持续发展目标紧密联系起来,围绕数据如何提供更多观察视角以确保能为所有人提供一个更可持续、更安全的未来;促进数据创新和培育伙伴关系是实现数据平等和确保不让任何一个人掉队的关键;所有人都应在遵循道德原则的前提下使用数据和统计资料,以更好保护隐私和个人数据权;建立有韧性的国家数据生态系统需要包括可持续的资金在内的相关支持,以更符合未来发展需要,并使所有人受益这四个核心问题展开。议题包括数据与网络心理健康、数据政策与法规、数据与危机管理、数据与智慧城市、人工智能的挑战与机遇、数据与公共服务、数据与设计和决策、集体智慧与信任建设、数据相关创业者对话、跨境数据传输、数据与青年发展、数据与性别平等,以促进数据的使用与价值的更好决策,创新推动及时、全覆盖的数据分类,加强公众数据透明度及隐私权保护。在加强数字基础设施建设、国内外数字统计能力建设的同时,化解不同数据生态系统中建立伙伴关系的难点,从而加强创新与合作,生产更加优质、包容的数据。充分挖掘数据价值、发挥数据作用,实现更好决策;提升数据公信力,强化数据道德准则,并把握新趋势,寻求新合作,构建良好数据生态,旨在促进数据创新,培育伙伴关系;动员高级别政治和财政对数据建设的支持,并为可持续发展建立更好的数据途径。

数据治理仍是一个不断发展的领域，随着技术的进步和社会的变化，全球数据治理规则也需要不断地更新和完善。联合国世界数据论坛在推动全球数据治理规则的演进方面发挥了重要作用。

3.2 世界贸易组织与国际数据法

《关税与贸易总协定》(General Agreement on Tariffs and Trade，GATT)、《服务贸易总协定》(GATS)、《技术性贸易壁垒协定》(Agreement on Technical Barriers to Trade，TBT；简称《TBT 协定》)和《与贸易有关的知识产权协定》(Agreement on Trade-Related Aspects of Intellectual，TRIPS；简称《TRIPS 协定》)都是 WTO 管辖下的重要多边贸易协议，它们之间既相互独立又相互关联，共同构成了 WTO 贸易规则体系的重要组成部分。从总体上看，这些协定都致力促进全球贸易的自由化、公平化和便利化，为国际贸易提供一套稳定和透明的规则体系。随着数字经济的不断发展，数据作为现代贸易的重要组成部分，其流动、保护和管理也受到了这些协定的关注。

对 GATT 而言，虽然其主要关注货物贸易的关税和非关税壁垒问题，但随着数据在货物贸易中的重要性日益凸显、电子数据交换等技术在贸易中被广泛应用，数据的安全性和准确性对贸易的顺利进行至关重要，因而 GATT 需要为此提供有效合理的数据协定规则指引。GATS 则更加直接地涉及数据问题，因为在服务贸易中，大量数据的跨境流动是服务交付的关键环节，GATS 对于服务贸易的市场准入、国民待遇等规定与数据相关的服务贸易活动密切相关。《TBT 协定》主要关注技术性措施对国际贸易的影响，而在数据领域，技术性贸易壁垒表现为对数据格式、安全标准等方面的要求，《TBT 协定》对成员方要求其在制定和实施技术性贸易措施时遵循的非歧视原则，有效避免了不必要的贸易壁垒，并在很大程度上确保了数据在国际贸易中的公平竞争、合理使用和自由流动。同样地，尽管《TRIPS 协议》关注的是知识产权保护和相关执法问题，但它也与数据规则有关联，因为在数字经济时代，数据已不再是简单形式，其本身已构成一种新型的知识产权。《TRIPS 协定》中关于知识产权的保护和执法规定，也为与数据相关的知识产权问题提供了规则指引。

3.2.1 《关税与贸易总协定》中的数据规则

虽然 GATT 没有对数据规则进行直接界定，但作为一个希望通过削减关税和消除其他贸易壁垒，消除国际贸易中的差别待遇、促进国际贸易自由化，以充分利用世界资源扩大商品生产与流通的政府之间的协定，其中也存在着数据相关的间接规定。例如，在数据跨境流动中，最先需要规范的是流动数据的数量问题，而在 GATT 中存在大量关于"数量"的规定，其具体内容如下所述。

（1）在 GATT"减让表"中明确"一缔约国对其他缔约国贸易所给的待遇，不得低于本协定所附这一缔约国的有关减让表中有关部分所列的待遇"，"不得低于"实际就是一种规则的厘定，即是需要遵从的规则。

（2）GATT 第八条规费和输出入手续中规定了"（乙）数量限制"。

（3）GATT 第十一条就数量限制的一般取消，涉及的不适用规定包括这几方面：为防止或缓和输出缔约国的粮食或其他必需品的严重缺乏而临时实施的禁止出口或限制出口；为实施国际贸易上商品分类、分级和销售的标准及条例，而必须实施的禁止进出口或限制出口；对任何形式的农渔产品有必要实施的进口限制，如限制相同国产品允许生产或销售的数量，又或是相同国产品若是产量不大，则限制能直接代替进口产品的国产品的允许生产或销售数量的政府措施；采用免费或低于现行市场价格的措施，将剩余品供国内某些阶层消费以消除相同国产品的暂时过剩，又或是相同国产品若产量不大而以消除直接代替进口产品的国产品暂时过剩的政府措施；限制生产系全部或主要地直接依赖于进口而国内产量相对有限的动物产品允许生产的数量的政府措施。

（4）GATT 第十三条关于非歧视地实施数量限制的规定是：除非对所有第三国的相同产品的输入或对相同产品向所有第三国的输出同样予以禁止或限制，任何缔约国不得限制或禁止另一缔约国领土的产品的输入，也不得禁止或限制产品向另一缔约国领土输出；缔约各国对任何产品实施进口限制时，应旨在使这种产品的贸易分配尽可能地与假设没有这种限制时其他缔约各国预期可能得到的份额接近。

上述种种关于"数量"的规定，特别是数量限制及其取消、非歧视地实施的数量限制都表明，数量在国际贸易流通中都是被重视的对象之一。从历史的角度来看，贸易顺差或逆差其实更多的是数量的比对，数量庞大在国际贸易中所占份额也相应会增长，这也是 GATT 中会如此关注数量并将减让表突出地摆在开篇位置的原因。总的来说，在 GATT 中关于数量的规定主要遵从两个原则：一是加大商品流通的力度，尽量减少缔约国之间贸易的壁垒，其中数量限制的一般取消即是为此制定的，目的就是尽可能地打开市场，加快商品流通速度，从而给出口国和输入国都带来更大的收益；二是对缔约国相关商品有限制地保护，特别是民族产品的一般性保护，可知数量限制的原则对缔约国的特殊商品的生产和流通能起到必要的保护作用,若没有数量的一般性限制,经济体量小的国家的民族工业则极有可能遭受毁灭性打击。

然而,需要引起注意的是,对数量的一般性限制和取消,尽管在跨境流动的数据数量问题中可作为一般性原则予以适用,但也出现了新的情况和挑战。目前来看,全球仅有少量的国家和地区对数据跨境做了法律性的限定(比如欧盟的《通用数据保护条例》要求仅向满足特定条件的地区或公司传输数据),而GATT的减让表中则要求对承诺不做限制的服务领域都要适当开放。数据跨境传输及相关贸易是否在承诺不做限制的领域里,或者说签订减让表时是否明确对数据跨境及贸易做出一定的限制,这些都将直接影响国家之间的贸易问题,如果将其视为不做限定的领域,那么通过本国的一定的法律加以保护就很可能会出现违背协定的情况,以致将自身置于一个被动的格局之中,甚至会被纳入贸易制裁。

3.2.2 《服务贸易总协定》中的数据规则

于1995年1月正式生效的GATS是GATT有关国际服务贸易的具有法律效力的第一套多边协定,包括序言和6个部分共29个条款、8个附录和8项部长会议决定。这一系列协定的诞生,首次为国际服务贸易提供了一套初步的总体规则框架,是国际服务贸易迈向自由化的重要里程碑。GATS的具体条款中清晰指出,服务贸易是世界经济增长和发展极为重要的组成部分,而GATS的建立就是为了在透明、逐步自由化的条件下扩大服务贸易,并以此为手段促进所有贸易伙伴的经济增长和发展中国家的发展。GATS同时还强调,要尊重国家政策目标,通过多边谈判的形式,在互利共赢的基础上促进所有参加方的利益,让权利和义务处于总体平衡的状态。GATS进一步认为,发展中国家更需要协定所签订的权利,由此期望促进发展中国家更多地参与服务贸易和扩大服务出口,特别是通过增强其国内服务能力以提高效率和竞争力,并特别考虑到最不发达国家因特殊的经济状况及其在发展、贸易和财政方面的需要而存在的严重困难。从GATS生效之日至今,相关的国际实践都在证明这是一个相对有利于各国在服务贸易方面的合作和交流的多边协定。

在数据跨境流动领域,公平原则至关重要。GATS在"一般义务和纪律"条款中,明确将"关于本协定涵盖的任何措施,每一成员对于任何其他成员的服务和服务提供者,应立即和无条件地给予不低于其给予任何其他国家同类服务和服务提供者的待遇"写在了第一条,这是参与协定的所有国家、地区及政府都必须遵从的最基本原则。这一原则的内核就是要保障无差别的权利和义务,也就是说要保证市场最基本的公平。在数据跨境流动领域中也是如此,公平、无差别才可能让市场得以存活。因此,一定程度上说,GATS 关于"无条件地给予不低于"是可以适用于数据跨境流动的公平原则。

GATS 中与数据规则最密切相关的是其关于电信服务的附件。该附件无疑是国际服务贸易领域中有关数据规则的一个集中呈现。在附件条款里,第一条清楚说明附件的目的是由于电信服务部门的特殊性,特别是电信服务作为经济活动的独特部门和作为其他经济活动的基本传输手段而起到的双重作用,各成员就附件达成一致,便是旨在规范有关影响进入和使用公共电信传输网络和服务。公共电信传输网络实质就是数据的传输,因此关于电信服务的附件很大程度上是与数据服务相关的。从附件具体条文来看:

（1）3(b)"公共电信传输服务"指一成员明确要求或事实上要求向公众普遍提供的任何电信传输服务。此类服务可特别包括电报、电话、电传和数据传输,其典型特点是在两点或多点之间对客户提供的信息进行实时传输,而客户提供信息的形式或内容无任何端到端的变化。

（2）5(c)每一成员应保证任何其他成员的服务提供者可使用公共电信传输网络和服务在其境内或跨境传送信息,包括此类服务提供者的公司内部通信,以及使用在任何成员领土内的数据库所包含或以机器可读形式存储的信息。如果一成员采取严重影响此类使用的任何新的或修改的措施,则应依照本协定有关规定做出通知,并进行磋商。

以上两条规定,是将数据作为重要内容列入条文的,具有较大的参考意义和价值。其中,3(b)条款关于"公共电信传输服务"的涵义已明确将数据传输列为服务内容之一,并对其特点也界明为两点或多点的信息实时传输以及客户信息从一端到另一端的变化。由此可见,国际贸易中的数据传输,一方面要遵从主动方原则,即数据服务要由服务需求方来发起,而不能由供应方发起,如果发生倒置,极有可能会被认定为发生数据缺略;但关于改进数据服务的主动性提醒是否可以被列为例外原则,按照国内有关数据服务的要求,只有主动方确认才可为之,如果主动方明确表示了拒绝倾向,则不能再发生数据传输的行为。另一方面国际贸易中的数据传输也要遵守数据服务的特殊规则,所谓数据服务的特殊规则,其实与市场所有交易行为类似,即保证商品的原本品质和面貌不发生改变,数据服务作为一项比较特殊的产品,由主动方主动发起,交由电信传输服务作为中间平台的载体,在利用自身技术优势时,电信传输服务平台要完成的只有传输,而不能对内容作出更改,即保证服务内容原汁原味从主动方的端口抵达客户方的端口。

5(c)条款中提出的"数据库"更多的是对缔约国本身关于公共电信网络传输来说的,条文要求缔约国在面对其他缔约国提供的公共电信传输网络时,要确保国内的网络传输等可被使用,以确保信息在境内或跨境传送。这一点非常重要,因为数据的关键在于传输,如果传输的媒介及载体都不被限制,那么公共电信服务其实也就不复存在。该条款同时也规定,成员领土内的数据库并不是指向全部数据库的物理载体,而更多是所存储的信息,以避免发生泛化导致信息被窃取。当然,在缔约国之间以国际贸易形式出现的信息窃取相对较少,因为此类信息窃取行为的主体大部分为黑客组织,而国家黑客也是存在的,比如美国国家安全局下属的特定入侵行动办公室,先后使用了41种美国国家安全局专属网络攻击武器,对中国西北工业大学发起了上千次攻击窃密行动。

此外,GATS中关于数据的规定可能会与GATT的规则相冲突。GATS第十七条对境外企业在承诺表中承诺领域规定国民待遇,即给予其他成员方的服务或服务提供者的待遇要不低于本国类似服务和服务提供者之待遇;GATS第十四条还为国内的限制性立法提供了例外,但不能构成贸易歧视和变相限制的国内措施,其中的(c)、(ⅱ)条允许成员方实施保护个人隐私、数据和其他记录机密性的措施。然而,结合各国对个人信息出境的限制,可以看出这些限制对来自境外的处理者施加了包括时间、财政和其他方面的额外成本,而这些成本是本国企业,或者主要以本国为主要市场的处理者所不需要负担的。相比之下,本国的个人信息处理者就比境外的处理者有成本上的优势,这可能会改变国内与国外企业的竞争情况,因此也可能构成违反平等待遇的要求的行为。

3.2.3 《技术性贸易壁垒协定》中的数据规则

《TBT协议》由前言和15条规定及3个附件组成,主要条款包括总则、技术法规和标准、信息和援助、机构、磋商和争端解决、最后条款。《TBT协议》适用于所有产品,包括工业品和农产品。但也存在例外的内容,比如涉及卫生与植物卫生措施,相关内容由《实施卫生与植物卫生措施协议》规范。

在讨论《TBT协议》的数据规则前,有必要对这一协议缔结时的初衷做出如下说明:① 确保技术法规和标准,包括对包装、标志和标签的要求,以及对技术法规和标准的合格评定程序不给国际贸易制造不必要的障碍;② 不应阻止任何国家在其认为适当的程度内采取必要措施,保证其出口产品的质量,或保护人类、动植物的生命健康和环境,或防止发生欺诈行为,但这些措施的实施方式不得构成在情形相同的国家之间进行任意或不合理歧视手段的行为,或构成对国际贸易的变相限制,并应在其他方面与本协定的规定相一致;③ 不应阻止任何国家采取必要措施以保护其基本安全利益。以上三条说明是总的研判性原则,《TBT 协议》在具体实施中,有必要在这个原则的统领下开展工作,推动国际贸易运行,即所有技术法规及标准等不应当损害国际贸易;承认无差别限定性保护措施,即缔约国可以采取一定的保护性措施以保障其适当、必要的出口产品的质量,以及人类、动植物的生命健康和环境,但这种保护性的措施不能是针对可能有其他类似情形的成员方,以免被认定为是技术性贸易的歧视或者有针对性的贸易壁垒。此外,在技术性贸易中同样要求尊重主权国家安全这一国际关系的基本原则。

从实践的反馈来看,世贸组织官方网站统计显示,2023 年 WTO 成员方通报的技术性贸易措施数量历史上再次超过 6 000 项,达到 6 061 项,其中 TBT 措施通报 4 068 项,创造了自 2021 年以来的新纪录。从这一组数据中可见,在国际贸易领域里面,遭遇技术性贸易措施或壁垒是常态。技术性贸易是国际竞争的未来走向风向标,能够参与技术性贸易的,要么是比较成熟的技术性产品,要么是在竞争上有无可替代的优势的产品。因此,技术贸易附带的绝大多数为技术产品,专利贸易则较为少见。

随着时代的不断发展,数据本身不仅被运用于技术性贸易中,而且自身也逐渐成为技术性贸易的一种。因此,技术型贸易中的数据规则,一方面从数据运用来看,数据的运用需要遵从技术性贸易的一般性规则;另一方面从数据本身来看,数据本身的商品化贸易要遵从的是有利于主权国家安全的数据规则。《TBT 协定》关于数据的条文非常少,个中原因与数据本身也是技术性的脱不了关系,因而也就只能做一些延展性的推断思考。

3.2.4 《与贸易有关的知识产权协定》中的数据规则

《TRIPS 协议》中的数据规则主要涉及对知识产权的保护,尤其是对数字信息和数据汇编的规定,包括保护著作权和数据汇编、保护计算机程序和数据库、保护演职人员、保护录音制作者、保护播出机关等。

1)版权与数据汇编的保护

在版权保护方面,《TRIPS 协定》采取自动保护原则,并设置了详细的保护期限,以及后续版权的限制与豁免。在"自动保护原则"的设定下,《TRIPS 协定》规定版权必须在任何"正式程序"的基础上自动授予,如注册、更新程序等。该原则简化了版权获取的方式。同时,《TRIPS 协定》还设置了数据规则,以保护计算机程序。《TRIPS 协定》明确规定,计算机程序必须被认定为"文本作品",并在版权法的保护下获得相应的保护期限。《TRIPS 协定》在版权保护期限上进行了细致的划分,其中规定版权保护期必须延长至作者去世后的 50 年,而电影、摄影作品的版权保护期则最少不低于 25 年、最多不超过 50 年。这样的规定保证了著作权带来的经济利益在较长时间内由作者及其继承人享有。虽然版权法赋予作者广泛的权利,但《TRIPS 协定》也规定了版权的限制和豁免,以防止版权的过度保护对公众利益造成损害,这些限制和豁免包括合理使用、法定许可等。

与数据相关的《TRIPS 协定》首先涉及资料汇编。《TRIPS 协定》将资料汇编纳入著作权保护范围。资料汇编是指经过选择和编排的数据,它的选择和编排具有独创性,因此在著作权法中可以保护这些数据库为作品。《TRIPS 协定》对素材的编写提出了原创性的要求:"素材的编写在获得版权保护之前,必须有一定的原创性。"这意味着数据库对于数据汇编的选择和编排不能是简单复制或模仿,而应体现出作者独特的创意和判断。同时,《TRIPS 协定》对数据汇编版权的权利内容也进行了系统划分,并规定资料汇编的著作权人享有包括复制权、发行权、出租权、展览权、表演权、放映权、广播权、信息网络传播权、摄制权、改编权、翻译权和汇编权等与其他作品相同的权利。这些权利确保了数据汇编版权所有者能够有效控制其作品的传播和使用。与版权法一样,数据汇编的版权也受到一定的限制和豁免。例如,为了公共利益或学术研究等目的,可以在一定范围内合理使用数据汇编而不构成侵权。

《TRIPS 协定》中的著作权和资料汇编保护条款旨在平衡创作者与公众之间的利益关系,确保社会公众合理使用受著作权保护的作品和资料汇编,同时保护创作者的合法权益。这些规定对促进文化创新、技术发展和信息传播具有重要意义。

2)计算机程序与数据库的保护

(1)与数据相关的《TRIPS 协定》涉及计算机程序。《TRIPS 协定》全面深入保护计算机程序。它不仅明确了保护范围和标准,而且规定了具体的权利内容和限制条件。

计算机程序的经济价值和社会意义随着信息技术的快速发展而日益广泛地应用于各个领域。在计算机程序保护方面,《TRIPS 协定》要求各成员给予其版权保护,保护的标准应至少与《伯尔尼公约》相一致。这意味着,计算机程序享有与其他文学艺术作品同等级别的保护。关于保护期限,《TRIPS 协定》规定,自作品完成之日起,著作权的保护期不得少于 50 年。对计算机程序而言,这一保护期限确保了创作者及其继承人在较长一段时间内享有经济权利。这意味着,根据《TRIPS协定》的规定,计算机程序无论是源代码还是目标代码均应作为文本作品按照《伯尔尼公约》予以保护。其原因是,虽然计算机程序具有工具性,即其具有实用功能和操作逻辑,其同样具有作品性,即计算机程序的代码和算法的表达形式受版权法保护,并赋予了类似传统文学作品的版权保护。

同时,《TRIPS协定》也对此进行了权限内容方面的规定与限制。在内容方面,计算机程序的著作权人享有专有权,如复制权、发行权和信息网络传播权等。这些权利有助于防止他人未经授权地复制、传播或利用受保护的计算机程序。《TRIPS协定》还允许对版权进行一定的限制和例外。例如,为了教育、研究或评论等目的,可以在一定条件下对计算机程序进行合理使用。这些约束和例外,都是为了使著作权人达到与公众利益相均衡。此外,协定还要求各成员采取有效的法律措施来打击侵权行为,确保计算机程序创作者的合法权益得到充分保护,并且因计算机程序的作品性和工具性的双重性而使得对相关侵权行为的打击既可基于版权法,也将涉及专利法等其他知识产权法律。

(2)数据库是根据一定结构和规律整理而成的数据集合,是现代信息社会的重要信息资源和知识资产。作为信息资源的集合体,数据库在现代社会中的作用日益突出,且随着大数据时代的到来而日益明显,因此对其全面保护就变得格外重要。《TRIPS协定》虽然并未直接对数据库保护进行详细规定,但其原则和精神为数据库保护提供了指导。例如,《TRIPS协定》的版权保护原则可为数据库保护提供反不正当竞争的原则和基础。由此可知,一方面,数据库可以在版权法的基础上,根据《TRIPS协定》的保护精神,作为汇编作品而受到保护,包括数据库的制作者对其内容的选择和编排所享有的版权,他人未经授权不得复制、发行或公开传播。另一方面,除强调版权保护外,《TRIPS协定》在打击不公平竞争方面也做了特别强调,规定面对不公平竞争,可依据反不正当竞争法对数据库内容的盗用、滥用或非法披露等行为予以制裁。

3)保护表演者、录音制作者及广播机构

《TRIPS协定》还明确了对表演者的保护、录音制品的制造者、广播机构等方面的内容。它不仅明确了保护的范围和对象,还规定了具体的权利内容和限制条件。这些规定有助于确保相关权利人的合法权益得到有效保护,并促进文化产业的健康发展,而原因是相关主体在作品的创作和传播过程中投入了大量的劳力和物力,其权益应当得到充分保障。

该协定中保护表演者的精神权利和财产权利包括:禁止他人录制、录影,禁止他人私自复制、发布其演出作品的认同权,禁止他人将其演出作品通过信息网络公布于众等;就录音制品制作者的权利而言,在协定中,录音制品制作者对所制作录音制品享有独占权,包括复制权、发行权、信息网络传播权等。这些权利有助于防止他人将其录音制品擅自复制、发布或者通过信息网络散布出去;关于播音机构的权利,协定明确播音机构享有对所播出节目的邻接权,包括播音权、录制权、复制权等。这些权利保护了播音机构在节目内容上的投入,也保证了他们的劳动成果。《TRIPS 协定》规定,从演出或录音制品第一次制作或发行之年年底起,对表演者和录音制品制作者的保护期限至少为 50 年。而对播出机构来说,保护期至少要持续 20 年,从播出当年年底算起。这些条款保证了相关权利人在更长时间内享有其作品的独占权。

同样地,《TRIPS 协定》虽然全面保护表演者、录音制品制作者和广播机构的权利,但也允许对这些权利进行限制,或者在特定情况下进行例外的处理。例如,对受保护的作品可供教育、研究或评论使用,并在一定的条件下加以合理运用,以平衡权利人和社会公众的利益。

3.2.5　世界贸易组织电子商务谈判中的数据规则

WTO 电子商务谈判中的数据规则主要涉及数据流动、存储、处理和使用等方面,包括特殊的争端解决机制。

1) 数据跨境流动规则

"WTO 电子商务谈判数据跨境流动规则"主要涉及数据跨境流动的自由度、数据跨境流动的监管框架、数据隐私与保护、合作解决争端机制、具体数据跨境流动规则、具体数据跨境流动规则的制定、交易规则的制定等多个方面。同时,这些规则也需要与其他国际贸易和投资规则相协调,以确保全球贸易体系的稳定性和可预测性。

自 2019 年 WTO 电子商务谈判开启以来,根据 2020 年 12 月完成的《WTO 电子商务谈判合并谈判案》(简称《谈判案》),WTO 成员在谈判中纳入数据跨境流动这一重要议题。《谈判案》的 B 部分讨论了电子传输的关税和信息的流动两个方面的内容。在电子传输的关税方面,B 部分第三段的谈判文案要求电子传输不能征收关税,即不能以关税的形式对贸易壁垒进行限制,但允许国内对符合 WTO 相关贸易协议的税收征收。在信息的流动方面,《谈判案》首先涉及数据跨境流动的规定,各国认为传输数据的主体是成员方的国民和企业,各国对传输数据的管理规定应当允许各国存在,但不能随意限制跨境传输数据。

此外,与 GATS 的规定类似,第一,《谈判案》要求限制数据需要符合公众隐私保护等适当的合法目的,而不能形成任意或不公平的贸易歧视和变相限制。

第二,《谈判案》将禁止数据本地化存储作为原则,但为了达成合法的公共政策目的和保护必要的安全利益,可以允许本地存储的规定。同时,该规定不能构成任意或者不公正的贸易歧视和变相限制,不能超过实现目的的必要程度。除个人和企业的普通数据外,国家持有和处理的数据及金融数据的本地化也被排除在规定之外。

第三,《谈判案》对金融数据传输和本地化进行了单独规定,在数据传输必须符合金融服务提供商正常运作的条件下,各成员方不得对其加以限制。由于金融业的特殊性,监管者只要能够监管实时获取的境外金融数据,就应当授权其在实际情况下获取金融监管者的数据,而不能将金融数据存放在本地作为准入条件。相反地,如果一国的监管者不能访问金融服务提供者位于国外但需要对其进行合理补偿的数据,则有权要求其将数据存储在监管者所在国境内。需要说明的是,这一条款的规定,相关的数据跨境流动还是要保证对个人信息的隐私性及个人的记录、账户,尤其是对监管者准入授权的充分保护。

2)《货物贸易协定》对电子商务中数据跨境流动的规定

WTO 货物贸易相关协定对数字贸易及数据跨境流动的调整,主要围绕产品分类、市场准入和关税征收等方面。关于货物的产品分类,数字技术的飞速发展对货物贸易造成了很大的影响,因为在当前国际贸易中服务业迅速发展的大环境下,货物贸易不再拘泥于有形商品的交换,而是会附加许多超越传统货物贸易范畴的内容,例如电子产品的跨境销售不再仅限于商品的交付,还包含系统更新、软件维护等其他内容。WTO 货物贸易协定对于数字贸易的市场准入条件的规定也有所涉及。作为 GATT 的副协定之一,《TBT 协定》对 WTO 成员方的标准化工作做出了规定。虽然 WTO 本身不设定特定标准,但为减少国际贸易规则的差异,《TBT 协定》致力协调国内法规和促成成员的适用标准与 WTO 法律的一致性,提高 WTO 法律规范的适用性。从条约上看,《TBT 协定》从使用产品类别、专门组织、程序规划、规则变化等方面限制了各成员方贸易壁垒的自由制定空间,并鼓励各成员方使用国际一致的标准,且提出非歧视原则和透明化准则。同时,自由贸易协定对成员方在实现贸易便利化方面应承担的义务进行了具体细致的规定,包括公开国内贸易相关法律、程序和费用要求,以及通过程序设计对通关程序进行规范和加速等。此外,《政府采购协议》规定应在技术上保持中立原则,采用非歧视性标准、透明度标准和程序公平性标准的公共采购,并要求会员维护公开的政府采购市场。

对于关税征收,WTO 致力降低各国关税,以促进全球自由贸易。GATT 作为 WTO 规则体系的奠基之石,其宗旨与 WTO 的息息相关,也要求成员方适用非歧视的同等关税,以及对进出口配额、标准和补贴等方面也进行了相关规定。然而，针对具体场景，传统原产地规则在数据流动的情况下适用困难。为了解决这一问题，目前较为一致的观点是，数据的原产地应该由企业所在的国家来确定，而不是根据数据存储的地方来确定。

3）数据存储和处理规则

当前数字贸易发展迅速，数据跨境流动已成为数字经济的关键环节之一，对促进经济发展所产生的巨大效益不可忽视。同时，由于数据本身的一些特征也带来了一些安全隐患，世界各国对数据跨境的目的从追求利益逐渐转变为维护数据安全，实施数据本地化措施。WTO尊重成员方对数据存储的要求，体现在承认成员方数据本地化存储法规、尊重安全隐私考量、不干涉成员方内部数据管理、GATS原则下的灵活性、争端解决机制中对数据存储考虑的支持等方面。

数据本地化是指将数据保存在其来源地区的做法，并不是直接禁止数据跨境流动，而是对涉及危害国家安全、个人隐私、社会经济发展等方面的数据，在坚持数据跨境流动自由的前提下，实行数据本地化调控。WTO数据存储和处理规则主要涉及的是包括数据本地化要求、数据中心的设立和运营、数据存储的期限和安全性等问题。这些规则与WTO成员方在GATS中的各项承诺密切相关，涉及各国对数据主权和隐私保护。WTO尊重包括数据本地化存储要求在内的各成员方对数据存储的法律法规。基于安全和隐私的考虑，WTO理解并支持成员方出于国家安全和个人隐私保护的考虑，对数据存储提出特殊要求。这种尊重体现在允许成员方自主决定是否需要将特定类型的数据存储在本土，以减少数据泄露和滥用的风险。成员方可基于数据安全、隐私保护等方面的考虑，要求特定数据在本国存储和处理。同时，WTO支持成员方采取措施保护数据的安全和隐私，包括制定严格的数据保护法律和规定，以确保个人数据不被滥用或泄露。

在成员方内部数据管理方面，WTO不会干涉成员方对其境内数据的具体管理方式，包括数据的分类、存储期限和访问权限等。这反映出WTO尊重成员方的数据主权。虽然WTO成员方在GATS中需要遵守市场准入原则和国民待遇原则，但在数据存储方面，WTO也允许成员方根据境内法律和政策环境制定灵活的措施。这种灵活性确保了成员方能够在遵守国际贸易规则的同时，维护自身在数据存储方面的特定需求。同时，WTO支持争端解决机制中对数据存储的考虑。在WTO争端解决机制中，如果涉及数据存储问题，WTO会考虑成员方对数据存储的具体要求和方式，确保争端得到公正解决。这些都是WTO尊重和支持各成员方的数据存储要求的措施。

4) 争端解决机制

WTO 争端解决机制是统一、高效、具有强制性的制度,为多边贸易体系的稳定、可靠运行提供了重要保障。争端解决机构(Dispute Settlement Body,DSB)是 WTO 中专门处理争端的机构,成员全部来自 WTO 成员方。一旦出现争议,调查裁决专家组就可能成立。专家团一般由 3 到 5 名专家组成,他们的任务是协助 DSB 执行他们的职责。对专家组裁决不服,争议一方可提起上诉,随后将启动申诉复查程序。对专家组报告中的法律问题或专家组出具的法律说明,可由 7 人组成的上诉机构进行复核。WTO 提供了一个争端解决机制,以应对各成员方在数据使用上的争议。如果成员方认为其他方数据使用政策违反 WTO 规则或承诺,可以通过争端解决程序寻求解决方案。

3.3 其他全球性国际组织与国际数据法

3.3.1 经济合作与发展组织的数据规则

经济合作与发展组织(OECD)于 1980 年发布的《隐私保护和个人数据跨境流通指南》是个人数据保护领域的标杆性规定,其确立的个人数据保护八项原则为世界多数国家和国际组织所接受,并且影响了全世界大多数国家的立法。[①] 本小节旨在对 OECD 数据规则的产生和演变、现行规则和发展趋势三个方面进行系统全面的介绍。

1) OECD 的性质、组织与功能

OECD 的前身是在马歇尔计划资助下产生的欧洲经济合作组织,美国和加拿大与其他 18 个欧洲国家于 1960 年签订《OECD 公约》(*OECD Convention*)决定成立 OECD,并于次年正式成立该组织。从性质上说,OECD 是一个官方国际组织,其本质是一个由发达国家组成的平台[②],各国借此能够商讨各领域的难题并达成相应的协议。

OECD 由理事会、委员会和秘书处组成。其中,理事会为决策机构,由各成员方代表与欧洲委员会组成,并由专门的秘书长领导,负责 OECD 的战略方向制定;委员会主要负责为各国代表和专家提供交流政策和讨论事务的平台;秘书处则负责为委员会的讨论提供信息,且定期会与政策制定者和专家学者交流。具体的组织架构如图 3-1 所示。

[①] 高富平主编《个人数据保护和利用国际规则:源流与趋势》,法律出版社,2016,第 3—7 页。

[②] 包括美国、加拿大、日本、韩国、以色列及众多欧洲国家等成员在内的 38 个国家。OECD, *Member and Partners*, https://www.oecd.org/en/about/members-partners.html.

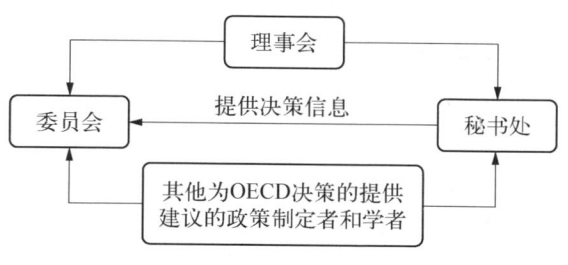

图 3-1 OECD 的组织架构

同时,OECD 本身也在税收、教育和数据等领域施加影响力,这主要通过它的三个功能来实现:第一,OECD 为其成员方或合作方提供分析和数据协助政策的制定;第二,OECD 为各国政策制定者提供了一个共同商讨解决问题的平台;第三,OECD 致力于向国际社会输出标准,主要是通过其成员方达成的各种公约、提议、指南和宣言来实现的。[1] 这些文件既包括法律性文件,又包括非法律性文件,它们规定了成员方必须履行和自愿实施的各种事项。[2]

OECD 的实践效果无疑是显著的。就规模而言,目前 OECD 的成员国有 38 个,在各领域已经形成了超过 450 个标准,经济合作与发展组织论坛每年有超过 3 500 人参加,因此可见 OECD 有着相当的规模。就影响力而言,OECD 在环境保护及可持续发展,促进贸易、投资和税收等系统之间的联系和互动,以及多边贸易体制数字化、全球供应链优化方面都有着相当的影响力。在数据法规领域,OECD 也有着显著的影响力。例如,在 OECD 的促进下,原本停滞的 WTO 框架下的电子数据传输关税谈判得以继续,并且 OECD 还直接参与了联合声明倡议的谈判。此外,OECD 在数字贸易和数据跨境流通领域还对七国集团的数据贸易原则(G7 Digital Trade Principles)产生了深远的影响。[3]

2) OECD 数据规则的产生和演进

(1) OECD 数据规则的产生。

OECD 数据规则的产生是为了协调各国数据法之间存在的差异,就数据规则达成一致性意见,促进数据的跨境流通。[4] 在《隐私保护和个人数据跨境流通指南》(*Guidelines Governing the Protection of Privacy and Transborder Flows of*

---

[1] OECD, *How We Work*, https://www.oecd.org/en/about/how-we-work.html.
[2] OECD, *OECD Legal Instruments*, https://legalinstruments.oecd.org/en/about#Types%20of%20Legal%20Instruments.
[3] Organisation for Economic Co-operation and Development, *The OECD's Contribution to Promoting Open Markets and a Rules-Based International Trading System in Good Working Order* (Paris: OECD, 2023).
[4] William L. Fishman, "Some Policy and Legal Issues in Transborder Data Flow," *Proceedings of the American Society of International Law Annual Meeting* 74 (1981): 179-188.

Personal Data;简称《指南》)颁行之前,不同国家已开始意识到数据保护的重要性并出台了一些数据规则,但这些规则是不统一的,且各国对数据保护都有着不同的担忧。一方面,随着二战后通信技术的快速发展,个人数据涉及隐私、商业性使用等多个方面,其重要性逐渐凸显,可以成为被交易的财产甚至被用来犯罪,因此数据的国内保护问题凸显;另一方面,各国的数据发展水平并不均匀,美国成为全球最大的数据提供和操纵国,发达国家都在担心美国在数据领域的霸权。[1] 此外,跨国公司也是各国政府重点的关注对象,因为它们可能获得超越国家的权力而对数据进行垄断。由于立法的莫衷一是,以及对全球数据垄断的担忧,发达国家开始寻求共同的数据规制规则,《指南》便是基于此背景下产生的。[2]

最初 OECD 的数据规则仅聚焦个人隐私的保护,经过了四十多年的发展,OECD 已经形成一套较为全面的原则性数据规则,涉及数据规制、健康、儿童权益、国际合作等多个领域。同时,这些原则通过 OECD 成员国的立法实践得到了有效落实,这也进一步扩大了 OECD 数据规则的影响力。

(2) OECD 数据规则的演进。

① 1980 年《隐私保护和个人数据跨境流通指南》。

1980 年《隐私保护和个人数据跨境流通指南》(简称《指南 1980》)是最早的国际数据法规之一,一共包括五个部分的内容。第一部分是总则,即对数据控制者(data controller)、个人数据(personal data)、个人数据跨境流通(transborder flows of personal data)这三个术语的定义,以及适用范围和一些适用时的基本规则。此外,该部分指出,《指南 1980》提供的标准仅是个人数据保护的最低标准,各国可以制定更高的保护标准。

第二部分是数据保护的八项基本原则,也是最重要的内容,涉及其他国家和地区立法中的数据保护原则。[3] 这八项基本原则包括收集限制原则、数据质量原则、目的特定化原则、使用限制原则、安全保护原则、公开原则、个人参与原则和责任原则。关于这些原则的详细解释,将在后文"OECD 现行数据规则内容介绍"中具体讨论。

---

[1] William L. Fishman, "Introduction to Transborder Data Flows," *Stanford Journal of International Law* 16 (1980): 1.
[2] OECD 的官方文件对《指南》的产生背景做出了清晰的说明:"理事会意识到:成员国在推进和保护隐私、个人自由,以及全球数据的自由流通的基础性价值;对个人的使用越是广泛和具有创新性,越是能带来更多的经济和社会价值,但同样也会带来危险;个人数据在全球网络内的持续流通凸显了私人框架内的互动操作和加强隐私保护执法机构跨境合作的重要性;风险评估在政策发展和隐私保护方面的重要性;在一个开放互联的环境里个人数据是宝贵的财产,但也面临着严重的挑战。" OECD, *Recommendation of the Council Concerning Guidelines Governing the Protection of Privacy and Transborder Flows of Personal Data*, https://legalinstruments.oecd.org/public/doc/114/114.en.pdf.
[3] 高富平主编《个人数据保护和利用国际规则:源流与趋势》,法律出版社,2016,第 6 页。

第三部分是国际适用的基本原则,主要聚焦数据的自由流通和对数据流通进行合法限制的具体程度。该部分的内容主要强调成员国不得对数据流通施加不当的限制,而只能基于国内的隐私立法对数据流通实施合理的限制。第四、第五部分分别涉及国家实施和国际合作,对《指南1980》的实施方式提出了一些建议,主要内容包括:鼓励成员国制定数据保护的法律和行政制度;倡导各成员国推广《指南1980》规则;加强国际合作与交流,在信息交换所涉及领域提供相互支持。

② 2013年《隐私保护和个人数据跨境流通指南》。

《指南1980》仅在数据保护的基本原则上达成了共识,除此之外仍然有许多具体的问题有待解决。因此,在《指南1980》通过后不久就有学者指出,尽管《指南1980》对数据流动中的数据保护做出了一些努力,但这只是基于隐私保护层面而非基于数据流动规制层面,也缺乏对法人数据保护的具体路径;并且与数据有关的犯罪问题及数据获取规制等诸多问题都没有明确涉及。[1] 随着互联网等信息技术的发展,《指南1980》确立的数据保护原则逐渐不适用于时代发展的需求,因此2013年对《指南》进行了第一次修订(此版简称为《指南2013》),《指南2013》也是OECD的现行版。

《指南2013》对《指南1980》中除"基本原则"外的所有部分做出了符合数字时代的调整,并增加了新的"责任实施"部分,旨在明确数据控制者的义务。本次修改在突出个人数据法律保护的同时,也强调对数据流动的法律规制,尤其是对数据控制者的规制,这弥补了《指南1980》的部分不足,但同样也有未解决的问题。

需要注意的是,尽管《指南》有着重大的国际影响力,但它仅是一部指导性文件,而非一个具有强制约束力的规范。[2] 在OECD的规则体系中,"指南"属于"提议",不具有法律约束力,仅代表OECD"在政治上对提议中原则的重视",以及"对成员国执行这些原则的期待"。[3] 因此,从定位上来说,《指南》只是一种倡议性的共识,而非可实施且具有法律约束力的条约。《指南》中的原则有待其他国际条约及成员国的国内立法来实现。

(3) OECD的其他数据规则。

在《指南2013》的指导下,OECD又进一步形成了一些其他的数据规则,包括4个提议和两个宣言,但这些文件都不具有强制约束力。[4] 尽管如此,这些不

---

[1] Peter Robinson, "Legal Issues Raised by Transborder Data Flow," *Canada-United States Law Journal* 11 (1986): 295.
[2] 田旭:《欧盟个人数据保护法的全球影响成因与启示》,《江西财经大学学报》2024年第4期,第137页。
[3] OECD, *OECD Legal Instruments*, https://legalinstruments.oecd.org/en/about#Types%20of%20Legal%20Instruments.
[4] 宣言主要是关于基本原则和长期目标的,它的拥护者通常是个人而非OECD成员国,并且不具有强制约束力,实际上OECD承认具有法律效力的只有国际条约。OECD, *OECD Legal Instruments*, available at: https://legalinstruments.oecd.org/en/about#Types%20of%20Legal%20Instruments.

具有法律约束力的文件旨在提供数据领域内的基本原则,从而为立法提供方向和标准,具有十分重要的研究价值。

①《理事会关于保护隐私法律跨境执法合作的提议》(Recommendation of the Council on Cross-border Co-operation in the Enforcement of Laws Protecting Privacy)。为了具体实践《指南2013》对于增强执法合作的要求,OECD于2007年发布了该提议,旨在推动成员国之间加强隐私保护的执法跨境合作。该倡议的主要内容包括成员国国内促进国际合作的方法以及国际合作的三种形式。OECD正着手修订该提议以应对当今时代的全新挑战及数据跨境一体化合作的需求。①

②《理事会关于数字环境下儿童的提议》(Recommendation of the Council on Children in the Digital Environment)。数字时代,数据为儿童的教育、健康等应用方面提供了大量的资源,但同时也使他们的信息、隐私等存在泄露、滥用等风险。因此,为儿童构建一个良好的数字环境,保护他们的隐私和个人数据就显得十分必要。其中,法律和政府监管需要承担重大的责任。因此OECD在2012年通过了该提议,并于2021年基于对成员国实践的调查修订了该提议。目前,该提议包含了5个部分,除总则外还包括以下内容:强调成员国需要强化儿童及其监护人的权益,并保障他们对于其数字权益的知情权;政府需要践行儿童保护的原则,制定法律规则和合理的政策,在保障儿童权益的同时,让他们能够享受数字世界带来的便利;强调数字服务提供者也需要承担起相应的责任。②

③《理事会关于健康数据管理的提议》(Recommendation of the Council on Health Data Governance)。随着网络技术的发展,个人健康数据与公共利益的联系日益密切,这意味着它们需要得到有效的保护,而政府显然在其中承担着重要的作用。因此,OECD于2016年通过了该提议,旨在为成员国各级政府提供一个构建合理的健康数据管理系统的原则。该提议包括构建健康数据管理框架的12条指导原则,以鼓励成员国之间加强跨境健康数据流通规制方面的合作,同时鼓励政府与其他组织合作共同构建合理的管理体系。③

④《理事会关于加强数据获取和分享的提议》(Recommendation of the Council on Enhancing Access to and Sharing of Data)。数据共享对技术创新至关重要,尤其是在人工智能(artificial intelligence, AI)和物联网这种需要靠源源不断的数据

---

① 截至撰写本书时,该提议的尚未得到修改。OECD, Recommendation of the Council on Cross-border Co-operation in the Enforcement of Laws Protecting Privacy, https://legalinstruments.oecd.org/en/instruments/OECD-LEGAL-0352.

② OECD, Recommendation of the Council on Children in the Digital Environment, https://legalinstruments.oecd.org/en/instruments/OECD-LEGAL-0389.

③ OECD, Recommendation of the Council on Health Data Governance, https://legalinstruments.oecd.org/en/instruments/OECD-LEGAL-0433.

驱动的领域。因此，需要构建一个安全高效的数据传输机制，以促进技术创新、解决公共问题、维护公共利益。为此，OECD 在 2021 年通过了本提议，其主要包括增强数据生态的可信度，促进对数据的投资及鼓励数据分享，建设高效获取、共享和使用数据的社会这三个方面的原则性措施。同时，OECD 未来会制定具体执行该提议的指南；建立专门的交流平台，促进成员国间的政策、经验的分享与交流；也会持续关注数据获取和分享方面的最新发展，并要求 OECD 委员会每 5 至 10 年提交关于该提议落实情况的报告。可见，数据的获取和共享将成为 OECD 未来最为关注的数据领域之一，同时也可能是其数据规则未来的发展方向。[①]

⑤《关于政府访问私营部门持有个人数据的宣言》(*Declaration on Government Access to Personal Data Held by Private Sector Entities*)。这是由 OECD 成员签署的一个国际文件，旨在为政府获取私营部门所持有个人数据提供基本原则，强调政府在防止和侦查犯罪，保护公共利益和国家安全免遭危险，以及其他法律规定或符合人权与自由保护要求的情形时，方可获取私营部门的个人数据，但不能无正当理由或超出必要范围强制获取这些数据。[②]

⑥《可信、可持续和可包容的数字未来宣言》(*Declaration on a Trusted, Sustainable and Inclusive Digital Future*)。OECD 于 2022 年通过这个承诺性质文件，它重申了 OECD 坚持"民主"的政治立场，强调数据的重要性和政府促进数据流通的责任，并规定了 OECD 所承担的责任。[③]

3）OECD 现行数据规则内容介绍

在了解 OECD 数据规则的发展脉络后，有必要进一步了解 OECD 数据规则的具体内容，依据这些原则性的倡议规定，分析发达国家在数据立法上形成的共识和立法倾向，从而更深入地认识国际数据法。《指南》是 OECD 的基础性规则，同时也是其他数据规则的基础，因此接下来将从《指南》出发，按照《指南》的原则并结合与之有关的其他规则对 OECD 所有数据规则进行一个全面的梳理，从而形成对这些规则的系统性认识和理解。

《指南》的总则部分主要包括概念解释和一些基本的适用规则，其他的 OECD 数据规则在总则部分也是如此。本书从中选取一些主要的概念和规则进

---

① OECD, *Recommendation of the Council on Enhancing Access to and Sharing of Data*, https://legalinstruments.oecd.org/en/instruments/OECD-LEGAL-0463.

② OECD, *Declaration on Government Access to Personal Data Held by Private Sector Entities*, https://legalinstruments.oecd.org/en/instruments/OECD-LEGAL-0487.

③ OECD, *Declaration on a Trusted, Sustainable and Inclusive Digital Future*, https://legalinstruments.oecd.org/en/instruments/OECD-LEGAL-0488.

行介绍,这些概念和规则构成 OECD 数据规则的基础性内容,是了解 OECD 数据规则和数据法的基础性知识。

(1)概念解释。

数据控制者是指"根据一国法律能够决定个人数据内容和使用的主体,无论这些数据是否由该主体收集、储存、加工或者传播"。个人数据是指"与已识别或可被识别的个人(数据主体)有关的任何信息"。保护隐私的法律是指"能够通过执行产生保护符合《指南》要求的法律和规定"。隐私执法机关是指"由成员国任命的能够执行隐私保护法律,以及拥有调查和推进执法进程权力的公主体"。个人数据的跨境流通是指"个人数据跨越国家边境的移动"。①

(2)适用范围。

OECD 数据规则的适用范围通常是依据其目的来确定的,这部分的内容通常包括规则目的、适用对象及一些基本的适用原则。OECD 数据规则涵盖了多个领域的多个方面,因此若将这些规则看成一个整体,那么 OECD 数据规则的适用范围是相当广泛的。尽管由于每个条约的内容和目的不同,这部分的内容也不尽相同,但仍然有一些共性的内容。比如这些规则通常都鼓励成员国采取具体的行动落实原则性规定,并且要求其落实时采取比提议更为严格的保护措施来确保提议目的的实现。从形式上说,一些后期形成的提议并没有专门规定适用范围的部分,但相关的规定仍然会体现在其他部分的内容之中,如在提议的结尾部分。

例如,《指南》指出适用于公共或私人领域的个人数据,并强调政府应当尽量少地干预个人数据,同时还指出《指南》只是最低程度的保护标准,各成员国可以采取更高的保护标准。再如《理事会关于保护隐私法律跨境执法合作的提议》的"目的与范围(Objective and Scope)"部分就指出该提议主要聚焦隐私执法部门(Privacy Enforcement Authority),但同样鼓励其他政府部门或私人机构之间的合作。此外,在《理事会关于数字环境下儿童的提议》中,尽管提议的主体内容是建议政府采取的几个行为,但在提议的最后也有建议政府采取符合提议原则且超过提议标准的措施。

(3)基本内容。

收集限制原则是指个人数据的收集应当受到限制,应当在数据主体知晓的情况下通过公平合法的手段获取数据。后续的 OECD 数据规则对该原则做了

---

① OECD, *Recommendation of the Council Concerning Guidelines Governing the Protection of Privacy and Transborder Flows of Personal Data*, https://legalinstruments.oecd.org/public/doc/114/114.en.pdf.

进一步的细化和发展。例如,《理事会关于健康数据管理的提议》就指出成员国需要建立完整的个人同意机制,只有告知并获得个人同意才能收集他们的健康数据。完整的个人同意机制应当包括同意的标准、例外情况和形式,以及同意机制的例外等多个内容。即便在必须收集的场合,个人也有权表达他们对于使用场景的偏好,即他们在什么场景下愿意自己的健康数据被使用而什么场景下不愿意。

数据质量原则是指个人数据的使用应当服务于一定的目的,并且依据相关的目的应当准确完全,且应得到及时的更新。该原则是数据的使用原则,并得到了 OECD 规则实践——实际上所有 OECD 数据规则都会强调数据收集需要符合一定的目的。后续的《关于政府访问私营部门持有的个人数据宣言》中的"合法目的原则"对这一规则做了进一步解释,指出政府获取个人数据的目的应当合法,且符合法律设定的标准,并且应当遵守比例原则合理地收集数据。此外,政府收集个人数据不能带有歧视,尤其不能仅因某些人或群体的年龄、身心残疾情况、种族、是否为移民、性别、性取向、政治立场或宗教信仰等而对他们进行歧视性对待。因此,OECD 目前的数据质量原则不仅强调数据收集需要具有特定的目的,而且强调这些目的必须符合法律和道德的要求。

目的特定化原则是指使用个人数据的目的应当在收集前就得到明确,同时后续对数据的使用应当是为了完成这些目的或者与目的一致,并且在目的更改时对个人数据的使用也应当进行明确的调整。实际上,目的特定化原则是对数据质量原则进一步规定,即数据控制者对个人数据的使用始终需要为一定的目的服务,同时这一目的需要在使用前就得以明确。

使用限制原则是指除非数据主体同意或者法律授权,否则就不能随意公开、让他人获取或者以特定目的(即目的特定化原则中的目的)以外的用途使用。当然,使用限制在随后的提议中逐渐变得宽松,比如《理事会关于健康数据管理的提议》中就包括了出于健康系统的管理及研究等与健康有关的目的,应当鼓励最小化政府内部分享健康数据的壁垒。

在专门规定数据传输与分享原则的《理事会关于加强数据获取和分享的提议》中,OECD 进行了进一步的细化规定。首先,该提议旨在建立一个可信的数据生态系统。这要求政府不仅需要将数据系统对更多的利益相关群体开放,让它们能够参与政策的制定,还要鼓励公共领域与私人领域间数据的交换,同时保障数据传输和分享过程的透明,建立负责的数据治理模式。其次,还要建立一个全政府统一的数据处理模式。这要求政府联通经济、社会、文化、技术和法律等各个领域资源，建立一个灵活且完备的治理框架，以及要求政府对技术采取中立的态度。最后，在促进数据获取和分享的同时也需要保障个人和组织的合法权益，并充分考虑立法的目的和利益，在数据治理中强调责任。在强调数据尽可能公开的同时也要保障合理限度内的保留，这样才能保护个人隐私，同时保障数据利益相关方能够有充足的渠道了解他们的权利、义务及侵犯他人数据的法律责任，并在适当的情况下可以为数据的获取和分享设置条件。此外，该提议还包括加强数据获取和分享方面的投资，提高全社会数据获取和使用的效率等方面的内容。可以说，OECD 对于数据的态度从最初的以个人隐私为出发点发展至今，已演化为在保障个人隐私的同时促进数据获取和分享。但这两者是截然不同的，前者强调对隐私的绝对保护，而后者则是不断突破这种绝对的保护，为数据流通提供可能。可以说，促进数据的流通将成为 OECD 数据规则发展的下一个重点。或许在未来，使用限制原则将不再是数据规则的出发点。

  安全保护原则是指个人数据应当得到合理的保护，这是为了防止产生诸如数据丢失、未授权访问、数据损毁、使用或篡改等风险。比如《理事会关于健康数据管理的提议》就倡议成员国政府需要仔细审视使用个人健康数据进行研究或其他与公共利益相关的活动的审批机制是否合理，是否能够确保充分评估利益和风险，从而保护数据所有人的合法权益。

  公开原则是指国家应当制定合适的公开政策，公开个人数据的开发、应用和操作规则；同时国家还应当确认个人数据的存在情况、性质和使用目的，以及数据控制者的身份和住址。比如《理事会关于健康数据管理的提议》就提出个人需要知道他们的健康数据会被谁获取，会被做何种用途，使用它们健康数据的目的、好处和法律基础等多方面的信息；同时他们还有权利第一时间知道自己的健康数据被侵害的原因和方式。《关于政府访问私营部门持有的个人数据宣言》指出，成员国设置相应的监管主体对政府使用个人数据的情况进行监管，同时政府在公开数据获取规则和程序之外还应当接受监管主体的监管，并定期向其进行汇报。

  个人参与原则主要是指个人拥有请求数据控制者确认是否拥有与其有关的数据，以及获取这些数据的权利，当上述请求被拒绝时个人拥有异议权，同时个人可以对数据的正当性提出异议，并要求删除或者修改有关数据。这一点也为多数 OECD 数据规则所实践，几乎所有 OECD 数据规则都规定个人有权获取自己的数据并决定自己的数据是否被使用及使用的方式。

  责任原则是指数据控制者应当有效地实施上述原则，并承担相应的责任。

责任原则是对数据控制者严格遵守上述原则的强调,后续 OECD 的数据规则对数据治理各个领域的细化就是在践行这一原则。

（4）发展趋势。

OECD 数据规则并没有具体的制度设计,而是原则的陈述和框架的构建。其原因一方面是各成员国对于数据保护的态度不同,无法就具体的数据管理制度达成共识,原则性问题要比具体的制度规制更容易达成共识;另一方面是原则性内容更容易作为标准进行推广,可以看到,所有 OECD 数据规则都鼓励其他非成员加入,OECD 也曾强调希望将 OECD 的标准推广到全世界。[①]

因此,OECD 的数据规则看似仅是抽象的原则和宽泛的框架,并且没有强制的约束力,但却有着极为重要的作用,即为国际社会输出标准。其是具体规则建立的基础,为立法提供了方向上的指引,法律规则必须服从于法律原则,原则既是规则的最低要求也是最高追求,它既为规则的实施提供了理想又为其构建了基础的框架——原则实际上是一种标准。OECD 数据规则是基于发达国家的实践形成的,OECD 的某一个标准通过发达国家的实践逐渐被国际社会采纳,这实际上意味着发达国家向世界输出了一套基于自己实践和价值判断产出的标准。本书要强调的是:掌握了标准的制定就掌握了一个领域的话语权,就掌握了引导一个领域价值判断的能力。因此,在 OECD 数据规则看似理想且抽象的原则背后,是发达国家输出标准并掌握国际数据传输领域话语权的尝试。

在发展趋势上,OECD 数据规则从原先的以保护个人隐私和数据安全为中心发展为促进数据的分享与流通,传统的建立在个人同意基础上的数据保护规则在逐渐消解。这并不意味着个人隐私保护将不重要,而意味着隐私保护可能将不再是未来数据规则发展的中心和出发点。OECD 数据规则的演进反映出来的是,未来数据保护规则将是在法律的框架内促进数据的分享和流通,而隐私保护则会从中心变为前提和基础。这种趋势的原因不难理解,因为如今数据的数量和经济价值显然不是四十多年前能够衡量的。

3.3.2 世界知识产权组织的数据规则

世界知识产权组织(World Intellectual Property Organization,WIPO)负责管理和监管全球知识产权领域的标准和规范,其中包括数据产权和数据保护方面

---

① OECD, *2023 Ministerial Council Statement* (Paris: OECD, 2023).

的知识产权。本小节将从 WIPO 数据规则的发展开始,系统地介绍 WIPO 数据规则的发展及现状。

1) 世界知识产权组织数据规则的发展历史

WIPO 曾是知识产权多边协议达成的主要平台,但由于 WIPO 对发展中国家的青睐,以美国为首的发达国家逐渐将知识产权的多边规则平台转移到了 WTO。[①] 然而,从 WIPO 数据规则发展的历程上说,西方发达国家尤其是美国和欧盟对其影响巨大,甚至可以说,WIPO 的部分数据规则制定活动完全就是由这些西方国家主导的。[②] 这其中最鲜明的例子就是 WIPO 对《数据库条约草案》(*WIPO Drafted Database Treaty of 1996*)的讨论。

《数据库条约草案》的起源是美国与欧盟同时向 WIPO 提出修改《伯尔尼公约》(*Berne Convention*)以获得对数据库的保护,两者给出的方案分别是基于美国的数据库独特性保护和欧盟的《数据库法保护指令》(以下简称《指令》)。因此,联合国于 1996 年 12 月举行了外交会议讨论解决数据库的版权保护问题。在这两种标准中,WIPO 更倾向于美国的提案。[③] 当然,美国与欧盟的提案都有其自身利益的考虑。从欧盟的角度而言,它希望自己的数据库保护方案被国际社会采纳而成为国际标准;实际上,欧盟在 WIPO 上的提案几乎原封不动地照搬了《指令》的内容[④],并且所有欧洲国家对这项提议都投了赞成票。对于美国而言,它希望通过将国内的立法草案确立为国际法的方式迫使国会通过该草案[⑤],从而对数据库采取知识产权保护,但这个尝试失败了。最后,《数据库条约草案》由于美国不赞成欧盟的提议,且美国国内无法通过立法有关数据库知识产权保护的立法草案[⑥],再加上《数据库条约草案》实际上并没有代表发展中国家的利益[⑦],而最终未能在 WIPO 平台中通过这份草案。尽管如此,从立法过程也不难发现发达国家希望向国际社会输出标准的想法,以及操纵国际组织进行立法活动的能力。实际上,比如 OECD 规则的发展历程,几乎所有国际组织数据规则的背后都离不开发达国家的身影及它们输出标准的企图。

[①] 程文婷:《试验数据知识产权保护的国际规则演进》,《知识产权》2018 年第 8 期,第 83 页。

[②] 马忠法、胡玲:《论数据使用保护的国际知识产权制度》,《电子知识产权》2021 年第 1 期,第 20 页。

[③] Jerome H. Reichman and Pamela Samuelson, "Intellectual Property Rights in Data," *Vanderbilt Law Review* 50, no. 1 (1997): 337 – 348.

[④] Mark Davison, "Database Protection: Lessons from Europe, Congress, and WIPO," *Case Western Reserve Law Review* 57, no. 3 (2007): 829 – 852.

[⑤] Jerome H. Reichman & Pamela Samuelson, "Intellectual Property Rights in Data," *Vanderbilt Law Review* 50, no.1 (1997): 49 – 110.

[⑥] Mark Davison, "Database Protection: Lessons from Europe, Congress, and WIPO," *Case Western Reserve Law Review* 57, no.3 (2007): 829 – 852.

[⑦] 马忠法、胡玲:《论数据使用保护的国际知识产权制度》,《电子知识产权》2021 年第 1 期,第 20 页。

2) 世界知识产权组织的现行数据规则

如今,WIPO 的数据规则主要体现在对数据的知识产权保护中。比如《伯尔尼公约》对数据的知识产权保护做出了一些原则性的规定,这些规定成了成员国对数据知识产权保护的最低标准,并深刻地影响了成员国的国内立法。

首先,《伯尔尼公约》第 2 条第 5 款规定了对构成智力创作的文学或艺术作品的汇编进行保护。但与之相关的研究中指出,该公约在保护非独创性数据库上至少存在三个问题:一是尽管《伯尔尼公约》保护集合物,但未能同时保护独创性和非独创性数据库;二是即使《伯尔尼公约》为数据库提供了保护,但一成员国数据库制造商只能期望获得与《伯尔尼公约》的最低标准相当的保护,而不论该国是否提供更高级别的保护;三是《伯尔尼公约》没有为处理国际版权投诉提供公正的平台。

其次,《网络世界知识产权组织版权条约》(*WIPO Copyright Treaty*)第 5 条的标题为"数据汇编(数据库)"规定了对构成知识创造的任何形式的数据或其他资料的汇编提供保护。由此可见,该公约对数据的保护需要以创造性为前提,尽管 WIPO 打算在 1996 年和 1997 年通过对《伯尔尼公约》的修正案或通过一个全新的法案来加强对非独创性数据库的保护,但在这方面仍存在许多问题。

再次,在 WIPO 于 2021 年发布的《移动应用中的数据保护指南》(*A Guide to Data Protection in Mobile Application*)中也规定了数据保护的基本原则,包括合法、公平,透明处理原则、目的限制原则、数据最小化原则、数据准确原则、缺点限制原则、处理过程安全原则和责任原则。[1] 尽管该指南没有法律约束力,但这体现了 WIPO 在数据规则制定中的尝试。

最后,从发展趋势上看,数据仍是 WIPO 关注的重点。2021 年,WIPO 举办了"数据与知识产权"研讨会,从国际层面讨论了数据中的知识产权问题[2],涉及数据的意义、数据监管矩阵、企业角度的数据业务模式和现行知识产权制度中的数据四个方面,包括:数据集虽然可以在数据库专门制度下得到保护,但保护的具体要求很少符合现有的版权数据库保护标准而存在争议和不明确问题;现有的版权例外和限制制度不够灵活,不足以应对开发人工智能系统时使用受知识产权保护的对象而产生的争议;商业秘密保护可能会存在妨碍文本和数据挖掘例外问题;公共利益访问和使用受排他性知识产权保护的培训数据的必要性;对于受排他性权利保护的人工智能输入适用禁令救济的限制;知识产权制

---

[1] WIPO, *A Guide to Data Protection in Mobile Application* (2021), https://www.wipo.int/export/sites/www/ip-development/en/agenda/docs/wipo-guide-data-protection-mobile-apps.pdf.

[2] 单晓光:《数据知识产权中国方案的选择》,《人民论坛·学术前沿》2023 年第 6 期,第 40 页。

度与基于竞争的法律、特定行业或其他当前和未来的数据访问制度保持一致的议题等,从而体现出 WIPO 对知识产权领域中数据问题的重视。

3.3.3 国际标准化组织的数据规则

国际标准化组织(ISO)是一个独立的非政府国际组织,旨在为信息技术、健康、交通、管理与服务、环境可持续发展等多个领域提供可靠的标准。ISO 的独特性在于它是一个以国家为成员的标准制定组织,这不仅增加了 ISO 的权威性而且使它与其他的标准制定组织有所区别。在 ISO 制定的所有标准中,有大量涉及数据安全与数据管理的内容,虽然这些规则并没有得到广泛的接受①,但它们仍有相当的研究价值,因为有些国家的法规会直接参照 ISO 的标准进行立法,从一定程度上也代表了数据立法的前沿。② 本书在此选择最具有代表性的标准进行介绍,ISO/国际电工委员会(ISO/International Electrotechnical Commission,ISO/IEC)标准的全文其他内容也可在 ISO 官方网站查询。

ISO 最早的数据安全规则是于 2011 年发布的《ISO/IEC29100 隐私框架》(简称《29100 框架》),其中包括了一些基于 OECD《指南》而延伸出来的基本原则,因此它更侧重于隐私保护而非个人数据保护。③《29100 隐私框架》规定的基本原则包括 11 个④:同意和选择原则,即应当允许个人选择是否同意对方收集自己的个人可识别信息,并允许其选择不同意或者撤回。目的合法和特定原则,即使用数据的目的要合法,且在目的变更时要告知个人可识别信息的主体。收集限制原则,即收集个人可识别信息的范围应当限定在法律允许且实现特定目的所必需的范围之内。数据最小化原则,即尽量减少收集信息的范围,同时数据使用目的一旦达到就必须立刻删除数据。使用、储存和披露限制原则,即限制个人可识别信息的使用,同时只有在实现特定目的时才能使用这些信息,而目的达成后相关信息必须被销毁。正确和质量原则,要求信息处理主体从来源、内容等多个方面确保信息的完整和正确,同时建立审查和监控机制,确保信息变更后仍是正确的。公开、透明和通知原则,即信息处理主体需要向信息主体披露信息收集政策、信息的使用目的、信息可能的披露对象及其利益相关方的类型,以及控制者的身份,还应当告知删除信息的方式等内容。个人参与和

---

① Alan Toy, "Generating Standards for Privacy Audits: Theoretical Bases from Two Disciplines," *Journal of Law, Information and Science* 25 (2017): 26-50.
② Eric Lachaud, "ISO/IEC 27701 Standard: Threats and Opportunities for GDPR Certification," *European Data Protection Law Review* 6, no. 2 (2020): 194-210.
③ 同上。
④ 高富平主编《个人数据保护和利用国际规则:源流与趋势》,法律出版社,2016,第 302—304 页。

访问原则,即允许个人可识别信息主体访问和修改自己的信息,同时对于已经披露给第三方的信息,在修改后信息控制者需要告知第三方。责任原则,这主要是包括信息控制者应当为保护个人可识别信息而做出的行动,包括建立内部投诉和争议处理机制,损害发生及时制止和通知,对侵害信息的主体进行制裁等。信息安全原则,这主要是指在运营、系统设计和战略三个层面保障个人可识别信息的完整、机密及可获取性,同时预防可能发生的风险。隐私合规原则,即信息控制主体建立内部监督机制和风险评估机制,并定期要求内部或第三方审计师进行审理。

在《29100 框架》的基础上,ISO 进一步发展出了《ISO/IEC27701 标准》(简称《27701 标准》)①,该标准将信息安全和隐私管理结合在了一起②,其中规定的一些内容更加适合当今智能手机 APP 高度普及的互联网发展环境。例如,在数据收集上,《27701 标准》规定个人信息控制者不能通过捆绑的方式要求信息主体同意他们未接受的服务的数据收集要求。在信息保存上,《27701 标准》进一步明确了个人数据不能停留的场景,以防信息被不当地转移。在信息使用上,《27701 标准》指出,信息控制者需要对汇聚后信息的使用目的重新进行全面的评估。③

从上述分析可以看出,ISO 作为一个国际权威的标准制定机构,其制定的数据规则在一定程度上代表着国际规则的发展趋势,并且被诸如加拿大等一些国家采纳为普遍标准。④ 制定 ISO 标准的专家来自世界上的各个国家,因此在一定程度上它可以成为一个不完全受制于西方价值判断的规则制定平台,而值得被发展中国家注意和采用。

3.3.4 国际科技数据委员会的数据规则

国际科技数据委员会(Committee on Data for Science and Technology, CODATA)是国际科学理事会(International Science Council, ISC)下属的一个委员会,它旨在促进全球在数据获取和应用领域的合作。CODATA 秉持研究数据应当以智能的方式开放,以及遵循可查找、可获取、可互相操作和可重复使用(findability,

---

① 这一发展过程并不是一蹴而就的,其中经历了《ISO/IEC27001 信息安全管理系统》(ISO/IEC 27001: 2013 Information Security Management System, ISMS),但《27701 标准》是前者的全面升级,因此本书直接介绍《27701 标准》。

② Jorge Agustin Viguri Cordero, "The Use of Certification Mechanisms as an Efficient Guarantee of Personal Data Protection," *Revista Catalana de Dret Public* (*Catalan Journal of Public Law*) 62 (2021): 160–175.

③ 陈舒、何廷佳:《从国际标准 ISO/IEC 27701 视角评析 2020 版〈个人信息安全规范〉》,《保密科学技术》2020 年第 4 期,第 16—17 页。

④ 同②。

accessibility, interoperability and reuse, FAIR)的原则。CODATA 坚持的基本原则是:"由研究产生的数据及可能被研究使用的数据应当在尽可能开放的同时保持必要的封闭。"①因此,CODATA 所关注领域是科学研究,它的一系列政策及定期的学术会议旨在促进科学研究领域的数据开放和交流。本小节将对 CODATA 数据规则中最为重要的 FAIR 原则进行介绍。

如上文所述,FAIR 原则要求数据可查找、可获取、可互操作和可重复使用,这四个步骤相互联系,贯穿研究使用数据的全过程,是一套较为完整的数据开放原则。当然,需要注意的是 FAIR 原则尽管是 CODATA 的基本原则之一,但不是由 CODATA 这一个机构推行,欧盟等其他组织也参与了 FAIR 原则的制定和推广。

"可查找"是指数据或者元数据②应当能够较为容易地被人类或者电脑查找到。具体而言,数据或者元数据必须具有全球范围内独特且持久的可识别元素。这要求公开发表的数据中的每一个概念或者测量方法,以及元数据的每一个组成部分都需要一个链接,他人可以通过链接看到有关数据的解释或者具体内容;③数据需要通过丰富的元数据加以描述。这要求元数据要尽量地丰富,包括但不限于数据的背景、质量、状态和特点等内容;④元数据中要包含其所描述数据的可识别元素;⑤数据和元数据应被放置在一个能够被搜寻到的资源库中。这是为了让数据能够较容易地被搜寻到,通常的实现方式是索引或者登记。⑥

"可获取"是指他人能够获得数据或者元数据,获取数据的主要方式包括身份验证和授权。可获取原则的具体内容包括:数据和元数据能够通过标准化的信息交流协议被检索到。同时,这些协议应是开放、免费且能够被普遍适用的(包括 HTTP,FTP 和 SMTP 等协议),还应包括身份验证和授权程序。因此,FAIR 原则不允许只有特殊化或专有工具才能获得某些特定数据,最理想的情况是点击链接就能获得相应的数据。当然,这并不意味着所有数据都应

---

① CODATA, About CODATA, https://codata.org/about-codata/.

② Crystal Thorpe, "Metadata: The Dangers of Metadata Compel Issuing Ethical Duties to Scrub and Prohibit the Mining of Metadata," *North Dakota Law Review* 84, no. 1 (2008): 257-290.

③ GOFAIR, F1: (Meta) data Are Assigned Globally Unique and Persistent Identifiers, https://www.go-fair.org/fair-principles/f1-meta-data-assigned-globally-unique-persistent-identifiers/.

④ GOFAIR, F2: Data Are Described with Rich Metadata, https://www.go-fair.org/fair-principles/f2-data-described-rich-metadata/.

⑤ GOFAIR, F3: Metadata Clearly and Explicitly Include the Identifier of the Data They Describe, https://www.go-fair.org/fair-principles/f3-metadata-clearly-explicitly-include-identifier-data-describe/.

⑥ GOFAIR, F4: (Meta) data Are Registered or Indexed in a Searchable Resource, https://www.go-fair.org/fair-principles/f4-metadata-registered-indexed-searchable-resource/.

当开放免费,"可获取"原则的真正含义是他人只要在特定的情况下能够获得数据即可。① 此外,即便在数据无法获得的情况下,也应当保障人们能够获得元数据。这是因为维持数据的费用较为高昂,而随着时间的推移数据会逐渐消失,但保存元数据的成本较低,所以保存元数据就是保障数据可获取性的最低标准。②

"可互相操作"是指数据需要能够与其他分析、存储和加工数据的应用方式或工作流程进行互动。这意味着数据的表现形式必须符合一定的且能广泛应用的标准,因为只有在相同表现形式下的数据才能互动,而某个数据在应用时不可避免地会与其他数据发生交互,具体而言:首先,数据及元数据必须使用一个正式、可知、他人共同所用且能够被广泛应用的语言来传递知识。这不仅包括使用其他人类能够理解的语言,还包括使用通用的算法,这样机器也可以对数据进行识别;③其次,数据和元数据的用词必须遵循 FAIR 原则。这意味着数据中的用词也必须满足"可查找、可获取、可互相操作和可重复使用"的要求,而不能使用他人或机器无法理解或获取其意思的词语。④ 最后,数据或者元数据要包含合格的对其他数据或者元数据的引用,即引用要符合一定的规范,要明确传达数据的意思和意图。⑤

"可重复使用"是 FAIR 原则的最终目的。数据只有建立在充分描述的前提下才能满足他人复制数据并将其用于其他地方的需求。具体而言,人们必须用丰富且准确的细节描述数据和元数据的特征。这一原则侧重于强调数据应当是有用的,因此不仅应当描述数据可被识别的特性,而且描述数据产生的环境,从而确定数据的有用性。⑥ 为了实现这一原则,数据和元数据需要满足要求:公布时需要同时发布数据使用权利声明,并经过细致的证明以满足特定专业的标准。

---

① GOFAIR, *A1: (Meta) data Are Retrievable by Their Identifier Using a Standardized Communication Protocol*, https://www.go-fair.org/fair-principles/metadata-retrievable-identifier-standardised-communication-protocol/.

② GOFAIR, *A2: Metadata Should be Accessible Even When the Data is No Longer Available*, https://www.go-fair.org/fair-principles/a2-metadata-accessible-even-data-no-longer-available/.

③ GOFAIR, *I1: (Meta) data Use a Formal, Accessible, Shared, and Broadly Applicable Language for Knowledge Representation*, https://www.go-fair.org/fair-principles/i1-metadata-use-formal-accessible-shared-broadly-applicable-language-knowledge-representation/.

④ GOFAIR, *I2: (Meta) data Use Vocabularies that Follow the FAIR Principles*, https://www.go-fair.org/fair-principles/i2-metadata-use-vocabularies-follow-fair-principles/.

⑤ GOFAIR, *I3: (Meta) data Include Qualified References to Other (Meta) data*, https://www.go-fair.org/fair-principles/i3-metadata-include-qualified-references-metadata/.

⑥ GOFAIR, *R1: (Meta) data Are Richly Described with a Plurality of Accurate and Relevant Attributes*, https://www.go-fair.org/fair-principles/r1-metadata-richly-described-plurality-accurate-relevant-attributes/.

3.3.5　国际数据空间协会的数据规则

国际数据空间协会(International Data Association，IDSA)是一个集合了企业、科研者、立法者等相关组织、人员的开放式非营利组织。IDSA 的发起旨在创建一个安全且值得信赖的数据空间。在这个空间里,来自各行各业且规模大小不一的公司都可以在充分享有数据自主权的方式下对其数据资产进行管理,并且对共享数据的全链接去向信息有充分的掌握。从功能上说,IDSA 的数据框架并不是为其成员提供一系列具体的法律规则,而是在现有欧盟法律框架内通过签署合同的方式,再结合其成员的具体情况,为其提供一个数据管理框架。此外,IDSA 还会指导其成员构建自己的数据管理框架。[1] 因此,从功能上说,IDSA 更像是一个为成员提供高标准数据管理服务的国际组织,而并非法律规则的制定者。尽管 IDSA 数据框架并不具有法律效力,但它仍是一种应用高标准而产生的数据管理模式,具有重要的研究价值。本小节将从定位、原则以及数据框架的具体内容三个方面介绍 IDSA 数据框架。

如前所述,IDSA 数据框架并不是法律规则,而是一种为成员"定制"的高标准数据管理模式。通过这种方式,IDSA 可以将一套源于欧盟的数据标准推广至全球,并以此促进全球范围内的数据分享及各成员之间的数据交互。[2] 在其他法律关系上,IDSA 数据管理框架是以欧盟数据法规为基础设计的,这意味着 IDSA 的成员都必须遵守欧盟的数据管理规定。正如其在《IDSA 规则手册》中的陈述,欧盟的数据规则需要以一个合适的方式来实施,同时还需要一个合适的方法引导他人理解这些数据规则,[3] 而 IDSA 则承担起了这样的功能。因此,从定位上 IDSA 是一个立足并执行欧盟数据法规的国际组织。

IDSA 的基本原则有五个:① 系统不再发明原则(not reinvented wheels),这要求 IDSA 在为其成员构建数据框架时使用的技术都是经过证明可靠的。② 与既存体系融合原则(integrate existing system),即 IDSA 数据管理框架应当尽可能地符合现存的数据规则制度。③ 吸收或使用既存标准原则(integrate or use existing standards),即 IDSA 所适用的标准都是既存的国家标准或国际标准或程序,而非自创的标准,因此 IDSA 仅是一个标准应用组织。④ 产业独立和领域独

---

[1] IDSA, *IDSA Rulebook: Front Matter*, https://docs.internationaldataspaces.org/ids-knowledgebase/v/idsa-rulebook/front-matter/frontmatter.

[2] IDSA, *The Role of IDS for the European Data Economy*, https://internationaldataspaces.org/wp-content/uploads/dlm_uploads/IDSA-digital-summit-international-statements-neutral.pdf.

[3] IDSA, *IDSA Rulebook: Front Matter*, https://docs.internationaldataspaces.org/ids-knowledgebase/v/idsa-rulebook/front-matter/frontmatter.

立原则(industry and domain independent),即让数据空间作为一种横向标准的概念使用,也就是说,IDAS对数据规则的适用主要集中在不同产业或不同的领域之间,而不涉及构建上下游产业之间的数据管理框架。⑤ 使用便利原则(easy to use),即 IDSA 致力降低公司使用 IDSA 数据框架的门槛及 IDSA 的提案门槛,这是 IDSA 注重其数据框架便利性和可适用性的体现。[①]

IDSA 数据框架的具体内容在于构建数据空间。数据空间是一个促进数据分享的多组织间的协议和技术支持架构。这些组织不必之前互相有过合作或者联系,甚至可以是竞争对手;它们在数据空间的框架下相互连接,通过基于合同的多种途径进行数据分享。根据法律要求的不同,数据空间的管理模式既可以是中心化的也可以是去中心化的。数据空间管理部门是数据空间的管理者,同时也是空间规则的制定者。一旦空间规则生效,它在受约束方中就成为"法律"。[②] 换言之,多个企业聚在一起,它们之间就数据分享达成了合意,用共同的数据组成了数据空间,并选举出管理它们数据的专门部门来执行基于它们合意形成的数据规范。

关于如何建立数据空间,首先需要通过自我描述让他人了解自己的特征,其他组织通过这些特征来判断是否应当建立与组织之间的信任。其次,在建立信任后,双方(或多方)需要制定数据空间的政策,包括数据获取政策和合同政策,后者包括数据使用政策。最后,当其他人进入这个数据空间时,必须先满足会员政策的要求,在此基础上才能获得进行合同谈判的机会。因此,数据空间像是一个企业组成的自治团体,在这些团体中,企业们可以采取法律框架之内的各种数据传输方式。

3.3.6　国际数据管理协会的数据规则

国际数据管理协会(Global Data Management Community, DAMA)是一个全球性数据管理和业务专业志愿人士组成的非营利协会,致力数据管理的研究和实践。DAMA 旨在推动数据管理的研究和发展,并在多年丰富的数据管理实践的基础上,形成了一套以《DAMA 数据管理知识体系指南》(DMBOK)为基础的数据管理体系和标准,内容包括从数据管理的概念到实践等多个方面,同时DAMA 还致力于数据管理专业人士的培训和认证。从性质而言,DAMA 的数据

---

① IDSA, *IDSA Rulebook: Guiding Principles*, https://docs.internationaldataspaces.org/ids-knowledgebase/v/idsa-rulebook/idsa-rulebook/2_guiding_principles.

② IDSA, *IDSA Rulebook: Functional Requirements*, https://docs.internationaldataspaces.org/ids-knowledgebase/v/idsa-rulebook/idsa-rulebook/3_functional_requirements.

管理体系更像是一种以服务为导向的操作指南而非数据规则；从 DAMA 本身而言，尽管它宣称自己的长期目标是"成为一个可靠的标准制定组织"[1]，但其大多数的内容仍是针对企业的数据管理，而不是针对国家的数据规则。尽管企业的数据管理标准有可能比国家标准要高，但两者的影响力并不相同，因此 DAMA 的数据管理框架还远远没达到数据规则的程度。

---

[1] DAMA, *DAMA International Handbook*, https://view.officeapps.live.com/op/view.aspx? src = https%3A%2F%2Fsilkstart.s3.amazonaws.com%2Fd5d7e52d-ad3e-490d-af93-ccd975c99e8b.docx&wdOrigin=BROWSELINK.

第 4 章　国际数据法的区域性与双边机制

当前,在区域、双边合作层面,各国政府和国际组织积极推动相关法律体系和制度框架的建设。其中,欧盟和美国作为全球数据治理的重要参与者,通过一系列区域性及双边规则的制定与实施,对构建国际数据法体系起到了关键作用。

本章将详细阐述欧盟和美国在数据法领域的主要多边和双边条约文本、立法背景、宗旨、内容及其特点,并通过比较分析,揭示这些规则对全球数据治理的影响和启示。对这些规则的深入研究,有助于更好地理解国际数据法的渊源、发展趋势和面临的挑战,为推动全球数据治理体系的完善提供参考和借鉴。

4.1　欧盟区域规则

4.1.1　《数据保护指令》

1995 年,欧盟颁布了《数据保护指令》(DPD),它是欧盟隐私权与人权法律体系的重要组成部分。[①] 作为保护个人数据隐私与自由的共同标准,DPD 在促进数据自由流动、避免数据遭到不当干预方面也发挥了重要作用。[②]

1) DPD 立法背景

20 世纪 70 年代,数据保护法在欧洲开始萌芽。1970 年,德国黑森州率先颁布了一项地区性法律——《黑森州数据保护法》(Hessisches Datenschutzgesetz)[③],

---

① 李想:《数据库的知识产权保护范式研究》,《政法学刊》2020 年第 4 期,第 51—58 页。
② 任晓玲:《个人数据保护立法推动技术创新——欧盟拟修订〈数据保护指令〉》,《中国发明与专利》2011 年第 1 期,第 100 页。
③ *Hessisches Datenschutzgesetz*, (Hessen Data Law), 7 October 1970.

其是个人数据保护立法的开端;1973年,瑞典出台了第一部国家层面上关于个人数据保护的法律(Swedish Data Act of 1973);1978年后,法国等欧洲国家陆续制定了本国的个人数据保护法。20世纪80年代初,欧洲开始重视数据统一规则的制定,并利用协调一致的国际法律制度促进数据强化保护和跨境流动。1981年,欧洲委员会开放签署数据保护领域第一个具有法律约束力的国际文书——《关于个人数据自动化处理的个人保护公约》(Convention for the Protection of Individuals with Regard to Automatic Processing of Personal Data,简称《第108号公约》)。该公约旨在加强各国的团结协作,并扩大对个人权利和基本自由的保障。然而,《第108号公约》并没有取得预期的实施效果,直到80年代末,依然只有少数国家批准了该法案,而多数国家则选择采取内部法律制度进行数据保护。这妨碍了欧洲对个人隐私权的一贯保护,也有悖于《罗马条约》记载的自由贸易概念。

在数字经济时代,数据的自由流动成为经济发展的命脉,对数据流动进行管理与规制成为必然,但也必须谨慎待之。数据的开发利用与保护必须在促进信息社会进步与发展的基础上,让数据主体能够拥有数据的自主控制权,数据保护法便要在私主体的个人权益与社会公共利益之间寻求平衡点。欧盟作为全球最大的经济组织之一,数据保护法律对其具有举足轻重的意义。为了避免不同国家散乱的做法可能对统一内部市场产生的不利影响,欧盟委员会于1990年正式提出了一项数据保护指令。这一提议意义重大,因为它标志着欧盟在欧洲数据保护方面的领导地位的起点。1995年10月24日,欧洲议会和理事会关于个人数据处理和自由流动的第95/46/EC号指令(DPD)正式通过,建立了对个人数据保护的通用法律规则。[①]

2) DPD立法宗旨与意义

DPD期望在欧洲建立数据自由流通空间,确定了欧盟内最低的个人数据保护标准,确保不会因为部分成员国的保护水平较低而阻碍或者限制数据的跨境流动,同时该指令也强调了对自然人的人权保护。[②] 相较之前的有关法律文本,其规定了更为严格的数据处理标准;明确了个人享有的数据权利;扩大了具体适用范围;同时也进一步落实了监管执行机制。可以看出,DPD尝试从多角度、全方位保护个人数据跨境流通。

[①] 陈国军:《论大数据时代个人信息的私法保护与共享》,《河南师范大学学报(哲学社会科学版)》2022年第1期,第66—73页。

[②] 涂萌:《欧盟〈数据保护指令〉与〈通用数据保护条例〉对比研究以及对我国立法启示》,《중국법연구》2017年第30期,第27—47页。

然而，**数据跨境流通必然产生一对矛盾：个人数据保护与数据自由流通的矛盾**。为此，DPD 进行了创造性的革新，采取了内外有别的制度：对于成员国内部流通，DPD 将保护个人权益与促进数据自由流通并重；而对于由内向外流通，DPD 原则上禁止成员国向不具备适当保护水平的第三国进行数据转移，但也明确列出了例外情形，并采用"适当的合同条款"等变通方式进行"兜底"。

3) DPD 的主要内容与特点

DPD 由 72 条序言和 34 条条款组成。序言部分规定了条文背后的理论、解释等内容，条款则规定了成员国在执行指令要求时的义务。从内容上看，DPD 仅是对一般原则进行规定，并未详细规定成员国必须如何将这些原则转化为国家法律。这让成员国在具体实施的过程中具有较大的操作空间，导致欧洲各国对数据保护法律的解释和要求各不相同。DPD 的关键原则包括八项：① 公平且合法地处理个人数据，数据处理具有必要性；② 目的明确和限制，收集数据必须具有明确、合法的目的，并且处理方式不能与目的不相容；③ 比例原则，数据处理是充分、相关、不过度的；④ 信息准确，必要时应及时更新；⑤ 储存限制，不需要时不得再保存数据；⑥ 知情同意，根据个人权利进行处理；⑦ 保障安全，采用适当方式防止意外、非法或未经授权的处理；⑧ 禁止向未提供充分保护级别的司法管辖区传送国际数据。

根据 DPD 的原则，处理个人数据可以提炼出三个前提条件：透明度、合法目的和相称性。首先，透明度保障了数据主体的知情同意权。处理者应当在开始前告知数据主体各项信息，包括处理者姓名和地址、处理目的、数据接收者及其他确保公平合法处理的信息。① 其次，合法目的可以说是数据保护的基础。数据处理的动机与方式都应当明确且合法，个人数据不仅不能被滥用，还必须尊重并保护所有者的应有权益。最后，相称性也即比例原则。应当保障数据的相关性、准确性、完整性，且做到及时更新；数据收集与处理应当遵循适当性、必要性和最小侵害性，及时删除非必要信息。

相比于《第 108 号公约》，DPD 的一项重大进展便是它适用于人工数据。DPD 规定，处理存储于档案系统内的人工数据，须承担与以自动方式处理个人数据相同的责任。同时，DPD 在《第 108 号公约》确定的"相等保护"原则的基

---

① DPD 第 7 条规定，只有在满足下列条件之一时才能处理数据：(1) 当数据主体表示同意时；(2) 当处理是履行或签订合同所必需的；(3) 当处理符合法律义务时；(4) 当需要处理以保护数据主体的重要利益时；(5) 处理是为了执行为公共利益或行使控制权或披露数据的第三方的官方权力而执行的任务所必需的；(6) 对于控制人或披露数据的第三方或当事方所追求的合法利益，处理是必要的，除非这些利益被数据主体的基本权利和自由的利益所覆盖。数据主体有权访问与他处理的所有数据。数据主体甚至有权要求纠正、删除或阻止不完整，不准确或未按照数据保护规则处理的数据。

础上,采取了内外有别的方式:欧盟内部依然沿用"相等保护"的数据传输标准;而对于区域之外的第三国家,则采取"充分保护"原则,同时允许一些例外情形的适用。相比之下,"充分保护"机制则更加灵活,不要求法律制度必须保持一致。① 但由于 DPD 大多为原则性规定,其实施效果也并不理想,各成员国有着不同的理解,在各自立法中采取了不同的数据保护制度与标准,导致整个欧盟内数据保护水平参差不齐,最终未能达到各国协调一致、促进数据自由流通的预期效果。正是在此背景下,欧盟亟待形成一部真正的可以直接在各国生效的法律,于是有了《通用数据保护条例》的改法之路。

4.1.2 《通用数据保护条例》

《通用数据保护条例》(GDPR)是欧盟个人数据保护法发展的突破性产物,旨在协调欧盟各成员国的数据保护国内法,主要规范和调整对个人数据的处理行为。②

1) GDPR 立法背景

DPD 在制定之初,计算机尚未普及,各类信息技术还处于起步阶段,个人数据的收集、存储、使用、披露等处理环节大多依靠人力完成,其广度和深度都受到了很大的限制。随着互联网技术的不断革新,其早已成为人们日常生活的必要组成部分,数据量呈现指数型爆炸式增长。此时,个人数据中的价值属性日益凸显③;同时,在 DPD 原则性规定的条件下,欧盟各国的数据保护规则与标准存在很大差异,立法缺乏协调性,违背了 DPD 的立法初衷④;况且网络空间行为因其特殊性质而具有强跨国效应,使得通过单一国家的法律难以有效规制⑤。由此可见,DPD 已无法适应互联网时代日新月异的迅猛发展,难以对个人数据实现有效保护,亟待修改。

为了缩小欧盟区域内各国数据保护立法的差异,并进一步拓宽使用区域,欧盟制定和出台了 GDPR,于 2016 年 5 月 25 日生效。该条例自 2018 年 5 月 25 日起施行,替代 DPD,直接适用于欧盟各成员国。

---

① 袁慧:《欧盟数据跨境转移中的充分决定机制研究》,《电子知识产权》2020 年第 11 期,第 56—69 页。
② Christina Glon, "Data Protection in the European Union: A Closer Look at the Current Patchwork of Data Protection Laws and the Proposed Reform that Could Replace Them All," *International Journal of Legal Information* 42, no.3 (2014): p. 471–492.
③ 涂萌:《欧盟〈数据保护指令〉与〈通用数据保护条例〉对比研究以及对我国立法启示》,《중국법연구》2017 年第 30 期,第 27–47 页。
④ 何治乐、黄道丽:《欧盟〈一般数据保护条例〉的出台背景及影响》,《信息安全与通信保密》2014 年第 10 期,第 72—75 页。
⑤ 齐爱民、王基岩:《大数据时代个人信息保护法的适用与域外效力》,《社会科学家》2015 年第 11 期,第 101—104 页。

2) GDPR 立法宗旨与亮点

GDPR 的主要目的有两个方面：一是保护数据权利与自由，尤其是具有隐私权属性的部分；二是确保在欧盟内部实现个人数据的自由流动，避免因数据处理和自然人权益保护等原因而受到限制或禁止。GDPR 被称为最严格的个人数据保护和监管条例，适用于欧洲经济区内数据主体产生的所有数据，至于相关企业是否位于欧盟境内，并不影响其必须遵守这一条例。

相较于 DPD 及其他的数据保护法案，GDPR 主要有三项亮点：① GDPR 大大加强了对公民权利的保护，并申明和明确了数据的限制使用和非必要使用，不仅延续了先前法案对知情权的保护[1]，还创新提出两项权利——被遗忘权和可携权。被遗忘权体现在 GDPR 第 17 条中，意味着个人有权要求永久删除不再被合法需要的个人数据。[2] 可携带权又称移植权，体现在 GDPR 第 20 条中，其具有双重性质：一是明确个体对其数据享有所有权和支配权，二是个体行使该权利促进数据自由流动和数据控制者之间的竞争。[3] 这两项权利无疑增强了对个人数据和隐私权的保护力度。② GDPR 一项重要的变革意义在于，它不仅在欧盟地域范围之内适用，而且同样适用于其他与欧盟公民或组织之间的数据相关行为，使得其适用从 DPD 的属地原则创造性地变化为 GDPR 的属人原则，从而使其适用范围具有全球性。③ GDPR 建立了新的问责制度，要求企业在内部设立数据保护官（DPO），使得企业对自己的数据实践更加负责，大大加强了内部约束与外部监管的效果。

3) GDPR 主要内容与变革

GDPR 由 173 条序言和 99 条条文组成，其框架如图 4-1 所示。条文载有执行法律，但有关的序言则载有关于如何解释该条的关键细节，因此在实践中需要将两者一并考虑。

与 DPD 相比，除前文所述的亮点外，GDPR 还有两点重要变化：① GDPR 对"个人数据"这一概念进行了界定。其认定，"个人数据"是能够识别个人身份的信息，经过匿名化处理的数据则不在这一范畴，因此"匿名化"常用于保护数据权益。② GDPR 对违法行为的惩罚力度很大，其第 83 条明确了不同违法行为的惩处标准。例如，对于未能采取合理有效的措施来规避、减小隐私侵权损

---

[1] Judith Rauhofer, "'Look to Yourselves, That We Lose Not Those Things Which We Have Wrought: the Proposed Changes to the Purpose Limitation Principle in Data Protection and Public Bodies' Rights to Access Third Party Data," *International Review of Law, Computers & Technology* 28, no.2 (2014): 144-158.

[2] 何玉箐：《欧盟〈通用数据保护条例〉解读及其对我国个人数据保护的启示》，《图书情报导刊》2018 年第 11 期，第 67—72 页。

[3] 何润韬：《欧盟精细化数据立法下的数据保护与流通》，《网络安全与数据治理》2024 年第 4 期，第 61—66 页。

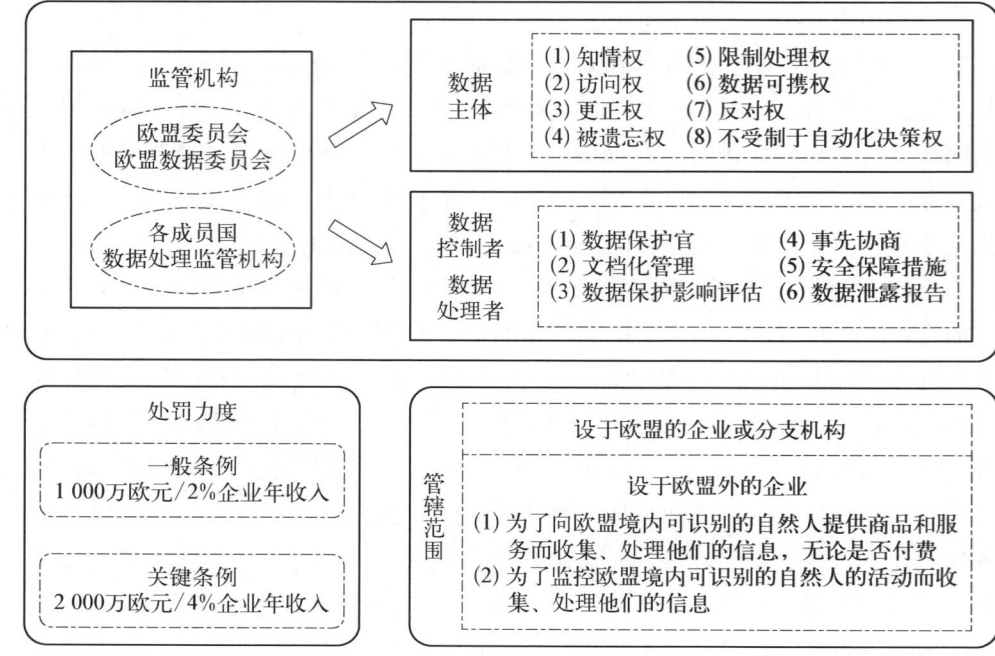

图 4-1 GDPR 框架①

失的相关人员,以及违背信息收集及利用基本准则的相关人员,将动辄处以上千万的惩罚,若企业全球营业收入巨大,还可能以年收益的 4% 作为处罚标准(固定的惩罚额度与年收益的 4% 取其高),金额则可能高至数十亿,可见企业的违法成本非常高,让人望而却步。

4.1.3 《数据法》

《数据法》(Data Act, DA)在《数据治理法案》和 GDPR 的基础上发展而来,提供了适用于所有数据更广泛的规则,旨在推动更多的数据在符合欧盟规则和价值观的前提下流转利用。

1)DA 立法背景

早在 2020 年 2 月 19 日,欧盟委员会便通过了欧盟数据战略,将在欧洲建立自由流动的数据市场为目标,维护欧洲的数据主权,增强数据竞争力,将其打造为全球数字经济的领导者。② DA 既是欧盟数据战略的关键支柱,又是继《数据

---

① 赵景欣、岳星辉、冯崇朋等:《基于通用数据保护条例的数据隐私安全综述》,《计算机研究与发展》2022 年第 10 期,第 2130—2163 页。
② 马斌:《B2B 场景下非个人数据共享——以事前监管措施与事后竞争规则为视角》,《科技与法律(中英文)》2021 年第 6 期,第 29—39 页。

治理法案》后宣布的第二项重大举措。

正如 DA 的序言所述,数据驱动技术在经济的各个领域产生了深远的影响,与互联网连接的产品广泛普及,尤其是增加了数据对消费者、企业和社会的潜在价值和规模。来自不同领域的高质量数据增加了竞争力,确保了经济的可持续增长。为了满足数字经济的需求,消除数据内部市场的良好运转所面临的障碍,有必要制定一个协调一致的框架,明确在何种条件下、基于何种依据,允许主体使用产品数据或相关服务数据。由此,欧盟委员会于 2022 年 2 月 23 日公布了《数据法:关于公平获取和使用数据的统一规则的法则提案》,即 DA,旨在通过明确数据访问、使用和共享规则,确保数据以公平、合理、透明的方式流转利用。修订后,新的 DA 于 2023 年 11 月 9 日经欧洲议会表决通过。

2) DA 立法宗旨与影响

DA 致力构建一个跨部门数据治理框架和遵循欧洲原则及价值观的弹性数据基础设施[①],其主要目的是促进生成数据的重复利用,提高欧盟行业通过联网产品和关联服务产生的数据的价值,为数据驱动的创新提供更加开放、竞争的市场环境。通过让数据持有人在事实或法律上有效控制联网产品和关联服务产生的数据,防止供应商锁定数据而导致用户只能从供应商处购买特定产品或服务,并赋予公共机构在特定紧急情形下访问由企业控制或产生的数据的权利,从而创造共同的欧洲数据空间,使欧洲的云服务市场在全球获得更高的竞争地位。[②]

DA 是欧盟数据立法一个新的里程碑,将对欧洲乃至全世界的数据保护法律发展产生深远的影响。其与 2022 年 11 月欧盟委员会通过的《数据治理法案》互为补充,DA 明确了能从数据中创造价值的主体和条件,要求保证数据访问权限的一致性,并通过制定有关物联网设备生成数据的使用规则以平衡重要数据的建设能力分配,从而消除企业和个人访问、获取、共享数据的障碍,促进创新。同时,DA 和 GDPR 都同等适用于个人数据保护,其在 GDPR 第 20 条可携带权规定的基础上进一步明确用户的物联网数据访问权,即将使用产品或服务产生的数据提供给用户,包括个人数据和非个人数据,用户有权接受,并有权将其数据向第三方转移。在遵循 GDPR 的前提下,DA 通过统一的规则构建实质性扩大了用户的数据控制权,实现了对数据流转中个人信息的动态保护。[③]

---

① 肖红军、张丽丽、阳镇:《欧盟数字科技伦理监管:进展及启示》,《改革》2023 年第 7 期,第 73—89 页。
② 金赵鑫:《欧盟〈数据法案〉概览》,《人民法院报》2024 年 3 月 29 日,第 8 版。
③ 吴沈括、柯晓薇:《欧盟〈数据法案〉的规范要旨与制度启示:以个人信息保护为视角》,《信息通信技术与政策》2024 年第 1 期,第 2—6 页。

3) DA 主要内容及其合理存疑

DA 明确了数据访问、共享和使用的规则,规定了获取数据的主体和条件,其内容要点包括:① 赋予用户物联网数据访问权。根据 DA 第 3 到第 5 条,数据持有者应当实时向用户提供过程数据,并严格设定标准;对于用户的请求,数据持有者应以同样的标准向第三方提供数据。② 对中小微企业以外的数据持有者施加严格的责任要求。例如,遵循公平、合理、非歧视性原则,以全面、结构化和机器可读的格式提供数据;保障知情权,以清晰、可理解的方式向用户提供必要信息;遵循数据最小化原则及通过设计和默认方式保护数据的原则,采取智能合约、加密等适当的技术保护措施,防止数据遭到未经授权的访问。③ 限定向公共机构、具有特殊需要的欧盟机构或部门提供数据的条件。这些机构要求提供的数据应当是应对公共紧急事件所必需的,且在同等条件下无法通过其他方式及时有效地获取。同时,相关机构应履行必要的说明义务,且相应的数据请求应符合规范,保障公共机构获取数据的权利不被滥用。④ 强化与数据相关的技术融通。DA 允许数据处理服务之间的有效转换,促进数据、数据共享机制和服务的互操作性,这一立法设计是保障用户权利、破除数据处理服务提供商市场准入壁垒的关键。

尽管 DA 具有重要的里程碑意义,但其依然是一把双刃剑。一方面,DA 的积极影响毋庸置疑,它细化了针对不同主体、数据类型和交易场景的相关规范,进一步构建了欧盟数据权利体系,并为预防权利冲突而设计了监管模式和争端解决机制,有助于打破数据孤岛和垄断、释放数字经济潜力。另一方面,DA 也可能存在消极的问题:① DA 的一些内容并不明确,如某些条款的适用范围、实质性义务的具体内容等。② DA 通过深化监管的方式,仍无法解决缺乏共享标准的问题。③ DA 的要求增加了企业数据使用、管理与合规成本,使得法案实施效果变得不确定。④ 对国际数据的限制可能会对欧盟与第三国之间现有的云数据流产生影响,并影响欧盟在英美等第三国新建云服务的机会。[1]

4.1.4 《数字服务法》

《数字服务法》(*Digital Service Act*,DSA)是近 20 年来欧盟在数字领域的第一个重要立法,意在明确数字服务提供商的责任,并遏制大型在线平台的恶性竞争行为。

1) DSA 立法背景

尽管 DSA 的许多制度规则都以《电子商务指令》(*E-Commerce Directive*)为

---

[1] 杨垠红:《欧盟〈数据法案〉规范使用者权利和义务》,《中国社会科学报》2022 年 4 月 11 日,第 7 版。

基础，但两者的立法背景和价值追求却大相径庭。2000 年，《电子商务指令》通过，当时各大网络平台刚刚问世不久，许多网络中介服务提供商甚至还未出现，其见证了相关产业的发展过程，同时也目睹了日渐泛滥的各种违法行为。在产业初期，这一指令的首要目标自然是促进电子商务的迅猛发展，创造大规模的就业机会，充分发掘电子商务的潜力。因此，它更加注重促进信息数据流动，而弱化了对基本权利的保护和对线上非法行为的规制。

但互联网产业的发展催生了大量新的机遇与挑战，欧盟网络平台的监管重心也随之发生了转移。网络中介服务提供商在大力推动跨境贸易、刺激消费的同时，也衍生出大范围的非法商品或服务乱象，从而侵犯用户权利、阻碍信息流通。在数字化转型的过程中，欧盟必须同时保障民众的基本权利、促进数字经济发展，这也是信息时代的要求和呼唤。[①] 于是，DSA 草案应运而生，并于 2024 年 2 月 17 日起适用于欧盟所有在线平台。

2）DSA 立法宗旨与特点

DSA 期望在欧洲建立真正的数字服务治理体系，创造安全数字空间，保护各方权益。其不仅保障用户自由表达意见的权利，为他们自主行使隐私权、救济权等各项基本权利创造良好环境，而且致力建立统一的数字服务治理体系，通过监督和执行机制强化单一市场，促进成员国之间的通力合作。此外，它还确保欧盟层面的快速干预，通过数字服务协调员和欧洲数字服务委员会在整个范围内应对与数字服务有关的风险。DSA 也旨在确保创新型跨境数字服务在欧盟内具有统一的发展条件，防止和解决因成员国国家法律发展的差异而对数字服务活动造成障碍。

DSA 的突出特点主要有三项：① 加强对定向广告投放和特定内容推送的限制。DSA 禁止平台与搜索引擎针对儿童或基于个人敏感数据进行定向广告和内容推送，并明令禁止采用不正当手段诱导、误导消费者从而获利的"黑暗模式"。② 重新理顺欧盟范围内的数字内容治理流程。DSA 着重强化"数字服务协调员""数字服务委员会"等创新机制建设。③ 对超大型平台施行严格要求。包括"超大型在线平台（very large online platforms，VLOP）"和"超大型在线搜索引擎（very large online search engines，VLOSE）"。"超大"平台每月活跃用户超过 4 500 万人，约为欧盟总人口的 10%。毋庸置疑，这对欧盟的经济与意识形态有着不可小觑的影响，因此需要从透明度、公共义务和其他责任方面加强规制。

---

① 陈珍妮：《欧盟〈数字服务法案〉探析及对我国的启示》，《知识产权》2022 年第 6 期，第 110—126 页。

3) DSA 主要内容与创新

DSA 共有五章,其内容可分为七方面:① 打击线上非法商品或服务,以及相关内容,典型代表是平台与"可信标记者"的合作,由用户对非法内容进行标记;② 商家可追溯,便于识别非法行为者,更好地保护消费者权益;③ 有力保障用户的基本权利,包括质疑平台关于内容的审核决定;④ 更高的算法透明度标准,包括推荐算法和定向广告的透明度;⑤ 规定了 VLOP 的风险管控义务,对风险管理措施进行独立审计,并监督防止系统被非法滥用;⑥ 研究人员能够获取最大平台的关键数据,以帮助其了解在线风险的演变过程;⑦ 创建一个监管框架,以解决数字空间的复杂性,借助欧洲数字服务委员会,发挥各成员国的主要作用,且欧盟委员会将加强对 VLOP 的执法与监督。[①]

总的来说,DSA 以《电子商务指令》的框架与原则为基石,大步向前迈进。DSA 的创新点主要有两方面:一是根据数字服务提供商在网络生态系统中的角色、规模和影响力的不同,分类分级确立其义务,以便有针对性地施加不同程度的责任;二是规定了数字服务提供商的内容审查义务,以平衡各方利益,防止平台利用"避风港"规则和"通知—删除"程序轻易地规避自身责任[②],故内容审查和过滤义务被有限地纳入平台的责任范围,以实现内容提供者和网络服务提供商之间权利义务的平衡和利益的合理再分配。然而,我们也需要考虑如何平衡用户基本权利保护和平台非法内容控制之间的关系。

4.1.5 《数字市场法》

《数字市场法》(Digital Markets Act,DMA)与 DSA 具有相似的立法背景与宗旨,不过 DMA 更侧重于反垄断和促进公平竞争,而 DSA 则更侧重于数字服务和数字内容治理,但两者的根本目标是一致的,都是为了促进欧盟单一数字市场的繁荣与规范。

1) DMA 主要内容

当今,一些大型在线平台充当了"守门人"角色。所谓"守门人",是指凭借数据优势和网络效应在商业用户和终端用户接触中起到不可替代作用的中介平台。[③] 企业必须满足影响力巨大、不可替代的中介地位、根深蒂固的持久地位

[①] 陈珍妮:《欧盟〈数字服务法案〉探析及对我国的启示》,《知识产权》2022 年第 6 期,第 110—126 页。

[②] 顾晨昊、臧佳兴:《用户生成内容时代媒介平台的版权治理模式转变——欧美经验与中国路径》,《中国编辑》2021 年第 12 期,第 81—86 页。

[③] 李世刚、包丁裕睿:《大型数字平台规制的新方向:特别化、前置化、动态化——欧盟〈数字市场法(草案)〉解析》,《法学杂志》2021 年第 9 期,第 77—96 页。

这三个条件,企业才能被纳入 DMA 的规制范围。① DMA 的目标是防止"守门人"对企业和消费者施加不公平的条件,确保重要数字服务的开放性。这些不公平条件包括禁止企业在这些平台上访问自己的数据,或者通过锁定用户来限制其切换替代服务的选择范围等。②

为了促进市场公平竞争,DMA 规定了"守门人"的一系列日常义务。其应履行的义务有:① 在特定情况下,"守门人"应允许与第三方交互操作。② 允许客户公司访问绩效衡量工具,并提供必要信息,以便对其独立验证。③ 允许其商业用户向其他平台推广报价并签订合同,并提供本平台的活动数据。其不具有的义务有:① 不得阻止用户卸载预装软件或应用程序;② 不得将商业用户提供的数据用于竞争;③ 不得限制用户使用在其他平台上获得的服务等。

当然,DMA 也规定了相应的制裁措施。若"守门人"未能遵守规则,则将被处以巨额罚款。③ 对于系统性违法行为,委员会可以采取额外的补救措施。在必要情况下,若无其他同等有效的替代措施,这些措施包括非金融补救措施,如责成"守门人"出售企业或部分企业,剥离其部门、资产、知识产权或品牌等。④

2) DMA 立法理念

作为全球数字市场竞争治理的旗帜之一和立法蓝本,DMA 的形成源于二战后欧盟长期奉行的秩序自由主义理念。秩序自由主义的基本观念包括:① 市场经济对于社会发展具有重要作用,但完全的经济自由不可行,必须将其纳入法治轨道。② 竞争自由是动态过程,竞争行为产生的经济效果并非法律判断依据,保护竞争秩序才是主要目标。⑤ ③ 追求经济、政治、社会等多元价值目标,强调自由与责任密切相关,企业经营自由得到保证的同时也要担负起社会责任。

---

① 判断企业是否纳入 DMA 的规制范围主要有三个累积标准:一是影响力巨大,如果公司在过去三个财政年度在欧洲经济区实现的年营业额等于或高于 65 亿欧元,或者在上一个财政年度其平均市值或等值的公平市值至少达到 650 亿欧元,并至少在三个成员国提供核心平台服务,则可推定其达到了影响内部市场的规模。二是不可替代的中介地位,如果公司经营的核心平台服务在上一财年在欧盟境内建立或位于欧盟境内的月活跃终端用户超过 4 500 万人,且在欧盟境内建立的年活跃企业用户超过 10 000 人,则可推定其控制着企业用户走向最终消费者的重要通道。三是根深蒂固的持久地位,如果公司在过去三个财政年度中的每一年都符合其他两个标准,则被推定其具有根深蒂固的持久地位。如符合以上三个标准,且无充分证据证明相反情况,则推定该大型数字平台为"守门人"。若未达到以上所有标准,欧盟委员会可在市场调查中,对某一数字平台的具体情况进行评估,并根据定性评估决定是否将其确定为"守门人"。
② 吴沈括、胡然:《平台治理的欧洲路径:欧盟〈数字服务法案〉〈数字市场法案〉两项提案分析》,《中国信息安全》2021 年第 1 期,第 71—74 页。
③ 如果"守门人"不遵守规则,欧盟委员会可对其处以高达该公司全球年营业额 10% 的罚款或者定期罚款,最高可达平均每日营业额的 5%。
④ 曹博:《浅析欧盟〈数字市场法〉——兼评我国立法借鉴》,《网络安全技术与应用》2021 年第 8 期,第 142—144 页。
⑤ Manuel Wöersdöerfer, "The Digital Markets Act and E.U. Competition Policy: A Critical Ordoliberal Evaluation," *Philosophy of Management* 22, no.1 (2023): 149-171.

DMA 根植于欧盟极为特殊的制度和法律背景,其理论基础延续自欧洲秩序自由主义理念传统。通常认为 DMA 的突出特征有:① 核心立法目的在于确保欧盟数字领域内部市场的可竞争性和公平性。② 该法的规制对象为"守门人"平台且直接给出其认定的具体量化标准。③ "守门人"平台被苛以"特殊责任",特别是明确规定了其不得从事的经营活动"黑名单"。DMA 以反垄断和公平竞争为基本目标,直接表明该法的秩序自由主义理念。同时,"守门人"规则打破了市场支配地位认定的模糊边界,采用量化标准进行辨别,并赋予"守门人"特殊责任进行事前监管,与自由秩序主义的法治理念相契合。①

3) DMA 与 DSA 的对比分析

DMA 与 DSA 常被称为"数字双法",两者存在密切的联系:共同完善了欧盟数字服务治理的法律框架,提供了硬性标准;要求大型科技提供商对其平台服务更加负责,旨在营造更为安全、高效、开放的数字空间;促进欧洲内部市场不断创新,并有助于小型企业和初创企业的健康发展和良性竞争。

但两者在多个方面均存在较大的区别:在核心内容上,DMA 强调市场公平,促进各类企业的公平竞争;DSA 强调服务规范,通过搜集多方意见,有针对性地对主要问题立法。在立法意愿上,DMA 属于反不正当竞争法,促进新兴平台进入市场,推动行业的繁荣发展;DSA 制定横向框架,更好地监管平台、关注透明度和消费者保护。在适用对象上,DMA 针对"守门人"规定了其具体义务,意在规范其行为来阻止不公平竞争;DSA 则面向所有数字服务平台,分级分类制定条款和规则,列明义务清单和禁止事项清单,规范其交易行为。此外,两者在法案执行者和制裁方案等方面,也具有较大的差异,具体内容见表4-1。②

表 4-1 DMA 与 DSA 的区别

比较项目	规 则	
	DMA	DSA
侧重方向	反垄断和公平竞争	数字服务和内容治理
出台目的	促进新兴平台进入市场,参与公平竞争	提高业务透明度、保护用户安全、践行平台责任
适用对象	"守门人"平台	所有在线服务提供商

---

① 吴佩乘:《数字平台反垄断的范式反思和规则调适——以欧盟〈数字市场法〉秩序自由主义面向为镜鉴》,《苏州大学学报(哲学社会科学版)》2024年第2期,第85—97页。

② 徐德顺、张宇嫣:《欧盟"数字双法"对数字经济的影响研究》,《国际贸易》2024年第1期,第29—39页。

续表

比较项目	规则	
	DMA	DSA
执行者	欧盟通信网络、内容和技术总局	欧盟成员国国家监管机构
制裁方案	系统性违规行为将最高被处以其上个财年全球营业额6%的罚款	最高可达上个财年全球营业额6%的罚款，出现极端行为将限制平台访问

4.2 以欧盟为核心的区域性及双边规则

4.2.1 欧盟-英国自由贸易协定

2020年12月24日，《欧盟-英国贸易与合作协定》(*UK-EU Trade and Cooperation Agreement*，TCA)达成，为英国"脱欧"后双方之间的国际贸易关系提供了法律依据和行动指南。[①]

1) 欧盟与英国在谈判过程中关于数字贸易的分歧

在双方关于未来关系的谈判中，围绕数字贸易的争议并不显著，但仍存在部分分歧。在欧盟的草案文本中，第七章专章设立了关于数字贸易和数据流动的规则，而英国的草案文本中，相关条款仅部分出现在第十八章。对比之下，英国选取了更加自由的方式。双方的分歧主要在于对基于数据和隐私保护等公共政策而限制转让的程度是否合理。英国提议，各方承诺保护数据（包括个人数据）的自由流动；而欧盟则缩小了承诺范围——在不影响数据保护和隐私措施（包括跨境数据传输）的前提下对于禁止数据本地化的要求。这可以说明，尽管存在争议，但双方都意识到了数据保护和隐私规则的重要性，而欧盟文本依然将其留给各方自行决定，同时规定数据保护和隐私规则优先于所有贸易条款。[②]

2) TCA与数字跨境合作及贸易

欧盟于2021年4月30日公布的TCA文本长达1246页，正文分为7个部分，另有50多个附件。TCA第778条规定，"本协定的协议、附件、附录和脚注应构成本协定不可分割的一部分""本协定的每一附件，包括其附录，应构成提及该附件或在该附件中提及的章节、标题或议定书的组成部分"。TCA正文规定了协定的监督执行等管理性条款、货物和服务贸易，以及公平竞争保障、执法

---

① 《欧洲议会批准〈欧盟—英国贸易与合作协定〉》，《中国财经报》2021年5月1日第6版。
② 潘多、王明进：《〈贸易与合作协定〉与英欧未来关系》，《国际论坛》2022年第6期，第25—45、156—157页。

和刑事司法合作、健康合作等专门问题、争议解决等内容。可以看出,TCA 的内容主要聚焦双方的贸易关系,但同时也包括了环境保护、社会政策等方面的条款。

欧英双方在公民安全方面的新伙伴框架是 TCA 的重要内容。新的安全伙伴关系针对数据共享、警务和司法合作做出了规定,并取代了欧洲逮捕令。TCA 规定,英国、欧盟及其成员国将继续保护《欧洲人权公约》(ECHR)中规定的公民基本权利,否则任何一方都有权立即暂停合作。① 双方还在 TCA 中达成了维护高水平数据保护标准的条款。对于打击严重国际犯罪恐怖主义和网络犯罪的现代执法机构,快速、有效的数据共享和分析正变得愈发重要,而数据保护也涉及基本人权。英国将不再能够直接、实时地访问支持欧盟自由、安全和司法领域的敏感欧盟数据库。这是因为只有接受所有附带义务的成员国和密切相关的国家才能使用这些数据库。然而,TCA 还是包括及时、有效、高效和对等交换航空乘客数据(称为乘客姓名记录或 PNR)、犯罪记录信息,以及 DNA、指纹和车辆登记数据("普吕姆数据")的安排。②

在数字贸易方面,TCA 体现了保护数据隐私的坚定立场。除了就海关关税、在线消费者保护、个人数据保护和未经请求的商业电子信息等常见内容制定条款规则,该协议还另行针对监管权、数字贸易监管问题开展合作,重申缔约方有权在自己的领土内进行监管,以实现消费者保护、隐私和数据保护等政策目标,并认为缔约方应就数字贸易领域的监管事项交换信息。③

3) TCA 与个人数据保护

2021 年 1 月,英国脱欧为期一年的过渡期结束后,个人数据保护制度受制于双方在 TCA 中的协议。其第 FINPROV.10A 条④为个人数据保护建立了一个临时(或"过渡")制度。实际上,TCA 在个人数据保护方面延长了英国退出欧

---

① Stefano Fella, Dominic Webb, Ilze Jozepa et al, *The UK-EU Trade and Cooperation Agreement: summary and implementation* (House of Commons Library Research Briefing, 30 December, 2020), https://commonslibrary.parliament.uk/research-briefings/cbp-9106-2/.

② 潘多、王明进:《〈贸易与合作协定〉与英欧未来关系》,《国际论坛》2022 年第 6 期,第 25—45、156—157 页。

③ 刘洪愧、林宇锋:《数字贸易国际规则的主要"模板"、融合前景与中国应对》,《全球化》2023 年第 4 期,第 90—99、136 页。

④ TCA 第 FINPROV.10A 条规定:

1. 在指定期限内,根据欧盟法律,从欧盟向英国传输个人数据不应被视为向第三国传输,前提是英国于 2020 年 12 月 31 日制定数据保护立法,因为该立法已根据《2018 年欧盟(退出)法案》保存并纳入英国法律……

2. "规定期限"自本协定生效之日起,除第 5 款另有规定外,至下列日期止:

(a) 欧盟委员会根据指令(EU)2016/680 第 36(3)条和条例(EU)2016/679 第 45(3)条通过与英国有关的充分性决定之日,或

(b) 在规定期限开始后四个月的日期,除非一方提出异议,该期限应再延长两个月;

以较早者为准。

盟的过渡期。仅在"特定期限"期间,根据 FINPROV.10A(4)条,英国享有与欧盟成员国同等的地位,并继续受益于欧盟内部数据的自由流动。

为了抵消欧盟数据流向《欧盟基本权利宪章》保护范围之外的司法管辖区,导致侵犯数据主体自由的风险发生,FINPROV.10A 为英国在数据传输方面继续享有与欧盟成员国同等的地位提出了如下条件:一是延期时间很短,临时制度仅持续四个月,至 2021 年 4 月,也有可能再延长两个月,至 2021 年 6 月;二是授予该决定的目的是允许委员会完成其关于英国充分性决定的工作,如果欧盟在"指定期限"结束前正式通过该决定,则该决定将结束。

此外,过渡安排的条件是英国"冻结"其个人数据保护立法,因为该立法已于 2020 年 12 月 30 日保存并纳入。该框架与欧盟的框架基本相同。换言之,在准备脱欧之时,英国便通过了《2018 年欧盟(退出)法案》,将欧盟的主要立法纳入国内法,并重申源自欧盟的国内立法的有效性。在实践中,英国将欧盟 GDPR 的文本纳入国内法,并重申了 DPA 的有效性。在"指定期限"结束后,从欧盟传输个人数据受 GDPR 第五章的约束。数据传输的依据取决于数据的特定子集,以及当时是否存在有效的英国充分性决定。①

4.2.2 欧盟-越南自由贸易协定

2020 年 8 月,欧盟与越南签署了《欧盟-越南自由贸易协定》(*EU-Vietnam Free Trade Agreement*,EVFTA)。这是欧盟与亚洲国家签署的第四个自由贸易协定,与以往所有自由贸易协定一样,它免除了关税并提供投资保护。它的主要目的是刺激越南和欧盟之间的快速经济增长。

1) EVFTA 立法背景

EVFTA 是欧洲和越南在各自外贸战略指导下做出的战略选择。近年来,欧盟一直注重寻求与亚洲国家的合作机会。目前,东盟无疑是世界范围内十分重要的经济体,经济发展迅速,人口高速增长,市场发展潜力巨大。2007 年,欧盟启动了与东盟所有成员国的全面谈判。但遗憾的是,整体谈判进展举步维艰,迫使欧盟调整战略,选择逐个突破。越南虽然经济规模较小,但近年来积极推进国内改革,营商环境持续优化。同时,在对外层面,越南也积极参与各种双边和多边自贸协定谈判,为争取更好地融入全球经济合作而不懈努力。据统计,越南已分别与日本、韩国和欧亚联盟签署了自贸协定,加上已实施的东盟自贸

---

① Anastasia Choromidou,"EU data protection under the TCA: the UK adequacy decision and the twin GDPRS," *International Data Privacy Law* 11, no.4 (2021): 388-401.

区,以及东盟与其他经济体之间的自贸协定,截至 2023 年,越南已签署 16 个自由贸易协定。未来,这些贸易协定将成为不断激发越南经济活力发展的动力。①

2) EVFTA 主要内容与特点

EVFTA 包括 17 章、2 个议定书和部分备忘录,所涉及领域包括关税减让、海关和贸易便利化、技术标准、动植物检验措施、开放投资、服务贸易和电子商务、知识产权、政府采购、竞争政策、国有企业、可持续发展及争端解决等。②

EVFTA 为越南和欧盟的贸易商和投资者提供了诸多便利,其主要亮点有:① 大幅削减或取消关税,促进欧盟与越南之间的经济发展、加强目前的伙伴关系与合作。② 原产地规则(Rules of Origin,RoO),提交货物的原产地证明文件后,将有权获得 EVFTA 规定的关税优惠。③ 相互认可标准,卫生和植物检疫措施、地理标志、劳工标准和企业社会责任等。④ 促进和保护投资,越南政府承诺在几个关键领域实施经济开放,接受对制造业的投资,这将有助于大大增加外国对越南的直接投资,特别是来自欧盟成员国的投资。⑤ 知识产权,EVFTA 要求海关部门积极参与对任何涉嫌知识产权侵权的货物进行查封,并在调查中与权利人合作,包括为其提供风险分析所需的相关信息。这一规定将进一步强化对越南和欧盟权利人的保护。

欧盟在签订对外自由贸易协定时,基本涵盖了反腐败、竞争政策、消费者保护、数据保护、环境法、资本流动、投资、劳工和环境条件等内容。虽然这些条款大多执行不力,但欧盟在与第三国签订的优惠贸易协定中为环境、劳工标准和竞争政策条款建立了新的法律基础。EVFTA 便采取了欧盟范式的自由贸易协定体例格式,泛欧的原产地规则标准,并对环境、劳工保护和人权、资本流动等领域做出了高水平的规制。③

整体来看,欧盟与越南之间的贸易关系存在较强的互补性,主要涉及纺织业、制造业、农副产品业等产业的货物,而鲜少涉及信息技术与数字贸易。④ EVFTA 的条文中,也与数字贸易、数据保护的直接关系不强。

3) EVFTA 关于电子商务的规定

EVTFA 第 8.32 条第二款规定,各方应确保在互联安排谈判过程中,从另一供应商处获得信息的供应商,仅将该信息用于提供信息的目的,并在任何时候都尊重所传输或存储信息的保密性。同时,EVFTA 第 8 章 F 小节专门规定了电

---

① 周杰、张嘉欣:《〈欧盟—越南自贸协定〉简析及对中国的启示》,《河北企业》2021 年第 1 期,第 33—34 页。
② 吴泽林:《欧盟与越南签署自贸协定及其影响》,《和平与发展》2020 年第 5 期,第 104—118 页。
③ 宋锡祥、孙琪琦:《〈欧盟—越南自由贸易协定〉透视及其对中国的启示》,《欧洲法律评论》2020 年第 5 卷,第 113—148 页。
④ 金丹:《〈越南与欧盟自由贸易协定〉签署及对越南经济发展影响》,《亚太经济》2020 年第 4 期,第 80—88、150 页。

子商务的相关内容。第 8.50 条指出了协定的目标和原则,电子商务增加了许多部门的贸易机会,应促进它们之间电子商务的发展,特别是加强合作。在电子商务方面,欧盟和越南达成一致:① 不对电子传输征收关税;② 促进两国电子商务的发展;③ 就电子商务引发的监管问题保持对话;④ 电子商务不应损害知识产权;⑤ 电子商务的发展必须符合国际数据保护标准。

此外,关于电子商务监管合作的问题,EVTFA 第 8.52 条有较为详细的规定,具体包括:① 承认向公众签发的电子签字证书和促进跨国界认证服务;② 中介服务提供者在信息传输或储存方面的责任;③ 对未经请求的电子商业通信的处理;④ 在电子商务范围内对消费者的保护,以及兜底条款;⑤ 与电子商务发展有关的任何其他问题。

4.2.3 欧盟-加拿大自由贸易协定

《欧盟-加拿大全面经济贸易协定》(Comprehensive Economic and Trade Agreement, CETA)是一项综合全面、目的明确和包容性强的自由贸易协定,旨在维护和促进欧盟与加拿大贸易自由化、共享价值观,帮助创造增长和就业机会。

对欧盟来说,CETA 是其贸易协定中有史以来最强有力的承诺,包括促进劳工权利、保护环境和可持续发展。CETA 整合了欧盟和加拿大在工人权利、环境保护和气候行动方面应用国际规则的承诺,且这些义务具有约束力。对加拿大来说,欧盟是其第二大贸易伙伴,CETA 为加拿大企业提供了进入欧盟的优惠准入和在欧盟发展的绝佳机会。

1) CETA 主要内容

CETA 几乎涵盖了欧盟与加拿大贸易的所有部门和方面,以消除或减少壁垒。① 货物贸易:CETA 取消了关税,减少了欧盟与加拿大之间贸易的几乎所有部门和方面的壁垒。在该协议前,欧盟对加拿大商品的关税细目中只有 25% 是免税的。通过 CETA,98% 的欧盟关税细目现在对加拿大商品免税。② 原产地规则:加拿大出口商有明确和有利的规则,考虑加拿大的供应链,以确定哪些产品被视为原产地,因此有资格获得优惠关税待遇。③ 海关和贸易便利化:欧盟与加拿大正在努力使海关程序保护简单、有效、清晰和可预测。这减少了边境的处理时间,使货物在国家之间的运输变得更加容易。④ 监管合作和合格评定:CETA 有助于避免不必要或歧视性的监管要求。欧盟与加拿大监管机构正在合作制定监管措施,使加拿大人更容易在欧盟开展业务。⑤ 政府采购:加拿大公司可以在欧盟各级政府竞标机会,每年开设的潜在业务估计为 3.3 万亿美元。⑥ 服务贸易和劳动力流动:CETA 为加拿大服务提供商在欧盟提供了更多的商业机会,并使某些熟练的专业人员更容易在欧盟临时工作。⑦ 投资:CETA 中的投资条款旨在为投资者的投资提供更大的确定性、稳定性和保障性,并提供独立的争议解决机制。⑧ 可持续发展、劳工和环境:CETA 包括维护加拿大高标准的明确承诺,不为了商业利益而破坏这些标准,明确了各级政府监管的权利。⑨ 知识产权:CETA 知识产权章节包括许多知识产权关键领域的规定,包括对地理标志有力保护的规定。①

2) CETA 关于电子商务的规定

目前,世界各国在消费者保护、承认电子签名及无纸化交易方面的合作越来越频繁,而 CETA 为对电子商务领域作出更具体的规定,最终采取了负面清单方式,并在协定中就电子商务信任度和个人信息数据保护标准进行了约定。②

CETA 第 16 章专章规定了电子商务的相关内容,旨在通过密切合作促进欧加双方电子商务的发展。电子商务是指通过电信单独或与其他信息和通信技术相结合进行的商业。双方通过制定法律、法规或行政措施,以保护从事电子商务的用户的个人信息,同时应适当考虑数据保护国际标准。欧加双方在第 16.5 条达成共识,一致约定:① 国内监管框架的明确性、透明度和可预测性,以最大限度地促进电子商务的发展;② 促进电子商务的互操作性、创新和竞争;③ 为中小企业使用电子商务提供便利。

认识到电子商务的全球性,欧加双方同意就电子商务提出的问题保持对话,除了其他事项外,对话将涉及:① 承认向公众颁发的电子签名证书,并为跨境认证服务提供便利;② 中介服务提供者在信息传输或存储方面的责任;③ 对于未经请求的电子商业通信的处理;④ 保护个人信息,保护消费者和企业免受电子商务领域的欺诈和欺骗性商业行为的侵害。③

3) CETA 关于数据保护的特别规定

CETA 第 20 章对知识产权做了大量规定,其中 F 小节对与药品相关未披露数据、与植物保护产品相关的数据保护问题做了针对性的特别规定。对于前者,如果一缔约方要求,作为授权销售使用新化学实体药品的条件,提交未披露的测试或确定使用这些产品是否安全有效而所需的其他数据,则该缔约方应保护此类数据不被披露,除非披露是保护公众所必需的,或者已采取措施确保数

---

① Government of Canada, *CETA explained* (Ottawa: Global Affairs Canada), https://www.international.gc.ca/trade-commerce/trade-agreements-accords-commerciaux/agr-acc/ceta-aecg/ceta_explained-aecg_apercu.aspx?lang=eng, 访问日期:2024 年 5 月 2 日。
② 纪琳琳:《欧盟数据流动范式的扩张以及中国的思考》,《上海法学研究》2023 年第 3 卷,第 159—166 页。
③ CETA 第 16.6 条。

据免受不公平的商业用途。①

对于后者,各缔约方在授权将植物保护产品投放市场前,应确定安全性和有效性要求。每一缔约方应对首次提交的试验报告或研究报告提供有限的数据保护期,以获得授权。在此期间,各缔约方应规定,除非证明第一授权持有人明确同意,否则测试或研究报告不得被任何其他人用于获得授权。② 同时,公平、透明和非歧视原则在 CETA 的数据保护中同样适用。

此外,CETA 第 28.3 条明确规定了,在双方的任何国际贸易与活动中,都应确保遵守与本协议条款不相抵触的法律或法规,包括在处理和传播个人数据方面保护个人隐私,以及保护个人记录和账户的机密性。

4.2.4　欧盟-韩国自由贸易协定

《欧盟-韩国自由贸易协定》(European Union and South Korea Free Trade Agreement,ESFTA),是指欧洲联盟与大韩民国,根据 WTO 相关规则,为了实现两方之间的贸易自由化而签署的协议。

1) ESFTA 立法背景

2007 年 4 月,欧盟和韩国启动了新一代自贸协定的谈判。2009 年 10 月 15 日,双方达成了 ESFTA 草案文本;2010 年 10 月 6 日,双方正式签署了 ESFTA;2011 年 7 月 1 日,ESFTA 生效。这一自贸协定成功缔结的背景是,双方都有意向建立更为密切的经济伙伴关系,同时也是各自对外贸易政策的现实需要。欧盟和韩国都成为彼此非常重要的贸易伙伴。统计数据显示,ESFTA 增加了两国之间的贸易,包括商品贸易、服务贸易和外国直接投资,这说明 ESFTA 的良性循环可以扩大到相关领域,从而对欧盟和韩国的经济增长做出了重大贡献。③

同时,ESFTA 也是欧盟和韩国各自战略选择的结果。21 世纪以来,欧盟与韩国都积极参与区域经济一体化的建设。2006 年 10 月 4 日,欧盟委员会公布了《全球的欧洲:在世界中的竞争》报告,该报告确定欧盟将在全球实施自由贸易区战略。欧盟与韩国签署自由贸易协定就是欧盟落实该战略的一个举措。该战略的目标是通过削减关税与非关税壁垒推进贸易自由化,并促使投资自由化,以应对经济全球化的需要。同样地,韩国也确立了实现"自由贸易网"的目

---

① CETA 第 20.29 条。
② CETA 第 20.30 条。
③ Woosik Yu and Han-Sol Lee, "Trade Strategy of European Union and the Impact of EU-South Korea FTA," RUDN Journal of Economics 30, no. 1 (2022): 70–78.

标,按照计划,韩国将在 2014 年使 70% 以上出口货物都能免税进入目的地国家或地区。与欧盟达成并实施自由贸易协定是韩国达成目标的一大进步。①

2) ESFTA 主要内容及其重要意义

ESFTA 的主要内容可以概括为:① 取消绝大部分工业品和农产品关税。在适用范围和关税方面,ESFTA 关税以空前的速度实现了自由化。② ② ESFTA 在消除各产业的非关税壁垒方面取得了重大突破,特别是在汽车制造、制药和电子消费品产业领域。③ 以正面清单大规模放开服务业市场准入。(4)在知识产权、政府采购、创新保护、竞争政策和可持续发展等方面达成新的双边承诺。③

从一定程度上说,ESFTA 以美国的双边贸易协定范本为蓝本,其不仅明确了 WTO 协议可以在哪些方面对电子商务措施进行规范,还制定出了更为严格的新个人数据保护条款。一直以来,欧盟对个人信息数据的保护都非常重视,不断将关于个人信息数据保护的法律框架向与其签署双边贸易协定的国家扩张和推行,试图将其他国家拉入欧盟的数据流动范式阵营。④ ESFTA 是欧盟与第三国签订的首个新一代的自贸协定,也是欧盟达成的第一部最具综合性的自贸协定,对欧盟未来双边贸易协定的适用范围和规则起到了示范作用,或将有力促进国际贸易新规则的形成和发展。相比于先前的欧盟合作协定或联系协定中的 ESFTA,新一代 ESFTA 将更加关注贸易,以及与贸易相关的话题,不再像以往的联系协定那样广泛地涉及政治对话和其他议题,欧盟也有意将欧韩之间的这份协定作为新一代自贸协定的模板。

3) ESFTA 对欧韩数据产业的影响

自 2011 年 ESFTA 生效以来,受益于协定规则的影响,欧盟和韩国长期保持着较为稳固的经济贸易伙伴关系。2021 年 3 月 30 日,欧盟委员会司法委员 Didier Reynders 和韩国个人信息保护委员会主席 Yoon Jong 发表了一份联合声明,声称有关数据保护水平等同性的谈判已经结束,并且得出了"充分性"的结论。欧盟委员会认为,韩国新版个人信息保护法的生效,以及个人信息保护委员会权力的加强,使得欧盟和韩国在数据保护方面能够高度趋同并相互融合。为达成一项数字贸易协定,寻求在电子商务和数据产业领域建立更广泛的伙伴关系,欧盟与韩国于 2017 年开始谈判。通过这些谈判,欧盟和韩国有望将

---

① 朱颖、王玮:《解析欧盟韩国自由贸易协定》,《世界贸易组织动态与研究》2012 年第 1 期,第 57—61 页。
② 在其生效五年之内,将取消欧韩 98.7% 的贸易额的关税。到过渡期结束,所有的工业产品和绝大多数的农产品(除去大米等少数例外)的进口关税都将取消。
③ 叶斌:《欧盟贸易协定政策的变化和影响——法律的视角》,《欧洲研究》2014 年第 3 期,第 1—2、104—122 页。
④ 纪琳琳:《欧盟数据流动范式的扩张以及中国的思考》,《上海法学研究》2023 年第 3 卷,第 159—166 页。

ESFTA 所确立的伙伴关系引入数字领域。同时,双方均发表声明称,这项协议将"为参与数字贸易的企业和消费者提供法律确定性,在数字交易过程中加强对他们的保护,营造开放、自由和公平的网上环境"。

4.3 以美国为核心的区域性及双边规则

随着信息技术的迅猛发展,数据已成为全球范围内的关键资源,其流动、存储和使用对各国的经济发展、社会稳定和国家安全都具有重要影响。因此,国际数据法的制定与实施成为各国政府和国际组织关注的焦点,部分全球性或区域性国际合作框架也将数据资源的跨境安全保护、国际法保护等问题列入规制范围。[①] 美国的科技经济实力和国际贸易地位使其在全球数据治理中拥有重要的话语权,在数据保护、隐私权利等方面也拥有较为完善的法律体系和制度框架。长期以来,美国为了保障在数字产业和相关国际规则制定中的主导地位,在一系列区域贸易谈判中,逐渐形成了以美国为核心的区域性及双边规则,这也是国际数据法的重要渊源之一。

4.3.1 《美国-墨西哥-加拿大协定》

《美国-墨西哥-加拿大协定》(USMCA,简称《美墨加协定》),于 2020 年 1 月 29 日正式签署成法,7 月 1 日正式生效。作为涉及北美洲三大经济体的关键贸易协议,其是在原有《北美自由贸易协定》(North American Free Trade Agreement, NAFTA)的基础上进行现代化更新后的产物。该协定旨在进一步加强美国、墨西哥和加拿大三国之间的经济联系与合作,消除贸易壁垒、促进商品和服务的自由流动,推动三国经济的共同繁荣。

《美墨加协定》是一个综合性的贸易协定,共 34 章,涵盖了包括贸易自由化与便利化、高标准的知识产权保护、劳工权益保障与社会责任等多个领域的合作内容,关于数字贸易内容的章节主要有数字贸易(第 19 章)、电信(第 18 章)、知识产权(第 20 章)、投资(第 14 章)、跨境服务(第 15 章)和部门附件(第 12 章)等。数字贸易专章在承袭《跨太平洋伙伴关系协定》(Trans-Pacific Partership Agreement,TPP)条款的基础上深化和扩展,集中界定了数字贸易的术语,如电子手段、数字产品、交互式计算机服务等(第 19.1 条),数字贸易章节的涵盖范围和总则(第 19.2 条),免关税问题(第 19.3 条),数字产品国民待遇和最惠国

---

① 沈思言:《网络强国战略下数据资源的国际法规制》,《对外经济贸易大学学报》2019 年第 3 期,第 112—123 页。

待遇(第 19.4 条),电子认证和电子签名的法律效力(第 19.6 条),电子形式文件等同纸质文件的效力(第 19.9 条),数据跨境流动(第 19.11 条)和数据存储非强制本地化(第 19.12 条),非强制公开源代码和算法(第 19.16 条),豁免互联网服务提供商的第三方侵权责任(第 19.18 条)。① 2018 年 9 月,美国在提交给 WTO 的文件当中也将投资章节的业绩要求即禁止强制技术转让和歧视性技术要求(第 14.10 条)、电信章节关于技术选择的自由(第 18.15 条)纳入数字贸易的范围。其余涵盖数字贸易规则的条例也分布在部门附件(第 12.C.2 条)、跨境服务章节(第 15.2 条)和知识产权章节(第 20.88、20.89 条)。

基于上述框架,以 TPP 为基石构建的 USMCA 数字贸易规则是美国目前达成的区域协定中最为全面和深化的②,体现了美国的核心利益诉求,主要归纳为如下几点。

1) 数据跨境自由流动规则

数据跨境流动对美国经济而言具有极其重要的价值,其贡献达到了惊人的数千亿美元。因此,确保数据能够顺畅、安全地跨境接收与转移至关重要,这不仅关乎企业运营效率,更直接关系到整体经济的繁荣与发展,也成为数字贸易规则"美式模板"中最为关键的核心诉求。③

USMCA 跨境数据自由流动规则包括原则条款和例外条款。一般原则在第 19.11 条第一款约定:"任何缔约方不得禁止或限制通过电子手段进行的、商业活动所需的包括个人信息在内的信息跨境流动"。例外条款包括第 32.2 条的基本安全一般例外条款④和第 19.11 条第二款的合法公共政策例外"(1)其适用方式不构成任意或不合理的歧视手段或变相的贸易限制;以及(2)对信息转让的限制不超过实现目标的需要"。

首先,对比这项条款的前身——TPP 第 14.11 条,本条删去了监管需求的例外,避免了各国由于各自监管要求而逃避本条义务的不利影响,强化了跨数据自由流动规则的约束力。其次,协定中未对基本安全利益和合法公共政策目标做出释义和举例,基本安全利益一般指向一国经济、政治、军事等基本利益,公共政策则侧重于维护一般性公共利益,例如公共道德、公共健康、环境保护等。

---

① 陈寰琦、周念利:《从 USMCA 看美国数字贸易规则核心诉求及与中国的分歧》,《国际经贸探索》2019 年第 6 期,第 104—114 页。
② 周念利、陈寰琦:《基于〈美墨加协定〉分析数字贸易规则"美式模板"的深化及扩展》,《国际贸易问题》2019 年第 9 期,第 1—11 页。
③ 同上。
④ 《美墨加协定》第 32.2 条:"(a) 要求一个缔约方提供或允许获取他认为披露这些信息有悖于其基本安全利益的信息,或(b) 阻止缔约国采取其认为必要的措施,以履行其在维护或恢复国际和平或安全方面的义务,或保护其自身的基本安全利益。"

最后,针对公共政策目标,限制数据跨境流动的措施必须满足"必需性"的要求,同时要证明其适用方式不能构成任意或不合理的歧视手段或者贸易限制并满足目的与手段的相称性。值得注意的是,该条款的脚注5"如一项措施仅以数据是跨境传输的为依据,以改变其竞争条件的方式给予其不同待遇,并有损于另一缔约方的服务提供者,则这一措施不符合本款的条件"也进一步强化了非歧视的理念,体现了国民待遇原则的要求。综上,一般原则和例外条款的规定为美国在境外获取、输出数据提供了极大便利,也为其他缔约国的监管政策和数据隐私保护带来了挑战。

2) 数据存储非强制本地化规则

根据 USMCA 第 19.12 条,美方要求"任何缔约方均不得要求当事人在该缔约方的领土内使用或定位计算设施以作为在该领土内开展业务的条件"。美国的云计算和存储服务能力世界领先,如果将数据存储与本地基础设施相挂钩,一方面降低美国本土先进云服务技术的使用机会,损害企业和消费者的利益;另一方面也会加剧技术水平差异引起的数据安全风险,降低配置效率。[①] 因此,美国在 TPP 第 14.13 条款的基础上进一步强调此规则,并删除了缔约方监管例外和合法公共政策目标例外条款,以避免在实际监管中,各国援引例外条款将本土化他国数据的行为合法化,保护美国在跨境数据自由流动下的数据安全和利益。当然,第 32.2 条的一般例外条款依然可以适用,数据存储非强制本地化并非绝对义务。

3) 源代码非强制公开原则和密钥条款

据美国商会发布的《2024 年国际知识产权指数》报告原文,知识产权密集型产业仍然是美国的主要经济力量,为美国经济贡献了约 7.8 万亿美元,约占美国国内生产总值的 40%。源代码是软件产品的核心组成部分,也是知识产权的重要部分。《美墨加协定》第 19.16 条规定:"缔约方不得要求将转移或获得另一缔约方的人所拥有的软件源代码及源代码中的算法作为在其领土内进口、分销、销售或使用该软件及包含该软件的产品的条件"。在 TPP14.17 条款的基础上,USMCA 新增的源代码的算法,并删除了适用范围的限制,意味着不仅包括大众市场软件或含有该软件的产品,基础设施软件也属于源代码非强制公开的范围,这与包括中国在内的很多国家的诉求是冲突的。为进一步防止数据泄露或源代码被恶意嵌入,美方在第 12.C.2 条约定:"缔约方不可要求 ICT 货物的提

---

① 肯尼斯·普罗普:《数字贸易是北美自由贸易协定的"必赢之选"》,https://morningconsult.com/opinions,访问日期:2017 年 9 月 12 日。

供商和制造商将转移相关加密内容或提供加密技术权限作为在其领土内制造、销售、分销、进口和使用该 ICT 货物的条件",确保加密技术不被植入后门或要求公开。

与 NAFTA、TPP 对比,USMCA 保障了数据的自由流动,扩大了管辖范围,强调数字贸易的重要性,进一步提升了国际数字贸易规则标准,要求各缔约方设立与数字贸易相关的国内法律框架,推动了国际数字贸易新规则的形成。[①]

4.3.2 《关于为打击严重犯罪而获取电子数据的协议》

英国-美国《关于为打击严重犯罪而获取电子数据的协议》(简称《数据访问协议》),于 2019 年 10 月 3 日签署,2022 年 10 月 3 日正式生效。该协议是美国 2018 年《CLOUD 法案》体系下全球第一部专门针对数据跨境取证的国际协定,与《联合国网络犯罪公约》和《布达佩斯网络犯罪公约》第二补充议定书等并行推进。

随着网络技术的快速发展,跨国犯罪活动愈发频繁,犯罪手段也愈发隐蔽和复杂。电子数据作为现代犯罪活动的重要证据,对打击犯罪具有至关重要的作用。在签订《数据访问协议》前,美国和英国已分别通过《CLOUD 法案》和《2019 年犯罪(境外提交令)法案》[Crime (Overseas Production Orders) Act 2019],以国内立法的形式打击跨国犯罪、推进司法公正。然而,这些法案主要关注本国执法机构对数据的需求和调取权限,对于境外主体的约束力有限。因此,为了确保这些法案能够得到有效执行,两国需要借助双边执法协议机制,即《数据访问协议》的签署生效来加强合作。

此外,全球范围内的数据本地化浪潮也对英美两国的跨境数据调取带来了影响。各国为了保护本国数据安全和个人隐私,纷纷出台相关法规限制数据的跨境流动。这些法规要求数据在本地存储和处理,对英美等跨国企业而言,无疑增加了数据获取的难度和成本。因此,在尊重双方法律的前提下,英美签署《数据访问协议》,旨在建立一种更加高效和便捷的跨境数据调取机制,以应对全球数据本地化浪潮带来的挑战。

英美的《数据访问协议》第 3 条明确指出,该协议下的跨境数据取证行为所具备的法律效力,仅源自签发方的法律体系。两国均郑重承诺,确保与数据保存、认证、披露及调取相关的国内法律,能够支持数据提供商遵循本协议所规定的数据调取命令。这一规定凸显了国内法律在协议实施中的核心地位,

---

① 白洁、苏庆义:《〈美墨加协定〉:特征、影响及中国应对》,《国际经济评论》2020 年第 6 期,第 125—128 页。

它们不仅是协议得以落地的基石,而且是数据跨境流动合法性与安全性的重要保障。

英美《数据访问协议》全文共计十七条,详细规定了协议的目的、与国内法的关系、适用范围、数据类型、人员限制、送达程序与对象,以及数据调取保障等多个方面,为两国在跨境数据调取领域的合作提供了坚实的法律基础。

在适用范围方面,协议第4条规定:"调取数据的命令必须是为了获取与预防、侦查、调查或起诉适用的罪行有关的信息"。这些罪行需要根据签发方的法律构成严重犯罪,通常指可能被判处的最高刑期三年以上的犯罪。这一规定确保了数据调取的针对性和合法性。

涉及数据类型方面,协议第1条第3款做出规定,主要包括电子或有线通信的内容;为用户存储或处理的计算机数据;与电子、有线通信或用户存储或处理的计算机数据有关的流量数据或元数据;根据同时寻求本定义中所提及的任何其他类型数据的命令而寻求的用户信息。其中,用户信息是指识别适用的供应商的用户或客户的信息,包括姓名、地址、服务时间和类型、用户号码或身份(包括分配的网络地址和设备标识符)、电话连接记录、会话时间和持续时间记录及支付方式。

在数据调取命令适用人员的限制上,协议第1条第12款明确规定了不同情况下的人员范围。当美国作为接收方时,其人员范围相对较广,包括在美国境外的美国人;而英国作为接收方时,则主要限于位于英国境内的人员或组织。总体而言,美国调取存储在英国的数据的限制范围系属地主义,即只要是位于英国的人或组织,无论是不是英国公民,美国司法部都不能针对性地调取数据。而即便是英国公民,数据存储在英国,只要其人在境外,美国司法部就可以调取他的数据。这一规定旨在平衡两国在数据调取方面的权益,避免滥用权力。

在数据调取命令送达的程序与对象方面,协议要求签发国在申请数据调取命令时提供充分的事实与法律依据,以证明被调查行为的合法性和严重性。然而,协议对于事实和法律依据的具体要求并未明确约定,这可能导致签发国法院的裁量权过大,给被调查人员或组织的合法权益带来潜在风险。

在数据调取保障问题上,协议的第7条特别规定了目标锁定程序和最小化的原则。第7条第1款约定:"每一缔约方应通过并实施适当的目标定位程序,通过这些程序,应做出善意、合理的努力,以确定受本协议约束的命令所针对任何账户是由适用的人员使用或控制的"。该条款表明,应尽可能精确地锁定目标数据,避免对无关数据的收集和使用,任何偏离目标对象的数据调取行为,均须经过严格的审查和批准。第 2 款至第 5 款约定的最小化程序原则是对英国的额外限制。第一,协议约定"英国应采取有效措施,以减少、限制和控制根据本协议获取的美国人信息的获取、保留和传播"。第二,英国有义务对获取的信息进行"隔离、密封或删除处理,确保不传播与犯罪预防、侦查、调查或起诉无关的信息。或为保护任何人免受死亡威胁或严重身体或人身伤害所需信息的材料,或为了解或评估其重要性所需信息"。第三,英国应定期审查收集到的数据,确保其存储在安全、可靠的系统中,并采取措施防止未经授权的访问和泄露。第四,英国执法人员访问收集的数据应受到严格的技术限制。只有经过专门培训和授权的人员,才能按照适用程序访问这些数据。第五,原则上英国不得向美国传播依据数据调取命令收集到的美国人的通信内容。任何此类传播行为,必须事先获得双方的明确同意,并遵守严格的程序。

从上述规定可见,英美双方在本协议中的权利义务并不对等。本协议对英国的限制远超过对美国的限制,使美国成为该双边协议的主要受益方。尽管《CLOUD 法案》及英美《数据访问协议》在形式上看似公平、互惠,但在一定程度上为美国政府提供了广泛的自由裁量空间。不难发现,有关美国获取外国数据的条款描述得相对笼统,其需要满足的条件也较为宽泛。然而,当外国政府试图调取美国境内的数据时,协议中的相关条文不仅数量众多,而且内容极为详尽复杂,附加了层层限制条件。这种明显的差异不仅凸显了双方在协议中的不平等地位,更深刻反映了美国在此类国际数据合作中的强势地位和影响力。

4.3.3 《欧美数据隐私框架》

2023 年 7 月 10 日,欧盟委员会正式批准了欧美数据传输新协议——《欧美数据隐私框架》(*EU-US Data Privacy Framework*,DPF)。这标志着多年来影响欧美数千家公司的数据跨境流动难题迎来了重大突破。而在 DPF 落实前,欧美数据跨境规则历经多次变革与演进。

1)《欧美安全港协议》

2000 年 11 月,《欧美安全港协议》正式生效,该协议是在 1995 年《数据保护指令》(Data Protection Directive)的基础上,要求美国企业向美国商务部自我认证,遵守协议原则和规定,才能合法接收从欧盟传输的个人数据。

然而,2013 年的斯诺登事件彻底打破了这一协议的稳固性。该事件揭示了一个令人不安的事实:无论是直接传输至美国的数据,还是仅途经美国的数据,包括政治、经济秘密,以及企业、个人敏感数据①,都有可能在相关个人和企业毫不知情的情况下被美国情报机关通过电子通信服务商的配合或对电信网络的监听而获取。

《安全港协议》的特别条款中明确指出,该框架不适用于美国政府机构基于国家安全、公共利益及执法需求所采取的行动。在此背景下,奥地利律师 Maximilian Schrems 于 2013 年对 Facebook Ireland Ltd 提起投诉,2015 年 10 月,欧盟最高法院发布了著名的 Schrems I 判决,正式宣告《安全港协议》因违反《数据保护指令》(指令 95/46/EC)的规定无效,侵犯了欧盟公民的个人数据根本权利。这一决定的出台,标志着欧美数据跨境流动规则的一次重大变革,也为后续的 DPF 奠定了重要的法律基础。

2)《欧美隐私盾协议》

在 Schrems I 决定发布后,Facebook Ireland Ltd 开始采用标准合同条款(Standard Contractual Clauses,SCC)来向美国 Facebook Inc 传输数据。但 2015 年 12 月,Schrems 再次向爱尔兰数据保护专员提出投诉。对 SCC 而言,尽管其旨在规范数据传输过程,但由于合同条款对美国当局并无实际约束力。

基于此,2016 年,欧盟委员会通过了第 2016/125 号决定,正式批准了《欧美隐私盾协议》。该协议明确了六个合法的目的范围,一旦企业提交自我确认书并加入隐私盾,就必须严格遵守相关的隐私原则,并公开其隐私政策及执法部门获取个人数据的请求等信息。此外,美国还设立了一个独立的隐私盾监察员,负责处理涉及政府部门监控和获取个人信息的投诉。

然而,数据隐私保护的问题仍未得到完全解决。爱尔兰数据保护专员将 Schrems II 诉讼提交至爱尔兰高等法院,后移交欧盟法院。欧盟法院在欧盟 2018 年《通用数据保护条例》的基准上,最终支持了 SCC 作为有效的数据传输机制,宣布《欧美隐私盾协议》无效。法院认为,一方面,美国在数据保护方面的限制措施违反了比例原则,其国内监控法律并未提供最低限度的保障措施,也未将范围限定在绝对必要的程度内。比如里根总统签署的第 12333 号总统行政令允许国家安全局在数据抵达美国并受《外国情报监控法》约束之前,通过大西洋海底电缆访问和留存这些数据。另一方面,美国法律未能为数据隐私受到损害的欧盟主体提供有效的救济措施。在美国,数据主体并未被授予在法院针对美国当局的可起诉权利,且隐私盾监察员机制也未能充分独立于行政部门。

---

① White House: *Executive Order On Enhancing Safeguards For United States Signals Intelligence Activities*, https://www.whitehouse.gov/briefing-room/presidential-actions/2022/10/07/executiveorder-on-enhancing-safeguards-for-united-statessignals-intelligence-activities/, accessed 7 Octorber 2022.

鉴于以上原因,2020年7月,欧盟法院宣布第2016/1250号关于隐私盾的"充分性"决定无效。这一决定反映了欧盟对数据隐私保护的严格立场,并对未来数据跨境传输的安排产生深远影响。

3)《欧美数据隐私框架》

《欧美隐私盾协议》失效后,欧美双方在数据流动方面不断做出新的尝试。经过多年谈判,2023年7月10日,欧盟最终通过《欧美数据隐私框架》的充分性决定,当个人数据从欧盟传输到经《欧美数据隐私框架》认证的美国公司时,美国公司不需要提供该决定要求以外的额外安全措施,这一决定标志着欧美间个人数据合法流动的第三次尝试正式落地。①

《欧美数据隐私框架》由三部分组成:一是美国商务部发布的《欧美数据隐私框架原则》;二是框架配套文件,包括《第14086号关于加强美国信号情报活动保障的行政令》及其他相关规范美国情报机关活动的文件;三是《关于欧盟-美国数据隐私框架》的充分性决定。主要内容如下:

(1)《欧美数据隐私框架原则》。

该原则是专为那些参与该框架的美国实体制定的指导原则,旨在确保这些实体在跨大西洋数据传输中遵循严格的隐私保护标准。② 从内容上看,DPF与之前的隐私盾协议存在较大的重合性,都强调了对个人数据的严格保护和企业责任。具体包括,当美国公司处理欧盟公民的个人数据时,一旦这些数据的保留不再符合其收集初衷,公司应立即予以删除。此外,在与第三方共享这些个人数据时,美国公司将确保数据保护的连贯性,以此保障个人数据的隐私和安全性。美国实体承诺满足《欧美数据隐私框架原则》并获得商务部认证登记,受商务部监管。认证名单每年更新公示,确保数据传输的透明度、可信度。

(2)框架配套文件的约束性保障措施。

为了集中解决Schrems Ⅱ案中的核心问题,即美方对数据的监控限制行为和救济保障措施,DPF经历三年谈判,最终美方签署第14086号行政令,并以此为核心制定了一系列配套文件。

具体而言,在约束性保护措施方面,美方对欧盟的数据访问必须符合比例原则,范围限制在保护国家安全的必要程度以内。第14086号行政令约定情报收集行动必须严格限定在12个"合法目标"内,处理非美国公民的个人信息必

---

① 公安三所网络安全法律研究中心:《〈欧盟-美国数据隐私框架〉要点、影响及启示》,https://www.secrss.com/articles/58173,访问日期:2023年8月25日。
② 中华人民共和国国家互联网信息办公室:《信息安全的中国行动》,https://www.cac.gov.cn/2014-07/24/c_1111774627.htm? from=singlemessage,访问日期:2014年7月24日。

须遵循严格的程序。

在救济保障措施方面,美国情报部门特设"公民自由保护官",受理并初步审查涉及美国情报部门可能存在的违规行为。同时,美国司法部建立了"数据保护审查法院",有权审查外国公民提起的诉讼,并向美国情报机构索取必要的信息。此外,美国政府呼吁"隐私和公民自由监督委员会"对上述两个机构进行年度审查,从而确保这两个机构在维护外国公民权益方面发挥应有的作用。

(3) 欧盟委员会《欧美数据隐私框架》的充分性决议。

基于 GDPR 准则,当某个第三方国家被评估认定为符合欧盟委员会认定的数据保护水平的充分条件时,欧盟将启动相关充分性决议草案的起草程序。一旦草案获得欧洲数据保护委员会(European Data Protection Board, EDPB)、欧盟成员国代表组成的委员会及欧洲议会的审议通过,将形成最终的充分性决议,那么欧盟的个人数据就可以自由、安全地流向这个第三方国家,无须受到任何额外的条件或授权的约束。基于此,DPF 可以被视为一个特殊的认证机制,它将参与该框架的美国实体视为一个获得了充分性认证的群体。这意味着,美国实体在数据处理和保护方面已达到 GDPR 所要求的标准。同时,欧洲委员会、欧洲数据保护委员会和美国相关部门共同组成的机构将对 DPF 进行定期审查,第一次审查将在充分性决定生效后一年内进行。①

从欧美之间关于数据传输协议的谈判博弈中可以看出,欧美之间的矛盾集中在"欧盟无法对美国政府行为进行监管"这一问题上。② 尽管 DPF 已经在美国监管行为和救济保障措施上做出了规定,但欧盟内部依然存在担忧的声音。该框架能否平稳运行有待进一步审查结果的认定。

4.3.4 跨境隐私规则

跨境隐私规则(CBPR)是一个由美国主导的在亚太经合组织发起的区域机制,旨在促进成员经济体之间安全高效的数据跨境流动。CBPR 基于 APEC 隐私框架,是一个自愿参与的多边数据隐私保护计划,需要第三方问责机构独立认证,旨在规范 APEC 成员经济体企业个人信息跨境传输活动。

1) CBPR 的具体内容

CBPR 的规范对象仅限于亚太地区自愿加入的涉及个人信息跨境传输业务的企业,而不包括政府。CBPR 体系规范各种规模的企业,从中小型企业一直到

---

① 刘乐馨:《〈欧盟-美国数据隐私框架(DPF)〉的充分性决定概述》,https://www.secrss.com/articles/61996,访问日期:2023 年 12 月 20 日。

② 林杨荟晨、孙晓辉:《〈欧美数据隐私框架〉机制分析》,《信息技术与标准化》2024 年第 4 期,第 53—56 页。

跨国公司，只要涉及个人信息收集、存储、加工和传输的企业都在该范围之内，还包括指示其他企业对其所有个人信息加工的企业。

CBPR 由序言、范围、跨境隐私原则和实施四部分组成，序言明确了框架的目的和宗旨，即推进数据跨境流动；范围是对第三部分隐私原则覆盖范围的明确规定；跨境隐私原则是在 APEC 隐私框架上的扩展和深化，具有整体性；实施包括国内实施和国外实施两部分。

跨境隐私原则是 CBPR 的核心部分，共有九条，涵盖数据的收集、使用、主体通知和安全保护等问题。具体内容如下：

第一条原则明确了框架制定的目的是防止个人信息被滥用，在此基础上数据隐私方面的执行机制和控制措施都应从预防对个人造成伤害的角度出发，并与错误或滥用行为的严重程度相匹配。

在数据主体的通知和同意方面，框架第二条原则规定个人信息控制者应采用各种可行的方式，并就其个人信息的做法和政策方面提供清晰易懂的说明。当然，该原则也承认，在某些情况下，比如搜集或使用第三方信息或公开信息时，个人信息控制者可能无法制定通知机制，但应当竭尽可能。这一原则为数据控制者提供了灵活度，但缺乏具体的细节指导，在实践中具有较大的不确定性和模糊度。第五条选择性原则也强调了应为个人提供明确、醒目、易懂、方便和可负担的选择机制，确保数据主体在收集、使用和披露其个人数据方面行使选择权。

在个人信息的收集和使用方面，第三条原则明确应当通过合法公平的手段进行收集，并在适当情况下通知数据主体，收集的个人信息仅可用于实现收集或其他相关目的。同时第四条原则规定了使用目的的例外情况，如征得数据主体的同意。实施本原则需要考虑个人信息的性质、收集的背景、个人的期望和信息的预期用途。

第六条原则承认，个人信息控制者有义务保持记录的准确性和完整性，并在必要时对其更新，以实现使用目的。根据不准确、不完整或过时的信息做出有关个人的决定，可能不符合个人或组织的利益。

在数据的保护与安全方面，第七条原则明确个人信息控制者应以适当的保障措施保护个人信息，防止个人信息的丢失或未经授权的访问破坏、使用、修改、披露或其他滥用行为的发生，同时该保障措施应当与收集、使用和转让个人信息所造成危害的可能性和严重性相称。

在数据的访问和更正方面，第八条原则指出，数据主体能够对控制者持有的个人数据确认，能够访问、质疑数据，并要求纠正、补充、修改和删除相关数据。同时框架承认,由于个人数据性质的不同等原因,更正或删除数据是不可行的,基于此,CBPR框架相关方案要求APEC CBPR参与者实施合理适当的机制,以纠正、更新和删除数据,或满足数据主体不再使用所收集数据的要求。

第九条原则规定了问责制度,即当个人信息被转移给另一个人或组织时,无论是在国内还是在国际上,个人信息控制者都应征得当事人的同意,或尽职尽责,并采取合理措施,确保接收者或组织将按照这些原则保护信息。

在数据泄露方面,CBPR框架并未明确规定相关问题,只在第一条原则"防止伤害"部分的评论中指出,在出现影响个人数据的重大安全漏洞时,向隐私执法机构或有关个人发出通知可能有助于减少个人遭受伤害的风险。框架要求个人信息处理者、代理人、承包商或其他服务提供者在个人信息被转移时,及时通知数据控制者发生数据泄露。

2) CBPR体系的制度逻辑

CBPR体系主要包括四个方面的内容。① 认证标准:明确哪些主体具备成为CBPR体系认证责任代理的资格;② 准入问卷:组织在申请CBPR体系认证时,需要填写一份详尽的准入问卷。该问卷旨在收集组织在隐私保护方面的基本信息,以便后续评估和审查;③ 评估标准:责任代理在审查组织对准入问卷的回答时,将依据一套明确的评估标准进行判断。这些标准将确保组织在隐私保护方面的政策和做法符合CBPR体系的要求;④ 监管合作安排:为了确保参与APEC的经济体能够有效执行CBPR体系的要求,制定了一系列监管合作安排,包括信息共享、联合执法等,以确保CBPR体系的统一性和有效性。①

CBPR体系实践流程包括:相关组织首先进行自评估,对自身在隐私保护方面的政策和做法审视和评估。这一步骤有助于组织了解自身在隐私保护方面的强项和待改进之处。组织向责任代理提交自评估问卷及相关文件后,责任代理将进行合规审查。审查内容主要包括组织的隐私政策、实践情况,以及与CBPR体系要求的符合程度。在通过合规审查后,组织将被承认或接受为符合CBPR体系要求的数据跨境流动主体。这意味着组织可以在APEC经济体之间自由传输数据,同时确保数据的安全和隐私。如果个人与认证组织之间出现隐私保护相关的争议,CBPR体系设立了争议解决机制。第三方机构将负责调解和仲裁争议,确保争议得到公正、及时和有效的解决。责任代理将对认证组织进行持续的监督和管理,确保其始终符合CBPR体系的要求。此外,每年还将对认证组织进行重新认证,以确保其持续符合CBPR体系的标准。

---

① 吴沈括、邓立山:《APEC框架下关于数据跨境的CBPR规则研究》,《中国审判》2022年第1期,第62—65页。

CBPR 体系所设立由责任代理进行的独特的第三方核查方式,不仅确保了认证过程的公正性和客观性,还建立了及时高效的争议解决机制。同时,由 CBPR 认证经济体授权的内部执法机关为争议解决提供了强制力,进一步增强了 CBPR 体系的有效性和权威性。

综上,CBPR 框架具有综合性的数据标准,关注个人信息保护,强调责任、透明度和选择权,具有广泛适用性和灵活度。但缺乏数据收集和数据泄露的具体规定,也没有满足对特殊类别个人数据,特别是健康数据、遗传数据和生物识别数据提供额外保护的需要。

4.4 环太平洋地区的区域性及双边规则

环太平洋地区,也被称为亚太地区,是一个广阔的地域,包括亚洲大部分地区、大洋洲及太平洋两岸的国家和地区。这个地区的区域性及双边规则在数据法领域扮演着重要的角色,为数据保护、数据流动和数据交易等提供了法律基础和框架。

4.4.1 《数字经济伙伴关系协定》

《数字经济伙伴关系协定》由新加坡、智利、新西兰三国于 2020 年 6 月 12 日线上签署,于 2021 年 1 月 7 日生效,是旨在加强三国间数字贸易合作并建立相关规范的数字贸易协定。[①]

DEPA 的协定文本以主题模块形式呈现,体现了开放、包容、灵活和前瞻的基本原则,为未来与其他经济体的谈判扩围工作提供基础框架。DEPA 共有 16 个模块,前 11 个模块为实体性模块,包括初步规定和一般定义、商业和贸易便利化、数字产品及相关问题的处理、数据问题、广泛的信任环境、商业和消费者信任、数字身份、新兴趋势和技术、创新与数字经济、中小企业合作、数字包容;后 5 个模块为程序性模块,包括联合委员会和联络点、透明度、争端解决、例外和最后条款。其主要内容如下所述。

1)便利化数字贸易

(1)数字身份。

数字身份广泛应用于各种贸易领域,有利于提高交易的便利性和安全性,被视为数字经济的"软基础设施"。协定所指数字身份是由政府验证来源的数

[①] 周念利:《申请入"群"!中国为何倾心 DEPA?》,《国际商报》2021 年 12 月 2 日第二版。

据形成的数字用户档案,包括生物特征、数字签名和二维码等数据。① DEPA 协定明确认识到数字身份在数字经济中的核心地位,要求各国加强在个人和公司数字身份方面的合作。这种合作的目标是实现数字身份的互认,以增强区域和全球的连通性。为了实现这一目标,DEPA 协定鼓励各国在数字身份的政策和法规、技术实施和安全标准等方面进行专业合作,提倡缔约方采用如 ISO 和 IEC 联合制定的有关生物特征数据等国际框架,为数字身份领域的跨境合作打下坚实的基础。

（2）无纸化贸易。

DEPA 通过推动缔约方采用电子版本的贸易管理文件,促进了无纸化贸易的发展,从而显著提升了贸易管理程序的效率。在大多数情况下,电子版本的贸易管理文件与纸质文件具有同等的法律效力。在 DEPA 的框架下,新加坡、智利和新西兰的海关当局将通过连接各自国家的单一窗口,并启用可互操作的跨境网络,实现海关信息的快速共享和交换。这一创新做法不仅满足了 WTO《贸易便利化协定》下的义务,而且为三国间的贸易活动提供了更加便捷、高效的通道。此外,DEPA 协定还鼓励并推动海关清关电子贸易文件(如电子原产地证明书、卫生和植物检疫证书等)、B2B 交易(如电子提单)的广泛使用,并实现了这些文件的电子化交换。这一措施不仅简化了贸易流程,减少了纸质文件的繁琐处理,而且电子化的方式提高了数据的准确性和安全性。

（3）金融科技和电子支付。

DEPA 深刻认识到支付技术的发展对全球经济的重要性,因此特别强调了各国在电子支付领域的法规公布与透明度。协定要求各国及时公开电子支付的法规,以确保市场参与者能够清晰了解并遵循相关规则,同时促进国际公认的电子支付标准的采纳,为行业提供一个公平、透明的竞争环境。此外,DEPA 协定积极促进金融科技领域公司之间的合作,鼓励它们共同开发针对商业领域的创新金融科技解决方案。为了确保金融科技行业的健康发展,DEPA 协定提出了非歧视、透明和促进性的规则,如开放的应用程序编程接口(Application Programming Interface,API),旨在营造一个有利于金融科技发展的环境。这些规则有助于降低市场准入门槛,鼓励创新,并保护消费者权益。②

2）数据治理

（1）个人信息保护。

DEPA 明确界定了个人信息的概念,即"任何关于已识别或可识别自然人的

---

① 李墨丝、应玲蓉、徐美娜:《DEPA 模式数字经济新议题及启示》,《国际经济合作》2023 年第 1 期,第 27—36 页。
② 赵旸頔、彭德雷:《全球数字经贸规则的最新发展与比较——基于对〈数字经济伙伴关系协定〉的考察》,《亚太经济》2020 年第 4 期,第 58—69 页。

信息,包括数据"。在全球化的电子交易背景下,个人数据已成为跨境交易的重要组成部分。然而,由于各国在数据处理和保护方面的政策和法规存在差异,给跨境企业带来了一些挑战。例如,一些国家的个人数据保护法要求企业在转移特定数据出境前必须满足一系列条件。因此,DEPA 协定特别强调了个人信息保护的重要性,并制定了相应的保护框架与原则,包括透明度、目的规范、使用限制、收集限制、个人参与、数据质量和问责制等,旨在确保个人信息的合法、公正和透明处理。此外,DEPA 协定还鼓励缔约方建立机制,以促进各国保护个人信息法律之间的兼容性和互操作性。例如,通过采用数据信任标记和认证框架,企业可以展示其已制定的良好的数据管理规范,从而赢得消费者的信任。

(2）跨境数据流动。

DEPA 深刻认识到数据对于提升社会福利和推动企业创新的关键作用。因此,DEPA 协定纳入了传统数字贸易规则跨境数据流动的所有经典条款,致力在成员国之间实现信息的跨境无缝传输,同时确保这些传输活动符合各自国家必要的法规要求。协定第 4.3 条约定"每一缔约方应允许通过电子方式跨境传输信息,包括个人信息",同时在第 4.4 条要求"任何缔约方不得要求涵盖主体在该缔约方领土内将使用或设置计算设施作为在其领土内开展业务的条件"。DEPA 肯定了缔约国对跨境数据的监管权,并允许合法公共政策的例外,同时加强对缔约国数据本地化措施的限制。

(3）数据创新和监管沙盒。

DEPA 第九模块"创新与数字经济"是数字经贸协定中关于数字创新的创新条款,旨在通过数据跨境流动和数据共享与监管,促进数据的有效创新。在数据共享方面,主要包括可信数据共享框架和数据共享协议的数据共享机制。在数据监管方面,数据沙盒是企业与政府合作模式下企业探索数据治理和创新的纠错机制。对企业而言,根据各国国内法律,企业间将在数据沙盒分享包括个人信息在内的数据,有助于弥补政策差距,同时确保技术发展和商业模式创新能够与时俱进;对监管主体而言,能够深入了解金融创新事务,并通过风险评估决定测试对象市场投放的可能性,甚至由此决定是否需要更改金融规则。[①]

3）数字包容与合作

DEPA 高度重视数字经济中的包容性,致力扩大和增进数字经济的机会,确保每个人都能公平参与并从中受益,特别是妇女、原住民、弱势群体及残疾人等

---

① 朱雅妮:《〈数字经济伙伴关系协定〉的治理重心、推进策略及中国的加入谈判》,《南昌大学学报(人文社会科学版)》2023 第 5 期,第 83—92 页。

社会各个群体。为了实现这一目标,DEPA 协定将通过多种方式,包括共享最佳实践、制定联合计划等,提供必要的培训和支持,帮助那些数字技能较弱或缺乏资源的人群提升数字素养,让他们能够更好地适应和参与数字经济。同时,缔约方还将推动建设包容性的数字基础设施,确保所有人都能平等地接入和使用数字技术。

综上所述,尽管 DEPA 体量规模较小,但作为全球第一个"纯数字"的贸易协定,DEPA 呈现以下明显特征。从内容上看,所涉议题范围广,涵盖数字贸易领域和数字经济领域的众多内容,创设了新兴技术领域如金融科技、人工智能、数据创新等议题,具有一定的前瞻性。[①] 但在传统数字贸易议题上,更为注重提高协定的标准和约束效力。从形式上看,协定采取模块式协议和非约束性承诺框架,展现开放和包容性,在建立共识的基础上并不要求未来成员加入所有模块。

4.4.2 《全面与进步跨太平洋伙伴关系协定》

2018 年 3 月 8 日,11 个太平洋地区国家签署《全面与进步跨太平洋伙伴关系协定》(*Comprehensive and Progressive Trans Pacific Partnership*,CPTPP),12 月 30 日,该协定正式生效。CPTPP 作为太平洋地区的重要贸易协定,覆盖澳大利亚、文莱、加拿大、智利、日本、马来西亚、墨西哥、新西兰、秘鲁、新加坡和越南 11 国的近 5 亿人口。该协定前身为《跨太平洋伙伴关系协定》(*Trans-Pacific Partnership Agreement*,TPP),美国宣布退出后,其他成员国达成目前的 CPTPP,在冻结 TPP 部分知识产权条款下依然保留了 95% 的条款,并延续了 TPP 的条款的宗旨、结构与高水平表述,所以 CPTPP 仍不失为全球范围内最高标准的自贸协定,对全球贸易治理都产生深远影响,《区域全面经济伙伴关系协定》(*Regional Comprehensive Economic Partnership*,RCEP)、美墨加协定、北美自由贸易协定都有部分内容参考了 CPTPP 的条款。[②] 该协定共有 30 个章节,包括对数字贸易和电子商务、投资、供应链、货物、原产地规则和认证、服务、劳务和环境的相关规则,其中关于数字贸易规则的核心内容如下所述:

1) 降低数字贸易壁垒

(1) 数据跨境自由流动和数据本地化要求。

数据是数字贸易的核心,数字贸易最大的壁垒无疑是各国对于数据跨境流

[①] 李墨丝、应玲蓉、徐美娜:《DEPA 模式数字经济新议题及启示》,《国际经济合作》2023 年第 1 期,第 27—36 页。
[②] 白洁、苏庆义:《CPTPP 的规则、影响及中国对策:基于和 TPP 对比的分析》,《国际经济评论》2019 年第 1 期,第 58—76 页。

动的规制。为促进数据跨境自由流动,CPTPP 直接在第十四章电子商务章节 14.11 条第一款规定:允许各缔约方数据跨境规则可以存在多样性和本地化特性,并未对缔约方设置强制性义务。第 14.11 条第二款,为缔约方设立了强制允许数据跨境流动的义务,并限定了缔约方通过保护个人信息规避这一条款的事由。14.11 条第三款是"合法公共政策目标"的例外条款,符合例外情形的限制数据跨境流动措施要求符合充分性认定和必要性测试,不能因为这些措施的实施,造成对其他缔约方的贸易歧视或变相限制。同时,第 29.2 条的安全例外条款作为国际贸易中的原则性条款,也是数据跨境自由流动义务的一般例外。

此外,规制数据本地化的第 14.13 条在结构上与第 14.11 条类似,在第一款允许了缔约方应在满足安全保障、机密保护等合理监管要求的情况下,数据可以在不同地点进行存储和处理,任何一方均有权利对计算机设施提出监管要求。但在第二款明确规定:不得要求计算机设施服务方在该方领土内使用或定位计算设施作为在其领土内开展业务的条件。第三款则规定了"合法公共政策"的例外。

(2) 数据流动免关税。

对数据流动进行征税会增加数据跨境流动的成本,是对数字贸易的实质性阻碍。CPTPP 第 14.3 条海关关税细则明确规定:缔约方之间不得对交易双方之间的电子传输(包括其内容)征收关税。唯一例外是在征收方式符合本协议要求下不阻止一方对以电子方式传输的内容征收除关税之外的国内税或其他费用。此条款也成为促进协议缔约国之间数字贸易的关键条款。[①]

(3) 数字产品非歧视。

CPTPP 明确了数字产品的定义和范围,在 14.4 条款明确规定,在数字贸易领域,非歧视性待遇是一项基本措施。各缔约方应确保对进口数字产品采取非歧视性待遇,不得因数字产品的国籍、来源地或其他非商业因素而施加任何形式的歧视。具体包括:禁止将服务的本地化作为外国公司进入市场的条件,不得强迫外国服务提供商在本国境内设立数据中心、服务器或其他相关设施;不得以转让技术、生产信息、专利或其他知识产权作为外国公司进入市场的条件,也不得将此类要求作为市场准入的附加条件;确保跨境信息流的自由流动,不得通过任何措施阻碍或限制外国数字产品的跨境传输,以确保外国数字产品能够顺利进入本国市场;相互开放数字经济领域,鼓励外国数字产品和服务的进入,以促进全球数字贸易的繁荣与发展。非歧视性待遇有助于减少贸易壁垒,

---

① 陈静、黄传峰:《CPTPP 数字贸易规则及中国应对之策》,《南京工程学院学报(社会科学版)》2022 年第 1 期,第 72—77 页。

便于外国数字产品和服务进入他国市场,促进公平竞争,但也会对发展中国家带来挑战和压力。当然,这种挑战同时也能够倒逼本地数字产业提升技术水平、创新业务模式,从而增强国际竞争力,实现逆境发展。因此,各缔约方应平衡好开放与保护的关系,为本地数字产业的发展创造有利条件。

(4)源代码使用条款。

缔约国认识到软件源代码在软件开发和运营中的重要性,CPTPP 第 14.17 条款明确约定:不得要求转让或获取另一方个人或企业拥有的软件源代码,作为在其境内进口、分销、销售或使用此类软件或包含此类软件的产品的条件。但此规定仅限于大众市场软件或包含此类软件的产品,对于关键基础设施软件的源代码,不适用本条规定。同时,规定了三种例外情形:政府为了确保软件符合法律、法规或技术标准的要求,可以要求对软件源代码修改,但不得强制要求披露完整的源代码;在商业合同中,双方可以自愿约定对源代码披露,但此约定不得违反本条款的原则;在涉及专利争端的法律诉讼中,法院可以在确保保护措施的前提下,要求披露与争端相关的源代码。本条款旨在保护企业的知识产权和创新积极性,但各缔约国对"大众市场软件"和"关键基础设施软件"的定义并不明确,可能带来不必要的争端。

2)数字贸易便利化

CPTPP 率先提出了关于标准化规定、网络合作、争端解决措施等多项规定促进缔约方之间的沟通交流。[①] 为规定数字贸易标准化,CPTPP 第 14.5 条约定各缔约方应维持电子交易法律框架,并约定义务"避免对电子交易施加任何不必要的监管负担及在制定电子交易的法律框架过程中便利利害关系人提出建议"。该条款推动各方完善国内相关法律框架的建立,并降低非必要的监管成本。CPTPP 第 14.6 条是关于电子认证和电子签名的专门条款,明确各缔约方承认电子签名的法律效力,除非法律另有规定;同时还鼓励缔约方使用可交互操作的电子认证。第 14.9 条鼓励缔约方采取无纸化贸易,以电子方式接受和向公众提供贸易管理文件,并赋予其等同纸质版的法律效力。这些贸易便利化条款建立了完整统一的数字标准化框架,简化了传统贸易流程,打通了各国之间的贸易规则,大大提高了贸易效率。

3)数据安全

(1)在线消费者保护。

随着数字贸易的不断发展,消费者作为贸易的重要组成部分,如何确保在

---

① 白洁、张达、王悦:《数字贸易规则的演进与中国应对》,《亚太经济》2021 年第 5 期,第 53—61 页。

线消费者的利益不受损害是相关协定必须考虑的议题。CPTPP 第 14.7 条第 1 款明确"缔约方认识到采取和维持透明、有效的措施以保护消费者在从事电子交易时免受诈骗和商业欺诈行为侵害的重要性";同时应制定和维持消费者保护法,避免消费者受到在线欺骗性商业活动;并鼓励各缔约方积极维持合作关系,促进消费者的福利。

(2) 个人信息保护。

减少数字贸易壁垒确保了数据的自由流动,但也带来了数据安全的隐患。为了避免对个人数据的滥用,CPTPP 第 14.8 条款对个人信息保护进行了专门规定,第 1 条款强调缔约方应认识到"保护电子商务用户个人信息的经济和社会效益",第 2 条款规定各缔约方在考虑国际机构原则的基础上制定个人信息保护的法律框架。第 3 到第 5 条款明确采取非歧视做法和促进兼容机制的措施,并公开信息,加强合作交流,保护个人信息免受侵害。

(3) 非应邀商业电子信息。

非应邀商业电子信息主要是指垃圾短信,为避免这类信息在未经用户同意的情况下给其带来困扰,加强用户对数字贸易的信心,CPTPP 首次使用专款规定非应邀电子信息,规定各缔约方"要求非应邀商业电子信息提供者提高接收人阻止继续接收这些信息的能力",并按照缔约方国内法规定获得信息接收者的同意或最大限度地减少此类信息。并给出了救济和补偿措施,有助于进一步督促各国完善垃圾信息治理制度,营造良好可信赖的数字贸易环境。

综上所述,CPTPP 呈现出以下特征:一是体现高层次的市场准入门槛。相关条款通过限制他国的数据本地化措施,有效保障了互联网市场数据的自由流动。这一举措显著降低了数字贸易市场的准入门槛,有效削弱了数字贸易壁垒,为外国数字产业和数字产品进入他国市场提供了更为便利的途径。二是自由灵活的数字贸易体制。自 21 世纪以来,全球贸易的重心已逐渐转移至线上平台,随着数字化时代的推进,各国对于制定和采用数字贸易便利化规则的需求变得愈发强烈。CPTPP 推进无纸化贸易,制定电子贸易框架,致力构建深度合作、自由灵活的数字贸易规则,三是注重个人权益保护。数据时代最大的隐患就是对个人数据的不法侵害。CPTPP 鼓励各缔约国通过加深合作的方式保护个人信息,减少垃圾信息的传播,以消费者保护法的形式保护个人权益,致力在多个层面上营造和谐可依赖的数据环境。

4.4.3 《新加坡-澳大利亚数字经济协定》

2020 年 8 月 6 日,新加坡和澳大利亚签署《新加坡-澳大利亚数字经济协定》(Singapore-Australia Digital Economy Agreement, SADEA),并于 2020 年 12 月 9 日正式生效。该协定是在 DEPA 的逻辑起点上的发展演进,对 DEPA 的规则进行了深化和扩展,涵盖了广泛的领域,包括电子发票、电子支付、电子证书、数码身份、个人信息保护、网上消费者保护、人工智能、跨境数据流、源代码保护、数据创新和中小企业合作等方面,其核心主张主要包括以下几个方面:

1) 数据跨境流动和数据存储本地化

新加坡在推动数据跨境流动方面取得了显著的进展,其数据跨境流动水平逐渐提高。不同于 DEPA 协定除电子支付外的条款均不适用于金融服务,SADEA 第 14.23 条确定了更高的数据跨境流动水平,将金融服务的跨境流动也囊括进了数字经济协定。第 14.25 条专门规定,金融机构或任一缔约方的金融服务提供者可以在非歧视待遇下实现数据的跨境传输,而无须在任一司法管辖区内建立或使用数据存储中心。这一规定不仅降低了跨司法管辖区维护多个数据服务器的成本和风险,而且促进了金融数据的自由流动和高效利用。

2) 知识产权保护

与新加坡签订的第一份数字经济协议 DEPA 关于"使用密码术的信息和通信技术产品"条款约定一致,SADEA 第 7 条约定,任何缔约方不得强制实施或设立技术法规或合格评定程序作为制造、出售、分销、进口或使用该产品的条件,包括强制转让专用密钥、特定密码算法或其他秘密参数等。在 DEPA 的基础上,SADEA 第 14.28 条新增了源代码条款,与"美式模板"基本一致,规定缔约方不得将转移或公开源代码及源代码中表示的算法作为其进口、分销、销售或使用该软件产品的前提条件。但在适用范围上,SADEA 第 28 条第 5 款规定若缔约方将"技术非强制性转让"应用于算法,另一方也应当承担此义务;在例外情况上,第 28 条第 2、3 款中允许个人开放源代码许可和符合缔约国法规的源代码修改要求。总体而言,新加坡禁止源代码转让条款的规定与美欧的相比仍较为宽泛,约束性不强。[①]

3) 数字身份认证

新加坡对数字身份的重要性给予高度认可,并积极推动缔约方之间实现数字身份系统的兼容性和互操作性。SADEA 第 14.29 条与 DEPA 中关于数字身份的规定均保持一致,这体现了各国在推动数字身份标准化和国际化方面的共识。然而,在 SADEA 中,为了更专注于推动数字身份的普及和应用,删去了针对"维护合法公共政策目标"的特定例外条款,这意味着提高了数字身份规则的

---

① 赵若锦、李俊、张威:《新加坡数字经贸规则体系构建及对我国的启示》,《国际贸易》2023 年第 12 期,第 40—49 页。

严格程度,收紧了成员数字身份治理的自主空间。

4) 数据共享与创新

数据的共享与创新是数据流动与存储的顶层逻辑和最终目标。在承袭了 DEPA 相关规则的条款上,SADEA 第 26 条"数据创新"条款关注数据的可移植性,提高非标准化数据的共享水平,同时第 2 款为数据创新增加了合作渠道:建立研究院、学界和行业界参与的数据共享机制、使用监管沙盒、发展有利于数据可移植性的政策和标准、分享研究和行业实践。第 26 条主要注重非政府组织持有的数据共享问题,第 27 条"开放政府数据"则对政府数据做出明确规定。政府信息的定义被明确为中央政府非所有权信息(包括数据),并要求对这些数据的描述性元数据匿名化处理。同时,它强调了提供更新的应用程序接口(API)的重要性,以确保数据的可访问性和易用性。这些措施不仅有助于用户更好地理解数据的内容和用途,还为用户进行数据分析和数据可视化提供了极大的便利,从而降低了数据创新的门槛。此外,SADEA 还针对扩大政府数据公开渠道提出了更为具体的合作方式,包括利用监管沙盒机制来测试新的数据公开策略;识别那些可用于促进技术转移、优化人才结构和推动创新的公开数据集;鼓励基于这些公开数据集开发新的产品和服务;以及推动开放数据许可模式的发展,以确保数据的合法使用和共享。这些措施共同为政府数据的公开和利用创造了更加有利的环境,推动了数据驱动的创新和发展。

5) 新兴数字技术

随着 DEPA 首次将数字技术议题增加在经贸协定中,基于 DEPA 延伸的双边规则也涵盖了新兴数字技术内容。在金融科技与合作方面,由于数据流动的灵活性和存储成本的降低,传统金融行业迎来数字化变革。SADEA 第 32 条在 DEPA 的基础上增加了合作渠道:官方合作层面简化许可流程并推广数据沙盒机制;民间合作层面鼓励各方参加国际合作论坛,协商制定相关标准。在人工智能方面,由于该技术广泛应用于各个领域,并带来责任缺位、数据安全等治理问题,亟待统一明确的标准进行规制。在 DEPA 第 8.2 条的基础上,SADEA 第 31 条扩大合作渠道,第 1、3 款鼓励研究员、学者和企业通过商业合作的方式分享技术和治理研究,并采用区域和国际协定达成治理的统一框架。总体而言,在新兴数字技术领域,多采取鼓励合作的方式促进技术交流和治理,以共同应对数字化变革带来的浪潮冲击。

4.4.4 《韩国-新加坡数字伙伴关系协定》

2022 年 11 月 21 日,韩国与新加坡签署《韩国-新加坡数字伙伴关系协定》

(Korea-Singapore Digital Partnership Agreement，KSDPA)，该协定于 2023 年 1 月 14 日正式生效。这是新加坡与贸易伙伴签署的第四个数字经济协定，也是新加坡首次与亚洲国家达成的这类协定。KSDPA 条款主要分为关税、数字产品的非歧视待遇、贸易便利化、跨境数据传输、计算设施位置、知识产权保护、消费者保护、人工智能八个部分，包括 14 章共 34 条条款。

在数字贸易便利化方面，相关条款是数字贸易协定中的重要内容，对于促进数字经济的发展、提高贸易效率、增强市场透明度和推动市场健康发展都具有重要意义。KSDPA 在数字贸易便利化方面基本是 DEPA 的延续，涵盖了无纸化贸易、电子认证和电子签名、物流、电子发票、电子支付等条款，形成了一系列数字贸易互操作性规则。

在数字贸易知识产权方面，KSDPA 第 14.18 条"使用密码术的通用技术产品"条款与 DEPA 保持一致，不得以"技术法规和合格评定程序"的形式将转让密码相关信息作为 ICT 产品市场准入的前提条件。第 14.19 条"源代码"条款也规定，任何缔约方均不得要求将转让或访问另一缔约方人员拥有的软件的源代码及算法作为市场准入的条件。新近签署的数字贸易协定均强调了禁止强制转让源代码的条款，旨在维护企业的创新能力，促进数字贸易的自由化和公平竞争。

在数字产品海关关税方面，KSDPA 与 DEPA 高度一致，明确禁止对电子传输（包括但不限于以电子方式传输的内容）征收关税，旨在消除数字产品跨境传输中的关税壁垒，推动数字贸易的自由化和便利化。为了更加明确这一立场，KSDPA 进一步指出，这并不排除一方根据国内法律和政策，对电子传输（包括以电子方式传输的内容）征收国内税、规费或其他费用，但前提是这些国内税、规费或费用的征收方式必须符合相关协定的规定，确保不会对数字贸易造成不必要的阻碍或歧视。这一规定既保证了数字贸易的自由化，又考虑到了各国在维护国内税收和监管政策方面的合理需求。

在数字产品非歧视待遇方面，KSDPA 与 DEPA 也一致，规定在数字产品贸易中，各方应给予对方数字产品的待遇不得低于其给予其他同类数字产品的待遇。然而，这一规定并不包括由一方提供的补贴或补助，如政府支持的贷款、担保和保险等。这些补贴和补助措施可能基于各国的国内政策考量，因此不被纳入非歧视待遇的范畴。特别地，KSDPA 进一步指出，此类非歧视待遇仅限于国民待遇，即要求各方在数字产品市场上给予对方的待遇应等同于给予本国数字产品的待遇，但不涉及最惠国待遇。这意味着，即使一方给予其他国家的数字产品更优惠的待遇，也无须将这种待遇扩展到协定内的另一方。

在数据本地化要求方面,KSDPA 也与 SADEA 一样,认同数据存储非强制本地化,但 KSDPA 第 14.19 条中则直接将算法纳入"源代码"条款适用范围,且并未增加例外条款。关于计算设施位置的规定,各缔约方可设有各自的监管要求,但"不得将在一国境内使用或设置计算设施作为在该国境内开展业务的条件";同时专门设置金融服务计算机设施位置条款,即"在金融监管部门能够立即、直接、完整和持续地获取涵盖的金融服务提供者信息的前提下,禁止任何一方将使用或设置金融服务计算设施,作为在该境内开展业务的前提条件"。

在数据创新和共享方面,KSDPA 第 14.25 条和第 14.26 条保持基本相同的立场,是在整合以美国为核心的数字规则的基础上提出的明确概念,有利于数据释放社会和经济价值,对数字经济的持续性发展具有重要的意义。①

在新兴数字技术方面,KSDPA 也沿袭了 DEPA 和 SADEA 的相关规定,在金融科技和人工智能等领域鼓励合作,引导技术向善。例如 KSDPA 第 14.28 条人工智能条款、第 14.29 条金融科技合作条款与 DPEA 保持一致,遵循国际原则,鼓励企业和初创人才合作,建立解决方案。

SADEA 和 KSDPA 都是新加坡数字经贸规则环太平洋体系的重要组成部分,是在其主导推动的 DEPA 的基础上针对特定地区的扩展和深化,在细节条款上的合作诉求和适用范围上针对缔约方的不同而有所区别和侧重。其旨在促进数字贸易、电子商务和数据流动,同时也涵盖了数据创新、数字技术和知识产权等关键领域,呈现出"新式模板"的典型特征:一是在源代码非强制转让条款上扩展适用范围和例外条件,以应对复杂多变的数字贸易和技术发展情况;二是关注人工智能、金融科技等新兴数字技术议题,鼓励合作治理;三是建立统一的数字贸易标准和合格认定框架,以降低数字贸易壁垒,确保"技术中性";四是在数据跨境自由流动的基础上倡导数据创新和共享,发挥数据的社会和经济价值。②

---

① 周念利、廖宁、黄宁:《"贸易面向型"数字技术规则的发展演进研究——基于"美式模板"及"新式模板"对比的视角》,《亚太经济》2024 年第 2 期,第 28—39 页。

② 同上。

第 5 章 国际数据法的前沿问题：挑战与应对

前述章节深度探讨了国际数据法的基本理论和法律渊源，相信读者对国际数据法已形成一个相对完整的知识体系。当前，国际数据法仍处于高速发展阶段，特别是数据科技的发展进步，不断推动着国际数据法向新的领域拓展。因此本章将围绕人权、国际贸易、国际金融、知识产权、气候环境、人工智能、区块链七个领域，提出国际数据法的前沿问题，并剖析其发展趋势。希望读者通过本章的学习，能够对国际数据法现阶段的重点议题、争议和发展趋势形成较为全面的认识。

5.1 人权与国际数据法

随着全球化和信息技术的快速发展，全球正步入一个数据驱动的新时代。互联网、物联网、大数据和人工智能等技术的迅猛发展，使数据成为 21 世纪最宝贵的资源之一。然而，这也带来了许多新的挑战，人权保护也是其中一个非常重要的方面。数据技术的进步为社会带来了许多便利，但也带来了一定的潜在风险。大规模数据收集和分析技术不仅可以提升商业效率和政府治理能力，而且可能导致个人隐私的侵害和权利的滥用。例如，通过数据挖掘和算法分析，政府和企业能够获取和利用个人的敏感信息，包括身份、位置、健康和消费习惯等。这些信息如果被不当使用或泄露，则可能对个人权利造成严重威胁。因此，国际数据法在保障人权方面的作用显得尤为重要。本节将在梳理人权发展趋势的基础上，分析人权与国际数据法的互动与关联，深入剖析国际数据法与人权的密切联系，特别是人权对国际数据法提出的挑战，并提出相应的应对策略与完善方向。

5.1.1 人权的发展历程

1) 人权的起源

有关人权的思想最早可以追溯至古希腊、古罗马时期。① 文艺复兴、宗教改革和启蒙运动等欧洲三大思想运动促进了人权思想的发展。意大利诗人但丁第一次使用了"人权"这一概念。但丁之后的几个世纪中,几代思想家对人权概念的发展均做出了重要贡献。荷兰法学家格劳秀斯认为,自然法的基础是自然理性,人拥有一种自然的权利,是不能废除的;格劳秀斯在其著作《战争与和平法》一书内首次使用了"人的普遍权利"和"人权"的概念。② 之后,斯宾诺莎、洛克、孟德斯鸠和卢梭等思想家均对"天赋人权"等重要思想做了进一步的阐述。

2) 人权国内法的发展阶段

随着资产阶级革命的胜利,人权的理论逐渐通过国内法得以制度化。曾经担任联合国教科文组织法律顾问的卡莱尔·瓦萨克(Karel Vasak)教授认为,人权根据世界经历的三次大的革命运动被划分为三代。第一代人权产生于18世纪资产阶级革命时期,以法国《人权和公民权宣言》(Declaration of the Rights of Man and of the Citizen)和美国《独立宣言》(Declaration of Independence)、1791年《权利法案》(Bill of Rights)等为代表,具体主要包括平等权、言论自由权、出版自由权、财产权神圣不可侵犯等;第二代人权产生于俄国十月革命,以苏联宪法、国际劳工组织通过的国际公约为代表,主要包括就业权、同工同酬权、社会保障权等;第三代人权产生于第二次世界大战后殖民地和被压迫人民的解放运动中,其内容包括民族自决权、发展权、和平权、继承人类共同遗产权等。③ 这也就是著名的"三代人权论",其中第一代人权和第二代人权就是属于人权的国内法保护阶段。除了上述提到的相关法律宣言,1215年英国的《大宪章》(Magna Carta)中第39条和第40条的规定被认为是近代人权的雏形。

3) 第二次世界大战后人权法的新发展

传统的国际法理论认为只有国家才是国际法的主体④,国际法被认为仅是用来调整国家之间的法律关系,而个人只有通过其所在国家才能受到国际法的保护。个人与其所在国家的关系属于一国的内政,应当通过一国的国内法来进

---

① 张爱宁:《国际人权法专论》,法律出版社,2006,第46页。
② 曹建明、周洪均、王虎华主编《国际公法学》,法律出版社,1998,第520页。
③ 周忠海、谢海霞:《论国际法上的人权保护》,《中国法学》2001年第1期,第164页。
④ 周鲠生:《国际法》,商务印书馆,1976,第68页。

行管辖,并不属于国际法管辖的范畴。第二次世界大战改变了人权法的发展轨迹,将人权转入了第三代人权。现代人权的观念是在第二次世界大战期间和战后提出并得到系统的发展。[①] 在第二次世界大战前,人权问题基本上被认为是国内法问题。纳粹德国对犹太人的残忍屠杀,以及侵华日军在华犯下的滔天罪行等战争中发生侵犯人权的罪行使得人们认识到,人权绝不仅是一国内部的事情,尊重维护人权与世界和平密切相关。

基于此,人权成为第二次世界大战期间建立起来的联合国的重要组成部分。《联合国宪章》(Charter of the United Nations)是人类历史上第一次将人权的概念规定在一个普遍性国际组织的基本大法中。《联合国宪章》是联合国组织的总章程,是联合国一切活动的法律依据,也是当代国际法的重要渊源。之后的半个多世纪中,以《联合国宪章》的签署为起点,人权的国际保护得到了快速发展,国际人权法体系逐渐得到了建立和完善,人权的内涵也逐步得到了扩大和完善。1948年,联合国通过了《世界人权宣言》(Universal Declaration of Human Rights),作为第一个人权问题的国际文件,《世界人权宣言》为国际人权领域的实践奠定了基础,对后来世界人民争取、维护、改善和发展自己的人权产生了深远影响。1966年,联合国通过了《公民权利和政治权利国际公约》(International Covenant on Civil and Political Rights,ICCPR)及《经济、社会及文化权利国际公约》(International Covenant on Economic, Social and Cultural rights),全球性的国际人权保护法律体系得以建立,联合国在国际人权保障上发挥了非常重要的作用。[②]

从国际数据法的角度来看,与人权有关的相关人权主要集中于隐私权、表达自由与信息自由,以及非歧视与算法工整,接下来将具体探讨。

5.1.2　国际数据法与基本人权

国际数据法与基本人权密切相关,数据的采集、处理、存储和转移都会对个人的基本权利产生深远的影响。本部分内容将探讨国际数据法如何保障和挑战隐私权、表达自由与信息自由,以及非歧视与算法公正。

1) 隐私权与个人数据保护

(1) 定义与范围。

隐私权作为一项基本人权,旨在保护个人信息不受未经授权的披露和滥

---

① 路易斯·亨金:《权利的时代》,信春鹰等译,知识出版社,1997,第1页。
② 大沼保昭:《人权、国家与文明》,王志安译,第2版,生活·读书·新知三联书店,2014,第47页。

用。个人数据保护的原则包括数据最小化、透明性、数据安全和数据主体的权利（如访问、纠正、删除和异议权）。隐私权不仅涉及个人生活的私密性，还涵盖了个人数据的保护，这是现代社会中数字经济和技术发展的关键问题。隐私权的保护范围广泛，涉及个人生活的各个方面。从个人的医疗记录、财务信息，到互联网浏览记录和社交媒体活动，都属于个人隐私的范畴。隐私权的保护不仅是防止数据泄露，更是防止个人信息被滥用，例如用于商业广告、政治操纵或其他不正当目的。

（2）现有国际法规定。

在现有国际法层面，最具影响力的包括欧盟的《通用数据保护条例》（GDPR），其严格的规定对全球的数据保护标准产生了深远影响。GDPR 对数据主体的权利、数据处理者的义务和数据跨境转移等方面做出了详细规定，是目前全球最全面的数据保护法规之一。欧洲委员会的《108 号公约》[①]是另一项重要的国际条约，它首次在国际层面上规定了数据保护的原则。《108 号公约》自 1981 年签署以来，已经被多次修订，以适应现代科技的发展和新兴的隐私保护需求。此外，许多其他国际条约和双边协议也对隐私权进行了规定。例如，《公民权利和政治权利国际公约》第 17 条、《美洲人权公约》第 11 条和《非洲人权与民族权宪章》第 9 条，都对隐私权进行了保护。

（3）存在的问题。

尽管已有许多法律框架，但在实践中，隐私权保护面临许多挑战。首先是跨境数据转移的问题。不同国家的数据保护标准不一，如何在全球范围内确保数据安全是一个难题。例如，美国和欧盟在数据保护方面的差异曾导致"安全港协议"的失效，后续的《隐私盾协议》也面临类似的问题。[②] 其次是隐私权与国家安全及执法需要平衡。许多国家以国家安全为由要求访问个人数据，这可能侵犯隐私权。特别是在反恐和网络安全的背景下，政府往往要求企业提供用户数据，从而引发隐私权的争议。此外，如人工智能和大数据分析等技术的快速发展，也对隐私保护提出了新的挑战。大数据技术的应用可以通过对海量数据的分析，揭示个人的隐私信息，甚至是数据主体自己都未意识到的信息。如何在利用技术创新的同时保护个人隐私，是一个亟待解决的问题。技术的进步还带来了新的隐私风险。例如，物联网设备的大量普及使得个人生活的各个方面

---

① 全称为《关于个人数据自动化处理的个人保护公约》（*Convention for the Protection of Individuals with regard to Automatic Processing of Personal Data*）。由于在欧洲理事会《欧洲条约集》（*European Treaty Series*）中编号为 108，因此这一公约通常被习惯性地称为"108 号公约"。

② 黄志雄、韦欣妤：《美欧跨境数据流动规则博弈及中国因应——以〈隐私盾协议〉无效判决为视角》，《同济大学学报》2021 年第 2 期，第 32 页。

都可能被数据化和监控。但这些设备通常缺乏充分的安全措施,容易成为黑客攻击的目标,导致隐私泄露。

2)表达自由与信息自由

(1)定义与范围。

表达自由和信息自由是民主社会的重要基石。表达自由不仅包括发表意见的权利,而且包括通过各种媒介获取和传播信息的权利。信息自由则强调公众获取信息的权利,确保政府和其他权力机构的透明度和问责性。表达自由涉及多种形式的表达,包括言语、文字和艺术创作等。信息自由则更多地涉及获取和传播信息的权利,确保公众能够接触到多元的信息来源,形成自己的判断和观点。

(2)现有国际法规定。

在国际法层面,《世界人权宣言》第19条和ICCPR第19条对表达自由和信息自由进行了详细规定。《世界人权宣言》强调,人人有权通过任何媒介,不论国界,寻求、接收和传递信息和思想。此外,《欧洲人权公约》第10条也保护表达自由,并规定了在何种情况下可以对这一权利进行限制。该条约明确表示,表达自由可以因保护国家安全、公共秩序、健康或道德等进行限制,但这种限制必须是法律规定的,并且在民主社会中是必要的。《美洲人权公约》第13条同样保护表达自由,并禁止事先审查。在非洲,《非洲人权与民族权宪章》第9条则规定了信息自由的基本权利。

(3)存在的问题。

表达自由与信息自由在实践中同样面临许多挑战。其中,表达自由与其他权利和社会利益之间的平衡问题是一个重要问题。例如,如何在打击仇恨言论和虚假信息的同时,保护合法的表达自由。近年来,社交媒体平台上的仇恨言论和虚假信息泛滥,给社会带来了严重的负面影响。各国政府和社交媒体平台都在探索应对这些问题的方法,但在具体实施中往往面临复杂的法律和道德困境。此外,互联网平台和社交媒体在内容管理方面的角色也引发了广泛的讨论。这些平台在处理用户生成内容时,往往面临如何平衡言论自由与平台责任的问题。例如,一些社交媒体平台在删除或限制用户内容时,经常会引发用户对其内容审查政策的质疑和批评。

3)非歧视与算法公正

(1)定义与范围。

非歧视原则要求在数据处理和算法应用中,避免基于种族、性别、年龄和宗教等因素的歧视。算法公正则强调在设计和应用算法时,应确保其决策过程和结果的公平性和透明性。随着人工智能和机器学习技术的广泛应用,算法公正成为保障公民权利的重要议题。非歧视的范围涵盖了各种形式的歧视,要求在数据采集、处理和应用过程中,公平对待所有个体和群体。算法公正则进一步要求在算法设计、数据选择、模型训练和应用过程中,消除任何形式的偏见,确保决策的公平性和透明性。

(2)现有国际法规定。

在国际层面,联合国《商业与人权指导原则》和 OECD《人工智能指导原则》,对企业在使用数据和算法时应遵循的非歧视和公正原则进行了规定。联合国的指导原则强调企业在数据处理和算法应用中应尊重人权,避免对弱势群体造成不利影响。OECD 的《人工智能指导原则》则进一步提出了五大原则:包容性增长、可持续发展和福祉,以人为本和公平,透明性和可解释性,稳健性、安全性和问责性,治理和监管。这些原则为各国在制定人工智能相关政策和法规时提供了指导。此外,许多国际组织和国家还制定了相关的伦理规范和标准,旨在促进算法的透明性和责任性。例如,《可信 AI 伦理指南》《道德人工智能设计指南》等,都对算法的公正性和透明性提出了具体要求。

(3)存在的问题。

在实践中,非歧视和算法公正面临许多挑战。① 数据和算法中的偏见问题。训练算法的数据集如果存在偏见,也会反映到算法的决策结果,从而导致歧视性的产生。例如,招聘算法如果基于过去的数据训练,可能会无意中延续和放大历史上的性别或种族歧视。② 算法透明性和可解释性的问题。许多算法,尤其是深度学习模型,其决策过程复杂且不透明,难以解释和审查。如何确保算法决策的透明性和可解释性,是实现算法公正的重要前提。透明性和可解释性不仅是技术问题,更涉及法律和伦理问题。为了确保算法的公正性,决策者和公众需要了解算法的工作原理和决策依据。③ 监管和责任问题也亟待解决。如何在全球范围内建立有效的监管机制,确保算法公正并追究违规行为的责任,是国际社会面临的重大挑战。目前,各国在算法监管方面的做法不一,有些国家已出台了相关法规,例如欧盟的《人工智能法案》[①],而有些国家则仍在探索阶段。全球范围内的一致性和协调性对于有效监管算法和保护公民权利至关重要。

---

① 欧盟的《人工智能法案》由欧盟委员会在 2021 年 4 月 21 日提议,于 2024 年 3 月 13 日获得欧洲议会通过,5 月 21 日获欧盟理事会接受。法案旨在为人工智能引入一个共同的监管和法律框架,具体参见:https://artificialintelligenceact.eu/the-act/。

5.1.3 面临的挑战

1）数据监控与国家安全

（1）数据监控的现状。

随着技术的发展,数据监控已成为国家安全的重要手段之一。各国政府利用先进的技术手段,如大数据分析、人工智能和网络监控,来预防和打击恐怖主义、网络犯罪,以及其他形式的国家安全威胁。这些技术手段可以高效地收集、处理和分析大量数据,从而帮助政府实时掌握潜在威胁。典型的监控手段包括对互联网通信的监听、对社交媒体的分析和对金融交易的监控等。

（2）监控技术的应用。

现代监控技术包括大规模数据采集、网络监控、面部识别、生物特征识别等。这些技术不仅可以用于公共安全领域,还广泛应用于边境控制、移民管理和社会治理领域。例如,部分国家在公共场所部署了大量摄像头,通过面部识别技术实时监控人群,以便及时发现和预防潜在的安全威胁。此外,政府还可以利用人工智能技术,对网络上的海量数据筛选和分析,从中发现可能的威胁情报。然而,数据监控也带来了一定的隐私和人权问题。大规模的数据监控可能侵犯个人隐私权,导致数据滥用和误用。特别是在没有充分法律保障和透明度的情况下,监控行为可能演变为对公民权利的系统性侵犯。

2）隐私权与安全需求

（1）隐私权的重要性。

隐私权是国际人权法的重要组成部分,为《世界人权宣言》和《公民权利和政治权利国际公约》等多个国际条约所保护。隐私权的核心是个人对自己信息的控制权,包括决定何时、如何及向谁披露自己的信息。隐私权不仅涉及防止不正当的数据采集和使用,而且包括保护个人免受不合理的监控和跟踪。

（2）安全需求的正当性。

国家安全是各国政府的首要职责,保障公共安全、维护社会秩序是国家安全的重要内容。政府有权在合法、必要和相称的情况下采取措施,保护国家和公民免受安全威胁。这包括在法律框架内进行数据监控和情报收集。面对恐怖主义和网络犯罪等新型安全威胁,政府需要采取有效的工具和手段来保护公民和国家安全。

（3）平衡的挑战。

隐私权与安全需求之间的平衡是一个复杂的法律和伦理问题。如何在不侵犯公民隐私权的情况下确保有效的安全措施,是各国政府面临的主要挑战。法律和政策制定者需要建立透明、公正和有效的法律框架,确保数据监控措施符合法律规定,并对侵犯隐私的行为进行有效监管。例如,欧盟的《通用数据保护条例》(GDPR)就规定了严格的数据保护措施,同时允许在特定情况下出于国家安全的目的处理个人数据。已有一些国家和地区开始尝试在隐私保护与国家安全之间寻找平衡。例如,英国的《调查权力法案》(Investigatory Powers Act)在赋予情报机构广泛监控权力的同时,也设立了多个监督机构和法律程序,以确保监控行为的合法性和透明度。

3)国家监控项目的人权影响

(1)国家监控项目的扩展。

近年来,许多国家大规模扩展了其数据监控项目。这些项目不仅包括网络监控、通信监听,还涉及社会信用体系、个人行为数据收集等。国家监控项目通常以维护国家安全和社会稳定为由,但其广泛的监控范围和深度引发了对人权的严重担忧。国家监控项目对公民自由产生了深远影响。首先,广泛的监控可能导致自我审查行为,公民在日常生活中因担心被监控而不敢自由表达意见。其次,监控数据的误用或滥用可能导致对无辜公民的错误指控和不公正待遇。例如,某些国家的监控项目被指控用于打击政治异议者和社会活动家。最后,国家监控项目的缺乏透明度和法律监督,使公民难以了解自己的数据被如何使用和保护。

(2)国际人权组织的态度。

国际人权组织对国家监控项目重点关注,并呼吁各国政府在实施监控措施时,遵循国际人权法的标准。这些组织强调,任何监控措施都应符合法律规定,必须是必要且相称的,并应有充分的法律监督和救济途径。例如,人权观察、国际特赦组织等都对一些国家的广泛监控行为提出了批评,并呼吁国际社会加强对这些行为的监督和制约。

(3)案例分析。

以斯诺登事件为例,美国国家安全局的广泛监控计划曝光后,引发了全球范围内对政府监控行为的广泛讨论和反思。斯诺登事件揭示了政府在未经过充分法律程序和公众知情的情况下进行大规模的通信监控,会引发对隐私权和国家安全之间平衡的质疑和讨论。此类事件表明,国家监控行为需要在透明和法治的框架下进行,以避免对人权的过度侵害。

4)对发展中国家的特别影响

(1)数据主权与发展权。

发展中国家在数据主权和发展权方面面临特别的挑战。数据主权是一国独立自主地对本国数据进行占有、管理、控制、利用和保护的权力。[①] 对发展中国家而言,确保数据主权是保护国家利益和主权的重要手段。然而,在全球化和数字化的背景下,发展中国家在数据保护和管理方面往往处于弱势地位,承受来自发达国家和跨国公司的压力和影响。

(2) 经济与社会发展。

数据是现代经济的重要资源,数据经济的发展为国家带来了新的经济增长点和社会福利。发展中国家在利用数据促进经济和社会发展方面,面临技术、资金和人才等多方面的制约。同时,全球数据治理的不平等,使发展中国家在获取和使用数据资源方面处于不利地位,影响其可持续发展和创新能力。

(3) 数据隐私与安全。

发展中国家在数据隐私与安全方面面临特别的挑战。由于技术和法律框架的欠缺,这些国家的公民数据往往面临更高的泄露和滥用风险。此外,外部势力对发展中国家的数据获取和利用,可能导致这些国家的隐私权和数据安全受到威胁。例如,某些跨国公司在发展中国家运营时,可能会利用法律漏洞进行数据采集和利用,侵害当地公民的隐私权。

(4) 国际合作与支持。

国际社会在促进发展中国家数据能力建设和保护数据权利方面,应加强合作与支持。发达国家和国际组织可以通过技术援助、资金支持和经验分享,帮助发展中国家提升数据管理和保护能力。例如,世界银行和国际电信联盟等国际组织,通过提供技术支持和资金援助,帮助发展中国家改善其信息技术基础设施和数据保护能力。此外,国际社会应推动建立公正、平等和包容的数据治理机制,确保发展中国家在全球数据治理中享有平等的权利和机会。例如,通过国际条约和协议,确保各国在数据保护和管理方面的合作与协调,共同应对全球数据治理的挑战。

5.1.4 应对策略与展望

1) 国际合作与法律协调的途径

(1) 国际合作的必要性。

在全球化和数字化的背景下,数据跨境流动已成为常态。单一国家的法律和政策往往难以应对复杂的国际数据治理问题,因此国际合作显得尤为重要。

[①] 齐爱民、盘佳:《数据权、数据主权的确立与大数据保护的基本原则》,《苏州大学学报》2015 年第 1 期,第 67 页。

通过国际合作,各国可以共同制定和实施统一的法律框架,确保数据保护和人权保障的一致性和有效性。国际合作可以防止数据保护政策的碎片化,减少跨境数据流动的障碍,促进全球数字经济的发展。

(2) 区域性合作。

除了全球层面的合作,区域性合作也至关重要。例如,亚太经合组织(APEC)制定的 CBPR,旨在促进区域内的个人数据保护和数据跨境流动。①APEC 的 CBPR 为成员经济体提供了一套标准化的数据保护框架,促进了区域内的数字贸易。类似地,非洲联盟也在推动《非洲网络安全和数据保护公约》的实施,以提升区域内的数据保护水平。

(3) 政府与非政府组织的角色。

国际合作不局限于国家间的合作,非政府组织(NGO)和国际组织也发挥着重要作用。例如,国际隐私专业人员协会(IAPP)和电子前沿基金会(EFF)等组织,通过倡导、培训和研究,推动全球数据保护和隐私权的发展。国际电信联盟(ITU)和经济合作与发展组织(OECD)等国际机构,通过发布报告和指南,推动全球数据保护政策的制定和实施。

(4) 法律协调的策略。

为了实现国际数据法的有效协调,各国应通过双边和多边协定,推动法律和政策的一致性。这包括互认数据保护标准、建立跨境数据传输机制,以及共享执法信息和经验。此外,各国应在国际组织的协调下,定期审查和更新法律,以适应技术和社会的发展。建立全球数据保护机构,协调各国的法律和政策,从而进一步推动国际数据保护的协调与合作。

2) 技术与法律的协同进展

(1) 技术创新与数据保护。

技术进步在推动数据经济发展的同时,也对数据保护和隐私权提出了新的挑战。因此,法律和政策需要与技术发展同步进行调整。通过技术创新,可以实现更有效的数据保护手段,例如加密技术、匿名化技术和区块链技术等。其中,加密技术可以保护数据的机密性和完整性,匿名化技术可以降低数据隐私风险,区块链技术可以提供透明和不可篡改的数据记录。

(2) 法律框架的创新。

传统的法律框架在应对快速变化的技术环境时往往显得滞后。为此,法律制度需要创新,以适应新技术的发展。例如,动态数据保护法规可以根据技术

---

① 弓永钦、王健:《APEC 跨境隐私规则体系与我国的对策》,《国际贸易》2014 年第 3 期,第 30 页。

和社会的发展,灵活调整和更新。同时,法律制度应鼓励技术开发者在设计阶段考虑隐私保护,在系统和服务设计过程中,优先考虑数据保护,确保数据保护措施贯穿于整个数据生命周期。

（3）人工智能与数据治理。

AI 技术的广泛应用,对数据治理提出了新的要求。AI 算法的透明性、公正性和可解释性是确保数据治理有效性的关键。各国应通过立法和政策,促进 AI 技术的透明度和责任制,防止算法歧视和数据滥用。例如,欧盟的《人工智能法案》,旨在建立 AI 技术的法律框架,确保其在尊重人权和基本自由的前提下发展。AI 伦理委员会和监管机构的设立,可以监督 AI 技术的开发和应用,确保其遵循伦理和法律标准。

（4）多方利益相关者的参与。

技术与法律的协同进展需要多方利益相关者的参与,包括政府、企业、学术界和民间社会。建立多方对话机制,可以汇聚各方智慧,共同探讨和解决数据治理中的问题。例如,联合国互联网治理论坛①就是一个汇聚政府、企业和社会各界的多方平台,共同探讨互联网治理和数据保护问题。多方利益相关者的参与,可以确保政策和技术措施的全面性和可行性,促进数据治理的透明度和公正性。

3）展望未来

（1）新兴技术的影响。

随着物联网、5G 通信和生物识别技术等新兴技术的发展,数据保护和隐私权面临新的挑战和机遇。物联网设备的大量普及,将产生海量数据,这些数据的采集、存储和处理需要采取更加严格的保护措施。5G 技术的广泛应用将带来数据传输速度和容量的大幅提升,但同时也增加了数据泄露和网络攻击的风险。生物识别技术的应用,如面部识别和指纹识别,虽然提高了安全性,但也引发了对个人隐私的深刻担忧。

（2）全球数据治理的新趋势。

全球数据治理正朝着更加综合和协调的方向发展。未来,各国将更加注重在数据治理中的国际合作,推动建立全球统一的数据保护标准和机制。例如,全球数据保护委员会（Global Data Protection Board）的设想,就是在全球范围内协调数据保护政策和实践,促进数据的自由流动和安全使用。国际数据治理的

---

① 联合国互联网治理论坛（Internet Governance Forum, IGF）,是联合国根据信息社会世界首脑峰会（World Summit on the Information Society, WSIS）的决议于 2006 年 11 月设立的,是关于互联网治理问题的开放式论坛,全球秘书处设在联合国日内瓦办事处。

新趋势,将进一步加强各国在数据保护和隐私权方面的合作,推动全球数字经济的健康发展。

（3）数据主权与数据跨境流动。

数据主权与数据跨境流动之间的平衡将是未来数据治理的一个重要议题。随着各国对数据主权的重视,如何在尊重国家数据主权的同时促进数据跨境流动,确保数据的自由和安全,将是各国面临的挑战。建立可信的数据传输机制和国际合作框架,将有助于解决这一问题。

（4）公民权利的保障。

未来,随着数据经济的发展,公民对数据保护和隐私权的要求将不断提高。各国需要通过立法和政策,进一步强化对公民数据权利的保障。例如,数据可携带权、数据删除权和数据知情权等,将成为数据保护法的重要内容。同时,公众对数据保护的意识和参与也将成为推动数据治理的重要力量。各国政府和企业应加强数据保护的宣传和教育,提高公众的数据保护意识,促进公民在数据治理中的参与和监督。

（5）数据伦理与社会责任。

随着数据技术应用的不断扩展,数据伦理和社会责任问题将日益突出。企业和政府在数据处理过程中,需要考虑数据伦理问题,避免对个人和社会造成负面影响。数据伦理的原则,如透明性、公正性、责任性和隐私保护,将成为未来数据治理的重要指导方针。建立数据伦理委员会和监管机构,可以监督和评估数据技术的应用,确保其遵循伦理和法律标准。

5.2 国际贸易与国际数据法

数字贸易是当前和未来全球经济中增长最为迅速和具有最大潜力的领域之一,其核心依靠互联网技术来实现数据的传输和交换。[1] 在数字经济全球化的进程中,数字贸易日益成为区域经贸协定的重要内容。新近达成的区域经贸协定如《全面和进步的跨太平洋伙伴关系协定》(CPTPP)、《美墨加协定》(USMCA)、《区域全面经济伙伴关系协定》(RCEP)中,通过"数字贸易"或"电子商务"专章规定数字贸易内容。在数字贸易中,数据跨境流动是基本的支撑要素。但这种自由流动本身具有双重性:一方面它促进了跨境数字服务的提供和数字产品的交付,进而推动了数字贸易的发展,活跃了全球数字经济;另一方面数据在国际

---

[1] 马光:《数据跨境流动国际规则的发展与我国的应对》,《国际法学刊》2020年第2期,第83页。

间的迅速流动,受到各国在数据存储、访问和处理上不同的法规限制,极易造成数据泄露或滥用。这不仅侵犯个人隐私和商业机密,还可能触及国家安全,从而引发复杂的法律风险。[①] 数据跨境流动和隐私保护构成了数据规制领域的核心问题,如何规范数据跨境流动,并在加强个人隐私保护的同时促进数字经济的发展,已成为全球各国面临的一大挑战。当然,我们要反对某些国家滥用所谓的"国家安全"来阻碍他国数据公司在其国内的正当经营活动,由此使正常的数据跨境流动的法律问题变得复杂,进而影响其公平的市场环境之形成。例如,2024年3月13日,美国众议院通过了一项针对中国社交媒体应用TikTok的法案,要求其母公司字节跳动剥离对TikTok的控制权,其原因主要是美国政府想当然地认为TikTok会对美国年轻人的意识形态造成影响,进而以所谓的维护"国家安全"为由意图剥夺其母公司的控制权。[②]

5.2.1 国际贸易中的数据跨境流动问题

数据跨境流动通常是指对跨越国界或地区的数据进行读取、存储和处理的活动。作为进行数字贸易的前提,数据跨境流动对数字贸易至关重要。[③] 企业和消费者依赖这种不间断的数据流动来交付数字产品和服务,而从传统制造业到物流行业,各行各业都依靠数据的自由流通来优化运营并提升生产效率。例如,对企业来说,数据跨境流动使得企业能够实时处理国内外客户订单,迅速做出生产决策,并根据市场需求调整产品设计。[④] 从石油和天然气行业到制造业和零售业,众多传统产业都依赖全球各地的数据进行日常运营决策。在现代经济中,几乎每个行业的企业都依赖于数据驱动的创新来开展业务,并从中获益。如今,无论是为了获取竞争优势还是支持常规业务流程,拥有国外业务、供应商或客户的公司几乎都不可避免地依赖数据跨境流动。[⑤]

1) 数字贸易背景下数据跨境流动的法律挑战

各国政府围绕数字贸易在全球范围内的开展,设计数据跨境流动规则,但同时也面临着多重困难。宽松的数据跨境流动规则有利于数字贸易发展,但会增加风险控制难度,对发展中国家而言可能损害其国家利益,而对发达国家来

[①] 谭观福:《数字贸易中跨境数据流动的国际法规制》,《比较法研究》2022年第3期,第171页。
[②] 杨逸夫:《美众议院通过"TikTok剥离法案""不卖就禁"凸显美霸凌行径》,https://news.gmw.cn/2024-03/15/content_37204882.htm,访问日期:2024年6月10日。
[③] 邵怿:《跨境数据流动规制的自由化与本地化之辩》,《政法论丛》2023年第5期,第140页。
[④] Joshua Paul Meltzer, "The Internet, Cross-Border Data Flows and International Trade," *Asia & the Pacific Policy Studies* 2, no.1 (2015): 90-102.
[⑤] Daniel Castro and Alan Mcquinn, *Cross-Border Data Flows Enable Growth in All Industries*, (Washington DC: The Information Technology and Innovation Foundation1, 2015), 1-2.

说则有助于其通过数据实施全球经济控制。相反地,严格的规则虽然可能抑制数字贸易的发展,但有助于降低管理风险,帮助发展中国家避免受制于发达国家的数据霸权。总体而言,无论是宽松还是严格的数据跨境流动规则,均将对国家安全、商业利益和个人隐私保护等多个方面带来复杂的挑战。

针对数据跨境流动自由化的程度,国际范围内不同国家有着不同的标准规定。美国在 WTO 电子商务谈判中要求,成员方原则上不得对营业活动所需数据(包括个人信息)流动进行限制①,若确需限制的,则要通过类似于 GATT 一般例外的"四步检验法",即同时满足以下四个要素,缔约方才能对数据跨境流动进行限制。第一,为实现正当的公共政策目的;第二,不以恣意或不公的歧视性方式实施;第三,不构成对贸易的变相限制;第四,不超过实施目标所要求的限度。② 若缔约方仅以"跨境"为由对数据传输施加限制,导致竞争条件改变进而对另一缔约方的服务提供者造成损害,该措施即不属于满足"必要限度"条件。③相比之下,欧盟在晚近区域贸易协定和 WTO 电子商务谈判中采取了更为保守的立场,仅要求缔约方之间的数据跨境流动不得受到特定类型本地化措施的限制,并重申了就个人信息保护采取的规制措施不受该条义务约束④。而中国则认为该议题争议性较强,不适合在 WTO 规则层面进行谈判,因而未有提案文本⑤。但从中国在 RCEP 中的承诺来看,中国对数据流动中的基本安全利益同样存在诉求,因而引入了安全例外。⑥ 在 WTO 电子商务谈判中,韩国的提案文本同样包含了安全例外。⑦ 与数据跨境流动密切相关的另一议题是本地化要求。从区域贸易协定及 WTO 电子商务谈判提案文本反映的立场来看,美欧等发达经济体对原则上禁止本地化要求已不存在异议,但在有关义务的豁免上存在一些分歧。⑧ 例如,美国在 USMCA 中取消了对有关规制要求正当性的承认,在 WTO 电子商务谈判中亦未提出相关文本,仅保留了金融服务部门的例外。⑨ 然而,其他成员方未必接受美国的这一立场,如 RCEP 中"计算设施的位置"条款中即包含了类似于一般例外与安全例外的条款。⑩

---

① WTO 电子商务谈判文本第 B.2(1)5 条备选案文 1。
② TPP 第 14.11.3 条,WTO 电子商务谈判文本第 B.2(1)6 条备选案文 1。
③ USMCA 第 19.11.2 条 b 款。
④ 欧盟—新西兰 FTA 提案数字贸易章第 5 条第 1 款,WTO 电子商务谈判文本第 B.2(1)6 条备选案文 4。
⑤ World Trade Organization, *Joint Statement on Electronic Commerce: Communication from China*(INF/ECOM/19, 25 April 2019), https://docs.wto.org/dol2fe/Pages/SS/directdoc.aspx? filename = q:/INF/ECOM/19.pdf&Open = True.
⑥ RCEP 第 12.5 条第 2 款、12.5 条第 3 款 b 项。
⑦ WTO 电子商务谈判文本第 B.2(1)6 条备选案文 3。
⑧ 彭岳:《数据本地化措施的贸易规制问题研究》,《环球法律评论》2018 年第 2 期,第 188 页。
⑨ WTO 电子商务谈判文本第 B.2(2)9 条。
⑩ RCEP 第 12.14 条第 3 款。

2）数据跨境流动规制的未来发展方向

数据跨境流动是进行数字贸易的前提,但各国对数据跨境流动的规制持有不同立场。形成于前互联网时代的 WTO 没有规制数据跨境流动的专门规则,在过去的数十年中,自由贸易协定(*Free Trade Agreement*,FTA)成为讨论数据治理问题的中心场所。FTA 帮助克服了 WTO 多边体制下存在的一些问题和矛盾,为数字贸易新议题制定了新规则,塑造了数据跨境流动的监管环境。① 其中,CPTPP、USMCA 和 RCEP 中的数据跨境流动规则代表了 FTA 数据治理规则的最新发展。

（1）推动数据跨境流动国际多边新规则的制定与发展。

2020 年 9 月 8 日,中国外交部长王毅在全球数字治理研讨会上表示,有效应对数据安全的风险挑战,应当遵循秉持多边主义、兼顾安全发展和坚守公平正义这三项基本原则。② 结合美国、欧盟等行为体的立法实践,不难看出,在大数据时代下谋求发展,必须加强与其他国际法主体之间的沟通协作。美国一直致力推动 CBPR 成为亚太地区的专门规范个人数据跨境流动的区域性规则;③ 欧盟制定的《通用数据保护条例》（GDPR）也在区域内产生深刻的影响。GDPR 的实施不仅强化了数据保护标准,而且促使非欧盟国家的企业和机构在处理涉及欧盟公民数据时,必须遵守相应的法规,从而在全球范围内推动了隐私保护标准的提高。④ 发达国家自成一派的规则体系对数据信息的保护与联通并不全然有利,一国国内法中的规定虽然可以在一定程度上影响国际法,但多种差异化规制并存的现象不是推进数据跨境良性流动的长久之计。在没有统一的国际框架的情况下,各国根据自身的利益制定的规则可能会导致数据隔阂和碎片化,且《服务贸易总协定》（GATS）和《关税与贸易总协定》（GATT）等传统国际规则与数字贸易时代的新实践存在不匹配的情况。因此,数据跨境流动的法律形式需要从区域规制向国际多边规制转型,这就要求 WTO 出台新的国际规则来规制数据跨境流动以适应数字贸易的不断发展。⑤ 为此,中国需要积极推动 WTO 构建新的跨境数据流动法律标准,促进电子商务新规制的成型。借助 WTO 多边贸易协定谈判参与国际新规则的制定,能够更好地应对国际法挑战,

---

① Burri Mira, "The Regulation of Data Flows through Trade Agreements," *Georgetown Journal of International Law* 48, no. 2(2017): 407-464.
② 王毅:《坚守多边主义 倡导公平正义 携手合作共赢——在全球数字治理研讨会上的主旨讲话》,https://www.mfa.gov.cn/ziliao_674904/zyjh_674906/202009/t20200908_9870653.shtml,访问日期:2024 年 6 月 8 日。
③ 李墨丝:《欧美日跨境数据流动规则的博弈与合作》,《国际贸易》2021 年第 2 期,第 82—85 页。
④ 田晓萍:《贸易壁垒视角下的欧盟〈一般数据保护条例〉》,《政法论丛》2019 年第 4 期,第 125 页。
⑤ 谢卓君、杨署东:《全球治理中的跨境数据流动规制与中国参与——基于 WTO、CPTPP 和 RCEP 的比较分析》,《国际观察》2021 年第 5 期,第 98 页。

共同搭建起国际数据治理、流动与互享的良性平台。①

（2）细化例外条款审查原则和法律解释。

如前所述，各国想要援引一般例外条款或国家安全例外存在一定的难度。究其本质，无论是 GATS 还是 GATT 都是传统的国际规则，尚未针对数字贸易中例外条款的适用范围与解释做出具体规定，对于争端诉讼的解决往往依靠专家组在个案中的分析与研判经验。因此，未来 WTO 争端解决机构需要创造更多适当的条件对特定的技术标准进行规定。② 我国应当在 WTO 平台上争取话语权，譬如在 WTO 框架下细化对例外条款的审查原则，避免在个案解决中存在只有分歧与矛盾的先例，而未有统一且明确的解释。③ 此外，针对同时兼具贸易与政治属性的安全例外条款，需要推动在 WTO 现行规则下增加与网络安全相关的条文内容，出台与数字贸易相契合的条款解释，使成员方能够有效援引安全例外条款，并使限制数据跨境流动的贸易措施正当化，以增强本地化措施的合规性，从而有效维护中国的数据主权。④

（3）积极参与 WTO 诸边电子商务谈判并协调各方利益冲突。

目前，WTO 下的多边规制已严重滞后于电子商务、数字贸易等新实践，因此亟须启动与贸易有关的 WTO 电子商务联合声明谈判。⑤ 尽管各成员方在谈判桌上的博弈与分歧不断，激烈地抢夺电子商务规则的制定权，但也意味着，各方已意识到 WTO 作为涵盖范围最广、成员数量最多、制定与规范多边贸易体制的国际组织，仍是目前在电子商务领域构建国际规则、推动数字贸易持续发展的最优平台。

中国已于 2019 年 1 月在达沃斯世界经济论坛年会期间与其他 75 个 WTO 成员方签署联合发布《电子商务联合声明》，共同明确了在 WTO 现有框架和协定基础上开展电子商务贸易多边谈判的意向，为国际多边层面建构一套专门面向数字贸易的规则提供了可能。⑥ 目前，WTO 多边框架下的电子商务诸边谈判已取得一定的共识，尽管还存在诸多障碍，但在多边层面构建适于全球的平衡、有效和包容的国际数字贸易规则的基础已基本具备，时机也接近成熟，就谈判议题最终达成一致的可能性仍将上升。⑦ 未来，我国应该立足自身的数据资源

---

① 时业伟：《跨境数据流动中的国际贸易规则：规制、兼容与发展》，《比较法研究》2020 年第 4 期，第 182—183 页。
② 谭观福：《数字贸易规制的免责例外》，《河北法学》2021 年第 6 期，第 102—120 页。
③ 黄宁、李杨：《"三难选择"下跨境数据流动规制的演进与成因》，《清华大学学报（哲学社会科学版）》2017 年第 5 期，第 172 页。
④ 孔庆江：《国家经济安全与 WTO 例外规则的应用》，《社会科学辑刊》2018 年第 5 期，第 134—138 页。
⑤ 李墨丝：《WTO 电子商务规则谈判：进展、分歧与进路》，《武大国际法评论》2020 年第 4 期，第 55—77 页。
⑥ 石静霞：《世界贸易组织谈判功能重振中的"联合声明倡议"开放式新诸边模式》，《武大国际法评论》2022 年第 5 期，第 3—17 页。
⑦ 李墨丝：《WTO 电子商务规则谈判：进展、分歧与进路》，《武大国际法评论》2020 年第 6 期，第 55 页。

丰富、数字贸易大国和数字技术强国优势,着眼于提高制定国际数字贸易规则的话语权和竞争力,积极推动谈判,彰显大国担当,从而推动在 WTO 框架下形成相对公平且协调多方主权利益的数据流动准则,逐步实现高水平的国际监管、协调与合作。①

5.2.2　国际贸易中的个人数据安全问题

随着数字经济的发展,个人数据在数字贸易中的角色越来越重要。在数据跨境流动中,若数据接收方未能提供适当的隐私保护或滥用数据,将可能侵犯个人隐私权,并引发关于个人隐私保护的重大挑战。

从个人数据的分类来看,现有立法例如欧盟出台的 GDPR 通常将个人数据信息分为一般信息和敏感信息。其中,敏感信息主要指可能导致歧视或者人身、财产安全受到严重威胁的个人信息,包括宗教信仰、健康状况、银行卡号、家庭住址等。在数字贸易中,不可避免地会涉及个人敏感信息的跨境流动,原因在于个人敏感数据的取得、加工、分析已成为数据驱动型企业获得竞争优势的关键,其通过大数据挖掘技术对消费者进行智能画像,进而开展精准营销及广告投放,合理进行产业布局。例如,有数据分析就发现美国黑人比白人更少使用智能手机和移动互联网,那么互联网信息服务企业就可以根据数据分析结果相应地减少在黑人社区的广告投放和营销而增加在白人社区的投入,进而获得最大经济效益。而对个人而言,在部分贸易场景如跨境资产配置服务、跨境医疗服务下,敏感数据如个人财产信息、健康信息等的出境是获得便捷优质服务的前置条件。又如在跨境电子商务中,消费者通过网络订购货物或服务,订单信息、收货地址、联系方式等个人信息以数据化的形式出境。

在个人数据跨境流动过程中,如果境外数据接收方不能提供充分的个人隐私保护措施或者滥用个人数据,就可能侵犯个人隐私权利。例如,Facebook 对其他国家用户的数据包括宗教信仰等敏感数据搜集存储,但由于未采取有效的安全防护措施,导致用户数据泄露,并被非法用于政治选举。然而目前来说,针对数据跨境流动中涉及的个人隐私保护问题还未形成统一的国际法保障体系,不同国家及地区在个人隐私保护规则和标准上存在差异,可能造成保护漏洞。即便为了应对数据跨境流动带来的个人隐私保护挑战,国际上已经开展不同层次的协调与合作,但总体上还局限在个别国与国、国与地区之间的 FTA 中,影响

---

①　石静霞:《数字经济背景下的 WTO 电子商务诸边谈判:最新发展及焦点问题》,《东方法学》2020 年第 2 期,第 170—184 页。

范围有限。而政府间国际组织如亚太经合组织（APEC）制定的《跨境隐私保护规则》（CBPR），因为只是倡导性国际标准,也并未成为国际社会普遍采纳的数据保护通行准则。为此,在数字贸易背景下,个人数据的跨境流动将给个人隐私的保护带来挑战。

1）数字贸易背景下个人数据安全的现实困境

由于不同国家的文化、宗教和政治背景差异显著,全球对隐私和数据保护问题的看法亦大不相同,这导致隐私保护要求在不同法域之间存在巨大差异。[①] 例如,欧盟强烈主张将隐私作为一项基本人权,而我国数据保护法将隐私视为信息安全而非人权问题,美国则认为隐私是消费者权利的一部分,一些发展中国家尚未制定隐私或数据保护法。这些不同的立场使跨境服务提供商面临高昂的合规成本,因为他们需要根据各国法规调整网站和数据收集方式。由于合规成本高昂,复杂的隐私保护要求可能阻碍中小企业参与数字贸易,还可能影响新技术的采用和使用。此外,隐私法规也可能成为歧视性贸易壁垒,阻碍数字贸易的发展。但完善的隐私法规能在一定程度上保障互联网用户的数据被服务商安全地收集、使用和存储,从而增强互联网用户的信心。[②] 在实践中,加拿大在 2019 年向 WTO 提交的首轮电子商务提案中特别强调隐私保护,以增进人们对数字贸易的信心和信任。[③]

为了应对各国隐私保护法规差异性,欧盟和美国尝试通过协议强化数据传输的安全性,促进数据保护的国际合作。欧盟将个人数据保护置于优先位置,并坚持其高标准的要求,不容挑战。为了保障欧盟个人数据安全,欧盟和美国于 2000 年签署了《安全港协议》,但 2013 年的"棱镜门"事件暴露了《安全港协议》执行中存在的问题。欧盟公民在政府访问其数据时缺乏救济权,因此《安全港协议》无法确保充分的隐私保护。2015 年欧洲法院裁定《安全港协议》无效。2016 年 2 月,欧盟和美国就数据传输达成了《隐私盾协议》。根据《隐私盾协议》,美国公司通过行业机构或单独向美国商务部证明,他们将保护欧盟公民的个人数据。《隐私盾协议》承诺提供比《安全港协议》更严格的隐私标准,将权利扩展到欧盟数据主体,并强化了监督和执法要求。[④] 然而,由于美国的数据保护

[①] 戴龙：《论数字贸易背景下的个人隐私权保护》,《当代法学》2020 年第 1 期,第 154 页。

[②] Neha Mishra, "The Role of the Trans-Pacific Partnership Agreement in the Internet Ecosystem: Uneasy Liaison or Synergistic Alliance?," *Journal of International Economic Law* 20, no. 1 (2017): 31–60.

[③] World Trade Organization, *Joint Statement on Electronic Commerce: Communication from Canada — Concept Paper on Building Confidence and Trust in Digital Trade* (INF/ECOM/29, 9 May 2019), https://docs.wto.org/dol2fe/Pages/SS/directdoc.aspx? filename=q:/INF/ECOM/29.pdf.

[④] Aaditya Mattoo and Joshua P. Meltzer, "International Data Flows and Privacy: The Conflict and Its Resolution," *Journal of International Economic Law* 21, no. 4 (2018): 769–800.

水平仍然未能达到"与欧盟基本等同"的标准,欧洲法院于 2020 年 7 月裁定《隐私盾协议》无效。

GATS 第 14(c)、(ii)条仅将保护隐私作为一项例外,不能确保所有成员在个人数据保护方面采用统一框架,也没有解决因各国隐私框架的差异而存在的贸易壁垒。自 TPP 谈判的早期阶段以来,美国就一直希望通过一种灵活的机制来保护个人信息,允许建立用于数据传输的自我认证机制并采用自我监管框架。APEC 在 2004 年通过了类似的隐私框架,但澳大利亚和加拿大等国反对宽松的隐私框架,因为其可能会限制其基于隐私理由限制数据跨境传输的能力。澳大利亚则特别关注如何维护其居民的电子健康记录的隐私。[①]

CPTPP 第 14.8.2 条要求每一缔约方"采取或维持保护电子商务使用者个人信息的法律框架"。在数字贸易时代,如果一个国家没有个人信息保护方面的国内规则,则可能构成贸易壁垒。但该条款并未为法律框架规定任何标准或基准,而是提出了一个更广泛和更普遍的要求,即缔约方应"考虑相关国际机构的原则或指南"。它承认隐私原则或指南正在发展,其他相关的国际机构也在处理这些问题。同时,该款的脚注允许缔约方采取自己版本的隐私法规来执行该款规定的义务。USMCA 第 19.8.2 条在提及国际机构的原则或指南时,专门列举了《APEC 隐私框架》和 OECD《关于隐私保护和个人数据跨境流动的指南(2013)》,这说明 USMCA 缔约方在规制个人数据出境方面接受 APEC 和 OECD 的相关原则作为统一的保护标准。USMCA 第 19.8.3 条还强调对个人信息跨境流动的限制是必要的,并与所面临的风险成比例。[②]

2) 个人数据保护法律规制的发展进路

理想的数字贸易规则框架应促进数据自由流动、数字创新,以及在全球数字市场中的健康竞争,同时不妨碍一国基于正当理由监管互联网的权力。数字经济的快速发展对促进数字贸易和加强个人隐私保护提出了全新的发展理念和要求,应在两者之间找到一个平衡点,使得既能保证企业运用正常收集的数据开展商业活动,又能保护用户的隐私信息不被泄露,并保障其在正当权利受到侵害时可以得到维权救济。

(1) 在 WTO 框架下为数据保护达成基本框架。

数据跨境流动的国际规则协调面临的一个重要分歧是在个人数据方面。为

[①] Burri Mira. "The Regulation of Data Flows Through Trade Agreements (2017)." *Georgetown Journal of International Law* 48: 407.

[②] 孙益武:《数字贸易与壁垒:文本解读与规则评析——以 USMCA 为对象》,《上海对外经贸大学学报》2019 年第 6 期,第 92 页。

实现数据跨境自由流动，数据来源地国和目的地国都应具有有效的隐私框架。有学者曾在 20 年前主张在 WTO 主持下制定一项关于数据保护的国际条约，该条约侧重于建立规范发展的制度过程，旨在短期内促进不同制度的共存，并随着时间的推移促进信息隐私治理标准的统一。该学者指出，将该数据保护条约纳入 WTO 具有重要意义。一方面，WTO 框架提供了具有广泛成员资格的制度过程；另一方面，尽管 WTO 倾向于市场导向的规范，但将数据保护条约纳入 WTO 则会把社会保护规范移植到贸易领域，而有利于促进治理规范的融合。[①]但时至今日，WTO 仍未形成这样的数据保护条约。各国如果要在数据跨境流动规制问题上达成综合性条约，需要协调好各主权国家之间在互联网的物理层、逻辑层、应用层和核心层的权力配置关系，以及主权与互联网、主权与人权、主权与多方治理等多维利益平衡和价值协调问题，这在短期来看不具有可行性。[②]

相较于制定一项数据保护国际条约，在 WTO 中为数据保护达成一个基本框架的难度更低一些，但何种隐私框架可以作为基本的监管框架是一个极其复杂的问题。USMCA 第 19.8.2 条列举了《APEC 隐私框架》和 OECD《关于隐私保护和个人数据跨境流动的指南（2013）》，但在多边体制下将 APEC 和 OECD 的原则作为基准可能会引起争议，因为与 GDPR 及其类似框架相比，这些原则被认为是过于宽松的。[③]欧盟 FTA 在数据保护方面虽然也要求与国际标准兼容，但通常不规定任何具体的数据保护框架。例如，《欧盟-加拿大全面经济贸易协定》第 16.4 条规定："每一缔约方应采取或维持法律、法规或行政措施，以保护从事电子商务的用户的个人信息，同时适当考虑双方都是成员的相关国际机构的数据保护国际标准"。

（2）通过互认机制协调个人数据保护标准。

GATS 第 7 条规定了相互承认"服务提供者获得授权、许可或证明的标准或准则"的机制。欧盟和美国签署的《安全港协议》和《隐私盾协议》是通过互认机制来协调个人数据保护标准的典型。GATS 第 7 条允许这种选择性的、针对特定国家的承认协议，但该条要求数据来源国不得在存在类似条件的国家之间构成歧视，并给予其他国家加入该协议的机会。[④]由于数字鸿沟的存在，通过互认机制来协调数据保护标准的实践主要发生在数字贸易大国之间，而发展中国

---

① Joel R. Reidenberg, "Resolving Conflicting International Data Privacy Rules in Cyberspace," *Stanford Law Review* 52, no.5（2000）：1315–1366.
② 彭岳：《数字贸易治理及其规制路径》，《比较法研究》2021 年第 4 期，第 167 页。
③ Andrew D. Mitchell and Neha Mishra, "Regulating Cross-Border Data Flows in a Data-Driven World: How WTO Law Can Contribute," *Journal of International Economic Law* 22, no. 3（2019）：389–417.
④ 韩关锋：《从分歧到共识：欧美数据跨境流动合作的逻辑》，《国际关系研究》2024 年第 3 期，第 135—154 页。

家和最不发达国家缺乏实践基础。但这种务实的双边互认机制会产生溢出效应和示范效应,从而影响其他国家之间的数据跨境流动规则的协调。①

GATS 第 7.5 条规定:"只要适当,承认即应以多边议定的准则为依据。在适当的情况下,各成员应与有关政府间组织和非政府组织合作,以制定和采用关于承认的共同国际标准和准则,以及有关服务行业和职业实务的共同国际标准"。该规定表明,WTO 法有可能促进不同隐私框架的互操作性,从而协调数据跨境流动规则。根据该规定,成员可以通过纳入从事隐私标准和相关问题工作的跨国机构或多利益相关方机构,使相互承认的对话(例如在服务贸易理事会中的对话)更为有意义。WTO 可以与从事国际合作以制定隐私规则/标准和跨辖区隐私执法的机构保持联系,如数据保护与隐私专员国际大会。该机构在采纳有关数据保护最佳做法的国际准则方面发挥着关键作用,并且在进一步制定数字隐私问题的规则和建立国际共识方面具有非常重要意义。②

综上所述,数字经济的兴起推动了数据跨境流动,同时也带来了对国家安全、商业利益和个人隐私保护的新考验。随着个人数据全球流动的日益频繁,国家之间在数据监管标准、个人隐私保护法律和数据本地化政策上的差异,不仅考验着国际社会的法律智慧,而且是对全球治理能力的挑战。在此背景下,构建一个公正、高效且能够保护个人隐私和国家安全的国际数据法律框架显得尤为迫切。为了实现这一目标,国际社会必须加强合作,共同制定和实施跨国数据保护标准,实现数据自由流动与数据保护之间的良性互动,从而推动全球经济的健康发展。

5.3 国际金融与国际数据法

国际金融领域涉及大量跨国交易和数据交换。金融机构在全球范围内运作,需要处理客户的个人信息、交易数据和通信记录等敏感数据。这些数据对于保护客户隐私、维护市场秩序至关重要。③ 因此,确保数据合规不仅是法律的要求,也是金融机构责任的重要组成部分。国际金融数据合规挑战主要包括遵守不同国家和地区的法律法规、保护数据隐私、防止数据泄露,以及确保数据存储和管理的安全性。随着云计算、大数据、人工智能等技术的应用与发展,数据

---

① 赵海乐:《数字贸易谈判背景下的个人信息保护行业自律规范构建研究》,《国际经贸探索》2021 年第 12 期,第 101—112 页。

② Andrew D. Mitchell and Neha Mishra, "Regulating Cross-Border Data Flows in a Data-Driven World: How WTO Law Can Contribute," *Journal of International Economic Law* 22, no. 3 (2019): 389-417.

③ 邢会强:《大数据时代个人金融信息的保护与利用》,《东方法学》2021 年第 1 期,第 50 页。

的生成和处理速度显著提升,这为金融服务的创新提供了新的动力,但也带来了数据安全和隐私保护的新挑战。

金融数据,通常指"金融类机构开展金融业务、提供金融服务及日常经营管理所需或产生的各类数据"。作为数据的下位概念,金融数据亦具有数据的特征,因此它能够被应用于传统数据管理技术及大数据技术中,以实现数据的组织、存储、计算、分析和管理工作。而金融数据自身具有高度的准确性、敏感性和商业性等特性,个人金融数据又是金融数据的重要组成部分。对于个人金融数据与个人金融信息的关系,国际条约规定或者域外实践中,倾向于认为两者具有一致性。我国立法与实践则承认两者在概念上有一定重合性,但仍然采取有差别的保护模式。①

5.3.1 国际金融的数据合规挑战

数据是信息的载体,数据流动带动信息流动。通过对数据的收集和处理,数据中蕴含的信息才会显露,数据的价值才能实现。而又由于不同行业,甚至同一行业的不同部门,对同一种数据或者信息的解释和观察角度不同,数据的价值也具有多样性。因此,数据只有充分流动才能创造价值。金融数据的价值在于,金融企业能够通过处理和分析数据,探查经济规律、了解投资风险、掌握投资者偏好从而设计更安全、高收益的金融产品。随着数字经济的日益发展,金融企业越来越依赖于金融数据在全球范围内的流动。在数字经济时代,金融数据的价值不仅体现在其直接的经济利益上,而且体现在其对金融市场稳定性和透明度的提高上。金融数据的高效治理和安全共享是推动金融服务创新和提高服务效率的关键。然而,金融数据跨境流动虽然提升了金融服务的全球化水平,但也带来了数据安全和隐私保护的挑战。②

1) 中国金融数据规则制定面临的困境和挑战

合理、完备、系统化的规则体系是确保合规性的基础。只有在建立了合适的规则后,市场主体才能有明确的标准来遵循,从而确保其行为的合规性。在金融数据跨境流动这一特定领域中,规则体系的建立尤为重要,因为它不仅关系到金融数据的安全和隐私保护,还影响着金融市场的开放性和竞争力。然而,目前在金融数据跨境流动领域中,我国面临流动规则不完善和数据本地化偏好的问题。

---

① 蔺捷、田晨:《个人金融数据跨境流动规制研究》,《上海大学学报(社会科学版)》2021年第6期,第101页。
② 钟红、杨欣雨:《金融数据跨境流动安全与监管研究》,《新金融》2022年第9期,第38—39页。

（1）相关规则不完善。

个人信息与个人数据的概念存在混乱。关于个人金融信息和个人金融数据,不同国内法规之间存在混合使用的情况,如《个人金融信息(数据)保护试行办法》等。还存在已有明确区分但实质上仍认可两者在含义上存在一致性的情况,如《个人信息保护法》《数据安全法》等。"金融数据"与"金融信息"概念的不统一,可能会带来监管内容的混乱和监管对象的不明确性。[1] 此外,虽然个人信息和个人数据两者的含义存在实质上的一致性,但我国立法有对施行两者进行差别化的管理规定。金融数据与金融信息是否能够获得同等的保护则不得而知。[2]

关于金融数据跨境流动的法律法规较为分散,且缺乏独立、专门的规则体系。在中国内,涉及金融数据跨境流动的法律法规分散在不同的法律文件中,如《网络安全法》《数据安全法》《个人信息保护法》等,但缺乏一个统一的法律框架来指导和规范金融数据的跨境流动。这进一步衍生出一些不合理的规制路线。目前,我国法律仍依据数据控制者的性质,整体地对某一控制者所有数据跨境传输活动进行统一化规制。在此规制思路下,大多金融企业都会被认定为需要重点关注的数据控制者。因此,金融企业涉及的数据出境活动都会无差别地受到相关合规要求。然而,有学者提倡,应从数据控制者本位立场转化为数据本位立场,即将监管强度细分到作为监管对象的每一份数据中。先建立相关制度,对数据分类分级管理,而后根据金融企业的性质,为它们的金融数据跨境活动匹配不同的权利和义务。[3] 数据本位的管理措施可以提高金融数据出境的灵活性,满足金融企业充分利用金融数据,挖掘全球数据价值的效益需求。

（2）数据本地化偏好。

在金融领域,当前我国对金融数据跨境流动的规则确实倾向于数据本地化,而这一策略在很大程度上是出于对国家信息主权的重视,以及对个人数据安全和隐私的保护需求。从国家安全和个人隐私的角度出发,我国实施数据本地化的措施,旨在保护国家安全、数据主权和个人的基本权利。鉴于金融数据的敏感性和隐私性,其跨境流动自然要受到更为严格的监管,这也是推动数据本地化政策的关键因素。

然而,在数字经济的大背景下,金融数据的自由跨境流动已成为金融服务

---

[1] 郭德香、李晓豫：《我国个人金融数据跨境流动的法治保障》,《河南财经政法大学学报》2022年第6期,第84页。
[2] 蔺捷、田晨：《个人金融数据跨境流动规制研究》,《上海大学学报(社会科学版)》2021年第6期,第101页。
[3] 许多奇、董家杰：《我国跨境数据流动中的金融企业合规治理》,《吉林大学社会科学学报》2024年第3期,第46页。

贸易发展的必然需求。一方面,过度的数据本地化可能会带来诸多不利影响,包括但不限于阻碍国内金融业务和跨境经济的发展、不利于跨境金融监管的有效实施,以及间接提高金融市场的进入门槛。另一方面,过度的数据本地化还可能阻碍与国际金融数据规则的融合。这表明,尽管数据本地化有其合理性,但在实际操作中,需要寻找一个恰当的平衡点以促进金融数据的自由跨境流动。

为了应对这一挑战,我国应当制定一套统一且协调的金融数据跨境流动规则,以利益平衡为指导原则,对金融数据流动分级分类监管,并积极参与全球数据流动规则的制定,以维护国家安全和利益。同时,还需要加强对个人金融信息的保护,推动金融机构建立和完善自身的数据合规体系,并积极开展双边及多边合作,以充分利用金融数据的价值。

在金融数据跨境流动的管理上,我国将国家安全置于首位,但同时也需要调整监管策略,并在金融数据控制者的范围、金融数据的分级监管等方面进行优化和完善,以实现金融数据跨境流动规则的有序化。通过这些措施,我们不仅能够保障国家安全和个人隐私,而且能促进金融数据的自由跨境流动,为数字经济的发展提供支持。

2)金融企业数据合规面临的挑战

金融数据中包含了大量敏感的信息。这些信息或关系到个人重要隐私,或关系到企业商业秘密、投资战略,或甚至与一国公共利益、国家安全紧密相关。因此,若不对金融数据施加控制,就有可能造成数据的滥用、过度收集和泄露,将会严重侵犯个人隐私,削弱企业的竞争优势,甚至损害公共利益、危及国家金融安全。特别是在大数据时代,随着技术的发展,虽然金融信息的收集、存储和分析更加高效和广泛,但同时也带来了新的安全问题,例如金融信息可能被非法秘密地收集、二次利用、交叉多元等。[1] 金融行业"一旦遭到破坏、丧失功能或数据泄露,可能严重危害国家安全、国计民生、公共利益和关键信息基础设施"。[2] 因此,加强金融数据的法律法规建设,完善数据治理机制,是确保金融数据价值实现的重要前提。

尽管各国对金融数据跨境流动有不同的风险偏好和利益衡量,但都对安全提出了一定的要求。可以说,如今在金融领域具有影响力的国家,对金融数据的相关规定从不是"安全"和"自由",也不是"本地化"和"无障碍流动",而是形成了两极之间多样的连续体。又因为各个国家处于不同的发展阶段,且各国数

---

[1] 张继红:《论我国金融消费者信息权保护的立法完善——基于大数据时代金融信息流动的负面风险分析》,《河南财经政法大学学报》2022年第6期,第96—98页。
[2] 蔺捷、田晨:《个人金融数据跨境流动规制研究》,《上海大学学报(社会科学版)》2021年第6期,第97页。

据权利的理念、对国家安全与公共利益的界定、对金融数据的重视程度等均存在差异,所以各国对于金融数据跨境流动的规定都不尽相同,区域与区域之间的相关协定亦有很大差别。

在国际数据规制背景下,最具特色的两大数据规则当属以 GDPR 为典型的"欧式规则";以《消费者金融信息隐私法》《金融服务现代化法案》《外国投资风险审查现代化法案》等国内法和 USMCA 等国际自由贸易协定为核心的"美式规则",反映了两大经济体对于金融数据跨境流动的不同态度。一是,欧盟将个人隐私和数据权利作为基本权利进行保护,采取安全优先的规制模式。对于金融数据或个人金融数据的跨境流动,欧盟没有单独规定,而是将其置于 GDPR 的管辖之下。因此,"白名单""标准合同"和"约束性公司"等制度同样适用于金融数据跨境传输。二是,美国更加注重充分发挥数据价值,采取自由流动优先的规制模式。这种理念最充分地体现在以美国为核心的各种双边和多边协议中。除了前述两大典型规则,在世界范围内,大部分国家也都形成了国内独特的金融数据跨境传输规则。

因此,各国国内和国际社会规则的不统一性,为金融企业带来巨大的金融数据合规挑战。从成本和风险的角度来看,一方面,由于缺乏世界范围内通行的金融数据规则,希望走向国际的金融企业必须进行个案分析,参照特定东道国的法律法规有针对性地制定企业内部合规方案,甚至要相应地改动母公司的数据传输方式和政策,这可能带来不小的合规成本。即使对于仅在母国境内发展的金融企业,由于他国国内法的间接域外效力,它们都必须或多或少地将域外金融数据的保护规则纳入本公司的合规计划中。特别是在当下,数据"欧式规则"和"美式规则"两大典型的立法模式都在寻求扩张各自的管辖范围,通过相关立法创造出新的域外管辖连接点。[①] 另一方面,规则差异还可能提高金融企业的违法风险,违反相关数据跨境传输规则,可能会引致民事纠纷、行政处罚甚至刑事责任。从效益角度看,差异化的国际金融数据传输规则将会降低金融数据的共享程度和数据质量,使金融企业难以充分挖掘全球金融数据的价值,数字经济难以产生规模效应。

5.3.2 金融科技创新与国际数据法

金融科技是一种利用尖端信息技术来创新金融市场、金融机构和金融服务

---

① 许多奇、董家杰:《我国跨境数据流动中的金融企业合规治理》,《吉林大学社会科学学报》2024 年第 3 期,第 48 页。

的新兴领域。它涵盖了人工智能、区块链、云计算、大数据等前沿技术,致力通过技术革新提升金融服务的效率,降低运营成本,同时为消费者带来更便捷、更安全的服务体验。金融科技的崛起对传统金融行业产生了革命性的影响,它不仅重塑了金融服务的交付模式,还激发了金融市场的创新活力。例如,借助金融技术,资金结算和支付流程得以加速,银行业务效率得到显著提升,从而推动了金融市场的稳健增长。此外,金融技术还赋予了金融机构更强大的风险管理能力,扩大了金融服务的覆盖范围和普惠性。

尽管如此,金融技术的发展同样伴随着挑战与风险。随着技术的飞速发展,传统金融体系面临着新的安全威胁,尤其是在信息安全和隐私保护方面。因此,加强金融技术监管变得尤为关键,以保障金融市场的稳定性和持续健康发展。

金融科技的迅猛发展正深刻改变着传统金融行业的运作模式。这一变革的核心,便是对庞大金融数据的深度挖掘和应用。金融数据的高度开放与自由流动,不仅是金融科技实现创新和进步的关键,更是金融企业实现数字化转型的重要基础。金融企业通过整合来自全球各国金融体系的丰富数据资源,能够更加精准地把握市场脉搏,洞察金融趋势。利用大数据技术,企业能够深入分析金融市场的复杂规律,从而为决策提供科学依据。这些数据不仅能够帮助企业识别和量化风险,还能够揭示潜在的市场机会。进一步来说,金融企业可以运用深度学习等先进的人工智能技术,构建复杂的模型,以分析和预测用户行为和需求。基于这些分析结果,企业能够为用户提供个性化的投资建议,设计出低风险、高收益的定制化金融产品。这些产品不仅能够满足用户的个性化需求,还能够在风险控制和收益最大化之间找到平衡点。随着这些优化后的金融产品成功进入市场,它们产生的新一轮金融数据又将成为金融科技发展的宝贵资源。这些数据可以被用于进一步的产品迭代和创新,形成一种正向的反馈循环。在这个循环中,金融科技不断进步,金融产品不断优化,而用户则能够享受到更加优质、智能的金融服务。

然而,金融科技的高度自动化、黑箱化,又可能对个人信息、商业秘密和国家安全造成威胁。随着金融行业与其他各行业交流与联系的加深,以及金融科技处理金融数据的能力的不断提高,日新月异的金融科技创新可能带来数据滥用的系统性风险。因此,为防止金融创新成为"破坏性创新"[1],各国正努力通过立法与实践,采用适当的监管措施,合理规避前述风险,在确保国家金融安全的

---

[1] 许多奇:《金融科技的"破坏性创新"本质与监管科技新思路》,《东方法学》2018年第2期,第4—8页。

前提下,尽可能地为金融科技的发展提供优质的金融数据。

在发展与规制的过程中,金融科技与国际数据法制之间产生了诸多互动,其中最具代表性的就是金融科技对国际数据法规则的冲击。现分析常见金融科技类型的特点,以及各类型金融技术可能给数据法规则带来的影响。

1) 区块链技术

区块链是一种让多个参与方合作来维持一份日益增加的资料清单的分布式记账技术。这些被称作"区块"的数据记录被连接在一起,构成了一条链。每一组数据中都含有一组数据,这些数据通过哈希等加密方式与数据块相关联,以保证数据链的完整、无篡改。由于具有分布式、不可篡改、透明等特点,区块链技术在金融技术领域得到了广泛的应用。但这一特点也给已有的数据分析方法带来了新的挑战。

一方面,分散的权力和数据的主权之间产生了矛盾。区块链技术在没有中心控制点的情况下,将数据记录在分布式的账簿上,数据的储存与处理就不会只局限于一个地区,而会分散到世界各地的多个地方。但这样的分布式模型违背了传统的数据主权理念,使得国家很难在这样一个分散的环境下有效地执行数据保护法律。例如,欧洲联盟 GDPR 规定,数据处理者应该清楚地知道自己的数据存放的地方,这样管理者才能实施他们的监管,但由于区块链在世界各地的分布,要想做到这一点很困难。

另一方面,区块链的不可篡改性和数据的删除权是一对矛盾。区块链的不可篡改特性在保障数据完整透明的同时,也为删除技术提出了新的挑战。GDPR 授予欧盟人民"被遗忘权",可以在某些情况下,请求移除他们的个人资料。但在区块链中,数据一旦被写入区块链中,就很难再对其进行任何改动和删除,因此 GDPR 的相关条款就有了很大的矛盾。目前,尽管已有一些技术方案试图从链外保存个体数据、只在链中保存散列值等方法,但其有效性与遵从性仍然存在争议。

2) 金融人工智能和大数据

金融人工智能与大数据已广泛应用于金融科技风险控制、欺诈检测、客户服务等领域,但同时也给数据安全与隐私带来了新的挑战。

金融人工智能算法的透明性与公平性尚不明确。人工智能系统的训练与决策往往依赖于复杂的算法与海量的数据。这些运算法则通常以黑箱方式工作,因此很难解释和审核。这就要求数据法律必须公开、公平,但与某些数据保护规定相矛盾,即数据主体完全了解其使用方式,并有自由选择的权利。

大数据技术通过对海量数据的采集、存储和分析,揭示其隐含的规律与趋势。然而,随着大数据的广泛应用,隐私泄露的风险也越来越大。大数据分析通常涉及大规模处理与重复使用的个人数据,这可能突破了数据主体的最初同意,违背了 GDPR 的宗旨限制原则。例如,数据保护法规通常要求数据处理有明确的用途,并在达到目的后将其删除,而大数据分析则可能继续使用数据以进行不同的分析,从而产生合规问题。

金融机构与科技企业需要在科技创新与数据保护间寻求平衡。一方面,需要不断地对算法进行优化,增强算法的透明性与解释性,保证决策过程能为监管者和用户所理解。另一方面,企业也应加强对个人资料的保护,以保障个人资料的安全性与隐私性。这可能包括对数据存取进行更严格的控制、加密和匿名处理,并发展更清楚、透明的数据处理政策。最终实现金融人工智能与大数据技术在保障用户隐私的同时,促进金融科技产业的健康发展。

3）与物联网相关的金融技术

随着物联网技术在金融科技领域的应用越来越多,比如智能支付设备,网络保险设备等。然而,物联网终端海量数据采集与传输也给数据安全带来新的挑战。

物联网设备由于其计算能力低、安全性差等特点,极易成为网络攻击的对象。物联网设备一旦被入侵,将会造成大量的数据泄漏。金融科技企业需要保证他们的物联网设备满足 GDPR 的安全要求,并对数据进行加密保护,防止数据被滥用。

物联网终端在后台不断采集、传输数据,导致数据主体对其数据采集与使用方式缺乏认知与控制。例如,智能支付手环可能会在使用者不知道的情况下,收集地点、消费习惯等资讯。这种做法可能会违反数据保护法规中关于透明化和告知性的规定,即用户有权了解其数据如何被收集、使用和共享,以及控制这些数据的使用。

为了解决该问题,需要金融科技公司在设计与部署物联网设备时,充分考虑用户的隐私与知情权。这可能包括制定明确的隐私策略,清楚告知使用者他们的资料是如何被收集、使用及分享的;向使用者提供选择来控制他们的资料,例如让使用者选择是否同意收集及使用资料;以及确保使用者可以方便地存取、更正或移除他们的个人资料。如此,既能提高用户的信任度,又能有效地遵守相关的法律法规,减少法律风险。

数字经济正在重塑人们的生活方式,并深刻改变着各个产业的全周期发展方式。不可否认,金融数据在数字经济中扮演着非常重要的角色。各国逐渐认识到,一方面,在数字金融领域,自由、高质量的数据流动能够促进金融企业创造及个性化金融服务,实时进行市场分析,驱动金融科技创新;另一方面,金融数据事关个人隐私、商业秘密和国家安全,因此必须建立一套完备的金融数据保护法律制度,对金融企业采集、存储、处理、传输金融数据等方面进行规范,以保护各主体的合法权益。同时,要加强金融数据监管,保证金融机构在数据处理过程中符合法律规定,避免数据被滥用,使监管措施与金融科技同步,严格防范金融科技可能对国家、社会金融安全带来的系统性风险。与此同时,为了应对金融科技引发的跨界风险,各国需要加强国际合作。制定国际准则与标准,以促进金融数据合法、合规地流动,维护世界金融市场的稳定与健康。

5.4 知识产权与国际数据法

5.4.1 数据作为知识产权对象的争议

随着数字技术的发展,日益频繁的数据跨境流动为各国权利人带来了与知识产权保护相关的挑战。数据与知识产权的关系问题可以分为两类:一类是与数据相关的知识产权保护问题,另一类则是数据是否构成一类新型知识产权的问题。对于前者,在数据管理方面,知识产权管理是数据管理的重要组成部分。可以从现有的知识产权立法入手,从专利法、著作权法、商业秘密法等知识产权规则出发,寻找能够保护数据本身、与数据相关的硬件和软件的知识产权的相关规则。例如,第 2 章介绍的 WTO 框架下的《TRIPS 协定》中的版权与数据汇编的保护规则、计算机程序与数据库的保护规则;WIPO 框架下的 WCT、WPPT、《伯尔尼公约》;多边、双边 FTA 中知识产权章节的相关规则,均能为与数据相关的知识产权的保护和执法提供指引。对于新型知识产权的问题,则要通过对比数据与知识产权在属性、功能、保护目的等方面的异同,判定数据本身是否能够作为一种新型的知识产权进行保护。近年来,数据是否能够成为一种新的知识产权这一问题在国内及国外学界和实务界掀起了激烈的讨论。

1) 我国的数据知识产权保护实践

2021 年 9 月,中共中央、国务院印发《知识产权强国建设纲要(2021—2035 年)》(简称《纲要》),指出"构建响应及时、保护合理的新兴领域和特定领域知识产权规则体系",其中就包含"研究构建数据知识产权保护规则"。除此之外,《纲要》还指出"建立数据标准、资源整合、利用高效的信息服务模式。加强知识产权数据标准制定和数据资源供给,建立市场化、社会化的信息加工和服务机制。规范知识产权数据交易市场,推动知识产权信息开放共享,处理好数据开放与数据隐私保护的关系,提高传播利用效率,充分实现知识产权数据资源的市场价值,从而推动知识产权信息公共服务和市场化服务的协调发展。加强国际知识产权数据交换,提升运用全球知识产权信息的能力和水平"。同年10月出台的《"十四五"国家知识产权保护和运用规划》中,"专栏2"即为"数据知识产权保护工程",该专栏主要涵盖两项内容。一是构建数据知识产权保护规则:深入研究数据的产权属性,探索开展数据知识产权保护相关立法研究,推动涉及数据知识产权保护的法律法规的完善。完善数据知识产权保护政策,探索建立分级分类的数据知识产权保护模式;推动建立数据知识产权保护行业规范,加强数据生产、流通、利用、共享过程中的知识产权保护;研究推动数据知识产权保护国际规则制定。二是促进数据资源利用和安全保护:支持有条件的地区开展数据知识产权保护和运用试点在保护个人信息安全和国家数据安全的基础上,促进数据要素的合理流动、有效保护和充分利用,积极开展数据知识产权保护国际合作与交流。

2022年11月,国家知识产权局办公室发布《关于确定数据知识产权工作试点地方的通知》(简称《试点通知》),确定北京市、上海市、江苏省、浙江省、福建省、山东省、广东省、深圳市等8个地方作为开展数据知识产权工作的试点。《试点通知》要求各试点制定"数据知识产权地方试点工作实施方案"。截至2024年6月,浙江、北京等试点已公布相关工作方案及相关规范性文件。

浙江是我国首个为数字经济立法的省份,早在2011年,即《试点通知》颁布前,国家知识产权局就已大力支持浙江打造知识产权强国建设先行省,授权浙江率先探索数据知识产权制度改革。2022年9月通过的《浙江省知识产权保护和促进条例》第16条明确规定:"省知识产权主管部门应当会同省有关部门依法对经过一定算法加工、具有实用价值和智力成果属性的数据进行保护,探索建立数据相关知识产权保护和运用制度"。2023年4月,浙江省市场监管局等10部门联合颁布《浙江省数据知识产权登记办法(试行)》,对数据知识产权登记的适用范围、登记申请、登记审查、登记证书的使用及监督管理做出规定。其中,本办法适用于对依法收集、经过一定算法加工、具有实用价值和智力成果属性的数据提供数据知识产权登记服务;提出数据知识产权登记服务申请的应当是依法依规处理数据的单位或个人。登记证书可以作为持有相应数据的初步证明,用于数据流通交易、收益分配和权益保护。

北京于2022年11月颁布《北京市数字经济促进条例》,其中第53条规定,"知识产权等部门应当执行数据知识产权保护规则,开展数据知识产权保护工作,建立知识产权专利导航制度,支持在数字经济行业领域组建产业知识产权联盟;加强企业海外知识产权布局指导,建立健全海外预警和纠纷应对机制,建立快速审查、快速维权体系,依法打击侵权行为"。在此基础上,北京市知识产权局等 4 部门于 2023 年 5 月联合出台了《北京市数据知识产权登记管理办法(试行)》,对数据知识产权的登记对象、登记内容、登记程序及管理监督进行规定。其中,数据知识产权的登记对象是指数据持有者、数据处理者依据法律法规规定或者合同约定收集,经过一定规则或算法处理、具有商业价值及智力成果属性的、处于未公开状态的数据集合。数据知识产权登记主体,是指依据法律法规规定或者合同约定持有或者处理数据的主体,包括进行数据收集、存储、使用、加工、传输、提供、公开等行为的自然人、法人或者非法人组织。数据知识产权登记证书是登记主体依法持有数据并对数据行使权利的凭证,享有依法依规加工使用、获取收益等权益。同年 12 月,北京市知识产权局、北京市经济和信息化局、北京市人民检察院,结合北京市数据知识产权试点工作需要和企业实际情况,联合出台《北京市企业数据知识产权工作指引(试行)》,对数据知识产权创造、运用、管理、保护和涉外数据知识产权几项议题作出指引。

上海市于 2021 年 11 月颁布《上海市数据条例》,其中第 70 条指出,"本市支持浦东新区建立算法评价标准体系,推动算法知识产权保护"。2023 年 12 月,上海市人民政府办公厅等印发《上海市人民政府 国家知识产权局共建高水平改革开放知识产权强市 2023—2025 年工作要点》,其中第 2 项即为"深化数据知识产权工作试点,探索数据知识产权保护规则,试点开展数据知识产权登记"。

2023 年 10 月,深圳市市场监督管理局发布《深圳市数据知识产权登记管理办法(试行)(征求意见稿)》,规定了登记程序、证书应用和监督管理。根据"征求意见稿",该办法适用于为依法依规获取、经过一定规则处理形成的,具有实用价值的数据提供数据知识产权登记服务活动。数据知识产权登记主体为数据处理者,包括依法依规进行数据收集、存储、加工、使用、提供的个人、法人和非法人组织。登记证书可以作为登记主体持有相应数据的证明,用于数据流通交易、收益分配和权益保护。

2) 学界关于数据性质的讨论

学界主要围绕如何构建数据产权制度以保护数据权益争鸣,在实践中主要通过著作权法、反不正当竞争法两种制度路径对数据侵权案件进行裁判。从整体上看,现有理论与实践大多以数据保护为核心理念,形成数据保护范式。数据保护主流理论以人格权财产化、数据物权等为代表,体现的是以数据保护为核心或基调的范式。这种研究思路试图拓展传统理论的边界,通过革新旧理论为数据赋权并提供保护,现行大部分理论是基于数据保护理念下的制度设计。①

（1）人格权财产化的数据保护理论。

隐私权是人格利益的重要体现,人格权财产化理论起源于对隐私权的保护。Samuel Warren 和 Louis Brandeis 是最早研究个人隐私的学者,他们认为个人对新技术和商业便利等利益的渴望与个人隐私免受窥探的本能之间存在着明显的矛盾关系。② 随后,有学者接连提出了个人信息应该被正式承认为财产权客体③、个人信息应进行市场化交易④等不成体系的论述。进入 21 世纪后,Lawrence Lessig 系统地提出了通过隐私权来保护数据的著名观点,他认为隐私是数据的一种形式,个人可以自由衡量其不同隐私的价值。⑤ 至此,人格权财产化理论基本形成。人格权财产化理论认为,个人基于人格利益应对自己的个人信息拥有"可执行的财产权"。⑥

（2）数据物权理论。

数据不仅具有人格权利益,而且具有经济价值,在法律上对数据财产保护时还需要对数据财产的法律属性进行定位。通过扩张解释"物的客体",主张数据系"类物权",比照物权对数据进行"强保护"的观点一度引起学界共鸣。有学者基于占有法、侵权法、破产法、强制执行法等具体法律领域中问题的处理范式发现,通过借鉴物权保护原理构建数据所有权是数据确权的可行进路。⑦ 还有学者认为,从反不正当竞争法的行为规制模式到"数据权"等赋权模式都无法解决数据财产权的权益分配问题,借鉴"自物权-他物权和著作权-邻接权"的思想,应当构建数据所有权和数据用益物权相分离的二元权力结构。⑧ 然而,批判"类物权"的观点似乎更多,学界已对将数据拟制成为类似于电、热、声、光等自然事物的观点进行有力批判,认为对数据设定绝对的排他性支配权,与数据共享性、公益性的基本理念存在本质差异。⑨⑩⑪

---

① 商建刚、马忠法:《数据权益的实现:从保护到运用》,《社会科学辑刊》2023 年第 3 期,第 46—57 页。
② Samuel D. Warren and Louis D. Brandeis, "The Right to Privacy," *Harvard Law Review* 4, no. 5 (1890): 193 - 220.
③ O. M. Reynolds, "Review of Privacy and Freedom by Alan F. Westin," *Administrative Law Review* 22, no. 1 (1969): 101 - 106.
④ Kenneth C. Laudon, "Markets and Privacy," *Communications of the ACM* 39, no. 9 (1996): 92 - 104.
⑤ Lawrence Lessig, "Privacy as Property," *Social Research* 69, no. 1 (2002): 247 - 269.
⑥ Jamie Lund, "Property Rights to Information," *Northwestern Journal of Technology and Intellectual Property* 10, no. 1 (2011): 1 - 18.
⑦ 纪海龙:《数据的私法定位与保护》,《法学研究》2018 年第 6 期,第 72—91 页。
⑧ 申卫星:《论数据用益权》,《中国社会科学》2020 年第 11 期,第 110—131、207 页。
⑨ 钱子瑜:《论数据财产权的构建》,《法学家》2021 年第 6 期,第 75—91、193 页。
⑩ 韩旭至:《数据确权的困境及破解之道》,《东方法学》2020 年第 1 期,第 97—107 页。
⑪ 赵磊:《数据产权类型化的法律意义》,《中国政法大学学报》2021 年第 3 期,第 72—82 页。

（3）商业数据控制论。

为了促进数据要素在市场上自由流通与交易，与其以《民法典》物权编为依据构建商业数据财产权，不如依据经济学上的责任归属理论制定商业数据控制和使用规则，因为后者效率更高。近年来，这种实用主义的思潮及其重要性不仅在我国学理上获得关注，也在司法实务中或多或少地被认可。因此，除了上述具有绝对性的数据财产权论的保护进路之说，目前我国学界也有倾向于在私法上创设相对性的商业数据使用权控制保护的观点。德国信息（数据）法学者赫伯特·策希教授也主张，"应当在保证商业数据市场流通的基础上，限制权利人对数据（集）绝对性的排他要求，进而创设有利于竞争且能相对控制数据使用权的权属"。商业数据控制（使用）权是由具有利益关系的主体通过限制性合同等方式所创设和定义的，由市场参与主体通过相应技术措施所保障的商业数据控制权，包括使用或许可他人使用其收集或加工后的数据，避免数据被他人非法抓取、使用或访问的权利等。有别于上述"商业数据财产权论"对数据的绝对排他性的"占有"状态，该保护进路支持者基于当前大数据交易的实际，例如目前实务中有关数据访问和使用的授权通常是主体间以合同的方式而达成，进而在法律上赋予双方交易主体相对性的债权保护。我国也有学者更进一步提出"商业数据控制论"的变体，例如通过将商业数据纳入著作权法上"公开传播权"的调整范围来构建所谓"数据有限排他权"。[①]

（4）数据知识产权理论。

我国有学者基于商业数据类似于知识产权客体的无形性和财产价值，从知识产权维度提出所谓"商业数据权"或是"衍生数据权"等独立赋权的新概念。知识产权理论考虑的是数据的创新性。就此，我国学界主要从两个方面展开：一是在现有知识产权框架内以衍生的商业数据为客体以涵盖多种知识产权权能的方式创设全新的知识产权——商业（衍生）数据权。二是对标现有的知识产权制度，创设改良后的相对新型的知识产权。例如，孔祥俊教授提出，"基于数据的本质特性及工业产权的历史逻辑和制度内涵，有必要将商业数据纳入工业产权的范畴，确立商业数据权的概念和类型，以可公开性数据信息为保护对象，包括技术数据和经营数据等，并大致对应于商业秘密，属于保护可公开性数据信息的新类型信息保护类工业产权"。其主张在知识产权体系内构建类似于商业秘密权的新型商业数据权。此外，基于商业数据属于信息的本质，在扩展保护方式上，也有学者认为信息产权是知识产权的延伸和补充，可以在知识产

---

① 吴桂德：《商业数据作为知识产权客体的考察与保护》，《知识产权》2022年第7期，第91—109页。

权作为"源权利"的结构基础上。例如,对在信息产权法名义下的筛选和优化进行查漏补缺,建立一套在信息社会更加契合时代需求、更加行之有效的有关商业数据保护的专门制度。尽管在有关权利的特征与责任归属主体方面,上述两个观点有所差异,但其都认为数据具有知识产权的客体属性,且都主张将商业数据纳入知识产权的调整范畴。[①]

针对"数据是否能成为独立知识产权"的问题,持反对观点的学者指出,数据本质上是认知媒介,是知识生产或创新的原材料。数据作为"生产要素"是对数据成为知识生产资料现象的概括。这再次凸显数据在推动人类认知进步或知识生产中的作用。人类社会进步与发展不仅建立在对真实、全面、完整的数据获取和汇集利用上,而且建立在快速高效、低成本获取高质量的足够规模的数据上。但在知识产权体系下,并不是所有创新都可以赋予专有权。专有权权利客体要求创新知识范围可界定,可以通过某种形式表示(可传播或可学习),具有固定或稳定的价值(有必要设置专有权),且专有权的权利范围仅限于创新成果中的创新部分。这是因为赋权意味着遵循排他性支配权(绝对权)原理,给权利人以自由和非权利人以不自由,就要求制度设计中界定和公示专有权控制的边界,为社会创制明确的行为规范和预期。典型的三类知识产权(著作权、专利权和商标权)坚持传统排他性支配权原理,通过明确的专有权客体范围的公示机制,努力划定专有权人的自由和非权利人不自由的边界。虽然在许多情形下这种边界存在模糊性或可争辩性,但在形式上这条边界是清晰的。即使满足专有权赋权体系的创新成果,仍然存在许多例外。总体上,知识产权特别将知识内容置于保护范围或专有权控制范围之外,所有创新成果都是基于前人知识的进一步创新,实现了受到保护的部分仅限于创新者"创造"或"创新"部分,获得与激励相当的专有权(行使期限和权利限制)。同时,对于创新部分的专有权仅限于商业化实施行为的控制,而且技术内容或作品内容会公之于众,供社会公众学习和进一步创新。因此,基于此种理念,知识产权无法将赋权体制延伸到事实的数字化表示——数据。此外,如果将赋权机制延伸到产生知识、事实表示性质的数据,那么通过客体边界确定权利边界的机制就丧失基础。其主要原因是基于数据本身的性质特征,无法通过控制(类似物权法的占有)来彰显其控制(权利)边界。因此,从知识产权制度的基础理论来看,该制度定位于对创新智能成果的保护,而没有触及支撑创造性劳动的数据生产部分,甚至

---

① 吴桂德:《商业数据作为知识产权客体的考察与保护》,《知识产权》2022年第7期,第91—109页。

将数据利用置于保护之外,难以直接对数据赋权。①

将数据作为独立的知识产权的优势还在于,知识产权制度中促进知识产权运用的权利许可范式,可以在确保数据安全和数据分类分级的基础上考量数据的特质、涵盖各类各级数据、考虑各类主体权益。"数据二十条"要求,保护经加工、分析等形成数据或数据衍生产品的经营权,依法依规规范数据处理者许可他人使用数据或数据衍生产品的权利,促进数据要素流通复用。从上述中国已开展数据知识产权登记的试点城市发布的相关文件内容上看,数据知识产权定义中的核心要素是"具有商业价值及智力成果属性",其登记的主旨除了"确权",更重要的是促进其流通与运用。但也正如持反对意见的学者指出的,将数据直接作为新型知识产权客体的观点,无论从法理还是从目前司法实践维度考虑,都有待进一步论证:一是如此赋权显然在法理上难以自洽;二是难以直接回应当前司法实践之所需。在所谓"新型商业数据权"的理论构建上,该提法创新性地提出了"商业数据权属界定的三大原则",但仅局限于原则性的理论构建层面,是否有实际指导意义,有待今后在实践中进一步检验。从目前司法实践维度审视,即便该提法具有理论上的独到见解,但并未切实回应当下实践审判之所需。目前无论是在我国还是在欧美各国的司法实践中,法官在审理有关商业数据的争讼时还是持较为谨慎的态度。具体而言,出于现行法稳定性的考虑,各国法院对涉及商业数据的纠纷,通常以知识产权维度的著作权法和反不正当竞争法等协同规制为主。②

综上所述,虽然创设"数据知识产权"这一"新型权利"有一定道理,以及能为数据的流动和运营提供帮助,但仍有待进一步研究与考证。

5.4.2 数据共享与知识产权独占性的冲突

虽然将数据直接认定为新型的知识产权客体这一问题尚存争议,但从实践上看,正如本节开始提出的,在现有的知识产权制度的框架下,具备知识产权特征的数据本身及与其相关的硬件、软件设施,可以通过著作权、专利、商业秘密等传统知识产权法进行保护。然而,若无相关的协调机制,又因知识产权具有"独占性",数据共享(尤其是跨境数据共享)的目标难以实现。

1)知识产权的独占性

独占性是知识产权的权利特征之一。知识产权制度是一种激励知识创造,

---

① 高富平:《数据知识产权保护论纲》,《数字法治》2024年第2期,第1—17页。
② 吴桂德:《商业数据作为知识产权客体的考察与保护》,《知识产权》2022年第7期,第91—109页。

促进经济发展、科技进步与文化繁荣的重要法律制度,但作为"专有权"的知识产权制度的运行以限制知识和信息的流动为代价。在权利形态上,知识产权是知识类无形财产权利。知识产权作为财产权的专有特征与有形财产的专有性不同,知识产权是被法律人为地授予的专有权。同时,财产权授予的结果是第三人在未经授权的情况下不得使用财产。财产权的授予也会产生一定的消极后果,比如第三人关注的外部性问题。对知识产品而言,在知识产品可以由公众自由获得的情况下,第三人不受限制地利用知识产品就不可避免地会产生"搭便车"现象。在对知识产品授予专有权的情况下,知识产品的自由使用受到了限制。知识产品的产权化即授予知识产权的一个重要特征是使用知识产品要支付费用。① 现代知识产权制度考虑到权利人的专有权和公共利益,对不同的知识产权对象制定了不同的法律规定。

2)"独占"与"共享"之冲突与协调

在科研领域,数据共享的好处是广泛认可并有充分证据支持的。因此,研究人员可能会考虑与他人共享数据库和/或数据内容。然而,为了确保数据能够被他人有效利用,共享时必须明确告知数据的使用条款(如果有)。为了促进数据能够被重用,共享者需要提供数据库的使用条款和数据内容的详细信息。当前,开放数据共享组织(Open Data Commons Group,ODC)开发了具有法律约束力的工具来规范数据集的使用。这些工具结合了版权和合同标准,创建了几种标准许可证,以便数据的共享和使用。此外,通过制定"共享规范",能够为正式许可证的使用提供补充,虽然这些规范不具备法律效力,但能够体现数据共享和数据再利用的理念。ODC 提供了三种主要的许可证:① 公有领域专用和许可(PDDL),该许可证将数据库及其内容专用于公有领域,允许任何人自由使用这些内容。② 署名许可(ODC－By),用户可以自由地以新的方式使用数据库及其内容,但必须提供数据和/或数据库来源的署名。③ 开放数据库许可(ODC－ODbL),该许可证规定,数据库的任何后续使用都必须提供归属,新产品的无限制版本必须始终可被访问,并且使用 ODC－ODbL 材料制作的任何新产品必须使用相同的条款进行分发。这是 ODC 提供的许可证中限制性最强的一种。此外,知识共享(Creative Commons,CC)也提供了一个标准化的许可证库,其中一些许可证适用于数据和数据库。例如,知识共享署名(CC BY)许可证:与 ODC－By 许可证相似,但 CC BY 许可证要求基础作品的版权所有权,而 ODC－By 许可证适用于不受版权保护的作品,比如"事实数据"。与数据管理最相关

---

① 冯晓青:《知识产权法利益平衡理论》,中国政法大学出版社,2006,第 50 页。

的两个CC许可证：一个是CC0(即CC Zero)，当所有者希望放弃其版权和/或数据库权利时，可以使用CC0。它有效地将数据库和数据置于公共领域，功能上等同于ODC PDDL许可证。另一个是公有领域标志(PDM)，用于标记那些已处于公有领域、没有已知版权或数据库限制的作品。例如，可以在数据库中将"事实数据"标记为PDM，以明确其可以自由使用。[1]

在数字经贸领域，以《数字经济伙伴关系协定》(DEPA)为代表的众多数字贸易协定都涵盖了"数据共享"方面的内容。数据跨境流动和数据共享是加速数据驱动型创新的关键。DEPA"创新与数字经济"模块以数据的开放共享为核心，旨在促进数字经济的高效、健康和创新发展，反映了新加坡等经济体在数字治理上的开放理念，鼓励成员国之间可信数据的安全流动。[2] DEPA"创新与数字经济"模块由侧重私营部门释放数据的企业数据共享规则与侧重公共部门释放数据的政府数据开放规则两个部分构成。第一，DEPA数据创新条款要求缔约方在保护个人数据安全的前提下创建更值得信赖的企业数据共享模式，激励数字企业跨境构建数字价值链和数据创新链，并提倡通过建立数据监管沙盒和数据共享机制，鼓励企业间进行跨境数据共享。第二，DEPA要求缔约方之间就政府数据开放展开合作，为数据共享项目构建治理框架，具体从数据开放利用方式、开放数据可用性与开放政府数据质量、开放数据许可模式与数据格式提出了合作要求。[3]

就知识产权的独占性而言，利益冲突既可以表现为不同的知识产权人之间的利益冲突，也可以表现为知识产权人与知识产品的使用者、传播者之间的利益冲突。但考虑到知识产权法的目的与性质，以及知识产权中利益冲突的主要表现，可以认为知识产权法中利益关系和矛盾的主要方面仍然体现在知识产权人的专有权利和利益与社会公众对知识产品需求的权利和利益，在实质上是知识产权人的个人利益和社会公共利益的关系。因此，知识产权法中的利益冲突也主要表现为知识产权人的个人利益与社会公共利益的冲突。[4] 数据权利人在数据的采集、存储、分析上投入了大量的资金和人力，发挥了数据价值挖掘的核心作用，由此应当享受数据带来的利益，并对数据进行控制。其他主体若要获取和使用数据时，必须通知权利人并支付其相应的费用。数据共享和数据开放

---

[1] Cornell University Research Data Management Service Group, *Introduction to Intellectual Property Rights in Data Management* (Ithaca: Cornell University), https://data.research.cornell.edu/data-management/sharing/intellectual-property/, accessed 6 April 2024.
[2] 靳思远：《全球数据治理的DEPA路径和中国的选择》，《财经法学》2022年第6期，第96—110页。
[3] 陈喆：《DEPA数据开放共享规则：中国立场与规则对接》，《学术论坛》2023年第6期，第33—46页。
[4] 冯晓青：《知识产权法利益平衡理论》，中国政法大学出版社，2006，第28页。

是数据要素市场存在的主要流通形式。数据共享是指互为供需双方并相互提供数据的数据双向流通形式,为数据要素市场中的核心环节。然而,数据作为新业务形态下的知识产品,涉及的利益更为复杂,数据不仅涉及数据权利人的合法专有权和公共利益,还涉及他人的在先权利和数据信息权。① 在权利人的专有权和公共利益方面,随着数据排他性与数据共享之间的矛盾的加剧,权利人利用其竞争优势为其他实体进入市场构建壁垒,不利于维护公平、合理的市场竞争秩序。尤其是在国际经贸领域,发展中国家与发达国家之间在国际知识产权领域的博弈从未停歇,无论是公法主体之间的规则谈判,还是私法主体之间的知识产权交易,双方的利益历来难以协调。虽然 DEPA 提出数据共享合作的愿景,旨在为促进技术转移奠定基础,但在实践层面,跨境数据共享的过程中还存在非常多需要协调的冲突,因此面临较多阻碍。

5.4.3　数据跨境流动中的知识产权问题

数据跨境流动是进行数字贸易的前提。数据跨境流动过程中也存在知识产权风险。《全球数字契约》也要求"在尊重知识产权的前提下",为数据质量、衡量和使用制定多层次和可互操作的标准和框架,以实现安全可靠的数据流动和包容性的全球经济。

有学者对数据跨境流动过程中的知识产权保护问题进行了总结,数字经济的特点和互联网的开放性为知识产权的保护带来了四个方面的挑战:第一,网络版权侵权日益严重,随着互联网技术的进步,可以大量搜索、提取、糅合不同的作品进行加工,这种新的网络写作方式很多不具备原创性,大量摘取其他作品中的少量语句进行组合加工,其是否构成侵权难以界定,通常也难以调查取证,增加了原作品作者的维权困难;第二,随着数字产品、数字商标等普及,这些数字形式的知识产权内容随数据跨境流动进入其他国家和地区,往往会出现预期以外的争议,或侵犯输入国的知识产权或被侵权,而且跨境争议解决程序也会给被侵权人的维权带来困难;第三,迅速发展的互联网技术和互联网产品不断产生新的法律问题,既有的法律规则和制度难以直接适用,短时间内会出现法律空白期,带来较高的立法完善压力,对法律工作者和执法机关的业务素质要求越来越高;第四,数字知识产权侵权行为的隐蔽性、违法行为界定比较困难,对执法机关来说,投入极大的成本却收效甚微。此外,由于大数据环境下隐

---

① 李艳:《大数据的知识产权保护与共享:冲突与解决(英文)》,《科技与法律(中英文)》2023 年第 3 期,第 124—136 页。

私数据的易获取性,一些重要的知识产权数据信息可能会被泄露,对专利的申请和保护造成不良影响。[1]

为应对上述问题,我国一些省市已出台相应的政策建议,例如《北京市企业数据知识产权工作指引(试行)》第六章"涉外数据知识产权"专门对数据跨境流动过程中的知识产权维权问题做出了指引。其指出,"企业应当积极开展涉外业务的数据知识产权布局,加强涉外技术、产品及数据知识产权合作的风险评估,明确涉外数据知识产权风险识别预警、纠纷应对的处理流程与措施。企业在开展国际数字贸易和数据业务的同时,应当积极开展涉外知识产权维权。企业应当关注目标市场的数据保护与知识产权执法、司法环境变化,了解目标国家或地区的数据政策与行业知识产权状况,研究并运用国内外数据规则和知识产权制度规则,提高数据知识产权保护能力。企业应当积极构建数据知识产权的海外风险预警和纠纷解决机制,在发现涉外合规风险或遇到海外纠纷案件时,可主动向主管部门寻求指导和帮助。企业可以参与建立数据知识产权快速维权机制,依托本市知识产权公共服务体系,持续推动数字贸易海外知识产权维权专项服务工作"。

5.5 气候变化与国际数据法

气候变化作为 21 世纪最为突出的全球性挑战之一,事关国际社会的共同利益,也关系着地球的未来和人类的发展。气候变化问题不仅是迫切需要全球性治理的国际关系问题,而且是协调国际社会集体行动的国际法议题。[2] 相应地,气候变化在影响现行国际法制度,促使反思国际法精神的同时也在推动国际法演进,应对气候变化的能力也成为检验国际法作用的"试金石"。[3] 在这一背景下,国际数据法的重要性愈发凸显。气候数据收集、统计、共享与透明度不仅是监测和评估气候变化的基石,更是制定和实施有效应对策略的关键。然而,当前国际数据法在气候变化领域的应用面临着诸多挑战,包括数据统计标准的争议、监控评估需求难以满足和数据共享的局限性等。

本节将在梳理全球气候变化发展趋势的基础上,分析气候变化与国际数据法的互动与关联,深入剖析气候变化对国际数据法带来的挑战,并有针对性地

---

[1] 张舵:《跨境数据流动的法律规制问题研究》,对外经济贸易大学博士学位论文,2018。
[2] 李威:《从〈京都议定书〉到〈巴黎协定〉:气候国际法的改革与发展》,《上海对外经贸大学学报》2016 年第 5 期,第 62—73 页。
[3] 蔡从燕:《气候变化推动国际法演进》,《中国社会科学报》2023 年 10 月 17 日,第 A05 版。

提出应对策略与完善方向。构建统一的气候数据监测与评估标准,增强数据共享和透明度,加强能力建设与技术支持,以及完善国际合作协调机制,相信能够更加有效地应对气候变化,促进全球可持续发展。

5.5.1 全球气候变化的发展趋势与带来的挑战

全球气候变化是 21 世纪最为严重的环境问题之一,其具体表现为全球气温的持续上升、极端天气事件的频率和强度增加、海平面上升、海洋酸化,以及生态系统和生物多样性的变化。这些环境变化趋势不仅对自然环境造成深远影响,也给人类社会发展带来了严峻挑战。

1) 全球气候变化的发展趋势

首先,全球气温持续上升是气候变化最显著的标志之一。2023 年 3 月,联合国政府间气候变化专门委员会发布了第六次评估报告的综合报告《气候变化 2023》(AR6 Synthesis Report: Climate Change 2023),该报告内容显示自工业革命以来,由于化石燃料的燃烧、能源及土地的不合理利用,全球平均气温已上升约 1.1℃,并且这一趋势仍在加速。目前国际社会开展气候治理工作的速度和规模并不足以应对气候变化的问题,如果要将上升温度限制在 1.5°C 以内,国际社会就需要立刻减少温室气体排放量,并且到 2030 年至少减少近一半的排放量。[①]

其次,极端天气事件的频率和强度显著增加,以热浪、干旱、洪水和风暴为代表的极端天气事件不仅造成巨大经济损失,还对人类生命安全构成严重威胁。例如,近年来的热浪事件已导致全球多个地区的高温纪录被打破,而洪水和风暴频繁导致基础设施破坏和人员伤亡。联合国难民署称,自 2008 年以来,每年约有 2 150 万人因洪水、风暴、山火和极端气温等自然灾害而流离失所。国际智库经济与和平研究所预测,到 2050 年,全球将有 12 亿人因气候变化和自然灾害而被迫迁移。[②]

最后,气候变化还带来了海平面上升和海洋酸化问题。随着全球冰川和冰盖的加速融化,海平面不断上升,对沿海地区的生态系统和人类居住区构成巨大威胁。同时,随着大气中二氧化碳浓度增加,越来越多的二氧化碳溶解在海洋中,形成碳酸,导致海洋酸度增加。海洋酸化对海洋生物,特别是珊瑚礁和贝类造成严重影响,破坏了海洋生态系统的平衡。

---

① Intergovernmental Panel on Climate Change, *AR6 Synthesis Report: Climate Change* 2023(Geneva:IPCC,2023),https://www.ipcc.ch/report/sixth-assessment-report-cycle/,accessed 30 May 2024.

② 何则锐:《气候难民:定义、挑战与应对》,澎湃新闻,2023 年 5 月 29 日,https://m.thepaper.cn/newsDetail_forward_23191137,访问日期:2024 年 5 月 30 日。

2）全球气候变化带来的挑战

全球气候变化给环境、经济、社会和健康等各个领域带来挑战,不仅严重威胁生态系统稳定和生物多样性,而且对人类社会的可持续发展造成重大影响。

气候变化导致的气温升高、降水模式改变和极端天气事件频发会影响水资源的时空分布,进而对农业生产产生不利影响,威胁粮食安全。同时,极端高温天气的增加会导致中暑和心血管疾病的发病率上升,气候变化引发的自然灾害（如洪水和风暴）也会造成大量人员伤亡和疾病传播,威胁人类健康。更重要的是,气候变化还会引发社会和政治问题。海平面上升和极端天气事件导致的人口迁移（气候难民）会增加社会压力,引发资源争夺和冲突。特别是在一些地理位置脆弱和治理能力较弱的国家和地区,气候变化可能加剧社会不稳定和暴力冲突。而实际上,全球收入排在前10%的家庭（绝大部分来自发达国家）排放了全球45%以上的温室气体,收入水平位于后50%的家庭带来的排放占比仅为15%。然而,气候变化的影响将继续对较贫穷、历史上被边缘化的社区造成严重的打击。"对气候变化作用最小的人们反而正受到最严重的影响",如何实现气候正义成为全球气候治理的重要方向之一。①

5.5.2 气候变化与国际数据法的互动和关联

气候变化带来的严峻现实和灾难性后果,迫切需要全球在国际层面通过国际法形式予以回应,国际数据法则是其中重要因素之一。气候变化与国际数据法之间的互动和关联体现在气候数据收集统计、共享和管理,以及建立统一监管框架和合作协调机制上。有效应对气候变化需要全球范围内的准确、及时和一致的气候数据,以监测温室气体排放、评估气候影响并制定适应和减缓策略。加强国际数据法的实施,可以进一步强化全球气候治理的科学性和政策有效性。

1）数据收集统计对于气候变化的监测评估作用

气候数据收集与统计在监测和评估气候变化中扮演着至关重要的角色。准确和高质量的数据是理解气候系统变化、预测未来气候情景和制定有效应对措施的基础。一方面,气候数据的长期收集和记录是监测气候变化趋势的基础。采用卫星观测、地面监测站和海洋浮标等多种手段获取的全球气温、降水量、海

---

① 曹明德:《中国参与国际气候治理的法律立场和策略:以气候正义为视角》,《中国法学》2016年第1期,第29—48页。

平面高度和冰川厚度等气候参数的数据,有助于帮助科学家了解当前的气候状态,还能通过长期趋势分析并揭示气候变化的特征和速率。2020 年 9 月 22 日,在第七十五届联合国大会上,中国国家主席习近平宣布中国将成立可持续发展大数据国际研究中心,为落实《联合国 2030 年可持续发展议程》提供新助力。收集、评估地球大数据有助于客观分析 17 项可持续发展目标(Sustainable Development Goals,SDGs)的现实推进情况。[①] 另一方面,气候数据的收集统计还有助于客观认识、评估气候变化带来的影响。通过对大规模数据集的统计分析,可以评估气候变化对生态系统、农业、公共健康和经济等领域的具体影响。例如,统计模型可以用来分析极端天气事件的频率和强度变化,从而评估其对粮食产量和水资源管理的影响。这些评估结果为决策者提供了科学依据,帮助制定适应和减缓气候变化的政策和措施。

2) 应对气候变化对于数据共享、透明度的要求

实现气候数据共享和开放访问是全球气候治理的重要支柱。数据共享和透明不仅是科学研究和政策评估的基石,而且是国际合作和信任建设的重要保障。一方面,气候数据共享是有效应对气候变化的前提。气候变化是一个全球性问题,任何单一国家或地区的数据都不足以全面理解其复杂性和多样性。通过国际间的数据共享,可以汇集全球各地的气候观测数据,从而形成完整的气候信息图景。在这一领域,以全球气候观测系统和地球观测组织等为代表的国际平台致力促进全球气候数据的共享与合作,为科学研究和政策制定提供支持。另一方面,数据透明是确保气候政策和行动有效性的重要手段。联合国气候变化框架公约下的温室气体清单报告和《巴黎协定》中的国家自主贡献都依赖于透明和可验证的数据。《巴黎协定》明确要求缔约方定期提交国家温室气体清单和气候行动进展报告。这些报告需要基于透明、准确和可核查的数据,以确保各国的减排承诺和行动真实可信。数据透明不仅提高了数据的可靠性,而且增强了国际社会对各国气候行动的监督和信任,促使各国更加严格地履行其气候承诺。

3) 构建统一的国际数据监管框架对应对气候变化的重要意义

国际社会共同应对气候变化还有赖于统一的国际数据监管框架和合作协调机制的建立。这不仅能提升数据的质量和可比性,而且能加速气候领域技术创新和最佳实践的传播,为全球气候治理提供坚实基础。一方面,统一的国际数据监管框架有助于提高气候数据的标准化和一致性,从而确保各国采集和报告

---

① 郭华东等:《地球大数据促进联合国可持续发展目标实现》,《中国科学院院刊》2021 年第 8 期,第 874—884 页。

的数据具有相同的格式和质量标准。例如,全球气候观测系统制定了一系列标准和指南,帮助各国改进气候数据的收集和报告。其可以提高数据的可靠性和可比性,增强全球气候模型和预测的准确性。另一方面,国际数据监管框架和合作协调机制还有助于加速技术创新和实现最佳实践的传播。在应对气候变化领域,技术创新和有效措施的广泛应用至关重要。透明和标准化的数据环境可以促进技术和知识的交流与合作,帮助各国学习和借鉴成功经验,从而提高全球应对气候变化的整体效率和效果。发展中国家在数据收集和处理能力上往往较为薄弱,通过国际数据共享和技术援助,可以提升这些国家的气候数据管理能力,以确保在全球气候治理中拥有平等的发言权和决策权。例如,全球环境基金和联合国气候变化框架公约下的技术机制,为发展中国家提供了资金和技术支持,促进了气候数据的共享与透明。[①]

5.5.3 气候变化给国际数据法带来的挑战

气候变化作为全球最紧迫的环境问题之一,给各国的政策制定和国际合作带来了前所未有的挑战。在气候治理中,气候数据的准确性和透明度成为各国争议的焦点,其背后涉及的复杂数据体系为国际数据法带来了诸多挑战。这些挑战虽然阻碍了全球应对气候变化的步伐,但给国际数据法的未来发展提出了新的要求和方向。

1) 气候数据的统计核算标准存在争议

在应对气候变化的全球气候治理行动中,气候数据的统计与核算标准始终是各国争议的核心问题。由于各国在经济发展水平、技术能力和政策目标等方面存在的客观差异,各国围绕气候数据统计核算标准的建立及对这些标准的解释和应用存在显著分歧。

首先,不同国家在温室气体排放统计上的方法和标准存在显著差异。发达国家通常拥有较为完善的监测技术和数据处理能力,能够对排放源进行更为精确的测量和核算。然而,许多发展中国家由于技术和资源的限制,其排放数据往往依赖于估算和间接测量方法,准确性和可靠性较低。这种技术上的不平衡使得国际间数据的比较变得复杂,难以形成统一的评估标准。

其次,排放数据的核算周期和覆盖范围也存在争议。一些国家倾向于采用较长的核算周期,以便平滑短期波动,呈现更稳定的减排趋势,而另一些国家则

---

① 彭亚媛、马忠法:《全球环境基金促进绿色技术转移的路径及启示》,《国际商务研究》2022年第1期,第83—97页。

主张采用较短周期,以便及时反映政策调整和市场变化。此外,对于排放数据的覆盖范围也存在不同观点。一些国家主张将所有相关排放源,包括工业、农业、交通等全面纳入核算范围;而另一些国家则可能只统计主要排放源,忽略一些相对较小但仍然重要的排放领域。这种核算范围的差异进一步加剧了国际间数据的对比性问题。

最后,气候数据的统计核算还会受到政治和经济利益的影响。[①] 对一些资源依赖型经济体而言,严格的排放数据核算可能会暴露其高排放问题,从而面临国际压力和经济制裁的风险。因此,这些国家可能会在数据统计上采取保守态度,避免过高的排放数据。而另一些国家则可能通过强化数据透明度和核算标准,借此在国际谈判中占据道德高地和话语权。

2) 气候数据的监控评估需求难以满足

随着国际社会对气候变化议题的日益关注,对于气候相关数据的监测和评估需求逐渐增加,尽管各国和国际组织已投入大量的资源和技术进行气候监测和评估,但现有的系统和方法仍无法全面覆盖和准确反映全球气候变化的实际情况。

一方面,气候数据的收集需要全球范围内的协调和合作。不同国家和地区在数据收集技术和标准上存在的差异导致数据的不一致性和不完整性。发达国家通常拥有先进的卫星、传感器和气象站,可以对温室气体排放、气温变化、海平面上升等进行高精度监测。然而,许多发展中国家和欠发达地区缺乏足够的技术和资金支持,导致这些地区的气候数据收集不全或精度不足。这种监测能力的差异使得全球气候数据存在显著的地域不平衡,难以形成全面、准确的全球气候评估。同时,由于气候数据涉及国家安全、商业机密和隐私保护等问题,一些国家和组织可能不愿意公开其气候数据。这将会限制气候数据的可用性和可访问性,进而影响国际社会对气候变化的理解和应对。

另一方面,气候数据的处理和分析还需要高度专业化的知识和技能。随着数据量的增加,传统的数据处理方法已无法满足数据处理需求,需要更为先进的技术和算法来处理和分析这些数据。然而,这些技术和算法的开发和应用需要时间和投资,并需要跨学科的专业知识。

3) 气候数据的共享和透明度发展有限

由于各国意愿和能力差异、国际协议要求宽松,以及数据敏感性和复杂性等多重因素,气候数据在共享和透明度层面的发展仍相当有限,由此导致的信

---

① 李东燕:《对气候变化问题的若干政治分析》,《世界经济与政治》2000 年第 8 期,第 66—71 页。

息不对称和合作不充分进一步阻碍了全球应对气候变化行动的有效性。

首先,各国对气候数据共享的意愿和能力存在显著差异。发达国家通常拥有完善的数据收集和管理系统,能够提供高质量的气候数据。然而,由于政治、经济和安全等多方面的考量,这些国家有时对数据共享持保留态度,担心数据的公开可能影响其国家利益或引发国际压力。发展中国家则面临技术和资源的双重限制,无法有效收集和管理高质量的气候数据,即使有共享意愿,也难以提供全面、准确的数据。

其次,现有国际协议和框架文件在数据共享和透明度方面的要求相对宽松。《巴黎协定》等国际气候协议虽然强调各国应提高数据透明度和加强信息共享,但缺乏具体的实施细则和强制性措施。[1][2][3] 这导致各国在履行数据共享义务时的标准不一、执行不力,无法形成一个统一、透明的全球气候数据体系。此外,现有的国际数据平台和机制也存在技术标准不统一、数据格式不兼容等问题,进一步制约了数据的共享和利用效率。

最后,气候数据的敏感性和复杂性也增加了共享的难度。气候数据不仅包括温室气体排放量、气温变化等基础信息,还涉及能源消耗、工业生产等经济社会活动数据。这些数据公开可能会触及国家的核心利益和机密信息,使得一些国家对于气候数据共享持有谨慎和保守态度。与此同时,气候数据的专业性和技术性较强,不同国家和机构在数据处理、分析和解释上可能存在不同的方法和标准,这增加了数据共享和使用的难度。

4) 国际气候合作协调机制建设不足

国际气候合作协调机制建设不足是全球应对气候变化的又一重大挑战。尽管国际社会在过去几十年中尝试采取一系列行动推动气候合作,但由于各国目标和政策差异、资金和技术援助不足、政治和外交挑战、执行和监督机制缺乏等多重因素,现有的气候合作协调机制仍存在诸多不足,制约了全球气候治理的效果。

首先,各国在气候目标和政策上的差异使得国际协调变得复杂。发达国家和发展中国家在经济发展阶段、能源结构、技术能力等方面存在显著差异,导致它们在气候变化议题上的优先事项和政策工具不尽相同。发达国家通常强调减排和技术创新,而发展中国家则更关注适应和经济发展。这种差异使得各国

---

[1] 吕江:《〈巴黎协定〉:新的制度安排、不确定性及中国选择》,《国际观察》2016 年第 3 期,第 92—104 页。
[2] 李慧明:《〈巴黎协定〉与全球气候治理体系的转型》,《国际展望》2016 年第 2 期,第 1—20 页。
[3] 何晶晶:《从〈京都议定书〉到〈巴黎协定〉:开启新的气候变化治理时代》,《国际法研究》2016 年第 3 期,第 77—88 页。

在国际气候谈判中难以达成共识,从而削弱了全球气候行动的一致性和协调性。

其次,资金和技术援助的不足是制约国际气候合作的重要因素。许多发展中国家缺乏应对气候变化所需资金和技术支持,急需国际社会的帮助。然而,尽管一些发达国家承诺提供气候资金和技术转让,但实际落实情况往往不尽如人意,援助规模和速度都难以满足需求。这不仅影响了发展中国家的气候行动能力,也削弱了全球气候合作的信任基础。

再次,气候合作的协调机制还面临政治和外交上的挑战。气候变化问题涉及广泛的国际关系和地缘政治因素,一些国家可能出于自身政治和经济利益的考虑,在气候合作上采取保守或反对态度。这种情况在国际气候谈判中时有发生,进一步阻碍了全球气候合作的推进。

最后,现有的国际气候合作框架在执行和监督机制上存在不足。尽管《巴黎协定》等国际协议设立了气候目标和行动计划,但由于协定本身相关规定过于原则化和较高的灵活性,且缺乏强有力的执行和监督机制,导致一些国家在履行承诺时出现拖延或敷衍。[①]

5.5.4　气候变化背景下国际数据法的应对策略与完善方向

针对上述问题与挑战,国际社会必须制定综合性的应对策略,以确保气候数据的高效利用和合作机制的有效运作。针对当前国际数据法在回应气候治理需求存在的不足,亟须对其进行系统性改进和完善,以推动全球气候治理迈向新的高度。

1) 建立统一的气候数据监测与评估标准

这不仅有助于提升数据的准确性和可靠性,还能够促进各国间合作与信任,为全球气候治理奠定坚实基础。

通过建立统一气候数据标准,各国能够采用相同的方法和技术进行数据监测和评估,从而确保数据的一致性和可比性,为全球气候政策的制定和评估提供可靠依据。统一标准还能促使各国遵循相同的透明度要求,减少数据操纵和隐瞒的可能性,提高数据可信度,推动更为广泛和深入的国际合作。国际数据法还应当推动建立精确全面的碳排放统计和核算体系,以实现全球碳达峰和碳中和目标,如中国已在这一领域的实践中探索出相关经验。[②]

---

① 马忠法、赵建福:《论〈巴黎协定〉技术转让规定的实施》,《复旦国际关系评论》2021年第2期,第62—87页。
② 马翠梅、苏明山:《加快建立统一规范的碳排放统计核算体系 以高质量数据支撑"双碳"目标实现》,生态环境部2022年8月19日,https://www.mee.gov.cn/zcwj/zcjd/202208/t20220819_992089.shtml。

此外，统一的气候数据监测与评估标准还能促进技术创新和能力建设。在统一标准的框架下，各国可以共享监测和评估技术，开展联合研究和项目合作。这不仅有助于技术的快速发展和推广，而且能通过经验分享和技术援助，提升发展中国家和欠发达地区的监测和评估能力，缩小全球在气候数据能力上的差距。

2）加强围绕气候数据的能力建设与技术支持

利用提升技术水平、培养专业人才、保障资金支持和加强国际合作等方式提高全球气候数据的质量和利用效率，以支持各国制定和实施科学合理的气候政策。

针对发达国家和发展中国家围绕气候数据监测设备和技术上的巨大能力差距，发达国家和国际组织应当加大对发展中国家的技术援助，帮助其建立和完善气候监测系统，提升其数据收集和分析的能力。"授人以鱼不如授人以渔"，技术的援助支持也要伴随着技术人员的培训、技术知识的传播。国际社会应当通过合作项目、技术培训和知识共享，帮助发展中国家培养专业人才。例如，可以通过建立国际合作研究机构、举办技术培训班和工作坊，以及派遣专家进行现场指导等方式，提升发展中国家技术人员的能力。

应对气候变化的能力建设和技术支持也离不开充足、可持续的资金保障和国际合作。国际社会需要通过多边合作机制，加大对气候数据能力建设和技术支持的投入，特别是对最需要帮助的发展中国家和欠发达地区。2022年于埃及沙姆沙伊赫举办的第27届联合国气候大会，取得的一项重要成果就是建立了"损害与赔偿"资金机制，为受气候变化影响最为严重和脆弱的国家提供财政资金援助[①]。同时，保障支持资金的可持续还需要吸引更多的金融主体，如中央银行、商业银行、机构投资者和其他金融参与者，鼓励其积极调用更加丰富多样的金融政策和工具。对此，"一带一路"背景下出台的《"一带一路"绿色发展伙伴关系倡议》提供了有益的尝试，其积极鼓励、倡导各国和国际金融机构开发有效的绿色金融工具，为环境友好型和低碳项目提供充足、可预测和可持续融资[②]。

3）增强气候数据共享和透明度

建立开放、透明和高效的气候数据共享机制，通过提高数据的可获取性和透明度，可以增强政策制定的科学性，提高全球气候治理的科学性和有效性，促进国际间的合作与信任。

各国乃至全世界范围内气候政策的制定依赖于大量气候数据的收集共享和

---

① 古特雷斯：《气候大会同意设立损失和损害基金是"向正义迈出了重要一步"》，联合国新闻 2022年11月19日，https://news.un.org/zh/story/2022/11/1112632。

② 《"一带一路"绿色发展伙伴关系倡议》第5条第7项："鼓励各国和国际金融机构开发有效的绿色金融工具，为环境友好型和低碳项目提供充足、可预测和可持续融资"。

科学分析。通过增强气候数据共享,各国能够获得更全面、准确的气候信息,避免数据缺失或不准确导致的政策失误。例如,全球气温变化、海平面上升、极端天气事件频发等数据的共享,可以帮助各国更好地理解气候变化的趋势和影响,制定更加有效的减排和适应策略。

然而,出于政治、经济或安全等因素考虑,各国在气候数据共享和透明度上存在理解和实践层面的差异,这就容易导致国际间的互信不足,影响合作的深度。通过建立开放的数据共享平台和透明度机制,各国可以及时、准确地共享气候数据,增强互信,推动气候谈判和合作的顺利进行。例如,《巴黎协定》强调各国应提高气候行动的透明度,定期报告和信息交流,以促进全球气候治理的透明化和合作化。

4) 完善应对气候的国际合作协调机制

气候变化作为一项跨国界的挑战,需要各国在政策制定、责任分配,以及政治和外交协调等多个方面进行系统性改进,吸引更为广泛的气候相关主体参与,从而建立高效、透明和公平的国际合作协调机制。

保障气候数据的信息共享和透明度是建设国际气候合作协调机制的基础,也是促进全球范围内的科学研究和政策制定的前提。为此,各国应建立开放的数据平台,及时、准确地共享气候相关数据和信息。国际组织可以在此过程中发挥中介和协调作用,制定统一的数据标准和发布规范,确保数据的可比性和透明度。

在国际合作框架上,尽管《联合国气候变化框架公约》和《巴黎协定》等国际协议为全球气候合作提供了基础,但在具体执行和监督方面仍存在不足。完善协调机制需要建立更加明确的责任分配和监督体系,确保各国切实履行承诺。例如,可以通过设立国际气候执行委员会,负责监督和评估各国的气候行动,确保全球目标的实现。

此外,气候变化问题涉及广泛的国际关系和地缘政治因素,在国际政治和外交机制角度,各国需要在多边和双边框架下加强政策对话和协调,克服政治和经济利益分歧,达成共识。除了各国政府,还要倡导吸引国际组织、非政府组织、科研机构,以及跨国公司为代表的私营部门参与到全球气候治理中,通过国际社会的努力共同应对气候变化危机。

5.6　人工智能与国际数据法

人工智能作为数字经济核心,其重要性日益凸显。作为一种计算统计技术,它能从海量数据中挖掘隐藏模式和规律,创造更多信息和知识。因此,人工智能与数据治理紧密相连,并逐渐涉及国际数据法。国际层面、国内层面均有了相关的规范。同时,龙头企业和大型科技跨国公司也制定了守则来指导人工智能的开发和使用。然而,既有的规范体系大多以原则性的内容为主导,缺乏具体、细化的规则制定;同时在法律形式上,这些规范主要以软法为主,缺乏强制性的法律约束力。人工智能在数据收集、数据处理和数据生成等不同阶段均存在着一定的风险。数据收集阶段面临隐私安全、授权使用和跨境流动等挑战,可能给个人隐私、企业秘密和国家安全带来威胁。数据处理阶段则需要应对泄露风险、伦理争议、算法歧视及数据多样性和代表性不足等问题。数据生成阶段则面临可信度、知识环境污染及潜在违法犯罪活动等挑战。因此,构建全球层面、专门针对可信、安全与负责任的人工智能管理规则至关重要。应聚焦数据治理,规范数据收集、处理与生成,以数字经济贸易规则为载体,借鉴国际协定,推动多边规则建立。同时,需要将伦理内容转化为具有约束力的规则,加强算法开源治理,确保透明度与可解释性,引导人工智能公司建立合规体系,推动行业健康和可持续发展,为全球数字经济繁荣贡献力量。

5.6.1 既有人工智能的治理规范

人工智能是数字经济兴起的核心与关键。AI 是指建立在现代算法基础上,以历史数据为支撑,从而形成能够和人类一样进行感知、认知、决策、执行的人工程序或系统。[①] 作为新一轮科技变革的一项突破性技术,人工智能的发展和应用正受到全球范围内的广泛关注。数据被认为是人工智能学习、成长和决策的基础性资源,对人工智能的性能和应用有着决定性的影响。因此,人工智能与数据治理紧密相连,其与国际数据法的关联也日渐深入。在国际层面,已有相关国际法对人工智能进行规制。在条约法方面,《数字经济伙伴关系协定》第8.2 条的人工智能条款规定,缔约方应构建一个可信、安全和负责任地使用人工智能技术的道德和治理框架。在构建这一框架时,缔约方应加强考虑国际公认的原则或指导方针,并顾及相关框架的可解释性、透明度、公平性和以人为本的价值观。《新加坡-澳大利亚数字经济协议》第 31 条的人工智能条款与《数字经济伙伴关系协定》第 8.2 条内容颇为相似,也要求缔约方制定一个可信赖、安全和负责任地使用人工智能的伦理治理框架。此外,该条款还鼓励缔约方通过分享与 AI 技术及其治理相关的研究和行业实践,促进和维持企业和整个社会对 AI 技术的负责任使用和采纳,以及鼓励研究人员、学术界和行业之间的商业化

---

① 人工智能治理的三个基本问题:技术逻辑、风险挑战与公共政策选择。

合作等。同时,缔约方应考虑通过相关区域和国际论坛,参照国际公认的原则或指导方针来构建相关框架。① 此外,国际组织也利用发布报告、指南、宣言、倡议等方式,建构人工智能的治理框架。联合国教科文组织于 2021 年通过了《人工智能伦理问题建议书》,该建议是各国政府在国际层面所达成最广泛的人工智能伦理共识。其提出了相称性和不损害、安全和安保、公平和非歧视、可持续性、隐私权和数据保护、透明度和可持续性、人类的监督和决定、认识和素养、责任和问责、多利益相关方与适应性治理和协作等治理人工智能的原则。②

经济合作与发展组织(OECD)于 2019 年发布了《确立 OECD 人工智能发展原则》的里程碑式报告,这一报告是首个政府间确立的人工智能标准。该报告阐明了指导人工智能发展的五项核心价值原则:促进包容性增长、可持续发展及人类福祉;强调以人为本的价值观与公平性;确保透明度与可解释性;保障系统的健壮性和安全性;建立明确的问责机制。这些原则旨在为人工智能技术的应用与发展提供伦理和法律框架。③ 然而,OECD 的《人工智能、数据治理和隐私》报告指出,人工智能系统具有复杂性,"算法黑箱"使得人工智能决策机制处于不可知状态,给人工智能治理中的可解释性和透明度带来了挑战。因此,各国必须通过国际治理和合作,促进人工智能的治理和隐私保护。④

在各国(地区)域内,相关的伦理规则正在形成与发展中,已有一系列的软法或者道德标准。例如,欧盟人工智能高级别专家小组发布了《可信赖人工智能的伦理指南》(*Ethics Guidelines for Trustworthy AI*),该指南提出了值得信赖的人工智能的三个要素:一是合法性,即人工智能系统必须遵循所有适用的法律法规,确保其操作与法律规定相一致。二是道德性,即确保系统遵守道德原则和价值观,以合乎道德的方式运行。三是稳健性,从技术和社会双重角度来看,人工智能系统必须具备稳健性,以防即便在良好意图下也可能造成的无意侵害。⑤ 而算法的透明度和可解释性与满足这三个要素息息相关。此外,在各国域内,尽管缺乏专门法律法规对人工智能形成约束,但因人工智能的训练基于大数据的支撑,训练需要的数据可能涉及敏感个人信息数据。基于此,各国域

---

① Australia-Singapore Digital Economy Agreement (signed 6 August 2020, entered into force 8 December 2020), Article 31 (Digital Identities).
② 联合国教科文组织:《人工智能伦理问题建议书》(2021 年 11 月 23 日通过),https://unesdoc.unesco.org/ark:/48223/pf0000381137_chi,访问日期:2024 年 6 月 4 日。
③ OECD, *OECD AI Principles Overview* (Paris: OECD, 2019), https://oecd.ai/en/ai-principles, accessed 4 June 2024.
④ OECD, *AI, Data Governance and Privacy* (Paris: OECD, 2022), https://www.oecd.org/en/publications/ai-data-governance-and-privacy_2476b1a4-en.html, accessed 4 June 2024.
⑤ European Commission, *Ethics Guidelines for Trustworthy AI* (Brussels: EU, 2019), https://digital-strategy.ec.europa.eu/en/library/ethics-guidelines-trustworthy-ai, accessed 4 June 2024.

内相关的数据法可以通过规制敏感个人信息数据流动的方式,间接规制人工智能。例如,欧盟《通用数据保护条例》规定,除非存在获得敏感个人信息数据的主体明示同意等例外情况,否则不得处理敏感个人信息数据。通过约束人工智能开发者对敏感个人信息的获取,数据相关的规则间接地规制人工智能。人工智能带来了数乘经济效应,因此人工智能成了各国科技竞争的"高地",因此各国倾向于采取一系列单边措施。例如,美国与45个签署国共同启动了《关于负责任地军事使用人工智能和自主性的政治宣言》(*Political Declaration on Responsible Military Use of Artificial Intelligence and Autonomy*)的实施工作,旨在指导并负责任地开发、使用人工智能和自主性的军事应用,并呼吁其他国家加入,共同制定相关责任规范。①

人工智能领域的龙头企业和大型的科技跨国公司也运用其自身在市场上的影响力制定了一系列的守则,例如谷歌自2018年发布了《人工智能守则》,此后每年都依据最新的情况更新。2024年最新的《人工智能守则》表明,AI运用应实现的目标是:对社会有益、避免制造或强化不公平的偏见、进行建造和安全性测试、对人负责、纳入隐私设计原则、坚持高标准的科学卓越,以及可用于符合上述原则的用途。②

综上所述,当前对人工智能的治理与规制工作主要聚焦伦理规范层面,其核心目的在于明确和规范人工智能与人类之间的关系,确保人工智能的发展能够造福人类、对人类负责,并有效防止其导致人类社会不平等现象的发生。同时,这些治理与规制工作也高度重视对个人隐私的保护。然而,值得注意的是,现有的规范体系大多以原则性的内容为主导,缺乏具体、细化的规则制定;在法律形式上,这些规范主要以软法为主,缺乏强制性的法律约束力。

5.6.2 与数据相关的人工智能治理挑战

作为一种计算统计技术,人工智能可以从海量数据中挖掘出隐藏的模式和规律,并基于现有数据创造出更多的信息和知识。③ 一方面,无论是机器学习还是深度学习,它们都需要海量的数据对算法进行训练以提高算法的精度,以生

---

① U.S. Department of State, *Political Declaration on Responsible Military Use of Artificial Intelligence and Autonomy* (Washington, DC: 2023), https://www.state.gov/political-declaration-on-responsible-military-use-of-artificial-intelligence-and-autonomy-3/.

② Google AI, *Our Principles* (Mountain View: Google, 2018), https://ai.google/responsibility/principles/.

③ Shin-yi Peng et al., "Artificial Intelligence and International Economic Law: A Research and Policy Agenda," in *Artificial Intelligence and International Economic Law: Disruption, Regulation, and Reconfiguration*, ed. Shin-yi Peng et al. (Cambridge: Cambridge University Press, 2021), 8-32.

成式人工智能"ChatGPT"为例，从第一代模型到第四代模型，其训练数据参数量经历了亿级、十亿级、千亿级再到万亿级的四次跃迁。另一方面，数据的数量、质量、多样性和真实性也直接影响人工智能的输出结果，不充分、不真实、样本类型不够丰富的数据经由算法处理产生的结果往往也是难以信赖的。可以说，数据贯穿人工智能运行的全流程，从数据收集、数据处理到数据生成，每一个阶段都伴随着不同的人工智能法律风险和治理挑战。

1）数据收集阶段的挑战

在数据的收集阶段，人工智能服务商非法获取数据对个人隐私、企业商业秘密和国家数据安全构成威胁。一般而言，人工智能收集数据的类型包括公开数据和授权数据，收集方式也丰富多样，包括经授权采集、从公开数据集中获取、使用爬虫技术在互联网抓取、数据共享、数据购买等多种渠道。[①] 然而，数据收集不规范、不合法的现象在人工智能领域屡见不鲜。其一，一些人工智能企业在采集数据时可能未经数据主体同意，或虽获得数据主体授权但超出了授权范围。例如，一些用户对于人工智能系统收集其数据用于模型训练知情并同意，但对于数据存储期限、数据如何处理、数据是否会重复被用于模型训练等并不知情，而这种笼统的"知情-同意"机制被视为充分授权是存疑的。此外，一些人工智能可以通过在已授权的信息数据中分析出未授权的信息数据，例如通过深度分析个人健康数据来得出其行踪数据，这同样对数据安全构成威胁。[②] 其二，数据爬取的对象虽然是互联网上的公开数据，但并不意味其爬取者对这些数据拥有使用权。在"生成式人工智能版权侵权第一案" Anderson 等诉 Stability 公司等一案中，Stability AI、Midjourney 和 DeviantArt 等企业被指控在未经版权持有者许可的情况下使用了互联网上数十亿张版权图像来训练其人工智能系统，而这些图像正是通过数据爬取所得。其三，由于人工智能对数据的需求量巨大，许多人工智能公司都会选择从第三方平台购买数据，然而以售卖信息为盈利方式的第三方数据来源往往得不到合法性保证，有些信息即使是合法获取也并未获得转让他人使用的授权。其四，一些具有高度智能化特征的人工智能系统还会自发地收集数据，譬如用户的地理位置、登录时间、浏览记录等，而人工智能的自发行为往往得不到有效监管。在这个过程中，个人隐私、企业数据，以及与国家安全和公共利益相关的国家机构信息、政务信息、公民数据等都有

[①] 高泽晋，《潘多拉的魔盒：人工智能训练数据的来源、使用与治理——面向 100 位 AI 开发者的扎根研究》，《新闻记者》2022 年第 1 期，第 92 页。

[②] 刘艳红，《生成式人工智能的三大安全风险及法律规制——以 ChatGPT 为例》，《东方法学》2023 年第 4 期，第 33 页。

被非法获取的风险,这对于数据安全治理无疑是巨大的挑战。

随数据收集而来的还有数据跨境流动的问题。人工智能往往需要学习不同国家和地区的语言和文字、了解不同国家的市场表现和消费者画像等为用户提供翻译服务或决策支持,本就对跨境数据有大量需求。当前,许多人工智能服务商业务范围覆盖全球,在一国境内获取的数据,往往实时被传输至位于海外的数据处理中心,从而实现数据跨境流动。然而,不同国家的数据治理政策往往不同,对数据本地化和数据自由流动的取向差别巨大,这意味着人工智能服务商在全球市场拓展的过程中不得不适应各国数据跨境流动规则。严格的数据跨境流动管控必然会影响人工智能系统在全球范围内充分采集样本、获取足够数量和质量的数据,遏制人工智能的发展势头,如何在科技进步与国家主权和安全保障之间取得平衡是人工智能治理必须回应的问题。

2）数据处理阶段的挑战

在数据的处理阶段,人工智能系统存在泄露数据的风险,这同样对数据安全造成严重威胁。人工智能的数据处理主要是通过算法实现。所谓算法就是解决特定问题的一系列定义明确的计算步骤,它遵循一定的数据处理规则,以特定的输入产生所需输出。人工智能算法的设计通常相当复杂,特别是基于神经网络的深度学习模型,其中包含大量的参数和层级结构,这使得即使是设计者也难以完全理解模型的内部工作原理;算法往往是人工智能公司的商业机密,以 Open AI 为代表的人工智能服务商大多都坚持算法不透明,以防竞争对手通过逆向工程等手段复制学习;一些算法缺乏内置的解释性功能,无法提供决策过程的清晰解释或证据链;还有一些算法在自动化的过程中还会自主地排除人类干预,使人类对算法的理解程度降低。因此,人工智能算法处理过程的具体细节和决策逻辑往往对外部是不公开、不透明的,这就是所谓"算法黑箱"。而算法黑箱的存在意味着在数据处理过程中难以对数据安全监管和把控,因泄露而无法得到观测和解释,造成危害结果也难以追究责任。当前,包括苹果公司、花旗银行在内的众多跨国大型企业已意识到人工智能数据泄露的风险,并采用各种方式直接或间接禁止员工使用第三方 AI 生成工具。

此外,数据处理阶段还可能出现人工智能和数据的伦理争议,不当的数据处理很可能加剧社会偏见和刻板印象,对某些群体或个体产生不公平的结论,造成所谓"算法歧视"。首先,人工智能训练模型的语料库往往体量庞大、泥沙俱下,本身就包含大量涉及种族歧视、性别歧视、地域歧视等言论,如果不对其识别和筛查,即所谓"数据清洗",将直接导致人工智能算法学习这些偏见,并输出带有偏见的内容。这些输出一方面再次强化了人们的刻板印象,另一方面也可以作为新的数据成为人工智能二次学习的对象,进而形成歧视的反馈循环。其次,即使不存在直接的歧视性输入,人工智能收集的数据本身亦存在多样性和代表性不足的先天特点。一般而言,互联网用户中年轻用户和发达国家用户的比例更高,这意味着来自特定年龄阶段和地区的意见将对决策造成更为显著的影响,进而形成"系统性偏见"。① 再次,在算法设计和执行的过程中,人的主观意志也会对结果施加影响。人工智能算法的设计者可能会有意或无意中将自己先入为主的观念嵌入算法中,影响算法的决策过程。有时,数据处理并不完全依赖算法,亦允许人类的适当干预和调整,例如包括 ChatGPT 在内的部分人工智能系统在训练时会选取部分数据进行人工的标注,帮助人工智能系统进行数据精准分析,以提升 AI 性能。然而,人为因素的介入也增加了数据被"污染"的风险,使产出结果受人工标识的左右。② 此外,鉴于"算法黑箱"的存在,人工智能算法决策过程难以被外部审查和评估,致使偏见和歧视性决策难以被及时发现和纠正。紧随算法歧视而来的是"观点霸权""语言霸权"等更加严峻的社会议题,例如一些人工智能的模型训练以英语为主,其英文回答往往也比其他语言的回答更加准确,久而久之就会在其用户范围内加剧"英文霸权主义",导致小语种国家进一步丧失国际话语权、减少国际竞争力。③

3)数据生成阶段的挑战

在数据生成阶段,人工智能生成数据的可信度一直为人所诟病。究其原因,当前人工智能发展尚未达到通用人工智能或强人工智能水平,即并不具备与人类相似的广泛认知能力,仅能对其收集和处理的海量数据进行模仿,其生成的内容也只是对过往经验的总结,而非自主思考和价值判断所得出来的结果。因此,人工智能系统并不能对生成内容的真实性进行判断,其生成的不准确、不真实的信息可能会对判断能力不强的用户造成误导,进一步导致决策失误,给用户带来精神和财产损失。虚假的生成数据还会污染知识环境,使错误的信息和知识充斥数字信息生态,大量文字、图片、音频、视频内容真假难辨,为正常信息的获取造成不便。④ 人工智能生成的虚假信息亦有可能被有心人利用而从事违法犯罪活动。"深度伪造"是一种声音、图像和视频的智能处理技术,

---

① 陈昌凤、张梦:《由数据决定? AIGC 的价值观和伦理问题》,《新闻与写作》2023 年第 4 期,第 17 页。
② 董新义、梅贻哲:《生成式人工智能之规制框架——基于技术风险与专项治理的视角》,《东方论坛—青岛大学学报(社会科学版)》2024 年第 3 期,第 113 页。
③ 同上文,第 114 页。
④ 曹建峰:《迈向可信 AI:ChatGPT 类生成式人工智能的治理挑战及应对》,《上海政法学院学报(法治论丛)》2023 年第 4 期,第 33 页。

能够以高度逼真的方式模仿特定人物或者让特定人物看起来在做特定的事情。① 近年来,利用"深度伪造"技术进行视频"换脸"的网络诈骗、传播色情信息、造谣诽谤等犯罪行为屡禁不止。未来,随着技术的迭代革新和人工智能服务的不断普及,虚假数据还有可能被用于破坏政治舆论、窃取国家机密等危害国家安全和社会稳定的活动。②

综上所述,数据是人工智能的核心要素,贯穿人工智能的整个运行周期。人工智能数据收集阶段中数据非法获取带来的数据安全问题和数据跨境流动问题,数据处理阶段中数据泄露风险带来的数据安全问题、数据伦理和算法歧视问题,数据生成阶段带来的数据可信度问题和基于虚假数据的违法犯罪问题,给人工智能治理带来了严峻的挑战。数据本身就是人工智能治理的对象,数据治理亦是人工智能治理的主要形式和关键抓手,数据规则深刻影响着人工智能技术和产业发展的速度、质量与方向。在构建国际数据规则时,应当充分考虑如何应对人工智能数据安全、数据伦理、数据真实性等各类挑战,在科技进步与国家主权、社会伦理之间找到平衡点,确保人工智能的健康和可持续发展。

5.6.3　以国际数据法为主构建人工智能治理

随着数字经济的蓬勃发展,人工智能作为其核心驱动力,正以前所未有的速度渗透社会经济的各个领域,成为推动产业转型升级、提升公共服务水平和优化社会治理结构的关键力量。从智能制造的精准高效到智慧金融的风险防控,从医疗健康的个性化诊疗到城市管理的智能化运行,人工智能的应用极大地提高了效率和服务质量,为社会发展注入了新的活力。

然而,人工智能的广泛应用也带来了一系列的问题和挑战,如 5.6.2 小节提到个人隐私保护面临前所未有的威胁,数据伦理问题日益凸显,算法歧视和偏见可能加剧社会不公,数据不可信和虚假信息的泛滥更是对社会的稳定和发展构成了严重威胁。这些问题不仅关乎技术本身,更涉及法律、伦理、社会和经济等多个层面,需要全球范围内的共同关注和应对。目前,国际层面的治理规则多以原则性、软法性、地域性和双边性的规范为主,缺乏具有普遍约束力、强制性和多边参与的全球性规范。这种规则的缺失导致了在数据跨国流动、算法监管、隐私保护等方面存在大量的法律空白和监管套利空间,不利于构建一个公

---

① 王禄生:《论"深度伪造"智能技术的一体化规制》,《东方法学》2019 年第 6 期,第 59 页。
② 钭晓东:《论生成式人工智能的数据安全风险及回应型治理》,《东方法学》2023 年第 5 期,第 110 页。

平、开放和非歧视的数字营商环境。同时,各国在国内层面的规范仍以伦理性规范为主。管理数据处理而间接治理人工智能的数据规则在具体条款、执行力度和监管机制上并不统一,甚至存在较大的差异。这种不统一的国内规范体系不仅增加了跨国企业合规的成本和复杂性,也降低了各国在治理人工智能相关问题时的合作效率和效果。此外,各国采取的单方措施往往缺乏国际协调和合作,难以形成有效的全球治理合力。因此,构建一个全球层面的、可信任、安全和负责任的人工智能管理规则,确保人工智能发展惠及人类而不是成为少数人操控或损害其他人利益的工具十分必要。

在数字经济蓬勃发展的背景下,对人工智能的治理应当聚焦与人工智能紧密相关的数据治理领域。鉴于人工智能的发展深度依赖于大数据的支撑,规范其在数据搜集、处理和生成等各个阶段的数据风险,成为构建可信赖、安全和负责任的人工智能治理多边规则的核心任务。这一治理框架的完善,不仅能够为人工智能的健康发展提供坚实保障,同时也将有力推动数据治理体系的整体进步。在此背景下,人工智能治理的最为关键的载体无疑是数字经济贸易规则。当前,国际间已涌现出诸如《数字经济伙伴关系协定》《新加坡-澳大利亚数字经济协议》等重要协定,它们均明确要求制定一套可信赖、安全和负责任的人工智能使用框架,这些协定提供了宝贵的范本。因此,可以通过深入研究和借鉴,进一步凝聚国际共识,加速推动多边规则体系的建立和完善。但也应清醒地认识到,这些协定尽管具有重要意义,但仍具有较强的软法属性,其原因是这些协定的最终落脚点在于构建一个基于伦理、可信赖、安全和负责任的框架,而核心在于伦理规范的塑造和引领。因此,在这一基础框架上,需要更加关注如何将伦理性的内容有效转化为具有约束力的规则性内容。为此,应着力加强算法代码的开源治理,打破算法黑箱,确保算法的透明度和可解释性。同时,人工智能的治理也应从对"人"的治理和规制,转变为对人工智能公司合规性规范的共同认识和建立。这意味着需要引导人工智能公司建立完善的合规体系,确保其业务操作符合伦理和法律的要求,以推动整个人工智能行业的健康和可持续发展,从而为人工智能的治理注入新的活力,为全球数字经济的繁荣贡献更大的力量。

5.7 区块链与国际数据法

区块链技术与国际数据法的体系构建密切相关。基于区块链自身的应用特征与技术本质而言,该项技术在数据管理、保护和治理方面,尤其是在数据跨境流动、数据安全和隐私保护等领域为国际数据法的发展提供了无限的可能,但也带来了巨大的挑战。

5.7.1 区块链技术

随着以比特币为代表的数字加密货币的强势崛起,新兴的区块链技术逐渐成为学术界和产业界的热点研究课题。区块链技术的去中心化信用、不可篡改和可编程等特点,使其在数字加密货币、金融和社会系统中具有广泛的应用前景。然而,与蓬勃发展的区块链商业应用相比,区块链的基础理论和法律规制仍处于起步阶段,许多更为本质、对区块链产业发展至关重要的社会学问题亟待研究跟进。

1) 区块链技术的基本范畴

区块链技术作为一种分布式数据库系统,其核心在于通过去中心化的方式确保数据的透明性、安全性和不可篡改性。这种技术最初是为加密货币比特币而开发,但现在已扩展至许多其他行业中。就区块链技术的概念而言,它具体是指一种由"数据块"构成的链式数据结构,每一个"数据块"中包含一定数量的交易记录,并通过加密算法链接到前一个"块",形成一个不断延伸的链。[①] 除非同时更改后续所有"块"的信息,每个"块"内的信息一经记录,便无法更改。但必须指出的是,这种修改在实际操作中几乎是不可能实现的。这样的设计思路赋予了区块链技术极高的数据安全性和可靠性。区块链网络中的节点(参与者的计算机)通过"共识机制"共同验证新的交易记录,并记录到"块"中。[②] 这也就意味着在区块链技术的世界中,并没有中央权威机构来监管或验证交易,而是通过一个去中心化的网络来自动进行,从而减少了中间环节,提高了交易的效率和透明度。

虽然区块链技术发展的历史较短,但也充满了波折与起伏。2008 年,当时还是"神秘人物"的中本聪发布了一篇名为《比特币:一种点对点的电子现金系统》的论文,首次提出了区块链的概念。这篇论文描述了一种使用工作量证明来生成共识并保护网络安全的分布式账本。2009 年,比特币网络正式启动,中本聪挖出了世界上第一块比特币区块,被称为"创世块"。[③] 比特币的运行标志着区块链第一次被实际应用。随着比特币的流行,区块链技术开始受到广泛的关注。2013—2014 年,多个新的加密货币如莱特币、以太坊开始出现,尤其是以

[①] 袁勇、王飞跃:《区块链技术发展现状与展望》,《自动化学报》2016 年第 4 期,第 482—483 页。

[②] Kypriotaki K. N., Zamani E. D., and Giaglis G. M., " From Bitcoin to Decentralized Autonomous Corporations: Extending the Application Scope of Decentralized Peer-to-Peer Networks and Blockchains," in *Proceedings of the 17th International Conference on Enterprise Information Systems* (ICEIS 2015), vol. 3 (2015): 284 - 290.

[③] CoinDesk, *Bitcoin Market Report* [Online], http://www.bitcoin86.com/news/3527.html, accessed 21 February 2016.

太坊提出了"智能合约"的概念,进一步扩展了区块链的应用场景。① 2017 年,加密货币市场经历了前所未有的"牛市",比特币价格一度接近 20 000 美元。这一年,首次币发行(initial coin offering, ICO)成为资金筹集的热门方式,区块链项目如雨后春笋般涌现。而随着其在市场的热度降低,加密货币也进入了长期的调整阶段,历经了加密货币的"寒冬"。但与此同时,企业和政府开始更为深入地探索区块链技术的非货币应用,如供应链管理、金融服务和健康记录管理等。随着大规模非货币性应用的推广,区块链技术被更广泛地认可和采用。许多国家开始考虑或已经推出基于区块链的国家数字货币。同时,DeFi(去中心化金融)和 NFT(非同质化代币)的兴起再次推高了区块链技术的热度,展现出区块链技术在艺术、收藏品和金融服务领域的巨大潜力。

未来,区块链技术的发展可能会更加多样化,其应用涉及更多行业和领域。随着技术的成熟和规模的扩大,可以预见,区块链将在需要高度信任和合作环境中的透明度提高、成本降低、安全性增强方面发挥更大的作用。同时,关于如何处理隐私问题、设计更加高效的共识机制,以及如何确保技术的可持续性等问题②,仍然需要国际间的持续关注与探讨。

2)区块链技术的特性

自从 2009 年比特币问世以来,区块链技术已逐步展现出其独特的价值和潜力。这种基于分布式账本的技术,通过其核心特性,不仅改变了金融领域的运作方式,还对许多其他行业产生了深远影响。

(1)去中心化。

区块链的去中心化是其最显著的特性之一。传统的数据库系统如银行或政府记录,依赖中心服务器来处理和存储数据,而区块链技术则通过网络上的众多节点来维护数据的完整性和更新。每个节点都保存有区块链的副本,并通过一种共识机制,如工作量证明(proof of work)或权益证明(proof of stake),来验证新"块"的合法性并将其添加到链上。③ 由于没有单一的中心点可以被攻击或损害,区块链这种去中心化的结构不仅增强了系统的抗攻击能力,同时也提高了数据的透明度和可信度。

(2)透明性。

在区块链中,每一笔交易都公开记录在连续的"块"中,并且每个块都通过

---

① Ethereum Foundation, *Ethereum White Paper: A Next-Generation Smart Contract and Decentralized Application Platform* [Online], https://github.com/ethereum/wiki/wiki/White-Paper, accessed 10 July 2024.
② 邵奇峰、金澈清等:《区块链技术:架构与进展》,《计算机学报》2018 年第 5 期,第 980—981 页。
③ 夏昌琳、宋玉蓉等:《一种优化的权益证明共识策略》,《计算机工程》2019 年第 5 期,第 28 页。

复杂的加密过程链接到前一个块。交易数据一旦被录入区块链,任何人都可以查阅但无法修改。其透明性确保了交易的可追溯性和可审计性,使得区块链技术特别适合需要非常高透明度的商业领域,如公共记录、供应链管理等现代商业社会运作的主要场景。

(3) 不可篡改性。

区块链技术中的不可篡改性是其得到广泛应用的核心特性之一。区块链中的每个"块"都包含特定的时间戳和前一个块的哈希值。一旦区块链记录了一笔交易,就需要对整个链的后续块进行重新计算和网络节点的重新共识,才能实现篡改。因为篡改任何信息的成本和难度极高,这种结构设计给使用者提供了非常高的安全级别。不可篡改性使区块链成为金融交易、合法文档存储和任何需要不变记录的场景的理想选择。

(4) 持久性与可靠性。

由于每个区块链节点都持有完整的数据库副本,因此即便部分节点发生故障或受到攻击,整个系统的信息仍能保持完整无损。此外,区块链网络的设计确保了数据一旦被验证并加入链中,就几乎无法丢失。这种持久性和可靠性对创建稳定的记录系统尤其重要,如产权登记簿、医疗记录等关键数据的存储。

(5) 自动化能力。

区块链技术的自动化能力集中体现在智能合约的具体运用中。智能合约是运行在区块链之上的程序,能在预设条件被触发时自动执行合约条款。例如,一个智能合约可以设定在收到一定数量的加密货币后自动释放对应的商品或服务。[①] 这种自动化减少了中介的需要,降低了交易成本,提高了处理速度。智能合约的这一特性,特别适合那些需要复杂交互和自动化操作的行业,如金融服务、房地产交易和供应链管理。

综上所述,这些特性共同构成了区块链技术的核心优势,使区块链在多个行业中展现出巨大的潜力和价值。但同时,这些特性也带来了新的挑战和需要解决的问题,如扩展性、能源消耗和法律监管等。

3) 区块链技术的应用领域

区块链技术自诞生以来,已由最初仅在金融领域应用扩展到其他多个领域,并提供了创新的解决方案和服务改进模式。

[①] 华劼:《区块链技术与智能合约在知识产权确权和交易中的运用及其法律规制》,《知识产权》2018 年第 2 期,第 15—17 页。

（1）金融服务。

区块链技术最原始和最著名的应用就是在金融领域，尤其是以加密货币为典型代表。比特币和以太坊等数字货币本身就是基于区块链技术而创建的，它们都提供了一种去中心化的支付系统而摆脱了传统银行的参与和束缚。[1] 此外，区块链还被用于改进和创新其他金融服务，如跨境汇款、智能合约、证券交易等，致力提供更高效、更透明且成本更低的金融交易方式。

（2）供应链管理。

在供应链管理领域，区块链能够提供透明、不可篡改的记录，使产品从原材料到消费者的每一个环节都可被追踪。这对于提高供应链的透明度、优化物流、减少欺诈和假冒伪劣产品尤为重要。大型零售商和制造商正在探索如何应用区块链来确保其供应链的完整性。

（3）公共卫生管理。

在公共卫生管理领域，区块链可以安全地存储和共享患者的医疗记录。确保数据的安全性和隐私，同时允许医疗提供者轻松访问患者历史，区块链技术有望提高医疗服务质量并降低成本。此外，区块链也被用于药品供应链管理，确保药品从生产到交付再到交易的每一步都符合标准和法规。

（4）数字身份认证。

随着数字化程度的加深，个人身份认证变得越来越重要。区块链可以提供一种安全、可靠的方式来存储和验证用户的身份信息。通过区块链，用户可以控制自己的身份数据，并只向需要验证的机构提供必要的信息，这极大地增强了有关信息和数据的隐私保护力度。

（5）法律与行政管理。

区块链可以用于记录和验证法律文件，如遗嘱、契约和选举结果等。通过智能合约，许多传统需要法律中介的操作可以自动化进行，减少了处理时间和可能的人为错误。此外，一些国家正在探索使用区块链技术进行投票，以提高选举的安全性和透明度。

（6）艺术与媒体。

NFT 的出现为艺术家和内容创作者提供了新的可能性。通过 NFT，艺术品和数字内容可以在区块链上进行唯一地认证和交易，从而保护创作者的版权，同时开辟了新的收益模式。

上述这些应用实例表明，区块链技术具有革新传统业务流程和增强数据安

---

[1] 崔志伟：《区块链金融：创新、风险及其法律规制》，《东方法学》2019 年第 3 期，第 91 页。

全性的潜力,而其应用领域还在不断扩展中。随着技术的进一步发展和社会的广泛接受,区块链将可能成为更多行业的关键技术基础设施。

5.7.2 区块链技术与国际数据法的互动与关联

区块链技术的核心特性和广泛应用产生了大量的数据,因此这势必与国际数据法自身体系的构建密切相关。本小节将针对有关方面的问题进行具体论述。

1) 数据跨境传输与流动的协同

数据跨境传输是经济全球化的关键组成部分,特别是在金融服务、电子商务、云计算和社交媒体等领域产生的数据注定会进行大规模地跨境流动。随着区块链技术的广泛应用,它提供了一种去中心化的数据管理方法,其理论上能够提高数据处理的效率和透明度。然而,区块链在实现数据跨境流动的同时,也必须与各国日益严格的数据保护法规相协调,这是目前面临的一大挑战。

区块链技术通过其独特的去中心化特性,提供了一个无需中心化信任机构或者权威机构即可进行数据验证和交易的平台。这种特性为数据跨境传输提供了便利,其允许数据在全球范围内的节点之间无须经过中心服务器而直接传输和存储。这种方式可以大幅减少跨境交易的时间和成本,尤其是在处理跨国合同、供应链管理和国际金融服务等领域。例如,使用区块链技术,银行和金融机构可以在几分钟内完成跨境支付和清算,而传统方法则可能需要几天时间。尽管区块链在提高数据跨境流动的效率方面具有潜力,但同时也面临着必须遵守各国不断变化的数据保护法规的挑战。但如果运用得当,区块链技术也能加强数据跨境流动的监管力度。区块链可以为数据跨境流动提供一个透明且安全的记录平台,使监管机构能够实时监控数据流动并确保数据传输遵守国际法规。例如,区块链可被用于实施和跟踪跨国数据转移的合约和协议,确保所有数据传输都获得适当的授权,并且接收方有适当的保护措施来保护数据。

2) 改善有关主体的法律合规现状与透明度

区块链技术通过其不可篡改和完全透明的记录能力,可以帮助企业和组织更好地遵守如 GDPR 在内的各种国际数据保护法规。区块链提供了一个透明且不可篡改的记录系统,使得每一次数据的收集、处理和共享都被详细记录。这对于遵守 GDPR 等法规至关重要,因为这些法规要求企业必须清晰地记录处理个人数据的每一个步骤,并在监管机构审核时提供这些信息。具体而言,企业可以在区块链上记录每一条个人数据的收集时间、地点和方式,以及收集数据的具体原因。此外,所有关于个人数据如何被使用(如分析、处理或决策支持)的详细信息也会被记录在区块链上,包括使用的时间和处理的具体环节。当然,如果数据需要被共享给第三方,区块链可以用来记录共享的详细情况,包括接收方、共享的数据种类、共享的时间和法律依据。可见,上述这种记录数据处理活动的运用不仅增加了数据处理活动的透明度,而且由于区块链的不可篡改性,这些记录能对监管机构或审计时提供可靠证据。

仍以 GDPR 为例,其强调保护个人的数据权利,包括访问权、更正权、删除权(被遗忘权)等具体权利内容。显然,区块链可以通过提供一种机制来加强这些权利的实施,数据主体可以使用区块链上的记录验证其个人数据如何被处理,并检查其是否符合公开的数据保护政策。需要强调的是,尽管区块链数据不可更改,但可以通过添加新的区块来记录更正或更新的操作,这种更正或更新的操作同样是透明和可追踪的。

此外,区块链技术可以显著改善数据传输的合规性。在涉及数据跨境传输时,GDPR 要求数据传输到第三国或国际组织时必须保障数据的保护水平,而在区块链技术的加持下可以通过提供一个加密和安全的环境来确保数据在传输过程中的安全性和透明度。区块链可以记录每一次数据跨境传输的详细信息,包括数据的来源和目的地、传输的时间和保护措施的实施细节等。通过区块链,发送方可以验证接收方是否采取了合适的数据保护措施,符合 GDPR 等国际法规的要求。

3) 支持全球数据治理架构的体系化搭建

区块链技术提供的数据跟踪和验证工具可以作为全球数据治理框架的一部分,帮助确保全球范围内数据流动的合规性和安全性。其具体措施包括帮助实施国际间关于数据保护的协议和标准,以及提供一个共同的技术平台来实施这些标准。在全球化背景下,不同国家和地区的数据保护标准可能各不相同,区块链可以作为一个统一的平台,帮助实现和维护这些标准。通过在区块链平台上实施统一的数据保护规则和协议,各国和组织可以确保在全球范围内处理和传输数据时遵循相同的高标准。例如,区块链可以用来实施并自动执行 GDPR 中的数据主体如访问权、更正权等权利。更为关键的是,区块链平台可以作为一个国际合作的工具,使不同国家的监管机构能够在一个共同的框架下工作,共享信息并协调监管措施。这种合作是实现有效的全球数据治理的关键。

尤其需要强调的是,区块链技术还可以增加国际数据交换的信任和透明性,这对全球数据治理极为重要。区块链的透明性意味着所有交易和数据流动都是可见的,相关方可以实时查看数据何时何地被处理或传输。这种高度的透明性有助于建立国际间在数据处理方面的信任。透明的数据流动和处理过程减少了信息不对称或误解造成的国际争议,更有助于在全球范围内建立更为和谐的数据交换和保护环境。①

总而言之,区块链技术通过提供一个安全、透明且不可篡改的数据管理和交易平台,能极大地促进全球数据治理的效率和有效性。这不仅能够帮助各国满足国际数据保护标准,而且能增强全球范围内的数据交换和合作的信任与合规性。

5.7.3 区块链技术给国际数据法体系构建带来的挑战

尽管区块链技术在国际数据法体系构建中提供了许多潜在优势,例如提高合规性、透明度和跨境数据流动的安全性,它也带来了一系列挑战,特别是在法律、技术和政策层面。

1)"透明性"对隐私保护的冲击

区块链技术的"透明性"特性虽然在促进数据的追踪和可验证性方面具有显著优势,但它也给个人信息隐私保护带来了显著的挑战。透明性虽然可以增加系统的信任度,但同时也可能暴露个人敏感信息,特别是在区块链的公开和不可更改的数据记录上。在区块链系统中,所有经过网络验证的交易都会被记录在公共账本上,理论上对任何人可见。这种高度的透明性意味着,如果个人信息(如姓名、地址和交易记录等)未经适当处理而直接记录在区块链上,就可能被任何人访问和利用。这样的数据暴露可能导致个人隐私的严重侵犯,具体情形包括身份信息盗窃、骚扰或其他形式的个人信息滥用。

就身份信息盗窃的情况而言,在区块链中,如果个人识别信息(PII)如姓名、地址、电话号码等直接记录在链上,且可以被公众访问,这就为身份盗窃提供了机会。不法分子可以利用这些信息申请信用卡、开设银行账户,甚至进行其他形式的欺诈活动。由于区块链的不可篡改性,一旦这些信息被记录,就永久地为公众所知,给受害者带来持续的风险。类似地,如果个人的联系信息如地址和电话号码在区块链上可见,这可能导致不请自来的营销电话、广告邮件甚至更严重的个人骚扰。个人的生活隐私可能因此受到侵犯,生活质量受到严重影响。区块链上的信息还可能被第三方用于不正当的目的,例如保险公司或雇主可能无授权地访问个人的健康记录或其他敏感信息,用于决策过程,从而

---

① 焦经川:《区块链与法律的互动:挑战、规制与融合》,《云南大学学报(社会科学版)》2020年第3期,第137页。

影响个人的保险费用、就业机会等。由于信息的不可篡改和永久记录,个人很难纠正或删除这些可能误导决策的信息。

2)"不可篡改性"与"被遗忘权"的矛盾

区块链技术的不可篡改性与数据保护法规中的"被遗忘权"之间的冲突源于这两者对数据的处理方式的根本性差异。区块链的设计原则是确保一旦数据被记录在链上,就无法被改变或删除,这种特性是为了增强数据的信任度、安全性和透明性,从而在金融交易、合同执行、供应链管理等领域提供一个不可篡改的记录历史。这种不可篡改的记录是基于区块链技术的加密和共识机制,能确保数据的持久性和抗篡改能力,使得所有参与方都能信赖记录的真实性而无须依赖中心化的信任机构。

然而,这与数据保护法规中的"被遗忘权"构成了直接的冲突。被遗忘权是指个人拥有从数据库中删除其个人数据的权利,这通常在数据不再必要、个人撤回同意或数据被非法处理的情况下行使。例如,GDPR 规定了欧洲公民有权要求删除其个人信息,以保护其隐私权和控制个人数据的使用。[1] 这种权利的设立是为了赋予个人更大的控制权,使其能够防止过时或不正确的信息产生长期的负面影响。但在区块链系统中,数据一旦被写入,就因其技术特性而变得不可删除或修改,这使被遗忘权实施在技术上变得不可行。即便是通过技术手段如加密或假名化来间接"删除"信息,这些信息实际上仍然存在于区块链上,只是变得无法访问或识别。这种情况下,区块链的不可篡改性与被遗忘权之间的矛盾不仅限于技术层面,更触及法律和道德层面的权衡,即如何在确保交易和记录的透明性与安全性的同时,保护个人的隐私权和数据主权。因此,解决这一矛盾需要在区块链技术设计、法律规范和执行实践中找到平衡点,可能包括开发新的技术解决方案以实现符合法规的数据处理,或者调整现有的数据保护法规以适应区块链技术的特点。

3)管辖权和数据主权的法律合规性疑虑

区块链技术的全球性和去中心化特性在带来数据跨境流动的便利与效率提升的同时,也引发了关于管辖权和数据主权的复杂法律问题,尤其是在国际数据法的合规性方面。区块链上的数据可以跨越多个国家和地区进行存储和传输,这不仅涉及数据跨境流动,还涉及如何在不同的法律体系中确保数据的合法处理。不同国家对于个人数据保护有着不同的法律和标准,如欧盟的 GDPR 严格规定了数据处理原则和跨境传输的条件,而美国则侧重于行业特定的数据

---

[1] 江海洋:《论区块链与个人信息保护之冲突与兼容》,《行政法学研究》2021 年第 4 期,第 169 页。

保护标准,这些差异在全球范围内的区块链操作中引发了一系列合规性疑虑。例如,一个区块链网络可能在没有严格数据保护法规的国家内部操作和存储数据,但该数据可能涉及来自有严格数据保护法律国家的个人,这就产生了法律适用和数据保护水平的冲突。

此外,区块链的去中心化特性意味着不易确定具体的数据处理者和数据控制者,这在传统的数据保护法框架中是关键的法律角色,负责确保数据处理活动的合法性。在区块链系统中,数据的处理和存储由网络中的众多节点共同完成,每个节点都可能分布在不同的司法管辖区内,这使得监管机构难以追责、执行罚款或甚至确定适用的法律。例如,如果一个节点违反了某国的数据保护法,但该节点位于另一个法律体系,这种情况下受害者或监管机构要求救济或执行法律则变得极为复杂。

数据主权问题也是区块链技术在国际数据法框架中面临的主要挑战之一。数据主权是指一个国家对其境内的数据拥有控制权和管理权,这关系到国家安全、经济利益和公民的隐私权。然而,区块链的数据一旦进入全球网络,就可能被复制和存储在世界各地的服务器上,这可能违反了数据只能在本国或指定区域存储和处理的数据主权法规的要求。此外,当区块链数据需要从一个司法管辖区传输到另一个司法管辖区时,可能需要符合双方的数据保护法规,而这在实际操作中可能很难实现,尤其是在那些法规要求高度数据保护的国家。[①]

因此,为了解决这些挑战,可能需要国际社会合作来制定统一的数据保护标准和区块链操作规则,同时也需要技术创新以支持法律执行,确保数据的合法、安全处理。这可能包括发展先进的加密技术来保护数据在传输过程中的隐私,或设计新的区块链架构(如许可链),其中节点的加入和操作需要经过授权,从而更好地适应各国的数据保护法规。此外,国际法律协议和跨境数据保护框架的建立也是确保区块链技术与国际数据法有效对接的关键。这些需要全球范围内的政策制定者、技术开发者、法律专家的共同参与和协调,才能在促进技术创新和保护个人隐私之间找到恰当的平衡点。

4)智能合约执行与现有法律框架的张力

智能合约作为区块链技术的核心应用之一,具有自动执行合同条款的能力,这在理论上可以大大提高交易的效率和降低交易成本。然而,智能合约的自动执行特性也带来了与现有法律框架之间的张力,尤其是在国际数据法的制

---

① Primavera De Filippi and Samer Hassan,"Blockchain Technology as a Regulatory Technology: From Code is Law to Law is Code," *First Monday* 21, no. 12 (2016), https://uncommonculture.org/ojs/index.php/fm/article/view/7113/5657, accessed 29 June 2024.

定和体系构建中。这种张力主要体现在几个方面：合同的法律效力、责任归属和合规性问题。①

首先，智能合约虽然能自动执行预设的逻辑，但其作为合法合同的有效性在不同的法律体系中仍有争议。传统的合同规则要求合同各方明确表示意愿、合同条款清晰、合同目的合法等，而智能合约通常是基于代码执行，其表达的精确性和不可更改性可能导致无法适应合同法中对意愿表示的灵活性要求。例如，如果智能合约在执行中代码错误或因外部数据供给的问题而导致错误的结果，传统法律框架下可能允许合同修正或解除，而智能合约的不可变性则可能使得此类调整难以实现。

其次，智能合约的责任归属问题也是现有法律框架下的一个挑战。在传统合同中，当合同违约或执行错误时，可以通过法律程序确定责任方并追究责任。然而，在智能合约的环境下，由于合同执行是自动化且去中心化的，很难确定责任主体。例如，如果一个智能合约因为编程错误导致用户损失，用户应该向谁追责？是智能合约的开发者、区块链网络的维护者，还是其他参与者？这种责任的不确定性在国际法的背景下则更加复杂，因为涉及不同国家的法律制度和执行力度的差异。

最后，智能合约的合规性问题也不容忽视。在跨国交易中，各国对于合同的法律要求可能大相径庭，包括消费者保护、数据保护等方面的法规。智能合约的代码一旦部署即难以更改，这使得其对不断变化的法律环境的适应成为一大挑战。例如，一个设计用于欧盟市场的智能合约可能需要严格遵守 GDPR 的要求，而当相同的智能合约在其他法域操作时，则可能需要修改以符合当地的数据保护法规。

5.7.4　应对策略与未来展望

尽管区块链技术在与国际数据法的融合中面临许多挑战，但它仍然提供了极具变革性的工具和机会，即有助于推动国际数据法的发展和实施。面对这些挑战，通过技术创新、法律改革和国际合作，制定有效的应对策略，为国际数据法的未来发展提供支持。

1）发展和采纳标准化国际进程

推进区块链技术在国际数据法立法中的融合的首要步骤应是发展和采纳标准化的国际进程。区块链技术由于其固有的去中心化和跨境特性，使其在全球

---

① 郭少飞：《区块链智能合约的合同法分析》，《东方法学》2019 年第 3 期，第 9 页。

范围内的应用和管理面临着复杂的法律和技术挑战。为了应对这些挑战,迫切需要制定一套统一的国际标准。

首先,标准化可以帮助建立一个共同的技术和法律框架,这对于确保区块链技术的全球互操作性和安全性至关重要。由国际组织如国际标准化组织(ISO)、国际电信联盟(ITU)和世界贸易组织(WTO)等领导的标准化进程,可以涵盖从区块链技术的基础架构到其在具体行业中应用的各个方面。例如,可以制定关于区块链的数据格式、加密方法、智能合约的编写和执行标准,以及跨境数据传输的规则。这些标准将确保不同国家和地区在使用区块链技术时能够维持一致的操作和安全标准,减少技术的碎片化,提高整体的效率和信任度。

其次,标准化有助于解决国际数据法领域中的合规性问题。随着数据隐私和保护法规如欧盟的 GDPR 的实施,数据跨境流动已变得更加复杂。通过国际标准化,可以设定统一的数据保护标准和合规要求,使得区块链项目能够在不同的法律环境中更易于符合数据保护规定。这不仅有助于保护用户的隐私权,而且为企业提供了一个清晰的合规框架,还降低了他们在全球范围内运营的法律风险和合规成本。此外,国际标准化还促进了全球范围内的技术和法律协调。对于涉及多国的大型区块链项目,如全球供应链管理或国际金融服务,一个统一的国际标准可以简化运营流程,减少跨国法律冲突的可能性。这种协调不仅增强了项目的可行性和可持续性,而且有助于吸引更广泛的国际投资。

最后,国际标准化进程还需要关注教育和能力建设。随着标准的制定和实施,需要确保所有相关方——无论是技术开发者、企业执行者还是政策制定者,都能充分理解和应用这些标准。唯有在国际研讨会、国际培训项目和国际认证过程中不断强化对于这些统一标准的认知,才能确保国际社会具备共同的理解基础和操作能力去构建国际数据法的体系。

2)加强数据保护与隐私的顶层设计——"数据最小化"原则的确立

在区块链技术与国际数据法的结合过程中,确立"数据最小化"原则是一种必要的顶层设计策略,旨在强化数据保护和隐私,同时也对区块链技术的一些固有弊端提出改革。[①] 数据最小化原则的核心是,要求在收集、存储和处理个人数据时,仅限于实现特定、明确且合法目的所必需的最少数据量。这一原则的推广和实施可以有效地减少因数据过度暴露而引起的隐私风险,同时也有助于数据处理透明度的提高和责任性的加强。

---

① 朱悦:《技术与市场之间——试论个人信息最小化原则的理解和适用》,《经贸法律评论》2021 年第 6 期,第 23 页。

区块链作为一种去中心化的数据存储和管理技术,其不可篡改的特性虽然在确保数据完整性和防止数据被恶意修改方面具有明显优势,但同时也导致了一旦数据被记录后就难以删除或更正的问题。这在某种程度上与数据保护法规中强调的个人数据权利相悖。通过在国际数据法框架内确立数据最小化原则,可以促使使用区块链的组织在设计系统和应用时,必须仔细考虑哪些数据是确实需要被记录在链上,从而减少不必要的个人数据收集和存储。[1]

数据最小化原则的实施对于提升区块链技术的隐私保护能力至关重要。通过限制在区块链上处理和存储的数据量和类型,可以显著降低数据泄露或未经授权处理导致的隐私风险。此外,这也能帮助企业和组织更好地符合国际数据保护法规的要求,减少潜在的法律责任和合规成本。例如,企业可以采用更加精细的数据分类和加密技术,确保只有必要的数据被记录,并以安全的方式处理。

此外,数据最小化原则还可以促进区块链技术的优化和创新。例如,开发者可以探索新的区块链架构,使用可验证的计算和零知识证明技术,这些技术允许在不暴露具体数据内容的情况下验证数据的正确性。这不仅可以保护个人隐私,而且能在不牺牲区块链安全性和透明性的前提下有效地处理敏感数据。

需要注意的是,加强国际合作与法律协调是推动数据最小化原则在全球范围内得到认可和实施的关键。各国需要通过国际论坛和多边协议,就数据保护的标准和实践达成共识。这包括在全球数据法制建设中整合数据最小化的法律要求,以及共同制定操作指南和最佳实践,确保在全球范围内对区块链技术的应用能够在保护个人隐私的同时,发挥其在多个领域的潜力。

通过以上措施,数据最小化原则不仅能改革和优化区块链技术的应用,还能在国际数据法的构建中发挥核心作用,实现数据保护与技术创新的平衡。这将为个人隐私提供更坚实的保护,同时也为国际商务和技术创新提供一个更加安全、可靠的环境。

3) 法律与治理架构的适应性改革

在应对区块链技术的发展及其对现有国际数据法体系带来的挑战时,从"法律与治理机构的适应性改革"方面入手是至关重要的。区块链技术的破坏性特征,特别是其去中心化、不可篡改和数据跨境流动的能力,对现有的法律和监管框架提出了新的要求。因此,必须在顶层制度设计上对这些特征进行有效

---

[1] Paul Voigt and Axel von dem Bussche, The *EU General Data Protection Regulation (GDPR): A Practical Guide* (Cham: Springer, 2017), 90-91.

的回应,才能确保国际数据法的立法工作既能促进技术创新,又能保护个人隐私和数据安全,实现全球数据治理的稳定与公正。

首先,法律改革需要充分考虑区块链技术的特有属性,重新定义数据所有权、控制权和责任归属。传统的数据保护法律大多基于中心化的数据管理模型,强调数据控制者和处理者的责任。然而,在区块链系统中,数据的生成、存储和传输由分布式网络的多个节点共同完成,不再有明确的"控制者"。因此,法律制定者需要设计新的法律框架,来明确在去中心化环境下的数据管理责任,确保能够追踪到责任主体,并在发生数据泄露或处理不当时提供法律救济。

其次,治理机构的适应性改革也必不可少。这包括建立跨境数据监管合作机制,以及更新监管机构的监督和执法工具,以适应区块链技术的跨境特性和迅速变化的环境。例如,可以通过国际条约或多边协议,设立共享监管信息的平台,协调不同国家对于跨境数据流的监管策略和行动。同时,监管机构需要利用技术手段(如区块链分析工具),来增强对区块链活动的透明度和监控能力。

再次,为了应对区块链技术可能带来的隐私风险,顶层设计应当包括对数据保护基本原则的强化。例如,可以在国际层面推广实施数据最小化和隐私设计等原则,确保区块链应用在设计之初就充分考虑到数据保护的需求。通过这种方式,可以在不抑制技术创新的前提下,防止数据被滥用或非法处理。

最后,适应性改革还应包括公众教育和意识提升活动的加强。公众对区块链技术及其潜在影响的理解还相对有限,这可能会阻碍有效监管的实施和技术的健康发展。通过教育和宣传,提高公众、企业和政策制定者对区块链技术的认识,帮助他们更好地理解和应对由此技术带来的法律和社会挑战。[①]

综上所述,法律与治理机构的适应性改革是应对区块链技术挑战的关键策略,其不仅能使国际数据法的立法工作有的放矢,也能确保技术创新与数据保护之间达到平衡,进而推动构建一个更加公正、安全和高效的全球数据治理体系。

4)国际合作与对话机制改良的核心路径

在构建国际数据法体系中,确实需要强化国际合作与对话,而人类命运共同体理念中的"共商、共建、共享"原则为此提供了一个强有力的框架。这一原则强调各国在平等、开放的基础上进行广泛的对话和合作,共同解决全球性问题。将其应用到国际数据法的构建上,意味着通过国际社会的共同努力,确立

---

① 韩旭至:《司法区块链的价值目标及其实现路径》,《上海大学学报(社会科学版)》2022年第2期,第36页。

一个公平、透明的国际法律框架,以指导和规范区块链技术的发展和应用,从而保护数据隐私、增强数据安全,促进数据的自由流动和技术的健康发展。

第一,"共商"原则要求国际社会在制定国际数据法时进行充分的协商。这不仅包括国家政府间的对话,而且涵盖了私营部门、学术界、非政府组织等多方的广泛参与。通过这样的多边对话机制,可以确保各方的利益和担忧得到平衡与考虑,从而形成广泛认可的国际标准和规则。例如,在讨论区块链技术的国际监管时,必须考虑到技术的全球性特征和不同国家在数据保护强度上的差异,寻求一个共识,构建一个既能促进技术创新又能保护用户隐私的国际框架。

第二,"共建"原则强调在制定和实施国际数据法时各方的共同参与。这意味着国际数据法的构建不应是某一国家或少数国家的单方面行动,而应是全球多方共同努力的结果。在这一过程中,国际组织如联合国、国际电信联盟等可以发挥协调和引导作用,帮助制定统一的标准和实施细则,确保区块链等技术的应用与国际数据法的要求相一致。同时,需要建立有效的监督和执行机制,确保各国都能按照约定的标准行事,共同构建一个安全、可靠的国际数据环境。

第三,"共享"原则要求国际数据法的利益应由全体参与者共同享有。在区块链技术的应用中,这意味着技术的发展成果需要公平地分配给所有国家,特别是发展中国家。通过国际合作项目、技术援助和能力建设活动,可以帮助这些国家提升在数据法和区块链技术方面的能力,确保它们能充分利用这些技术带来的经济和社会发展机会。此外,共享原则也要求确保数据流动的自由与安全,促进开放的数据访问和使用,从而激发全球创新和知识的共享。

总而言之,在国际数据法的构建中贯彻"共商、共建、共享"的原则,可以为区块链技术的健康发展和国际数据法的有效实施提供明确的指引和坚实的基础。这不仅有助于解决技术和法律之间的冲突,还能促进国际社会在数据和技术领域的长期合作与和谐发展。

第 6 章 国际数据争端与解决

"数据"已成为现代经济中极其重要的资产,其跨境流动对全球经济贸易至关重要。对国际数据领域内的争端的深入探讨,有助于进一步理解 WTO 规则、跨国数据保护协议(如欧盟通用数据保护条例)及其他国际法律如何适用于跨境数据流动;亦可以揭示不同国家法律体系间的冲突和协调方法,促进全球互联网治理体系的构建。随着数字技术的发展,数据交易成为国际贸易的重要组成部分。本章将对数据争端的解决进行研究,以期为制定更有效的国际贸易政策和实践提供支持,推动数字经济的健康发展。同时,该议题在人权领域内的深入有助于平衡商业利益和个人隐私权保护,提高数据处理的透明度和安全性。随着人工智能、大数据分析等技术的广泛应用,数据的价值和使用方式不断演化。本章的研究也有助于法律、政策与技术的发展保持同步,确保新兴技术在促进经济发展的同时不损害社会公共利益。

6.1 国际性贸易组织中的争端解决

数字贸易是国际数据争端主要发生的领域。而数字贸易是国际贸易历经传统贸易、"全球价值链贸易"后的第三个发展阶段。[1] 传统贸易以比较优势为基础,主要涉及最终产品。这一阶段的生产和消费实现了跨越国界的分离,生产活动与最终消费者之间的沟通增强,贸易范围逐渐扩大,也被称作"第一次拆分"。[2] 进入

---

[1] Javier Lopez-Gonzalez and Marie-Agnes Jouanjean, *Digital Trade: Developing a Framework for Analysis* (OECD Trade Policy Papers No. 205, 2017), 7, https://doi.org/10.1787/524c8c83-en.

[2] Richard Baldwin, *The Great Convergence: Information Technology and the New Globalization* (Cambridge, MA: Harvard University Press, 2016), 40.

国际贸易发展的第二阶段,全球价值链成为新的衡量标准,生产活动具有国际化、碎片化和专业化的特征,贸易对象主要是中间产品和服务。此时,贸易分工进一步细化,全球贸易区位价值逐步分化。这一阶段贸易政策的关注重点从市场准入逐渐转向贸易便利化和减少贸易壁垒。① 作为数字经济发展的产物,数字贸易区别于以往发展阶段的国际贸易,是传统贸易在数字经济时代的拓展与延伸。② 在数字贸易阶段,运输成本、协调成本、数据信息传输成本均大幅下降,数字连接不断增长。全球范围的数据流动促进了贸易要素跨越国界的沟通,贸易实体、全球价值链之间超级互联,贸易全球化深度发展。

数字贸易关系的客体多元,是否应当及如何将数字贸易归类为服务贸易或货物贸易已成为当前的主要争议焦点。其一,根据贸易对象的不同,数字贸易可以分为数字货物贸易、数字服务贸易和数据贸易。这在传统国际贸易规则的货物与服务贸易两分的划分标准之外,增加了数据贸易第三种类别。此外,数字货物贸易和数字服务贸易的内涵在传统货物、服务贸易的基础上又继续延伸,前者包括数字内容的货物贸易、以数字方式交易的货物贸易;后者包括数字内容的服务贸易、以数字方式交易的服务贸易。③ 如何处理类别的新增与内涵的扩展是目前对数字贸易进行归类需要解决的主要理论问题,这也成为国际贸易规则重塑的挑战。

其二,数字贸易模式下货物与服务紧密结合,在实践中面临规则适用的难题。当前国际贸易规则对货物和服务承诺进行了相对明确的区分。然而,随着服务成分愈发体现在商品中及更多的货物被用于提供服务,商品与服务、商品制造与服务提供之间的界限趋向模糊。这将引发规则适用的分歧,如包含服务提供因素的货物出口是否受限于其实现具体服务的能力,或取决于贸易承诺对其服务的分类;3D 打印交易的贸易性质会发生阶段性的改变,从而加剧识别、运用国际贸易规则的复杂性。

必须指出的是,数字贸易议程在 WTO 层面的推进较为缓慢,各国目前仍在积极探索其他区域、双边贸易谈判领地。虽然区域协调机制是数字贸易争端解决的主要选择,但大多数自由贸易协定的争端解决机制仍然以 WTO 争端解决机制为缩影。因此,研究 WTO 框架下的少数典型案例对探究国际数字贸易争端解决机制仍具有重要的启示意义。

---

① Richard Baldwin and Javier Lopez-Gonzalez, "Supply-Chain Trade: A Portrait of Global Patterns and Several Testable Hypotheses," *NBER Working Paper*, No. 18957 (2013): 26 - 57.
② 马述忠、房超、梁银峰:《数字贸易及其时代价值的研究与展望》,《国际贸易问题》2018 年第 10 期,第 19—20 页。
③ 李俊主编:《全球服务贸易发展指数报告(2018)——数字贸易兴起的机遇与挑战》,社会科学文献出版社 2018 年版,第 196 页。

6.1.1 数据争端在传统贸易领域的案例(DS375 案)

数据贸易脱胎于传统贸易形式,这种继承与突破并存的关系彰显于"欧共体信息技术产品"案(WTO 案件编号 DS375)中。[①] 这是一起典型的国际贸易争端案例,涉及的当事方主要是美国与欧洲共同体(现为欧盟)。本案件的主要焦点在于欧洲共同体的关税分类及其对特定信息技术产品的关税征收是否违反了 WTO 的相关规定。

1) 案件简介

本案件的背景涉及的是欧洲共同体对某些信息技术产品,特别是平板显示器和某些类型的机顶盒等的关税处理。美国认为,欧洲共同体的行为违反了关贸总协定(GATT1994)第二条款,这一条款规定成员方应根据其承诺的关税表对来自其他 WTO 成员方的商品提供不低于约定的待遇。具体争议点包括对这些产品是否应按照免税的电子产品进行分类及其是否应享受免税待遇。

争议的具体内容包括欧洲共同体如何对这些能够从自动数据处理机器及其他来源接收和重现视频图像的平板显示设备进行分类。美国方面指出,欧洲共同体的关税分类措施导致这些本应免税的产品被错误地归类为应纳税产品,这种做法违背了 WTO 的规定,不仅影响了美国出口商的利益,而且影响了国际贸易的公平性。在法律程序方面,美国针对这一行为在 WTO 启动了争端解决程序。案件经过初步的专家组审理后,进一步上诉至 WTO 的上诉机构。在审理过程中,专家组和上诉机构详细考察了相关的法规和国际条款,以判定欧洲共同体的行为是否与其在 WTO 框架下的承诺相符。

最终,WTO 的判决支持了美国的部分诉求,认定欧洲共同体的某些关税分类措施确实违反了 GATT1994 的相关规定。该案件强调了遵守国际贸易规则的重要性,也反映了信息技术产品在全球贸易中的重要地位及其对国际贸易规则构成的挑战。

2) 案件的争议焦点

DS375 案的争议焦点主要涉及欧洲共同体对特定信息技术产品的关税分类和征税问题。具体来说,即某些平板显示器和机顶盒等产品是否按照免税的电子产品进行分类,并享受相应的免税待遇。

根据 WTO 的文件,这些产品能否从自动数据处理机或其他源接收和重现视频图像是关键的分类标准。美国认为,欧洲共同体的关税分类和征税措施违

---

① European Communities and Its Member States — Tariff Treatment of Certain Information Technology Products (Panel Reports, 21 September 2010) WTO Docs WT/DS375/R, WT/DS376/R, WT/DS377/R.

反了《关贸总协定》(GATT1994)第二条,特别是第 Ⅱ:1(a)和 Ⅱ:1(b)条款。这些条款要求成员方必须按照其在 WTO 中承诺的关税表对其他成员方的商品提供不低于约定的待遇。

美国指出,欧洲共同体按其关税政策对这些本应免税的产品征收关税,而未能提供不低于约定的待遇,对美国的出口商造成影响,也违背了国际贸易规则的公正性和透明性。通过此案,美国寻求纠正这一不当的关税政策,以确保所有 WTO 成员方都遵守相同的贸易规则和义务。此外,本案还涉及如何及时公布规定的问题,特别是在新的分类和征税措施实施之前,是否为政府和贸易商提供了足够的时间来了解这些变更。这也与《关贸总协定》第X条有关,该条要求成员方必须及时公布其法律、法规、司法决定和行政规定,以确保其贸易政策的透明性。

3) 案件评析

DS375 案虽并没有直接聚焦数据贸易的争端,但确实在一定程度上反映了数字信息技术对传统贸易模式的冲击和挑战。此案涉及的信息技术产品如平板显示器和机顶盒等,在技术属性、功能上与数据处理和传输密切相关,这表明了信息技术在全球贸易中的重要性和影响力。

从更宽泛的视角来看,DS375 案件体现了数字化和技术化进程如何改变商品和服务的贸易流通方式,以及这些变化如何引发新的法律和政策问题。这种情况下,传统的贸易规则可能需要适应新的技术现实,涉及的不仅是商品的物理属性,还包括与这些商品关联的数据传输和处理功能。在 WTO 框架内,为了应对信息技术产业的变革,1996 年,WTO 部长级会议通过了一项诸边协定——《关于信息技术产品贸易的部长宣言》(简称《宣言》),该协定将当时多项重要的信息技术产品纳入贸易自由化承诺中。具体而言,该协定以附件 A 和附件 B 的方式确定信息技术产品的承诺范围。其中,附件 A 以海关统一系统编码的方式定义产品,附件 B 以描述性方式定义产品,后者具有更大的不确定性和开放性。然而,关键的问题是在"正面清单"模式下,与互联网相关的信息技术产品的承诺范围是否受限,原先的自由化承诺是否可以拓展至新的信息技术产品。WTO 争端解决专家组和上诉机构对此问题给予了肯定性的回答。在"欧共体计算机仪器案"和"欧共体信息技术产品案"中,专家组指出《宣言》所调整信息技术产品的范围不仅适用于缔结时已存在的产品,还可适用于缔约后出现的产品。这一论点也在 DS375 案的判决中得到了充分体现。[①]

---

① 孙南翔:《认真对待"互联网贸易自由"与"互联网规制"——基于 WTO 协定的体系性考察》,《中外法学》2016 年第 2 期,第 542 页。

此外,随着数据贸易和数字服务日益成为全球经济的重要组成部分,WTO 及其成员方面临的挑战是在保持贸易自由化的同时,如何更新和调整规则以应对数字时代的需求。因此,DS375 案虽然直接聚焦特定产品的关税问题,但确实可以被视为一个标志性的开端,预示着未来国际贸易争端将更多涉及数据和数字技术相关的复杂问题。这种演变不仅影响着国际贸易政策的制定,也对全球经济格局的稳定与发展产生深远影响。因此,此类案件的讨论和裁决对于理解和塑造未来的贸易规则具有重要的指导意义。

6.1.2 网络信息时代的国际数据争端案例(DS285 案)

安提瓜诉美国赌博服务案(WTO 案件编号 DS285)是近年来在 WTO 领域的一个重要案件。[1] 此案是 WTO 成立以来在服务贸易领域的首例经由上诉机构对案件审理的案件。该案件不仅涉及服务贸易市场准入规则的解释和澄清问题,而且涉及主权国家是否可以公共道德豁免其市场准入承诺问题,因此备受关注。

1) 案件简介

本案件由安提瓜和巴布达于 2003 年针对美国提起,是在 WTO 框架下审理的一起具有里程碑意义的国际贸易争端案件。这一案件的中心议题是美国对在线赌博和博彩服务的限制措施,这些措施主要限制了外国供应商,特别是安提瓜和巴布达的公司向美国市场提供服务。

在争端发生时,美国的某些州允许有限的在线赌博活动,但联邦法律则严格限制和控制跨州和国际的在线赌博服务。安提瓜和巴布达认为这种做法违反了服务贸易总协定(GATS)中关于市场准入(第十六条)和最惠国待遇(第二条)的规定。根据 GATS 的规定,签约方必须对所有成员方的服务供应商提供平等的市场准入机会,不得实施歧视性的措施。

在案件的审理过程中,安提瓜和巴布达指出,美国的法律实际上在对待国内和国外的在线赌博服务供应商上存在不公平的对待,这直接影响了安提瓜和巴布达的企业进入美国市场,从而损害了其经济利益。WTO 的裁决结果支持了安提瓜和巴布达的部分诉求,认定美国的一些措施确实与其在 GATS 下的承诺相悖。

尽管 WTO 的裁决偏向于安提瓜和巴布达,但美国并未完全遵循裁决的要

---

[1] WTO, *United States—Measures Concerning the Cross-Border Supply of Gamblirg and Betting Services* (Panel Report, 10 November 2004) WT/DS285/R, adopted 20 April 2005.

求调整其法律。美国辩称,其赌博相关法律的制定主要是出于保护公共道德和防止犯罪等目的。这一立场引发了双方在执行裁决方面的长期纠纷和多轮谈判,双方最终未能达成一致的解决方案。

2) 案件涉及的数据要素——数据的跨境自由流动

与 DS375 案不同,DS285 案确实在一定程度上涉及了数据要素,尤其是关于数据跨境流动的管理和管控。这个案例主要关注的是在线赌博服务,这种服务依赖于数据的跨境传输,因为服务供应商和消费者在物理上往往处于不同的国家。在这个案件中,美国的某些法规限制了从其他国家到美国的在线赌博服务,这实际上涉及对数据跨境流动的控制。美国政府对这些服务的限制部分基于防止犯罪和保护公众道德的考虑,认为未受控的数据跨境流动可能助长在线赌博活动,从而带来相关的社会和法律问题。

博彩和赌博是美国国内的重要服务业。美国国内法律文件将该领域纳入数据自由出境的"负面清单",涵盖基于数据流动提供的线上博彩服务。这一措施在实践上回应了美国在 WTO 框架下的承诺空白。因为此前线上跨境服务并未成熟,美国未明确把"博彩和赌博"排除出 GATS 的"具体承诺表",所以不利于美国对博彩行业施行限制性措施。在实践中,美国对安提瓜和巴布达基于互联网提供的博彩服务施加了压力。对此,安提瓜和巴布达将美国诉诸 WTO 争端解决机制。在实际审理过程中,虽然美国辩称并未将此服务纳入承诺范围;同时援引 GATS 第 14 条"一般例外",认为安提瓜和巴布达提供的赌博服务违反了公共道德。但 WTO 判决认为该援引没有满足"必需性",且美国本身也大量提供博彩服务,因此造成了对国外同类服务的变相歧视。据此,WTO 框架下"没有限制"的承诺极大限制了美国国内赌博规制的施行空间。[①] 美国后来在 RTAs 框架下采用"不符措施"为博彩业保留了任何措施的施行空间,实际上亦是应对此前的跨境线上博彩争端,保留了美国在国内法层面管制国外提供的线上博彩服务"后门"。而博彩业的数据跨境流动,亦因该限制性措施而存在不确定性。

如果不违背 GATS 第 16 条"市场准入"义务下美国的具体承诺表内容,美国可保留任何措施的施行权限。换言之,美国的 GATS 具体承诺表内容不在"不符措施"的数据流动义务豁免范围内。在美国的 GATS 具体承诺表中,与数据流动密切相关的内容主要为信息服务(通过电信产生、获取、存储转换等能力提供),以及电影、广播和电信服务。这包括互联网数据处理中心等云计算业务及

---

① 屠新泉、朱林竹:《WTO 为网络赌博撑腰?——安提瓜和巴布达诉美国影响跨境赌博服务的措施案评析》,《世界贸易组织动态与研究》2007 年第 4 期,第 21—26 页。

线上电影视频等。因为"具体承诺表"并未限制 GATS 模式 1—3 这些基于数据流动提供服务的主要方式,所以美国针对信息服务的"市场准入"承诺水平是较高的。但与此同时,美国对通信服务(包含信息处理业务、广播)保留了"国民待遇"和"最惠国待遇"义务的不符措施。这可能导致缔约方面临歧视性待遇。换言之,以 DS285 案的审理过程来看,即便"市场准入"不被直接限制,"市场准入"也可能面临"零配额"的限制。①

该案件情况反映了更广泛的全球性议题,即如何在保护国家安全、公共秩序或道德和促进经济利益之间寻找平衡,特别是在数据自由流动与国家监管权的张力日益增强的背景下。在这类跨境服务中,数据流动性成为关键的技术和法律挑战,国家需要在遵守国际贸易规则和保护国内法律秩序之间找到恰当的平衡点。因此,该案件不仅是关于服务贸易的法律争议,而且触及了数据政策、隐私保护和国际合作等多个重要领域,对于理解和制定国际互联网和数据政策具有重要意义。

3) 案件评析

必须指出的是,DS285 案在国际数据贸易争端解决的历史中占有重要地位,主要因为它直接涉及数据跨境流动的法律问题。此案是国际贸易争端中较早关注到跨境电子服务和相应数据流动的案例之一,涉及的核心问题是在线赌博服务的跨境供应,其本质上依赖于数据的自由流动。

在全球经济中,数据已成为一种关键的资源,其跨境流动性对电子商务、服务供应和数字经济至关重要。DS285 案通过审视如何在全球范围内管理和规范这种流动性,为后续涉及数据流动的国际法律争议提供了重要的法律先例和讨论基础。此案强调了国家在追求保护公众道德、秩序的国内政策目标与履行国际贸易协定义务之间需要寻找平衡。特别是在处理涉及广泛社会、文化和法律因素的服务(如在线赌博)时,如何确保这种平衡成为关键。DS285 案展示了服务贸易总协定在应对现代服务贸易形式,尤其是数字化服务时面临的挑战。这为 GATS 未来可能的修订或对现有规则的重新解读提供了实际案例和论据;对国际数据政策和法规的发展产生了深远影响,特别是在促进或限制数据跨境流动的政策制定上;为国家制定涉及数据处理和传输的政策提供了重要参考,同时也提示了在制定这些政策时需要考虑的国际贸易法律框架。

总体而言,DS285 案件不仅因其在解决特定服务贸易争端中的作用而重要,

---

① 陈寰琦:《从"例外"和"负面清单"看美国跨境数据自由流动限制性措施》,《国际经贸探索》2023 年第 9 期,第 109—110 页。

更因其对于理解和塑造跨境数据流动的国际规则的深远影响而具有标志性地位。这个案例提醒国际社会,在数字化经济迅速发展的今天,需要不断审视和更新国际贸易规则,以适应新兴的商业模式和技术进步。

6.1.3　国际数据争端的新生产物——数字服务(DST)税争端及案例

在数字经济背景下,互联网企业经营并不必然采用商业存在的形式,从而导致了税收管辖权冲突与国家间利益分配不平衡等问题的出现。为应对税收挑战,以法国为代表的部分经济体先后推出了单边数字服务税,但该税种受到了美国的抵制并被美国视为新型贸易壁垒。目前已有数字服务税方案在课税范围、税率设置等方面仍表现较为谨慎,虽然美法围绕数字服务税的冲突不大可能演化为严重贸易争端,该税种改变全球数字贸易地理的可能性更小,但无疑会进一步加大国际数字贸易规则谈判取得一致的难度,也极有可能进一步演化出诸多国际数据贸易争端。

1) DST 概念界定

2015 年经济合作与发展组织(OECD)就发布了《应对数字经济的税收挑战》的报告,阐释了数字经济给国际税收带来的挑战。其核心问题就是利润所得与价值创造所在地的分离,导致营收与纳税错配,以及国家间利益分配不平衡。[①] 应对该问题的实践做法目前主要有以下几种。一是调整公司所得税规则,重新定义互联网企业的实体存在性。互联网企业运营并不必然需要商业存在,但这并不能否认其在特定地区的持续经济活动。因此,部分经济体提出了显著经济存在或持久数字存在的概念。对于达到一定标准并被认为是显著经济存在的互联网企业,即使并未采用实体商业存在的经营形式,同样以公司所得税形式对其征税。该方案被认为是应对税收调整的正统路径及主要方向,但尚未有经济体单边采用。二是实施针对数字产品与服务销售的消费税或增值税,即要求国外的互联网企业在向国内销售产品或服务时,支付相应的增值税或消费税。对于企业对企业(Business to Business,B2B)的交易,采用"反向收取"的方法,即国内买方负责缴税;对于企业对消费者(Business to Consumer,B2C)的交易,则需要国外互联网企业满足相应的账簿记录要求并据此纳税。有些经济体采用了该方法,如以色列、日本、挪威、韩国、新西兰、墨西哥等。三是实施针对数字服务的预提税,即对于国外互联网企业与国内客户的交易行为,

---

① OECD, *Addressing the Tax Challenges of the Digital Economy* (Paris: OECD, 2015), https://www.oecd-ilibrary.org/docserver/9789264218789-en.pdf, accessed 20 October 2020.

在后者支付费用时,从中提取固定比例作为课税。只有个别经济体采用了该方法,如巴基斯坦、秘鲁、乌拉圭等。

消费税或增值税的不足之处在于只能够针对与产品或服务销售相关的电子商务,不仅在实践中面临着对大量交易进行准确记录所产生高昂成本的问题,而且并未触及互联网企业的特殊商业模式,对于并不具有直接销售形式、不产生资金流却最终形成经济收益的活动无法覆盖。预提税也面临同样的问题。单边调整互联网公司所得税规则的做法,很有可能导致双重征税甚至税收争端的问题。例如,某互联网企业利润中的 20%来源自国外市场,后者以数字存在为依据对此 20%利润征收所得税,但由于并无实体机构留置该部分利润,互联网企业的这部分利润在本国仍将被继续征收所得税。因此如果采用这种方法,则很有必要推进多边框架下的税收协调。OECD 组织的国际税收协调谈判也正是基于上述思路,但目前来看谈判前景仍存在很多不确定性。欧盟在 2018 年提出了两阶段解决数字经济的税收问题的方案:长期沿用调整公司税的方法,短期采用临时性数字服务税。尽管该方案因成员国的意见分歧而被搁置,但数字服务税作为新的税收工具,引起了欧盟主要经济体的关注。

数字服务税就是指对部分互联网企业从一国用户参与中获得重大价值、但并未在该国缴纳相应税收的现象,针对性地依据其营业性收入征缴的相应税额。数字服务税的理论基础是所谓"用户创造价值"的概念。传统税制以商业机构的实体存在及价值创造为前提,很多互联网企业虽然在业务区域内没有实体机构,商业行为也许并没有产生交易资金流,但互联网用户在使用数字服务的过程中,仍然会通过产生的数据流对互联网企业的利润创造形成重大价值,这就是"用户创造价值"的含义。[①] 例如,搜索引擎提供的搜索服务虽然是免费的,但用户搜索过程中所产生的数据流可以被搜索引擎企业用于分析消费者偏好,并被销售提供给有相应需求的企业。对数据要素的生产、占有和使用,是互联网企业商业模式的关键本质特征。相较于消费税、增值税或预提税等,数字服务税针对互联网企业的独特商业模式对可征税范围做了拓展,在征税时以营业收入作为税基。从收税者的角度来看,该税种在增加财政收入、解决税收流失问题时具有简便、直接和收益较大的突出优势。2020 年以来,部分经济体已正式明确将要或开始实施数字服务税。尽管各经济体在推出数字服务税方案时均表明该税种具有临时性举措的特性,在 OECD 国际协调谈判取得一致结果

[①] 邵军、杨丹辉:《全球数字服务税的演进动态与中国的应对策略》,《国际经济评论》2021 年第 3 期,第 123—124 页。

或欧盟达成区域范围内的统一方案后将被取代,但国际协调取得一致结果的前景还很不明确,而越来越多的经济体开始表现出对数字服务税的关注及意向。

2)跨国数字服务税的争端及解决

目前,围绕数字服务税的国际争端主要集中于美法两国之间。针对法国单边提出的数字服务税,美国反应强烈,美国贸易代表办公室在2019年6月随即展开"301调查"。2020年7月,美国根据"301调查"结果宣布将从2021年起对原产于法国的特定产品加征25%从价税。此后,美国贸易代表办公室又宣布将就数字服务税,进一步对奥地利、捷克、意大利、西班牙等经济体展开"301调查"。客观而言,美法两国围绕数字服务税的冲突演变为严重贸易争端甚至发展成贸易战的可能性并不大,双方当时还是处于相互试探与博弈的阶段。尽管美国对法国征收报复关税,但涉及产品主要是包括化妆品和手提包在内的21个关税条目,所涉产品对美2019年销售额仅约为13亿美元。[①] 显然,这些产品并非法国出口中最为核心的构成,所增加关税成本对法国产业的影响非常有限,而且对于这些特殊奢侈品,关税成本往往最终会在进口部门、消费者之间分摊。美国的报复措施其实具有两个层面的含义:一个是力图促使法方缓和数字服务税立场,能够重新回到欧盟或OECD的国际协调框架下,通过集体谈判达到对美互联网企业的影响降到最低程度及最小范围的目的;另一个则是要对其他经济体产生一定的威慑,避免单边数字服务税的连锁效应。法国对于数字服务税的立场虽然强硬,但法国文本中同样还有日落条款,即指出该税种为暂时性方案,OECD谈判取得结果后将加以替代,这也为其政策调整留下了缓和空间。数字服务税更多的是法国的一种立场表达,法方对于税种执行能获得多少真正收益事实上并无概念,对于征收范围及对象也做了限制。美法产生严重贸易争端的可能性并不大,但OECD主导的国际谈判很难在短期内有所突破,这种争端预计会持续很长时间。

数字贸易作为新兴国际贸易形式,从集约及广义边际方面同时促进了国际贸易的增量扩张,各国对数字贸易的重视程度也在不断提高。当前,该领域的焦点议题就是如何构建数字贸易治理规则。传统国际贸易治理框架并未有专门针对数字贸易的部分,仅涉及零散的相关文本,当前不同经济体提出的数字贸易规则因利益诉求不同而存在相当大的差异。美国作为全球数字产业最为发达的经济体,数据跨境自由流动是其持有的核心原则,目的就是要保持其在

---

① Office of the United States Trade Representative, "*Notice of Action in the Section 301 Investigation of France's Digital Services Tax*", https://ustr.gov/sites/default/files/enforcement/301Investigations/France_DigitalServices_Tax_Notice_July_2020.pdf, accessed November 6, 2020.

全球数字经济中的领导地位。欧洲对数据跨境自由流动则以知识产权、隐私保护、文化例外等为由而持不同观点。上述争论在美欧 TTIP 谈判中就曾得到反映。数字服务税尽管与隐私保护的直接关联度并不高,但客观上显然会提高数据流动的成本,从而限制数据流动。尽管欧盟层面的数字服务税暂被搁置,但法国等欧洲经济体的单边推进,至少排除了欧盟完全摒弃数字服务税的可能性。数字服务税将使美欧在数字贸易规则方面的分歧加重,达成折中意见的前景更为黯淡。从美国角度来看,数据自由流动实际上就是确保美国未来增长新动能的产业政策,是必须坚持的原则。可以预期,美国在其所能主导的贸易协定中必然将全力遵从数据自由流动原则并阻止任何形式的数字服务税,使数字贸易规则的区域化、分块化特征将更加明显。

6.1.4 国际性贸易组织中数字贸易争端解决的未来发展

需要指出的是,仍处于发展变化状态下的数字环境是规范数字贸易秩序的持续挑战。[①] 从上述案例的分析中可以看出,数字贸易争端与传统贸易争端相比展现出了新的趋势。当前数字贸易以非正式合作为主,并发展出配套的非正式管控。在特定的环境中,非正式管控也适于秩序的维护,而"反对非正式合作的立法将导致重法律轻秩序的局面"。[②] 作为争端解决的载体,数字贸易的规则设计与秩序安排应具备较强的适应性。

数字贸易具有横纵向的发展需求,要求其载体具有高度适应性。从纵向上看,作为一个极具挑战性的新议题,数字贸易的内涵和外延至今仍在演变之中。[③] 数字贸易的实践推动贸易规则推陈出新,以美国为代表的数字大国在数字贸易问题上的国际谈判行动表明,国际社会成员已在很大程度上从将数字贸易视为传统贸易问题转变为承认其独特的数字性质并相应地调整规则。[④] 同样地,数字贸易的争端解决程序的可持续发展建立于其规则的适应性上。然而,程序设计者应有充分的预期和心理建设以应对规则的变化。

从横向上看,数字贸易争端解决规则应具有全球适应性的战略目标。经济越是现代化,越需要全球准则。国际经济交往中存在两种"内在矛盾":国家主

[①] Orna Rabinovich-Einy and Ethan Katsh, "Digital Justice: Reshaping Boundaries in an Online Dispute Resolution Environment," *International Journal of Online Dispute Resolution* 1 (2014): 30 – 31.

[②] Robert C. Ellickson, *Order Without Law: How Neighbors Settle Disputes* (Cambridge, MA: Harvard University Press, 1991), 286.

[③] United States International Trade Commission, *Digital Trade in the U.S. and Global Economies*, Part 2 (USITC Publication 4485, 2014), 29 – 31.

[④] Henry Gao, "Regulation of Digital Trade in US Free Trade · Agreements: From Trade Regulation to Digital Regulation," *Legal Issues of Economic Integration* 45, no. 1 (2018): 45 – 68.

权独立与事实上的相互依赖;政治的在地性和经济的跨境性。① 概括而言,制定并推行全球贸易规则的主要阻碍之一为"贸易的无界属性"与"规则设计的当地利益考虑"之间的对立。这一对立在数字贸易领域尤为明显,也是多边领域难以形成统一的数字贸易规则的重要原因。增强数字贸易争端解决程序规则的适应性,既符合数字贸易交易的效率要求,又能提升跨境经济互动的红利。在数字贸易实体规则暂缺的情况下,先行设计程序性规则,可以尝试调和甚至暂时回避各主权地域下的数字贸易的立场分歧,为全球数字贸易持续发展蓄力。

  同时需要注意的是,数字贸易当事方追逐的目标是贸易活动本身及其带来的利益。在这一以利益为导向的交易活动中,当事方对参与争端解决程序、遵守程序规则的成本预算偏低。这一成本大致分为时间、费用两方面。就时间成本而言,以数据流动为要素的数字贸易周期已实现了变革性的缩减,数字贸易争端解决的目标是获取透明、效率和公平的结果;就争端解决程序的运行费用而言,数字贸易突破了时空界限,贸易中间环节急剧减少。因此,数字贸易从生产方到最终消费者的整体贸易成本较低。基于理性立场,争端当事方难以支付明显占有较高比例的争端解决程序费用。数字贸易的交易具有虚拟性,交易内容、交易方式甚至交易对象都具有极强的不确定性,规范化处理、标准化运行的争端解决程序更具生命力,更能促使数字贸易争端解决规则得到纵向和横向的可持续适用。因此,对数字贸易争端解决而言,司法性强的程序优于政治途径,应通过保证规则的司法性以提升适应性。

  总而言之,当前数字贸易发展的核心矛盾是数字贸易实践兴盛与规则缺位间的不协调。② 作为自给自足封闭的法律体系,GATT/WTO 未能涵盖数字贸易议题。扬弃式继承 GATT 争端解决机制后③,WTO 增设常设机构,确立"反向一致"的表决原则,增设上诉机制并授权交叉报复以增强执行力。WTO 争端解决机制在 GATT 基础上提升了司法属性,这有利于迅速、公平地处理贸易争端,然而目前 WTO 上诉机构停摆,DSU 陷入停滞,其应对数字贸易争端解决的适应度不足。

  更为长远地来看,传统国际贸易争端解决机制流程繁琐、耗时长,不能适应数字贸易快速周转的要求,需要建立高效的争端处理机制。WTO 争端解决机制

---

① 陈卫国:《世界贸易组织的逻辑》,对外经贸大学出版社,2013,第 18 页。
② 李墨丝:《超大型自由贸易协定中数字贸易规则及谈判的新趋势》,《上海师范大学学报》(哲学社会科学版) 2017 年第 1 期,第 100—107 页。
③ GATT 争端解决机制依靠"临时机构",仅处理货物贸易及相关产业部门的贸易争端,采用正向协商一致的原则,依靠缔约方监督,缺乏强制执行的保障。

的理念源自西方的对抗式法庭诉讼。这一方式存在成本高、耗时长,难以解决矛盾根源等固有劣势,已受到诟病。① 具体而言,DSU 中的磋商程序为必经步骤,专家组相关程序历时 6 个月,并与斡旋、调解、调停等程序交互式联通。专家组程序启动后仍然可以开展斡旋等其他程序,这在理论上增加了程序的繁琐程度与时间成本。DSU 机制虽具有较强的司法性,但缺乏灵活性,统一的程序流程难以应对数字贸易争端的复杂情况。

此外,DSB 对国际法的适用也未能严守"规则导向"的法治原则。② WTO 专家组运作的支持力量薄弱,难以为数字贸易争端解决提供充足的资源供给与体制保障。如前所述,数字贸易有大量私人主体参与,标的物范围超出传统货物与服务,数字贸易争端的事实认定更加庞杂,对技术也提出更高的要求。在此情况下,专家组调查职能的履行需要大量资源,但实践中其成员多为时常需要处理紧急事务的外交官员。③

6.2 自由贸易协定与国际投资协议下的争议解决

在国际投资协议下,数据争议解决方案的程序性规定是确保投资者与接受国家之间履行义务的重要组成部分。这些规定旨在为争议解决方案提供格式化和明确的步骤,以促进法律秩序的维护和投资保护的稳定性。国际投资协议通常规定以下程序性规定:

(1)协商解决。国际投资协议通常要求合同各方在发生争议时首先通过协商来解决。协商解决阶段旨在鼓励合同各方通过对话和妥协的方式来解决争议,并避免诉诸更为严重的正式问题议题解决机制。

(2)改革计划。一些国际投资协议可能包括改革计划,即通过第三方中立改革者或机构进行改革。改革是一种灵活的争议解决机制,其目的是通过协商达成双方都可以接受的解决方案。国际投资协议通常进行一定的模拟程序,包括模拟程序规定的请求的提交、模拟程序的进行和模拟结果的执行等。

(3)仲裁。大多数国际投资协议都包括仲裁条款,规定了在争议中无法通过协商或仲裁解决时进行仲裁的程序。仲裁是一种争议解决机制,由仲裁的仲裁庭根据适用的法律和协议组成对争议进行裁决。国际投资协议通常规定仲

---

① 武雅斌、王勇:《树立合作式国际贸易摩擦解决机制的中国理念》,《社会科学文摘》2018 年第 4 期,第 9 页。
② 何志鹏:《国家利益维护:国际法的力量》,法律出版社,2018,第 102 页。
③ David Unterhalter, "Panel I: What Makes the WTO Dispute Settlement Procedure Particular: Lessons to Be Learned for the Settlement of International Disputes in General?" *in International Dispute Settlement: Room for Innovations?*, ed. Rüdiger Wolfrum and Ina Gätzschmann (Heidelberg: Springer, 2013), 8–25.

裁程序的启动程序、仲裁庭的组成、证据收集、仲裁程序、裁决的形式和效力等细节。

（4）司法诉讼。在一些情况下，国际投资协议可能允许向各方国际法院或国家法院提起诉讼。司法诉讼程序通常作为最后的争端解决手段，当其他解决方式失败或不适用时将会采用。协议可能规定了向法院提起诉讼的条件、管辖权、程序和诉讼结果的执行等方面的规定。

总体而言，国际投资协议下的数据争端解决方案旨在确保争端能够在高效、有效的框架下得到解决，以保护投资者的权利和促进投资的稳定发展。① 这些规定的具体内容和实施方式可能因协议的性质、双方的需求和背景，以及适用法律的差异而有所不同。

6.2.1　美韩自贸协定中有关数据争议的规定与案例

1）美韩自贸协定有关数据争议的程序规定

美韩自贸协定作为美国与韩国双边贸易协议的一部分，其自签署以来，为双边贸易协定提供了法律框架和保障。在涉及数据的争议解决方面，该协定为双边贸易协议提供了明确的解决方案的程序性规定，旨在确保合同双方在数据相关争议上的权利和义务得到充分的尊重和保护。② 美韩自贸协定中有关数据争议解决的程序性规定主要包括以下方面：

（1）协商与谈判阶段。美韩自贸协定规定，在发生相关数据争议时，合同双方应首先通过协商与谈判的方式寻求解决方案。在该阶段，双方可能通过双边或对话，就争议进行协商，对性质、事实和解决途径进行充分讨论，以期达成共识并避免问题进一步升级。

（2）专家组或委员会审议。美韩自贸协定可以设立专门的专家组或委员会，负责审查和调查数据相关的争议。这些专家组或委员会可能由双方共同指定的专家组成，其职责包括对争议事实进行调查、评估相关证据和适用的法律，并提出解决方案的建议。

（3）调解程序。美韩自贸协议包括调解程序，即通过第三方中立调解人或机构进行调解。调解的目的是通过合作、协商和妥协，寻求扭转的解决协议。在调解过程中，调解人可能发挥中立作用，协助双方就争议的核心问题进行讨论，并寻求可行的解决方案。

---

① 刘笋：《国际投资仲裁引发的若干危机及应对之策述评》，《法学研究》2008 年第 6 期，第 141—154 页。
② 参见 *Free Trade Agreement between the Republic of Korea and the United States of America*.

(4) 仲裁程序。如果协商、专家组审理或未能解决数据相关争议,美韩自贸仲裁可能规定仲裁作为最后的仲裁解决办法。仲裁程序通常由仲裁的仲裁庭根据仲裁协议规定和适用的法律进行裁决,其裁决具有最终性和完成性。双边贸易协定中可以设立专门的双边贸易协定解决机构或机制,负责处理数据相关争议。这些机构可以由双方共同设立,其职责包括受理、调查和解决数据相关争议,以及协议监督履约解决方案的情况。

综上所述,美韩自贸协定中关于数据解决争议的程序性规定是确保在发生争议时,各方能够遵循明确的程序进行合作、协商和解决。这些规定旨在维护双方的合法权益,促进贸易和投资的稳定与可持续发展。

2) 埃利奥特公司诉韩国案

埃利奥特公司(Elliott Associates)诉韩国案是一起备受关注的国际投资仲裁案,涉及美国埃利奥特公司与韩国政府之间的争议。该案的核心争议涉及数据和隐私保护等领域,体现了数据争议解决的问题重要性和重点。Elliott Associates 是一家美国投资公司,曾在韩国投资了一家电信公司,希望能够借助韩国蓬勃发展的数字经济获得良好回报。然而,韩国政府实施了一系列数据保护政策和措施,包括对数据跨境传输的限制和个人隐私保护法规的加强,导致 Elliott Associates 的投资项目受到严重影响,即对埃利奥特公司在韩国的投资造成了直接的经济损失,因此引发了对于双边协议的争议。在争议未能通过协商解决后,Elliott Associates 决定上诉至国际仲裁庭。仲裁庭的组成由双方共同选定的仲裁员组成,并根据双边投资协定或其他相关协议的规定进行程序安排。仲裁开始后,双方提出了大量的书面证据并进行了口头辩论,围绕韩国政府的数据保护政策的合法性、对投资的影响,以及国际投资法对于数据管理和隐私保护方面的适用性等问题展开了激烈的辩论。最终,裁决庭裁定韩国政府在数据保护政策方面违反了双边投资协定或其他相关法律规定,因此应承担损害赔偿责任。[1] 该裁决对国际投资和数据跨境传输领域的法律实践产生了重要影响,凸显了在数字经济时代,各国政府在制定和执行数据管理政策时需要充分投资者的合法权益和国际法的适用原则。

埃利奥特公司诉韩国案中,数据争议解决要点体现在这几个方面:① 数据保护政策的合法性。Elliott Associates 申辩韩国政府的政策保护对其投资造成了不利影响,要求裁决法庭裁决该政策违反了双边投资协议的相关规定。因此,争议解决的一个关键要点是评估韩国政府数据保护政策的合法性和对投资的

---

[1] 参见 Elliott Associates, L.P. (U.S.A.) v. Republic of Korea.

影响。② 国际投资法的适用。在案件上诉程序中,仲裁庭需要评估国际投资法在数据争议解决中的适用范围和标准。特别是,投资者可能会引用投资协议中的保护条款,主张受到了不公平待遇或合法权益受到了侵犯。③ 争议解决程序的公正性和效率性。Elliott Associates 诉韩国案件中,仲裁庭需要确保争议解决程序的公正性和效率性。这意味着在仲裁程序中,双方都有充分的机会陈述自己的立场,提交有效证据和证词,最终并接受仲裁庭的裁决。由埃利奥特诉韩国案可以总结得出,在国际投资争议中数据争议解决的要点包括数据保护政策的合法性、国际投资法的适用性,以及争议解决程序的公正性和效率性。数据争议的程序性保护对投资者的合法权益、促进跨境投资和贸易的稳定发展具有重要意义。①

6.2.2 北美自由贸易协定中有关数据争议的规定与案例

1)《美国-墨西哥-加拿大协定》中有关数据争议的程序规定

《美国-墨西哥-加拿大协定》源于《北美自由贸易协定》(NAFTA),NAFTA 是一个覆盖北美地区的重要贸易协定,涵盖了美国、加拿大和墨西哥三个国家。在 NAFTA 框架下,关于数据争议的程序规定了确保数据流动和数字经济的发展至关重要。尽管在 2020 年 USMCA 取代了 NAFTA,但 USMCA 有关数据争议解决的程序规定仍是对 NAFTA 进行了沿用与修正。

NAFTA 规定,在发生数据相关争议时,双方应首先进行协商和谈判,以问题解决争议。② 这一阶段旨在鼓励各方通过对话和妥协,解决认知并避免升级为正式的工件解决程序。① 专家组或委员会审理:根据 NAFTA 的规定,双方可以设立专门的专家组或委员会,负责审理和调查数据相关的争议。这些专家组或委员会可以由双方共同指定的专家组成,其职责包括对争议事实进行调查、评估相关证据和法律适用性,并提出解决方案的建议。② 重构程序:NAFTA 可能包括重构程序,即通过第三方中立重构人或机构进行重构。其目的是通过合作、协商和妥协,寻求各方认可的解决方案。在重构过程中,重构人可能强化中立重构的作用,协助双方就争议的核心问题进行讨论,并寻求可行的解决方案。③ 仲裁程序:在 NAFTA 框架下,如果协商、组审或仲裁未能解决数据专家的相关争议,可以规定仲裁作为最终的解决手段。仲裁程序通常由仲裁庭根据仲裁协议规定和适用的法律进行裁决,其裁决具有最终性和完成性。④ 国际投资仲裁院:NAFTA 虽然主要是一项贸易协定,但在投资争议方面可能会适用国际投

---

① 黄洁:《个人数据保护对投资仲裁的挑战》,《上海法学研究》2022 年第 2 期,第 30—47 页。
② 参见 *North American Free Trade Agreement*.

资仲裁规则。这意味着投资者可能会遵守 NAFTA 条款,将数据相关的争议提交至国际投资仲裁庭进行裁决。NAFTA 可能还包括其他相关程序规定,例如关于磋商解决机构的设置和程序的具体细节等。这些程序规定的具体内容可能会根据协定的具体条款和各方的需求而有所不同,但其核心目标始终是确保数据相关争议能够得到公正、有效和及时的解决。

USMCA 有一章节专门涉及《争端解决》,并规定了一套程序流程,用于解决各方在协定执行过程中出现的争议,其中包括数据相关的争端。[①]

USMCA 的争端解决机制包括以下步骤:① 咨询阶段,在发生争议时,各方应当首先尝试通过咨询解决问题。任何一方都可以向其他签署方提出书面要求进行咨询,以解决可能存在的问题。② 专家组成立,如果咨询无法解决争端,任何一方可以要求成立一个由专家组成的小组,以审查争议。该小组将由各方协商确定,并按照协定的规定进行程序。③ 小组审查,专家小组将审查争端,并根据 USMCA 的规定,就争端提出具体的建议和裁决。④ 执行和遵守,各方应当采取必要措施,确保对专家小组的决定进行执行,并遵守 USMCA 的相关规定。

2) 坦能能源诉加拿大案

坦能能源(Tennant Energy)诉加拿大案是一起重大的国际投资刑事案件,涉及美国能源公司坦能能源与加拿大政府之间的复杂纠纷。坦能能源是一家美国能源公司,其在加拿大进行了大规模的能源开发项目。但随着加拿大政府对数据使用和隐私保护政策的调整,坦能能源的项目受到了重大冲击。坦能能源认为,加拿大政府实施的这一系列新的数据使用和隐私保护政策,对其对数据的合法使用、公司的投资和运营造成了严重影响,因此决定采取法律行动来保护自己的权益。

坦能能源决定将争议诉讼至国际仲裁庭,希望通过仲裁程序解决与加拿大政府的争端。仲裁庭的成员由双方共同选定的仲裁员组成,根据相关协议进行程序安排。在仲裁程序开始后,双方提交了大量的书面证据,并针对加拿大政府数据政策的合法性、对投资的影响和国际投资法的适用性等问题进行了激烈的辩论。[②]在仲裁过程中,坦能能源强调加拿大政府数据政策对其投资项目及利益的不利影响,并申诉加拿大政府违反了国际投资协定中有关投资者权益保护的规定。加拿大政府则辩称其政策是为了保护公民的隐私权和数据安全,符合国际法律和标准。最终,经过仲裁庭的裁决,裁定加拿大政府的数据政策未

---

① 参见 *US-Mexico-Canada Agreement*.
② See Tennant Energy, LLC v. Government of Canada, PCA Case No. 2018-54.

违反国际投资争议的相关规定,因此不承担损害赔偿责任。该裁决为国际投资争议解决和数据争议处理提供了有益的参考,凸显了在数字经济时代,各国政府在制定和实施数据政策时需要综合考虑投资者的合法权益和国际法的适用原则。①

坦能能源公司诉加拿大案中,双方对数据争议解决要点可以归纳如下:
① 数据政策合法性。坦能能源申辩加拿大政府的数据使用和隐私保护政策违反了国际投资协定中关于投资者权益的保护规定。因此,争议解决的一个关键内容是评估加拿大政府的数据政策是否符合国际法的相关规定,以及这些政策对投资者的合法权益产生了影响。② 国际投资法适用性。在案件上诉程序中,仲裁院需要评估国际投资法在数据争议解决中的适用范围和标准。特别是投资者可能会引用投资协定中的保护条款,主张受到了不公平待遇或合法权益受到了侵犯。③ 争议解决程序的公正性和效率性。在坦南特能源诉加拿大案中,仲裁庭需要确保争议解决程序的公正性和效率性。这意味着在仲裁程序中,双方都有充分的机会陈述自己的立场,提交证据和证词,并接受仲裁庭的裁决。最终,仲裁庭根据相关证据和适用法律作出裁决,裁定加拿大政府的数据政策未违反国际投资协定的相关规定,因此不承担损害赔偿责任。

6.2.3　阿根廷-意大利双边投资协定中有关数据争议的规定与案例

1) 阿根廷-意大利双边投资协定中有关数据争议的程序规定

阿根廷-意大利双边投资对数据的争议解决程序进行了规定,具体可以归纳为这几个方面。① 仲裁程序。根据协议,争议解决通常采用仲裁程序。这意味着争议将由一个独立、中立的仲裁庭处理,而不是通过国家法院系统解决。仲裁通常是根据国际仲裁法和协定进行的。② 仲裁庭的组成。协议可能规定了仲裁庭的组成方式,还包括仲裁庭成员的资格程序、仲裁庭成员的资格要求、仲裁庭的人数等。③ 约定解决机构。协定可能规定了适用于争议解决的仲裁机构或规则。例如,可能规定应将争议提交给国际中间商会(ICC)或联合国贸易与发展会议(UNCTAD)等组织进行解决。④ 程序性规定。协议可能包括具体的程序性规定,以及仲裁庭申请的条件、程序和时限等。这可能涉及仲裁院的程序、证据提交、赔偿等。⑤ 裁决执行。裁决通常会规定各方应遵守仲裁庭的裁决,并确保裁决的执行。这可能包括对裁决的最终性和规定,以及各方对裁决的义务和责任。⑥ 调解机制。除了调解程序,协定还可能提供调解,促使各

---

① 王梦颖:《国际投资仲裁中数据保护法适用问题研究》,《商事仲裁与调解》2024 年第 1 期,第 88—104 页。

方在争端进程中寻求和平解决方案。虽然调解机制通常是自愿性的,但如果调解规定了调解程序,各方可能需要遵循相应的解决方案程序进行。①

2) 乔凡娜·A. 贝卡拉等人诉阿根廷案

乔凡娜·A. 贝卡拉等人诉阿根廷案是一起巴拿马的国际投资仲裁案件,涉及阿根廷政府采取的数据保护政策引发的争议。乔凡娜·A. 贝卡拉等人在阿根廷进行了电信行业的投资,但随着阿根廷政府出台新的数据保护法规,这些投资者发现他们投资的业务受到了直接影响。具体来说,新的法规限制了电信公司在数据处理方面的业务和传输方面的自由,这对投资者的业务模式和运营造成了不利影响。在此之上,投资者选择将争议提交至国际仲裁庭。仲裁庭由双方共同选出的仲裁员组成,遵循国际仲裁规则进行程序安排。在仲裁程序开始后,双方就阿根廷政府的数据保护政策合法性、对投资的影响展开了激烈的争论。投资者主张这些政策违反了双边投资协定中的相关规定,侵犯了他们的投资权益。在上诉过程中,仲裁庭审查了大量的证据和法律文件,双方进行了陈述。投资者强调了阿根廷数据保护政策对其业务的处罚影响,而阿根廷政府则辩称这些政策是出于国家安全和个人隐私保护的目的。最终,仲裁庭裁定阿根廷政府的数据保护政策违反双边投资协定的规定,因此女童无权获得损害赔偿。通过这个案例足以看出国际投资纠纷解决中数据纠纷的重要性。这不仅涉及数据保护政策的合法性,还涉及投资者权益的保护和国家安全的平衡。该案件为未来类似争议的解决提供了重要的参考和指导。

乔凡娜·A. 贝卡拉等人诉阿根廷案中,数据争议解决要点可以进行如下概括。② ① 合法性。阿根廷政府的数据保护政策违反了公平投资协定中关于投资者权益的保护规定。因此,争议解决的一个关键要点是评估阿根廷政府的数据政策是否符合国际法的相关规定,以及这些政策对大众的合法权益产生了影响。② 国际投资法适用性。在案件上诉程序中,仲裁院需要评估国际投资法在数据争议解决中的适用范围和标准。特别是,投资者可能会引用投资协定中的保护条款,主张受到了不公平待遇或合法权益受到了侵犯。③ 争议解决程序的公正性和效率性。该案件中,仲裁庭需要确保争议解决程序的公正性和效率性。这意味着在仲裁程序中,双方都有充分的机会陈述自己的立场,提交证据和证词,并接受仲裁庭的公正裁决。最终,仲裁院根据相关证据和适用法律作

---

① See Agreement between the Republic of Argentina and the Italian Republic for the Promotion and Reciprocal Protection of Investments.

② See Abaclat and Others v. Argentine Republic, ICSID Case No. ARB/07/5.

出裁决,裁定阿根廷政府的数据保护政策未违反国际投资协定的相关规定,不承担因此造成的损害赔偿责任。

6.2.4　德国-瑞典双边投资协定中有关数据争议的程序规定与案例

1) 德国-瑞典双边投资协定中有关数据争议的程序规定

德国-瑞典双边投资协定中有关争议解决的程序性规定,为数据争议的争端解决提供了可能的思路,其具体内容可以归纳为这几个方面。① 协商和谈判。在发生投资争议时,协商各方应首先通过协商和谈判解决议题。这种方法旨在鼓励各方通过直接对话和合作,寻求解决方案并进一步避免对话升级。② 调解。扭转投资协商可能提供调解机制,即通过第三方中立调解人或机构进行调解。调解的目的是协助各方就争议的核心问题进行对话,找到调解的解决方案。调解通常是自愿性的,但如果协定规定了宽带程序,各方可能需要遵循相应的程序进行宽带。③ 仲裁。如果协商未能解决争议,通常会规定将仲裁作为最终的解决办法。仲裁通常根据仲裁协议规定的法律进行。仲裁的裁决具有强制性,双方必须遵守。④ 仲裁机构。协定可能规定适用于仲裁解决的特定仲裁机构或规则。例如,可能规定争议应提交给国际仲裁机构,如国际中间商会(ICC)或联合国贸易与发展会议(UNCTAD)等组织进行解决。⑤ 程序。协议可以包括具体的仲裁规定解决程序,包括仲裁庭申请的条件、程序和时限等。这些规定可能涉及仲裁庭的程序、证据、仲裁会等方面。⑥ 裁决执行。裁决通常会规定各方应遵守仲裁庭的裁决,并确保裁决的执行。这可能包括对裁决的最终性的规定,以及各方执行裁决的义务和责任。除了适用于双边投资协定,欧盟内部国家的争议还适用于东道国国内法院的有关程序性规定。①

2) 瑞典大瀑布电力公司诉德国案

瑞典大瀑布电力公司(Vattenfall)诉德国案是一起造成了损失的国际投资仲裁案件,涉及 Vattenfall 与德国政府之间的议题,主要围绕德国政府的核能政策变化引发的投资者损失。在过去几十年中,德国一直是欧洲最大的核能发电国之一,然而在 2011 年,德国政府做出了一个极具影响力的决定,即逐步放弃核能发电并转向可再生能源。这一变革对德国的能源行业产生了巨大的影响,尤其是对那些在德国从事核能相关业务的企业。作为一家主要从事能源业务的跨国公司,Vattenfall 对德国的核能行业进行了大量的投资。德国政府的这一政

---

① 黄世席:《欧盟投资协定中的投资者国家争端解决机制——兼论中欧双边投资协定中的相关问题》,《环球法律评论》2015 年第 4 期,第 149—160 页。

策变化迅速导致 Vattenfall 的德国核能投资价值急剧下降,不仅公司资产贬值,还对未来的盈利能力产生了严重影响,造成巨大的经济损失。Vattenfall 认为德国政府的政策变化违反了双边投资协议中的相关规定,并将争议提交至国际仲裁庭。仲裁庭由双方共同选定的仲裁员组成,遵循国际仲裁规则进行程序安排。在仲裁程序开始后,双方提供大量的书面证据和口头辩论,围绕德国政府核能政策的合法性、对投资者的影响和国际投资法的适用性等问题进行了激烈的辩论。面对巨大的经济损失,Vattenfall 认为德国政府的政策变化违反了投资协定中的相关规定,侵犯了其投资者的权益。在仲裁程序开始后,Vattenfall 指控德国政府的核能政策变化违反了双边投资协定,并导致了公司巨额损失。而德国政府则辩称其政策调整是为了国家能源安全和环境保护的合法目的。数据在该案件中扮演了关键角色,Vattenfall 可能使用大量数据来证明其在德国的核能投资遭受的损失,例如能源市场、数据政府政策变化的数据等。裁决关注的重点之一可能是德国政府政策变化对 Vattenfall 投资的实际影响,以及这些政策变化是否符合投资协定的规定。最终,仲裁庭依据相关证据和适用法律作出了裁决,裁定德国政府的核能政策变化未违反国际投资协定的相关规定,因此不承担损害赔偿责任。[①] 该裁决对德国政府来说是一项胜利,但对 Vattenfall 来说是一次繁重的工作而不得不重新评估在德国的未来投资计划。

该案涉及数据争议解决的要点可以做如下归纳。① 政策合法性。Vattenfall 声明德国政府的核能政策变化违反了双边投资协定中的相关规定,损害了其在德国的投资。数据可能被用于证明德国政府的政策变化对 Vattenfall 的投资造成了直接损失,例如能源市场数据、政府政策变化的数据等。② 国际投资法适用性。在案件上诉程序中,仲裁院需要评估国际投资法在数据争议解决中的适用范围和标准。特别是,投资者可能会引用投资协定中的保护条款,主张受到了不公平待遇或合法权益受到了侵犯。③ 争议解决程序的公正性和效率性。在 Vattenfall 诉德国案件中,仲裁庭需要确保争议解决程序的公正性和效率性。这意味着在仲裁程序中,双方都有充分的机会陈述自己的立场,提交有效证据和证词,并接受仲裁庭的裁决。最终,仲裁院根据相关证据和适用法律作出裁决,裁定德国政府的核能政策变化未违反国际投资协定的相关规定,因此不承担损害赔偿责任。

6.2.5　自由贸易协定与国际投资协议下的争端解决发展现状与评述

近年来,在国际投资协议下的认知解决领域出现了一系列的发展和变化,

---

① See Vattenfall AB and others v. Federal Republic of Germany (ICSID Case No. ARB/12/12)。

这些发展不仅影响着国际投资的微观运作,而且可能会从整体上改变国际法律和投资的宏观环境。

过去几十年,国际投资论坛解决机制引领了多元化的趋势。除了传统的国际仲裁,越来越多的国家开始建立和推动其他形式的论坛解决机制,例如投资法庭和联合委员会等。这种趋势反映了国际社会对于更有效、透明和公正的争议解决机制的需求。国际投资仲裁一直是国际投资仲裁解决的主要机制之一,但近年来,该机制面临着一些日益增长的批评言论和挑战。一些人士认为,投资仲裁存在着缺口不足、裁决过程缺乏独立性和公正性等问题,因此一些国家和国际组织开始推动对投资管理机制进行改革和调整,提高其透明度、公正性和效率。

随着国际投资仲裁的复杂化和调解,一些国家开始倾向于利用协商和谈判等非诉讼方式解决。这种趋势反映了国际社会对于和平解决仲裁的诉求,以及对传统仲裁的不信任尤其是一些发展中国家和新兴经济体更倾向于通过对话协商解决争端,以维护国家利益和主权。在数字经济的快速发展下,数据争端成为国际投资解决领域的新挑战。投资者在数据保护、数据隐私和数据流动等方面受到越来越多的法律和政策限制,这给国际投资带来了新的挑战。如何在保护数据安全和促进跨境投资之间寻找平衡,成为国际社会面临的重要问题。地区性和双边投资协定则在国际投资债券解决中扮演着重要角色。许多国家通过签署这些协定来保护和促进国际投资,以及规范投资协定的解决。这些协定通常包括具体的双边投资协定规定,为投资提供便利,或者提供了一种可预期的外汇交易解决机制。然而,地区性和双边贸易之间的差异性和不一致性也给国际投资外汇交易解决带来了挑战,尤其是在跨境投资和贸易的领域。国际投资仲裁一直是国际投资仲裁解决的核心机制,但近年来受到越来越多的批评和挑战。其主要批评的方面包括仲裁程序的不透明性、仲裁员的独立性和公正性等。针对这些问题,国际社会开始推动对投资仲裁进行改革。例如,联合国国际贸易法委员会正在对投资仲裁的改革进行改革,旨在提高其透明度、公正性和效率性。随着全球经济格局的变化,新兴经济体在国际投资争端领域的作用日益凸显。一些新兴经济体开始积极参与国际投资争端解决机制的建设和改革,推动构建更加公正和平衡的国际投资体系。与此同时,这些新兴经济体也成为国际投资仲裁的主要当事国,这为国际投资仲裁和其他解决机制带来了新的挑战和机遇。国际投资法作为国际投资框架解决的法律基础,正在不断发展与变革。近年来,国际社会积极推动国际投资法的发展,包括通过国际条约、国际条约等法律文书,规范和促进国际投资活动。这些法律框架为国际投资解决方案提供了重要的法律参考和指导,为投资者和国家提供了更加稳定和可预测的投资环境。可持续发展已成为国际社会的议题之一,国际投资议题解决也不例外。在解决投资议题的过程中,需要兼顾经济发展、社会公正和环境保护等多方面利益,推动可持续发展目标的实现。因此,国际投资债券解决机制需要更加注重可持续发展的原则和目标,使投资债券解决机制符合国际社会的整体利益。① 最后,在全球化背景下,国际投资债务往往涉及多个国家和地区,需要各方的合作与协调,共同努力寻求有效的解决方案。国际组织、国家政府、国际企业和民间社会等各方应加强沟通与合作,共同推动国际投资解决机制的发展和完善,维护国际投资秩序的稳定和可持续发展。

综上所述,国际投资协议下的证券解决机制仍在不断发展和变革,也将面临多方面的挑战和机遇。法学研究需要密切关注这些变化,深入研究和分析其背后的原因和影响,为国际投资债券解决方案提供更有效和可持续的解决方案。同时,国际社会也需要加强合作,共同推动国际投资债券解决机制的不断完善,促进全球经济的稳定和可持续发展。

6.3 区域性人权法院中的争端解决

1945 年联合国成立后,在联合国的框架体系内,诸多全球性的人权保护公约和法律文件相继颁布,如《世界人权宣言》《经济、社会及文化权利国际公约》和《公民及政治权利国际公约》等。但这些条约和机制往往除了具有宣言作用以外,其所规定权利缺乏强制力保障,更多成了"政治原则或政策声明"。② 由于各国历史文化背景、社会经济发展水平,以及对国际人权相关公约理解存在较大的差异,目前各国人权保护水平参差不齐的现象十分明显。

相较于全球性人权保护机制的发展缓慢,区域性人权保护机制的发展则取得了比较明显的进步。区域性人权保护机制是国际人权保障的重要部分,同时也是各国内部人权保护发展的延伸。人权问题的特殊性决定了区域性人权保护的必要性和必然性。区域性人权保护是指在某一特定区域内的国家和政府间组织就人权问题展开积极对话和磋商,在各个领域逐步达成共识,继而通过签署区域性人权文件并设立相应的保障机构,最终形成一套完善的区域人权保障机制。其目标是加强本地区人权的保护,纠正和惩治侵犯人权的行为,这主

---

① 王艺、王以玮:《涉数据相关纠纷争议解决机制的探讨——以仲裁作为解决机制为视角》,《武汉社会科学》2023 年第 4 期,第 109—116 页。
② 杨成铭:《人权保护区域化的尝试:欧洲人权机构的视角》,中国法制出版社,2000,第 12 页。

要取决于区域性人权组织、机构及具体的保护制度。

自第二次世界大战结束以来,西方国家,尤其是西欧国家,对人权保护给予了高度重视。通过制定系统的法规、建立跨国合作机制、积极维护基本人权,西欧形成了一个卓有成效的区域性人权保障体系。欧洲人权法院及欧洲理事会等组织通过执行严格的标准、协调各国的立法和司法体系,将欧洲区域的人权保障机制发展为最成功、最具影响力的一个体系,为全球其他区域提供了宝贵的经验和指导。借鉴欧洲的经验,泛美地区和非洲地区也相继建立起了各自的区域性人权保障机制。美洲人权法院、非洲人权与民族权法院分别在其所在区域发挥重要作用,保护人权和促进其发展,并为处理跨国人权争端提供了有效的平台。这种模式也激发了其他地区加强跨国合作与共同维护人权的动力,使人权保护机制在全球范围内不断发展与完善。目前,欧洲人权法院、美洲人权法院、非洲人权与民族权法院是区域人权法院发展相对最为完善的典型代表。本节将介绍这三个区域性人权法院的争端解决规则,并对选取的相关数据争议的典型案例进行深入分析。

6.3.1 欧洲人权法院的争端解决规则及相关案例

欧洲人权法院(European Court of Human Rights,ECHR)是于1959年建立的国际性法院。该法院对指控违反《欧洲人权公约》申明之公民及政治权利的个人或国家申诉进行审理。自1998年起,其作为全职法院审理案件,个人可以直接向法院起诉。在近50年里,该法院做出了超过一万个判决。这些判决对相关国家具有约束力,促使政府在很广泛的领域内改变其法律或者行政实践。法院的判例法使得该公约成为一个有生命力的文件,以应对新的挑战,并巩固欧洲的法治与民主。

1) 欧洲人权法院争端解决规则

欧洲区域人权保护机制主要通过国家指控制度、个人申诉制度和国家报告制度三种途径来进行保障。

个人控诉制度是欧洲区域人权保护制度框架的核心部分。无论在保护的权利范围、主体范围,还是使用频率上,个人申诉制度所发挥的作用是其他人权保护制度无法匹敌的。在最初的制度设计中,欧洲人权委员会负责受理个人申诉。根据《欧洲人权公约》的规定,个人、非政府组织或团体有权针对缔约国违反公约规定、侵害其权利的行为向人权委员会提出控诉,但前提是被指控的缔约国已声明承认人权委员会的权限。自1955年开始受理个人申诉起,欧洲人权委员会逐渐在这一领域树立权威,并使更多缔约国认可其权限。到

1990年，所有欧洲人权公约缔约国均已发表声明，承认欧洲人权委员会的权力。①

　　根据《欧洲保障人权和根本自由公约》《欧洲保障人权和根本自由公约之议定书》及之后几十年签订的相关议定书，一个完整的个人申诉流程往往需要经过国内诉讼程序、欧洲人权法院申诉程序和判决的执行三个主要步骤。首先，关于具体的申诉主体，公约区分了两种不同的申诉：一种是由任何主张其权利遭到侵害的个人、个人群体、公司或者 NGO 提起的个人申诉；另一种是由一个国家针对另一个国家提起的国家间指控。自欧洲人权法院建立起，几乎所有申诉都是由个人提起的，他们直接向法院起诉，主张一项或数项对公约的违反。诉讼只能针对一个或数个批准公约的国家，任何针对其他国家或者个人的诉讼都将被宣告不予受理。案件可由个人直接提交到法院，在启动诉讼程序之初，不需要聘请律师，而只要向法院送交一份适当填写完毕的申诉表及必要的文件即可。然而，法院对一项申诉予以登记并不必然意味着其能被受理，或者能够在实体问题上胜诉。关于法院的受理条件，根据相关公约，一项申诉必须满足一定的要求方可被法院受理；否则，诉求将不会得到审查。只有"穷尽"国内救济后，才能向法院起诉；换言之，主张其权利遭到侵害的个人必须首先在相关国家的国内法院体系寻求救济，直至将案件送至国内最高级别的管辖机构。基于此，先给予相关国家在国内层面纠正被指控违反的机会。申诉方的指控必须涉及一项或多项公约申明的权利。法院不能审查涉及违反其他权利的诉求。申诉必须在最后的国内司法裁决作出后 6 个月内提交，最后司法裁决通常是相关国家最高级别法院作出判决。关于法院的诉讼时间，法院诉讼程序持续的时间无法预测。法院力求在案件被提交后的 3 年内完成其处理，但对一些案件的审查会需要更长的时间，而另一些则可以很快完成。显然，法院诉讼程序持续的时间长度与案件本身有关，还取决于处理相关案件的司法组织模式、当事方向法院提供信息的勤勉程度及很多其他因素，比如是否进行庭审或者向大审判庭移交案件。有些申诉可能被列为紧急案件而被优先处理，尤其是当申诉人有可能面临迫近的身体伤害威胁时。② 具体相关程序如图 6-1③ 所示。

---

① 贺鉴：《论欧洲区域性国际人权保护制度》，《贵州师范大学学报》（社会科学版）2005 年第 2 期，第 15 页。
② 参见《欧洲人权法院 50 问》，第 5 页，https://www.echr.coe.int/documents/d/echr/50Questions_ZHO。
③ 参见《欧洲人权法院案件受理标准实践指南》，第 9 页，https://www.echr.coe.int/documents/d/echr/Admissibility_guide_ZHO。

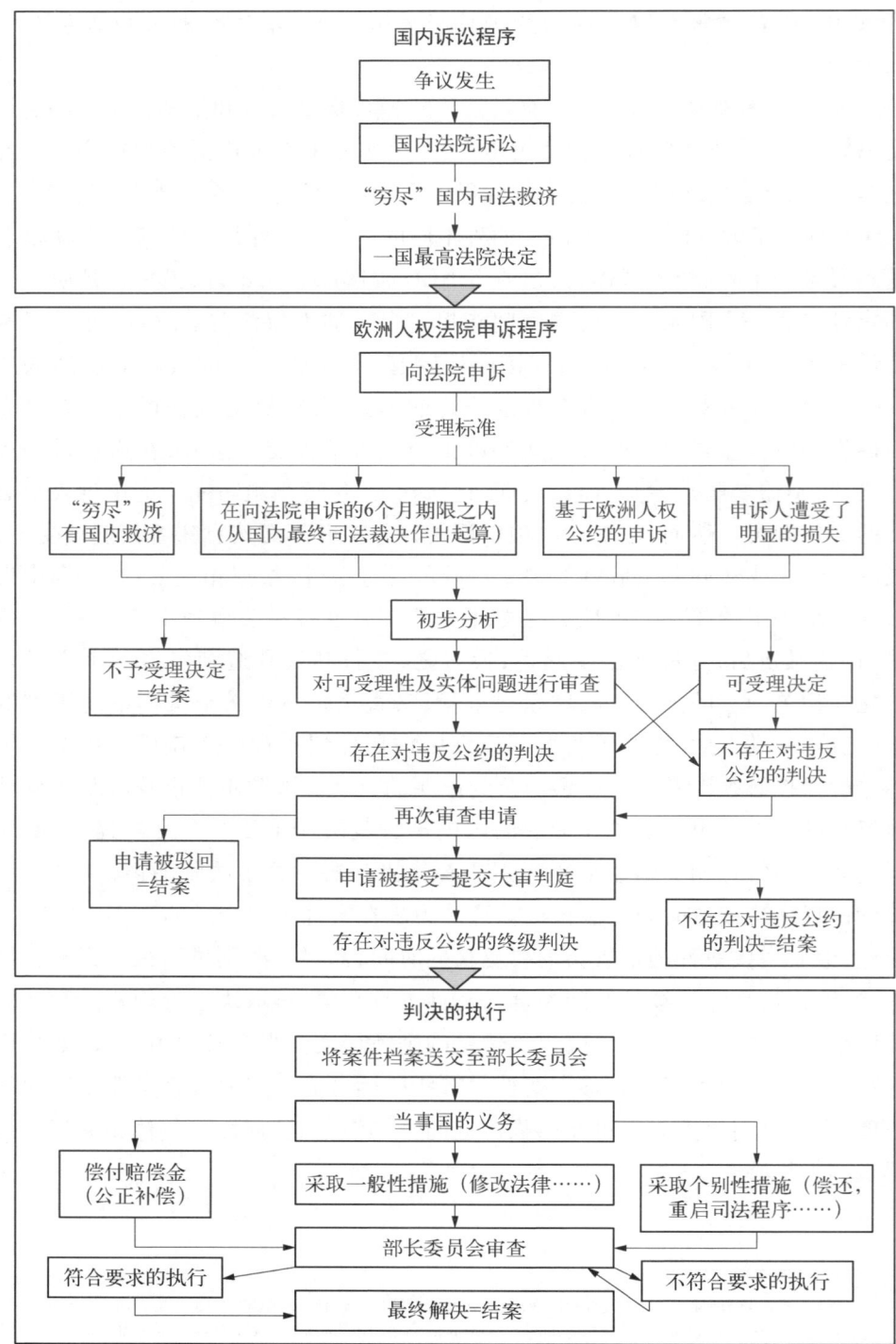

图 6-1　个人申诉相关程序

2) Delfi AS v. Estonia 案

作为一个新兴领域,数据法学主要关注与数据相关的法律问题,例如隐私、数据保护、数据主权、数据共享和数据跨境流动等。随着互联网和信息技术的迅速发展,数据的价值与影响日益突出。Delfi AS v. Estonia 案为数据法学提供了一个新的视角,将在线平台的责任与用户生成内容的监管联系起来。Delfi AS v. Estonia 案件是欧洲人权法院的一项标志性判决,涉及了互联网平台在处理用户生成内容时的责任。2015 年,该案件由欧洲人权法院大法庭裁决,为在线平台在平衡言论自由与防止侵犯个人权益之间设定了重要标准。[①]

(1)案件背景。

Delfi AS(简称"Delfi")是一家总部位于爱沙尼亚的在线新闻门户网站,在 2006 年发布了一篇关于轮渡公司修建冰上通道的新闻报道。该文章下方的评论区涌入了大量用户的评论,其中一些对这家轮渡公司的老板表达了激烈的侮辱和恶意。这位老板向爱沙尼亚国内法院提起诉讼,声称 Delfi 未能充分管理用户评论,导致对他的名誉造成损害。爱沙尼亚法院最终裁定 Delfi 对这些评论负有责任,并要求其赔偿原告的损失。

(2)国内审判。

在国内审判中,爱沙尼亚法院强调,Delfi 虽然提供了自动过滤和举报系统,但这些系统不足以阻止明显侮辱性评论的传播,尤其是在已经预见到文章可能引起激烈讨论的情况下。法院判定,作为一个专业、营利的新闻平台,Delfi 负有在技术和运营层面上阻止这些评论传播的责任。因此,法院裁定 Delfi 必须为用户生成的内容负责。

(3)欧洲人权法院的审理。

Delfi 认为这一判决违反了《欧洲人权公约》第 10 条赋予的言论自由权,于是向欧洲人权法院提起诉讼。Delfi 声称,作为一个平台,不可能全面监控大量用户的评论,也无法预见哪些评论会产生侵权风险。它还表示,爱沙尼亚法院的裁定将对互联网言论自由产生负面影响,阻碍信息自由传播。

然而,欧洲人权法院在 2013 年和 2015 年的判决中维持了爱沙尼亚国内法院的裁定。欧洲人权法院的法庭指出,Delfi 作为一家商业性的新闻门户网站,有足够的资源和技术手段预见文章可能引发的激烈评论,并采取措施防止侵权内容的传播;并认为 Delfi 在清理侵权评论方面行动迟缓,未能履行其应有的

---

① 关于该案件的具体情况,参见欧洲人权法院官网相关介绍:https://hudoc.echr.coe.int/eng#｛%22itemid%22：[%22001-155105%22]｝。

责任。

欧洲人权法院还强调,Delfi 有权对用户评论进行预防和过滤,并通过其自动过滤系统和用户举报机制在事后加以监管。然而,平台最终承担了清理未能及时处理侵权内容的责任。

(4)案件分析。

欧洲人权法院对该案件的判决在欧洲互联网法律和全球范围内都有重大影响。首先,关于数据隐私与平台责任,该案中凸显出平台在处理用户生成的内容时,如何平衡隐私权与言论自由的难题。作为一个在线新闻门户,Delfi 承担了用户信息的管理责任。在数据法学视角下,这一责任涉及平台如何使用技术来识别和过滤有害内容,并确保在此过程中不会侵犯无辜用户的隐私。其次,关于数据监管机制,数据法学关注数据监管机制如何保障个人数据安全与合法使用。该案反映出用户生成的内容不仅需要受到数据隐私法律的约束,平台的监管机制也需要在信息披露和数据管理方面保持透明和合法。平台应当在相关法律框架内,合理地处理和存储用户数据,尤其是与敏感内容相关的数据。再次,关于数据保护与责任的平衡,如何平衡在线平台在数据保护方面的责任与其言论自由权是数据法学的重要议题。欧洲人权法院在 Delfi 案的判决中指出,平台应为用户产生的侵权内容负责任。这要求平台在合理的范围内,采取有效措施预防和应对有害内容,以避免其侵犯他人的合法权利。最后,关于自动化监管与数据伦理,该案中的监管问题也揭示出数据伦理的重要性。随着技术的发展,自动化数据筛选和识别系统被广泛应用于内容管理。数据法学必须在技术的基础上,进一步研究算法如何在不过度侵犯用户隐私的情况下,准确识别恶意内容,从而既确保言论自由,又避免放任侵权。

该案给数据法学也带来了重要的启示,就如何推动该领域的未来发展围绕以下几个方面展开。首先,关于数据治理框架,构建更加完善的数据治理框架,将个人隐私、言论自由和平台责任纳入其中。各国政府应进一步完善数据保护法规,加强对在线平台数据管理的监管;其次,关于平台自律与合规,在线平台需要制定更严格的自律规范和数据保护政策,确保在合法范围内管理用户内容,尤其要明确用户数据的收集、使用、处理与删除流程;再次,关于技术创新与数据管理,技术创新在数据管理中扮演关键角色。平台应继续研发和应用更先进的自动化数据筛选与分析工具,提高内容管理的精确度,并确保合规性和透明度;最后,关于数据跨境流动与国际合作,在线平台通常面临全球用户,数据跨境流动和管理的挑战日益突出。国际合作对于制定数据跨境管理的标准与法规至关重要。

综上所述，Delfi AS v. Estonia 案为数据法学提供了新的视角，揭示了在当今数字化时代如何平衡平台责任与言论自由权，以及在数据监管中遵守数据伦理和保护隐私的重要性。这将有利于该领域在全球范围内的进一步研究与实践。

6.3.2　美洲人权法院的争端解决规则及相关案例

美洲人权法院是根据《美洲人权公约》设立的区域性司法机构，负责监督和执行美洲大陆各国在该公约框架下对人权的保护。其总部位于哥斯达黎加的圣何塞，成立于1979年。该法院的主要职责是受理美洲人权委员会提交的有关成员国违反《美洲人权公约》及其他相关条约的案件。它对各国政府的行为进行审查，并作出具有约束力的判决。同时，美洲人权法院还具备提供咨询意见的职能，即各成员国及美洲人权委员会可以请求法院解释美洲体系下各项条约的规定及其适用。这为美洲各国制定与人权相关的法律和政策提供了指导。美洲人权法院在维护美洲人权体系方面扮演着重要角色，它与美洲人权委员会共同致力维护和加强保障美洲各国的人权，为实现整个地区的人权保护提供了强有力的司法保障。

1）美洲人权法院争端解决规则

法院的管辖权包括诉讼管辖权和咨询管辖权两种。诉讼管辖权是指审理和裁决有关成员国是否侵犯人权的权力。诉讼管辖权分为两种，一是对缔约国间相互指控的诉讼管辖权，二是对个人申诉的管辖权。咨询管辖权主要是澄清人权文件的法律标准，以及判定国家的法律和实践与这些标准是否相符。此外，法院还有权决定采取临时措施[①]。接下来主要介绍美洲人权法院的诉讼管辖权。

美洲人权法院的争端解决规则，旨在确保对公约缔约国中的人权侵犯行为进行有效的法律审查和裁决。这些规则详细规定了从案件提交到裁决执行的整个流程，体现了公正和透明的原则。具体包括以下步骤：

（1）案件提交与接受。争端解决流程开始于案件的提交。根据《美洲人权公约》第61条和法院的程序规则，案件可以由任何公约国或美洲人权委员会提交给法院。个人、群体或非政府组织虽不能直接向法院提起诉讼，但可以通过委员会将案件带至法院。此外，案件提交前必须在国内法院穷尽所有法律救济手段，除非这些手段无法在合理时间内提供救济。

---

① 赵海峰、窦玉前：《美洲人权法院——在困难中前进的区域人权保护司法机构》，《人民司法》2005年第12期，第96页。

（2）初步审查。接到案件后，法院首先进行初步审查，确定是否具有管辖权。法院会检查案件是否属于其权力范围内，并确保所有必要文件均已齐全且符合形式要求。

（3）书面阶段。一旦案件被正式接受，进入书面阶段。在此阶段，原告和被告需要提交所有相关文件、证据和论据。法院也可能要求各方补充提供信息。此外，第三方国家和有关的国际机构或专家也可能被邀请提交观点或信息。

（4）口头阶段。书面阶段之后，法院会安排口头审理，让各方有机会直接向法官陈述案情，法官也有提问机会。口头阶段是争端解决过程中关键的一步，因为它为法官提供了评估案件事实和法律问题的直接机会。

（5）证据审理。美洲人权法院在处理案件时，会对提交的证据进行严格的审查。证据可以是文档、证人证言或专家报告。法院确保所有证据都经过正当的审核，确保审判的公正性和有效性。

（6）判决。经过详尽的审理后，法院会做出最终判决。这些判决是具有约束力，被告国必须依据判决采取行动。判决可能包括赔偿命令、恢复原状命令及其他形式的补救措施。

（7）判决的执行。美洲人权法院的判决执行是由美洲人权委员会监督的。如果国家未执行法院的判决，委员会有责任向美洲国家组织报告，并推动实施相关措施[①]。

2）Escher et al. v. Brazil 案

Escher et al. v. Brazil 是美洲人权法院的一项重要判例，该案于 2009 年裁决。它涉及巴西联邦警察非法监控农民组织的通信，触及了隐私权、结社自由和公平审判权等一系列基本权利。通过此案，美洲人权法院明确了国家在执法过程中应如何尊重公民的隐私与自由权利。

（1）案件背景。

该案的原告是两家农村工人协会：巴拉那州的"无地农民工运动"[Landless Rural Workers Movement（MST）]和"南部地区农村工人工会"（Southern Region's Rural Workers' Union）长期为保护工人权利而开展活动。2000 年，巴西联邦警察在调查涉嫌犯罪的活动中，非法监听了这些协会领导人和成员的电话，并使用这些录音作为司法调查证据。经过多年的调查与诉讼，最终确定联邦警察在没有适当司法授权的情况下非法收集信息。巴西法院最初拒绝为受害者提供有

---

① 参见《美洲人权法院程序规则》具体规定，https://corteidh.or.cr/reglamento.cfm?lang=en。

效的法律救济,甚至没有明确宣布这些监控活动为非法。受害者最终向美洲人权委员会提交了投诉,指控巴西政府侵犯了他们的隐私权和公平审判权。委员会决定将案件提交给美洲人权法院进行审理。

(2)美洲人权法院的判决。

2009年7月,美洲人权法院发布了判决,认定巴西政府在此案中侵犯了《美洲人权公约》中保障的多项权利。具体如下所述。

① 隐私权:法院强调,每个人都享有隐私权,包括与家人、社交、通信等方面相关的隐私。国家在侦查或预防犯罪时,必须保证其行为不违反这些基本权利。法院还指出,巴西联邦警察的监听活动并未遵循法律要求的程序和标准,构成了对原告隐私权的严重侵犯。② 结社自由:法院认为,非法监听对这些工人组织的活动产生了"寒蝉效应",阻碍了他们自由参与协会事务的权利。结社自由是民主社会的重要基石,国家行为应最大限度地保护此类自由。③ 公平审判权:原告指出,他们在国内司法系统中未能获得公平的审判。法院认定,巴西政府在处理与他们相关的案件中未能提供充分、及时和有效的救济,并没有尊重他们的权利。

(3)判决结果。

美洲人权法院命令巴西政府采取一系列补救措施,包括:赔偿受害者,向受害者支付经济和非经济损失的赔偿金;调查与制裁,彻查非法监听行为背后的责任人,并对他们采取相应的法律制裁;保障机制,政府需要制定相应的法律和政策,防止类似侵犯隐私权和结社自由的行为再次发生。①

(4)案件分析。

Escher et al. v. Brazil 案件提供了一个深入探讨数据法学的典型案例。它不仅涉及隐私权的侵害,还反映了执法机构在处理数据时必须遵循的原则和标准。数据法学在此案中发挥了重要作用,揭示了如何确保国家在调查和监控活动中不侵犯公民的数字权利。案件中涉及的数据法学问题如下所述。

① 数据隐私与通信权:本案中,巴西联邦警察对农民组织成员的电话进行监控和记录,该行为未经司法授权,侵犯了农民组织成员的隐私权和通信自由的权利。数据法学强调,数据隐私是每个人的基本权利,未经适当程序而收集或监控公民数据属于侵权行为。② 执法程序的合规性:数据法学对执法过程中使用的监控和数据收集技术提出严格的标准。本案中,美洲人权法院明确指

---

① 关于该案件的具体情况可参见美洲人权法院官网相关介绍,https://www.corteidh.or.cr/docs/supervisiones/escher_19_06_12_ing.pdf。

出执法机构应遵循既定程序并取得合法授权,确保对数据的收集和监控不侵犯个人权利。③ 数据的使用与公平审判权:在数据法学中,数据的使用应具备合法性和透明性。美洲人权法院发现巴西司法机构使用非法取得的监听数据作为证据,导致受害者无法获得公平的审判。数据法学规定,收集和使用数据的每一步都应符合法律和国际标准。④ 数据管理与国家责任:数据法学关注国家机构如何管理其收集的公民数据。法院在判决中要求巴西政府不仅对受害者进行赔偿,还应制定相应的法律和政策,以加强对数据管理的监督。国家需要承担起保障数据安全和防止数据滥用的责任。

6.3.3　非洲人权与民族权法院的争端解决规则及相关案例

非洲人权与民族权法院是非洲国家为确保非洲人权和人民权利得到保护而设立的一个非洲大陆法院。它补充了非洲人权和人民权利委员会的职能。该法院是根据1998年6月由当时的非洲统一组织成员国在布基纳法索通过的《非洲人权和人民权利宪章关于设立非洲人权和人民权利法院的议定书》(以下简称《议定书》)第1条设立的。《议定书》于2004年1月25日生效。①

1) 非洲人权与民族权法院争端解决规则

法院的管辖权主要有两类。一是诉讼管辖权,是根据《议定书》第3条,法院有权处理提交的关于《非洲人权与民族权宪章》《议定书》和有关国家批准的任何其他有关人权文书的解释和适用的所有案件和争端。法院只能处理针对已批准《议定书》并交存相关声明的国家的案件,涉及个人和非政府组织。案件必须涉及对人权的指控,而被指控的侵犯行为必须是在有关国家批准《议定书》之后发生的,除非被指控的侵犯行为仍在继续。二是咨询管辖权,是根据《议定书》第4条,法院可应非洲联盟成员国、非洲联盟任何机构或非洲联盟承认的任何非洲组织的请求,就与《非洲人权与民族权宪章》或任何其他相关人权文书有关的法律事项提供意见,前提是该意见的主题事项与委员会正在审议的事项无关。② 接下来主要介绍非洲人权与民族权法院的诉讼管辖权。

(1) 接受诉讼的条件。非洲人权与民族权法院对接受诉讼的具体条件包括:如果是国家间的诉讼,则任何签署并批准《非洲人权与民族权宪章》的国家都可以在另一国违反宪章规定的情况下,将案件提交给法院;非洲人权委员会

---

① 参见非洲人权与民族权法院官网信息,https://www.african-court.org/wpafc/。
② 参见《非洲人权和人民权利宪章关于设立非洲人权和人民权利法院的议定书》第3条及第4条之规定。

可以将与《非洲人权与民族权宪章》及其他人权文档相关的案件提交给法院;个人和非政府组织只有在国家接受法院受理此类诉讼时,才能直接向法院提起诉讼。目前,只有少数非洲国家接受了这种直接递交的权限。

(2) 可审理的案件类型。法院的主要任务是确保《非洲人权与民族权宪章》中规定的人权和民族权得到尊重。此外,法院可以根据相关国家同意的其他国际法律文档进行裁决。法院还有权对其判决进行解释,以及在被请求的情况下就宪章条款提供意见。

(3) 诉讼程序。首先,提起诉讼一方需要通过书面形式正式提交案件,详细说明申诉的事实和法律依据。其次,在提交案件后,提起诉讼一方需要提供足够的证据支持诉求。法院将对提交的证据进行审查,决定是否符合受理标准。最后,关于口头辩论,在案件被接受后,通常会安排一次口头辩论,允许双方陈述其案件并回应对方的主张和证据。

(4) 判决。在庭审调查完成后,案件将进入评议阶段。若法院认定存在对人权和民族权的侵犯,应当下达恰当的指令,要求责任方对其侵权行为给予补偿和赔偿。法院需要在评议结束后的 90 天内作出裁决。法院的判决应详细阐明其理由,并必须送达给案件当事人,同时抄送给非洲联盟成员国、非洲人权委员会和非洲联盟执行委员会。该判决为终审判决,但依据程序规则的规定,法院可以根据新的证据重新审理案件,亦可对其作出的裁决进行解释。[①]

(5) 关于判决的效力和执行。法院的判决对所有缔约国都具有法律约束力。然而,虽然法院的判决具有法律约束力,但实际执行过程中可能会遇到困难,因为执行依赖于各国政府的合作和国内法律的支持。

2) 非洲人权和人民权利委员会争端解决规则

非洲人权与民族权法院、非洲人权和人民权利委员会是两个互补的机构,它们共同执行《非洲人权与人民权利宪章》。非洲人权和人民权利委员会成立于 1987 年,是《非洲人权与人民权利宪章》的主要执行机构。该委员会的主要职责包括:解释《非洲人权与人民权利宪章》的条款并监督其实施;接受和审查有关成员国违反宪章的报告和投诉;进行调查并向非洲联盟成员国提出建议;促进和保护人权和民族权利等。非洲人权和人民权利委员会是一个准司法机构,其具体争端解决规则是:① 提交投诉。任何个人或组织,如果

---

① 刘玉民、于海侠:《构建人权与民族权的区域性司法保护机制——以非洲人权与民族权法院为例》,《世界民族》2008 年第 4 期,第 15 页。

认为某个国家违反了非洲人权宪章,可以向该委员会提交投诉。投诉必须满足一定的形式要求,包括详细说明事实和指控,以及提供证据。② 审查投诉。收到投诉后,委员会首先审查投诉是否符合接受标准,例如投诉者是否已在国内法律体系中寻求过救济且无果,投诉是否及时,以及是否直接涉及投诉者。③ 交流信息。如果投诉被接受,委员会将投诉通知给被投诉的国家,并要求其在指定时间内做出回应。同时,委员会可能要求投诉方和被投诉国提供更多信息或文件。④ 调查。根据需要,委员会可能会进行调查,以便全面了解案件情况。这可能包括访问相关国家,收集证据和听取证人的证词。⑤ 裁决和建议。在调查后,委员会将对案件进行审议,并作出裁决。这可能包括确认宪章被违反,并向有关国家提出建议或要求采取特定行动以纠正违反行为。⑥ 执行和跟进。虽然委员会的决定不具有法律约束力,但它可以要求提交定期报告以监督其建议的实施情况,并通过外交途径和公众压力推动其决定的执行。

截至 2024 年 4 月底,在非洲人权与民族权法院已经判决的 216 个案件中,笔者经过检索没有发现与数据法学相关的案例,为便于探讨非洲在国际数据法方面的发展,本小节选取非洲人权和民族权委员会的相关案例进行分析。

3)津巴布韦人权律师协会 & 津巴布韦联合报纸公司 v.津巴布韦共和国案

在津巴布韦人权律师协会、津巴布韦联合报纸公司与津巴布韦共和国的案件中,涉及了言论自由和新闻自由的重要法律争议。这个案件展示了津巴布韦政府如何通过法律手段限制媒体的运作,以及这些做法如何触及国内外对基本人权的保护要求。

(1)案件背景。

津巴布韦联合报纸公司是一家在津巴布韦注册的公司,主要业务是出版报纸,其中包括津巴布韦最大的独立报纸《每日新闻》。2002 年,津巴布韦政府通过了《信息获取和隐私保护法》(Access to Information and Protection of Privacy Act,AIPPA),该法要求所有媒体服务在经营前必须先注册。该报纸公司认为这一要求违宪,并拒绝注册,希望通过法律途径挑战这一规定的合法性。

(2)法律争议。

津巴布韦联合报纸公司向最高法院提出了挑战 AIPPA 的申请,但最高法院在 2003 年判决该公司未按法律注册,属于"在法律之外"运营。此后,该公司的运营被迫停止,资产被查封,多名官员被逮捕。津巴布韦人权律师协会和津巴布韦联合报纸随后向非洲委员会提交了此案。

(3) 法庭程序。

该案件经过多次听证后,非洲委员会在其常规会议上审理了此案,津巴布韦政府坚称其法律和程序都符合国家的宪法,并且强调了国家对媒体进行规范的必要性。然而,投诉方争辩称,AIPPA 法律侵犯了表达自由、新闻自由等基本人权。

(4) 非洲委员会的裁决。

非洲委员会最终裁定,津巴布韦政府的行为侵犯了《非洲人权与人民权利宪章》中规定的多项权利。委员会要求政府归还被扣押的设备,并停止干扰津巴布韦联合报纸公司的业务。这一裁决突显了国际人权法在保护表达自由和新闻自由方面的重要作用。

(5) 案件分析。

① 数据隐私和信息访问权。津巴布韦的 AIPPA 是此案的中心法律争议点。这项法律要求所有媒体机构和记者在开展业务前必须注册,否则将面临关闭。从数据法学的角度看,这种注册需求可能被视为对媒体机构操作透明度的合理要求,但也引发了对过度监管和可能侵犯隐私的担忧。② 法律限制对自由的平衡。如何在信息自由与隐私保护之间找到合适的平衡是数据法学的一大挑战。津巴布韦政府通过 AIPPA 实施的注册和监管措施,理论上是为了保护公众免受误导信息的侵害,并保障个人数据不被滥用。然而,此案揭示了当这些措施被执行得过于严格时,可能会对新闻自由造成不合理的限制,从而侵犯了表达自由和信息自由这些基本人权。③ 法院的作用和责任。此案还涉及法院在审查政府行为是否超越了宪法限制方面的角色。津巴布韦最高法院在处理此案时,未对 AIPPA 的宪法性作出裁决,而是坚持津巴布韦联合报纸公司必须遵守现有法律。这引发了关于法院如何平衡政府法规与保护公民基本权利之间关系的讨论。从数据法学的视角看,这种情况突显了法院在解释和应用涉及数据保护和信息自由的法律时承担的关键责任。通过本案我们可以认识到,数据法学在现代社会中的重要性,尤其是在处理涉及信息自由和隐私权的法律问题时。此案不仅凸显了如何在维护国家安全和个人自由之间寻找平衡的挑战,也展示了司法机构在这一过程中承担的关键角色。此外,这个案例还强调了国际人权法律框架对于处理国内法律争议的影响和重要性,尤其在保护那些由国家法律难以充分保护的基本自由时。

6.3.4 区域性人权法院数据争端解决的发展现状与评述

在全球化与数字化加速发展的背景下,数据法学成为国际法研究的一个重要分支,涉及数据保护、隐私权、信息自由和网络表达自由等多个方面。国际数据法不仅关注技术与法律的交互,还涵盖了国家如何在保护个人隐私与确保信息自由之间取得平衡。本小节探讨的这三个案例均涉及这些核心议题,反映了区域性人权法院在处理这类问题时的法律应对与挑战。

第一个案例是关于欧洲人权法院如何处理涉及互联网平台责任的问题。这个案例中,一个在线新闻平台因未能有效管理用户评论中的诽谤内容而被告。最终,欧洲人权法院裁定,尽管言论自由受到欧洲人权公约的保护,但平台运营者对于用户生成内容的监控和管理具有一定的法律责任。这一判决强调了平台责任与用户言论自由之间的平衡,同时也阐明了对网络环境中言论自由保护的现代解释。

第二个案例则关注政府对通信隐私的侵犯。在这一案件中,美洲人权法院重申了隐私权的重要性,并批评巴西政府未能保护公民免受非法监控。这一裁决不仅体现了对个人数据保护的重视,而且强调了国家在使用其权力时必须遵守法律程序和尊重人权的原则。

第三个案例涉及政府对媒体自由的压制。此案突显了在权威主义政府下,言论自由和新闻自由面临的严峻挑战。法院在这类案件中的裁决,不仅是对特定国家内部政策的司法评价,更是对国际人权法标准的一种维护。

这三个案例共同揭示了国际数据法面临的主要挑战:如何在全球化的数字环境中保护个人隐私,同时又不过度限制言论自由和信息流通。随着数据流动的增加和数据驱动经济的浪潮兴起,制定有效的国际法律框架和实施相应的国家政策显得尤为重要。区域性人权法院的判决不仅影响相关国家的法律体系和政策调整,而且为国际社会提供了法律解决方案的范例。由这些判决可以看出,国际社会在追求技术进步和保护基本人权之间寻找平衡的努力,以及在全球范围内促进法律一体化和标准化的趋势。这三个案例有助于更深入地理解区域性人权法院在处理数据相关争端中扮演的角色,以及这些裁决对国际数据法律发展的影响。随着技术的不断进步,更新和强化国际法律标准,以适应新的挑战是未来法律发展的必然趋势。

6.4 欧盟内部数据立法中有关争端解决的规定及案例

6.4.1 欧盟《通用数据保护条例》中的争端解决规定

随着全球数字经济的迅猛发展,数据要素已然成为各类经济活动中不可或缺的新型生产资料,亦是推动世界各国经济发展的重要引擎。在这一背景下,国际社会呈现出各主要经济体间围绕数据规制路径、数据发展立场的激烈竞争态势。① 欧盟作为其中的重要角逐势力,近年来先后发布《塑造欧洲的数字未来》(*Shaping Europe's Digital Future*)《欧洲数据战略》(*European Data Strategy*)和《2030 数字指南针:数字十年的欧洲之路》(*2030 Digital Compass: the European way for the Digital Decade*)等战略文件,以推动欧盟内部数字经济发展,致力成为国际数据治理领域的先驱和引领者。

在数据立法层面,欧盟内部陆续出台了以《通用数据保护条例》《欧盟机构个人数据保护及自由流动条例》《数据治理法》《数据法》等为代表的数据保护、数据流动法律法规,不断加深欧盟内部数据立法的体系化、精细化程度。在组织机构层面,欧盟内部建立了欧洲数据保护委员会和欧洲数据保护监管机构(European Data Protection Supervisor,EDPS)负责欧盟整体层面数据保护规则的制定、解释、监督和执行。②

在争端解决领域,欧盟内部也已围绕《通用数据保护条例》构建的数据监管框架形成了向数据监管机构申诉,以及向司法机构寻求司法救济的并行渠道。具体而言,GDPR 规定各成员国应在国内设置独立的数据监管机构,负责监督法案的贯彻适用,以保护数据主体的权利并推动欧盟内部数据的自由流动。③ 例如,荷兰内部设置了荷兰数据保护局(Autoriteit Persoonsgegevens,Dutch DPA)、法国国家信息与自由委员会(Commission Nationale de l'Informatique et des Libertés,CNIL)、爱尔兰数据保护委员会(Data Protection Commission,DPC)。

由此,当数据主体遇到自身权益被侵害的情形,其可选择向数据监管机构提起申诉,同时数据监管机构也应当及时处理申诉,并通报申诉进展和结果。④ 这也是实践中欧盟内部数据主体同数据处理者发生纠纷时最为常见的争端解决方式。除了向监管机构提起申诉,数据主体也可直接就权利或个人资料受侵害向法院提起诉讼。⑤ 此外,如果监管机构在处理申诉时存在迟延行为,又或是不满足于监管机构所做出具有法律约束力的决定,数据主体也可就监管机构相关行为寻求司法救济。⑥ 欧盟内部数据立法中有关争端解决方式的规定情形也可参考图 6-2。

---

① 参见洪延青:《数据竞争的美欧战略立场及中国因应——基于国内立法与经贸协定谈判双重视角》,《国际法研究》2021 年第 6 期,第 69—81 页。
② 有关 EDPB 以及 EDPS 的具体职能可见 https://www.edpb.europa.eu/edpb_en;https://www.edps.europa.eu/_en,2024 年 4 月 1 日访问。
③ 参见 GDPR 第 51 条,第 57 条。
④ 参见 GDPR 第 77 条。
⑤ 参见 GDPR 第 79 条。
⑥ 参见 GDPR 第 78 条。

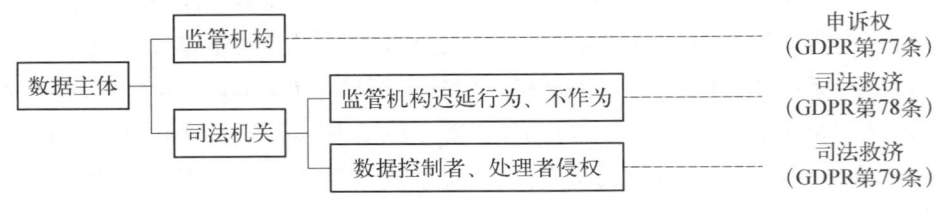

图 6-2 数据立法中有关争端解决方式

接下来将以欧盟内部数据争端具体解决案例分析的形式,分析数据保护在欧盟内部的立法规定及实践运行状况。具体而言,下文将以荷兰数据保护局处罚荷兰税务机关案分析数据处理基本原则相关规定;以法国国家信息与自由委员会处罚谷歌公司案探讨数据处理透明度义务问题;以及根据 TU 和 RE 诉谷歌公司案分析数据主体权利保障内容。所选取的案例不仅在涉及数据权利实体内容上具有代表性,在争端解决参与主体和程序上也具有广泛的代表性。被诉主体除了有大型商业公司,也涉及处理个人数据的政府部门,争端解决程序上不仅有监管机构主动运用监管权限的处罚案例,还有非营利组织提起申诉的案例,甚至还有案例一度上诉到国家最高法院乃至于欧洲联盟法院系统。

6.4.2 欧盟内部涉及违反数据处理基本原则相关规定及案例分析

1）数据处理基本原则相关规定

数据处理基本原则是指,数据控制者或数据处理者在具体进行数据处理操作,如收集、存储、披露或修改行为时,应当遵循的基本原则。欧盟内部数据立法中有关个人数据处理应当遵循的基本原则规定在 GDPR 第五条,主要包含"合法公平和透明"原则、"目的限制"原则、"数据最小化"原则、"准确性"原则、"限期存储"原则、"安全和保密性"原则和"问责制"原则。[①] 其具体规定内容如下所述。

（1）"合法公平和透明性"原则。以与数据主体有关的,合法、公正、透明的方式处理。

（2）"目的限制"原则。为特定、明确、合法的目的收集,且不得以不符合以上目的的方式进行进一步处理;为公共利益、科学、历史研究或统计目的而进一步处理的,按照第 89 条第 1 款,不应被视为不符合初始目的。

（3）"数据最小化"原则。充分、相关及以该个人数据处理目的必要性为限度进行处理。

---

① 金晶:《欧盟〈一般数据保护条例〉：演进、要点与疑义》,《欧洲研究》2018 年第 4 期,第 1—26 页。

（4）"准确性"原则。准确，并在必要时保持最新；考虑到处理个人数据的目的，必须采取一切合理的措施，毫不拖延地删除或纠正不准确的个人资料。

（5）"限期储存"原则。个人数据需要以容许资料主题被识别的形式，在不超过处理个人资料所需的时间内保存；个人数据可以储存更长时间，只要个人数据按照第89条第(1)款规定，仅为公众利益、科学、历史研究或统计目的而进行处理，但须执行本法规所要求的适当技术和组织措施，以保障数据主体的权利和自由。

（6）"安全和保密性"原则。以确保个人数据适度安全的方式处理，包括使用适当的技术或组织措施来避免未经授权、非法处理、意外遗失、灭失或损毁的情况发生。

（7）"问责制"原则。数据控制者应该负责并能够证明符合第一项。

2）以非法和歧视性方式处理数据：荷兰数据保护局处罚荷兰税务机关案

2021年12月7日，因为荷兰税务机关多年来一直以非法和歧视性方式处理儿童保育津贴申请人的国籍数据，违反GDPR规定数据处理的"合法公平原则"，荷兰数据保护局对其处以275万欧元的罚款。数据保护局负责人亚历德·沃尔夫森（Aleid Wolfsen）解释说，出于政府职责履行原因，公众往往必须将个人数据交予政府机关处理，因此政府机关应当严格遵循数据处理的基本原则，不得保留个人不必要的数据，也不得以歧视性方式处理数据。[①] 这就是每个人都能绝对相信这种处理正确的原因，这一点至关重要。政府不会保留和处理有关个人的不必要数据，而且个人与政府的接触中从不涉及任何歧视因素。

（1）税务机关非法处理个人数据。

荷兰数据保护局认为，税务机关应当在2014年删除荷兰国民的双重国籍数据，但其保留这一数据并将其用于评估相关儿童保育津贴申请中。截至2018年5月，仍有140万荷兰国民的双重国籍数据保留在税务机关系统中。此外，税务机关还将儿童保育福利申请人的国籍数据用于打击有组织的欺诈行为，这远远超出国籍数据收集时的目的。因此，数据保护局认为税务机关使用国籍数据来评估申请、打击欺诈行为和确定风险属于非法处理个人数据行为，违反了数据处理合法原则。

（2）税务机关歧视性处理个人数据。

一般而言，在荷兰申请儿童保育津贴的权利基于申请人在荷兰的合法居住

---

① Autoriteit Persoonsgegevens（Dutch Data Protection Authority）, *Tax Administration Fined for Discriminatory and Unlawful Data Processing*（7 December 2021）, https://autoriteitpersoonsgegevens.nl/en/current/tax-administration-fined-for-discriminatory-and-unlawful-data-processing, accessed 30 April 2024.

权,而非其国籍。而税务机关保留申请人的国籍数据,并将其用于评估其申请儿童保育津贴存在的风险大小,属于以歧视性方式处理数据,违反数据处理公平原则。沃尔夫森强调,现今数字化进程迅速推进,保护个人数据以保护其基本权利(如安全权、财产权和健康权)的重要性日益突出。数字发展提升了对于数据处理的便捷程度,但也同时带来了非法、歧视性处理个人数据的风险。因此,要对算法和人工智能的发展带来的挑战保持警惕。[1]

在数据保护局开展调查后,税务机关立即停止其侵权行为,并逐步清理其内部储存的数据。截至 2020 年,税务机关存储的荷兰国民双重国籍数据已被完全删除。

6.4.3　欧盟内部涉及违反数据处理透明度义务相关规定及案例分析

1) 数据处理透明度义务相关规定

保证数据处理过程的透明度是保障数据主体权利的前提,这有助于提升数据主体对于数据处理行为的接受程度,增强其信任感和安全感。因此,对于数据处理透明度的义务要求是应对大数据时代隐私挑战的核心手段。[2] GDPR 专门规定了数据处理的透明度和问责原则,以强化数据控制者责任,这源于 GDPR 认为数据处理的公开、透明是保障数据公正处理的前提。[3]

（1）为达到这一目的,GDPR 第 13 条、第 14 条分别规定了从数据主体处和非从数据主体处收集个人数据时应当提供的信息。以从数据主体处收集个人数据为例,GDPR 第 13 条第 1 款规定数据控制者在获取个人信息时,应当向数据主体提供以下信息：① 控制者的身份和详细联系方式,适当时还要提供代表人的身份和详细联系方式；② 适当时提供数据保护局的详细联系方式；③ 个人信息处理的目的以及处理的法律基础；④ 当处理依据是"为数据控制者或第三方追求正当利益的目的所必需"时,数据控制者或者第三方追求的正当利益；⑤ 如果可以,应当提供个人数据接收方或者接收方的种类；⑥ 在适当的情况下,应当提供控制者意图将个人数据向第三国或者国家组织进行传输的事实、欧洲委员会是否就此问题做出过充分决议,以及第 46、47 条或者第 49 条第 1 款的第 2 分款提及情形的相关信息。

---

[1]　Autoriteit Persoonsgegevens（Dutch Data Protection Authority）, *Tax Administration Fined for Discriminatory and Unlawful Data Processing*（7 December 2021）, https://autoriteitpersoonsgegevens.nl/en/current/tax-administration-fined-for-discriminatory-and-unlawful-data-processing, accessed 30 April 2024.

[2]　Omer Tene and Jules Polonetsky, "Big Data for All: Privacy and User Control in the Age of Analytics," *Northwestern Journal of Technology and Intellectual Property* 11, no. 5（2013）: 239-273.

[3]　程莹：《元规制模式下的数据保护与算法规制——以欧盟〈通用数据保护条例〉为研究样本》,《法律科学（西北政法大学学报）》2019 年第 4 期,第 48—55 页。

（2）还规定了所采取保护个人信息的合理安全措施及获取复印件的方式。GDPR 第 13 条第 2 款进一步规定了出于证实处理过程的公正和透明的需要,在必要的情况下,控制者还应当向数据主体提供如下信息:① 个人数据的储存阶段,应当提供阶段划分的决定标准;② 有资格处理数据主体权利要求的,能够获取、修正、删除个人信息或者管制数据权利的控制者的信息;③ 如果处理是基于第 6 条第(1)款(A)点或第 9 条第(2)款(A)点,则在任何时候存在撤回同意的权利,而不影响撤回前基于同意的处理的合法性;④ 向监督机构提起申诉的权利;⑤ 个人数据条款是否应当在法律条文、合同契约中规定,还是应当作为缔结合同的必要条件进行规定。此外,还应当包括数据主体是否有义务提供个人数据,以及无法提供数据情形下关于可能造成的后果的信息;⑥ 自动的决策机制,包括第 22 条第 1 款、第 4 款提到的分析过程涉及的逻辑程序,以及对数据主体的处理过程的重要意义和设想结果。①

此外,GDPR 还规定上述信息应以简单透明、明晰且容易获取的方式,清楚明确的语言,并采取合适措施提供。②

2）违反透明度要求：法国国家信息与自由委员会处罚谷歌公司案

法国数据监管机构为法国国家信息与自由委员会（法国 CNIL）,其负责处理针对数据处理者、数据控制者不当行为的申诉,以及开展后续调查及制裁决定。2019 年 1 月 21 日,就谷歌公司违反透明度义务和通知义务的行为,法国 CNIL 根据 GDPR 对其处以 5 000 万欧元罚款。③ 后续案件一度被上诉到法国国家行政法院,成为理解 GDPR 透明度义务和欧盟内部数据争端解决案例的模板。

（1）缘起：两家非营利组织提起申诉。

2018 年 5 月,法国 CNIL 收到位于奥地利的 None of Your Business（简称 NOYB）和位于法国的 La Quadrature du Net（简称 LQDN）两家非营利组织的集体申诉。在两起申诉中,这两家组织认为谷歌公司违法处理其用户的个人数据,特别是在其个性化广告业务中。

（2）发展：法国 CNIL 展开调查并作出处罚。

在收到申诉后,2018 年 6 月,法国 CNIL 将两起案件分享给其他欧盟数据监管机构,以评估自身是否属于 GDPR 第 56 条规定的牵头监管机构。

---

① 参见 GDPR 第 13 条。
② 参见 GDPR 第 12 条。
③ European Data Protection Board, *The CNIL's Restricted Committee Imposes a Financial Penalty of 50 Million Euros Against Google LLC*（21 January 2019）, https://www.edpb.europa.eu/news/national-news/2019/cnils-restricted-committee-imposes-financial-penalty-50-million-euros_en, accessed 1 May 2024.

2018年9月，法国CNIL开展在线检查，通过分析用户的浏览模式以评估谷歌公司在移动设备Android操作系统中的数据处理活动是否符合GDPR和《法国数据保护法》。

经调查，法国CNIL认为谷歌公司违反了GDPR规定的透明度和通知义务，以及获取用户同意的原则。就违反透明度和通知义务而言：第一，CNIL认为谷歌公司提供的信息并不容易获取。例如，有关信息收集目的、数据储存期限及基于个性化广告而收集的个人数据等数据处理信息分布在多个页面，经CNIL实践操作，用户有时需要完成五至六项操作才能获取相关信息。第二，CNIL认为谷歌公司提供的信息过于模糊，不符合提供信息应简单、明晰的要求。例如谷歌公司有关信息收集目的的描述过于笼统，并没有区分收集不同数据类别的目的，而且部分数据收集并未提供有关保留期限的信息。

就违反用户同意的原则而言：第一，CNIL认为谷歌公司在征集用户同意时并未做到充分通知，对于其广告个性化业务，相关数据处理的信息被分散在多个文档中，且并未区分以谷歌搜索、谷歌地图及YouTube为代表的不同应用程序的数据处理相关信息。第二，谷歌公司收集用户同意的信息既不具体也不明确，在账号注册阶段，同意信息是通过默认预先选中的复选框获得的。而根据GDPR规定，只有用户采取明确的肯定行动（比如勾选非预先勾选的框），同意才是"明确的"，且对于不同类别的信息处理操作（如个性化广告、语音识别等）必须征求用户的单独、明确同意，该同意才是"特定的"。基于以上原因，法国CNIL考虑到谷歌公司违法行为的持续性，以及影响范围的广泛性、严重性决定对其处以5 000万欧元罚款。

（3）争议：谷歌公司不满决定，提起上诉。

法国CNIL做出决定后，谷歌公司不满判罚，于2019年5月向法国国家行政法院提起上诉。谷歌公司认为法国CNIL并非本案的牵头监管机构，在程序处理上有违GDPR规定；还认为自身并未违反GDPR有关透明度义务的相关规定，而且5 000万欧元的处罚金额也不成比例。

首先，谷歌公司认为其在欧盟的主要机构位于爱尔兰，因此应当由爱尔兰数据监管机构来负责监督自身数据处理活动。同时，法国CNIL也未正确运用GDPR规定的合作和一致性程序，特别是其未咨询欧洲数据保护委员会的意见。

其次，GDPR第83条规定了罚款应当视个案具体情形确定，并于第2款规定了以侵权行为的性质、严重程度和持续时间，违规的故意或过失性质、控制者采取的避免措施、先前违规行为等为代表的判罚金额考量因素。法国CNIL作出的判罚金额并未充分考虑这些因素，罚款金额不成比例。

最后,谷歌公司要求行政法院将本案提交给欧盟法院进行裁决,并在欧盟法院做出裁决之前暂停诉讼程序。

(4) 结论:法国最高行政法院的终审意见。

2020年6月19日,法国国家行政法院驳回谷歌公司上诉,维持了法国CNIL做出的相关决定,即依据GDPR对谷歌公司处以5 000万欧元罚款。①

首先,国家行政法院认为在CNIL作出判罚之日,谷歌在爱尔兰的分支机构(简称"谷歌爱尔兰")并不能视为谷歌公司在欧盟的代表机构,其不对谷歌在欧盟其他地区的分支机构行使指导、控制权力,特别是针对数据处理活动的相关操作规定,谷歌爱尔兰并不具备决策权。因此,国家行政法院认为CNIL有权调查NOYB和LQDN提出的申诉,并就谷歌处理与Android操作系统的法国用户有关的个人数据行为实施制裁。

其次,国家行政法院认为,在2018年6月,CNIL将两起投诉案件分享给其他欧盟监管机构以期指定一个牵头监管机构时,其他欧盟监管机构并未选择将此事提交给EDPB,也未有与CNIL不同的看法。特别是2018年8月,爱尔兰数据保护委员会专员公开表示,在谷歌爱尔兰并未对谷歌公司在欧盟的数据处理活动行使决策权的前提下,爱尔兰数据保护委员会并非谷歌公司的牵头监管机构。在本投诉案件无异议且未触发GDPR第64条和第65条规定的提交给EDPC的情形下,CNIL无须将此事提交给EDPB。

最后,针对罚款金额,国家行政法院认为CNIL需要解释其决定依据的考虑因素,但并不需要就GDPR第83条第2款规定的所有考量因素说明其决定的理由。考虑到谷歌公司涉嫌侵权行为的严重性、在CNIL作出判罚时侵权仍在发生的事实、侵权持续的时间长短、GDPR规定的罚款最高限额和谷歌公司的财务实力,CNIL判决的罚款并非不成比例。由此,国家行政法院维持了CNIL相关决定,并认为无须将案件提交给欧盟法院进行初步裁决。②

6.4.4 欧盟内部涉及违反数据主体权利保障相关规定及案例分析

1) 数据主体权利保障相关规定

除了从数据处理基本原则和数据处理具体义务出发规范数据控制者、处理

---

① Conseil d'État (French Council of State), *RGPD: Le Conseil d'État rejette le recours dirigé contre la sanction de 50 millions d'euros infligée à Google par la CNIL* (19 June 2020), https://www.conseil-etat.fr/actualites/rgpd-le-conseil-d-etat-rejette-le-recours-dirige-contre-la-sanction-de-50-millions-d-euros-infligee-a-google-par-la-cnil, accessed 1 May 2024.

② Hunton Andrews Kurth LLP, *French Highest Administrative Court Upholds 50 Million Euro Fine Against Google for Alleged GDPR Violations* (23 June 2020), https://www.huntonprivacyblog.com/2020/06/23/french-highest-administrative-court-upholds-50-million-euro-fine-against-google-for-alleged-gdpr-violations/, accessed 30 April 2024.

者行为，欧盟内部数据立法还高度重视从实体权利层面保障数据主体的数据权利。GDPR 第 15 至第 21 条分别规定了数据主体享有的数据访问权、更正权、删除权（又可称为"被遗忘权"）、限制处理权、知情权、数据可携带权和拒绝权。

（1）以被遗忘权为例，GDPR 第 17 条规定，数据主体有权要求数据控制者删除与其相关的个人数据，其适用情形有：① 相较于最初数据收集目的而言，个人数据不再是必要的；② 数据控制者依靠数据主体个人同意作为处理数据的合法依据，而后该主体撤回同意；③ 数据控制者基于合法理由处理个人数据，但不能提供令人信服的合法理由证明其可以处理凌驾于数据主体的利益、权利和自由之上的信息；④ 数据主体基于营销目的处理个人数据；⑤ 数据主体非法处理个人数据；⑥ 出于遵守法律裁决或义务而须删除个人数据；⑦ 数据主体处理儿童个人数据。

（2）与此同时，数据主体享有的被遗忘权也并非绝对的。GDPR 同时也列出不能支持数据主体被遗忘权行使的情形，具体有：① 为行使言论和信息自由的权利；② 为遵守法律裁决或义务，或数据被用于公共利益或执行官方授予权限的任务；③ 为公共卫生目的或医学研究，且符合公共利益；④ 出于公共利益、科学研究、历史研究或统计目的，并且数据删除可能会影响该目的达成；⑤ 用于司法诉讼目的。① 同样，如果数据控制者可以证明数据主体的删除请求没有根据，则可以要求删除所需"合理费用"或拒绝删除个人数据的请求。②

2）"被遗忘权"之争与最新进展：TU 和 RE 诉谷歌公司案

欧盟内部有关"被遗忘权"的规定可追溯到 1995 年发布的《关于涉及个人数据处理的个人保护及此类数据自由流动的指令》③，其第 12 条规定各成员国要满足数据主体适当修改、删除或拦截相关数据的请求，尤其是针对片面的或不准确的数据。之后，该规定经过多次修改，于 GDPR 第 17 条中最终确认落实。实践中适用"被遗忘权"的司法案例可追溯到 2014 年判决的冈萨雷斯诉谷歌公司案，该案确认了处理个人数据的搜索引擎运营商属于数据控制者，因而数据主体有权基于"被遗忘权"要求搜索引擎运营商删除搜索结果列表中的与其相关的个人信息。④ 但正如前文分析所述，GDPR 第 17 条条文采取列举数

---

① 参见 GDPR 第 17 条。

② Ben Wolford, *Everything You Need to Know About the "Right to Be Forgotten"* (14 September 2023), https://gdpr.eu/right-to-be-forgotten/, accessed 2 May 2024.

③ Directive 95/46/EC of the European Parliament and of the Council of 24 October 1995 on the protection of individuals with regard to the processing of personal data and on the free movement of such data [1995] OJ L281/31.

④ 漆彤、施小燕：《大数据时代的个人信息"被遗忘权"——评冈萨雷斯诉谷歌案》，《财经法学》2015 年第 3 期，第 104—114 页。

主体可行使和限制行使"被遗忘权"适用情形的立法模式,有关其权利内容的理解一直在实践中不断更新。

2022年,欧盟法院判决的TU和RE(德国某投资公司的两名投资经理)诉谷歌公司案(RE vs Google LLC)①就不准确数据的举证分配问题和数据控制者的核实义务,以及缩略图是否属于搜索引擎运营商删除义务范围等问题做出解释,进一步明晰了"被遗忘权"的理解与统一适用,是欧盟统一数据保护实践的又一重大进展。接下来将围绕该案例诉讼流程和判决解释主体内容,来梳理并探讨欧盟内部有关数据主体权利保障的相关问题。

(1)缘起:案例背景与主要事实。

本案起源于2015年发表于公共网站上的三篇文章,其内容批评了德国某公司的投资模式,并配有四张图片,内容分别为TU驾驶豪华轿车、在飞机前和飞机内的合影,以及RE驾驶敞篷轿车照片。文章发表的网络运营商为谷歌公司,在谷歌搜索引擎输入TU、RE姓名及相关公司名称会在检索结果列表中显示上述三篇文章。除此以外,用户在进行图片搜索时,搜索结果列表还会以缩略图的形式展示上述文章所配的四张照片。

由此,TU、RE要求谷歌公司删除搜索引擎结果列表显示的文章链接及缩略图形式显示的图片,但谷歌公司以不知晓信息是否准确为由拒绝删除。协商无果后,TU、RE遂向法院提起诉讼程序,要求谷歌公司执行删除操作。

(2)发展:德国法院的处理。

2015年,TU、RE在德国科隆地区法院提起诉讼,法院于2017年11月的判决中驳回当事人诉讼。继而,当事人继续向德国科隆高等地区法院提起上诉,又于2018年11月被驳回。最后,当事人再次提起上诉,案件随后被移交给德国联邦法院。德国联邦法院在审理过程中认为,由于本案涉及GDPR的法律解释问题,决定中止诉讼程序,并按照规定将案件提交至欧盟法院进行初步裁决。②

其提交欧盟法院进行初步裁决的问题主要有两个:问题一,GDPR第17条规定了当事人行使"被遗忘权"的适用情形及例外情形。由此数据主体向以搜索引擎运营商为代表的数据控制者提出删除请求时,其请求内容包含了事实主张及相应的价值判断内容。数据主体提出删除请求是基于其认为内容不准确,而数据控制者拒绝执行删除请求则是基于其认为事实准确。然而,在内容准确性认定过程中,谁来承担证明责任,有无可能申请临时救济,以及这种申请是否

---

① Case C-460/20, TU v Google LLC(ECLI:EU:C:2022:962), Judgment of the Court(Grand Chamber)of 8 December 2022, https://curia.europa.eu/juris/documents.jsf?num=C-460/20.

② 向前:《欧洲法院初步裁决制度评述》,《河北法学》2007年第6期,第158页。

合理。问题二,数据主体在请求数据控制者取消引用时,仅以缩略形式展示,而无明确标题和上下文的预览图是否也在取消引用考虑的范围内。

(3) 结论:欧盟法院的初步裁决。

提交给欧盟法院裁决的问题一可进一步分为两点考虑:第一点是数据主体向搜索引擎运营商提出针对内容不准确信息删除申请时,是否及在何种程度上提供证据予以证明。第二点是搜索引擎运营商在收到删除申请时是否应该假定数据主体提出的内容不准确信息主张是正确的,又或是应当对相关内容进行澄清,以核实其内容的准确性。

针对问题一,欧盟法院在论证之初首先回顾并重申了搜索引擎运营商对于数据的引用、显示等数据处理行为会对数据主体的基本权利产生重大影响,因此其是独立于内容发布者的数据控制者,应当遵循 GDPR 的合规义务要求。其次,针对问题一的第一点,欧盟法院认为数据主体提出删除内容不准确信息申请时,数据主体就有义务去确认该信息明显不准确,或者至少该信息的一部分(占信息整体的重要一部分)明显不准确。但这一确认义务并非强制性的,不应不合理地加重数据主体负担。为此,只要求数据主体根据案件的实际情况合理地寻找证据证明信息内容的不准确,而不能要求数据主体在诉前阶段就出示证据证明数据删除请求的真实性。针对问题一的第二点,欧盟法院认为该问题牵涉数据主体权利与公众言论、信息自由权的平衡问题。如果要求搜索引擎运营者履行对事实的澄清义务,不仅会加重运营商开展正常经营活动中的义务负担,而且有损害公众信息自由权的风险。因此,欧盟法院尝试提出"中和之法",即区分两种情况来判断搜索引擎运营者的具体义务。如果数据主体能够提供充分证据证实其请求的真实性,即相关信息内容不准确或者大部分不准确时,搜索引擎运营商应同意数据主体的删除请求;反之,如果信息内容的不准确性不明显,且数据主体无法提供有力证据证明(如司法判决)时,搜索引擎运营商并不负有同意并回应数据主体的删除请求的义务。同时,当请求删除的信息内容可能关涉公众利益时,应当重点关注和保护公众的言论和信息自由权利。最后,欧盟法院强调即使搜索引擎运营商有理由不同意数据主体的删除请求,但必须确保数据主体能向监管机构或者司法机构反映,寻求救济以便采取临时救济措施。同时,欧盟法院还要求搜索引擎运营商自觉履行警示通知义务,提醒互联网用户相关内容存在被指称为不准确内容的诉讼。①

---

① Ozgur Ulgen, "Case C-460/20, TU, RE v. Google LLC (CJEU)," *International Legal Materials* 62, no. 6 (2023): 1062-1083.

针对问题二,欧盟法院认为图像搜索及以缩略图形式展现的检索结果采用的是一种搜索引擎方法,其工作原理为通过运用特定算法从互联网检索已公开的或由第三方在网络上转载的信息,自动进行索引化处理并临时存储,再根据用户需求运用一定的算法工具,制定并将信息反馈给用户,但这个过程也可能会对数据主体的权利造成不利影响。

但考虑到个人数据权利和公众信息自由权的平衡,搜索引擎运营商在收到删除申请时应当进行两方面权利的平衡,评估照片本身在具体情况中的价值,以确定公开有关照片对于可能有兴趣以这种搜索方式访问这些照片的互联网用户的信息自由权是不是必要的。同时,当上述缩略图存在给隐私带来的损失超过言论自由带来的好处时,应允许删除缩略图。具体而言,在衡量对象上,不能仅考虑这些照片本身的信息价值,而不考虑它们在互联网原始页面上发布的完整的相关内容,实际上包括搜索结果中附带的任何文本元素,尤其是能够阐明这些照片的信息价值的都应予以考虑。在衡量标准上应当重点考虑这几点:将数据保留给隐私权带来的损失与言论自由所带来的好处进行比较;已发布信息的性质,比如是否为揭示违法犯罪行为的非法信息(公共利益大于私人利益),信息主体在社会中的角色地位及影响力,发布信息的可能动机等。[①]

总体而言,欧盟法院的这一初步裁决在"被遗忘权"领域极具开创性,其不仅将数据主体行使取消引用权的范围拓展到图片搜索及缩略图展示方式上,而且尝试明确数据主体和数据控制者双方在确认信息准确性上的责任分配。此外,在考虑个人数据权利和公众言论、信息自由权平衡时,仍给以搜索引擎运营商为代表的数据控制者留有较大的评估决定权利。

6.4.5 欧盟数据争端解决的发展现状与评述

欧盟内部数据争端解决机制作为欧盟数据治理框架的重要组成部分,一直力求在保护个人数据安全与实现数据自由流动,保障数据主体权利与社会利益之间实现平衡。以 GDPR 为代表的欧盟内部数据立法、指引文件为其提供了完善的法律基础,欧盟内部也建立起在欧盟层面以 EDPB、EDPS 和欧盟法院系统为代表的顶层机构,各国层面以各国独立数据监管机构和司法系统为代表的双层数据争端解决框架。特别是,其通过整体立法的推动,使所有成员国遵循共同的法律标准,力求在整个联盟内部实现数据保护标准的一致性,以便捷解决

---

① 伍璇航:《〈个保法〉视角下欧盟法院"被遗忘权"最新裁决解析》,微信公众号"网络法前沿",2023 年 2 月 27 日,https://mp.weixin.qq.com/s/-BOObBHvRfE_zFTr5WhmIg,访问日期:2024 年 5 月 2 日。

跨境数据争端。

　　总体而言,欧盟内部数据保护标准和争端解决机制对全球数据治理产生了重要影响,其不仅成为世界各国数据立法的参考范本,而且或直接或间接地推动了国际间对数据保护的重视与合作。① 未来,随着新兴技术的涌现,以及数据作用、价值的不断彰显,欧盟的数据争端解决机制还需要不断适应情况变化而不断改进,以保持其便捷性和有效性。②

---

① 杨希:《欧盟个人数据保护体系的代际发展及借鉴——内部规制与外部扩展的典范》,《国际商务(对外经济贸易大学学报)》2019年第5期,第145—156页。
② 邹青松:《内部管理型规制:数字经济风险的欧盟法回应》,《南京大学学报(哲学·人文科学·社会科学)》2023年第1期,第105—115页。

第 7 章 国际数据法学与中国

随着数字技术的迅猛发展和全球化的深入推进,数据已成为当今时代的重要资源,而数据治理则成为国际社会共同关注的焦点。在此背景下,中国作为全球重要的经济体之一,积极参与全球数据治理的进程,并提出了自己的理念和主张。本章将全面阐述中国在数据治理领域的理念、在全球性国际组织中的中国行动、以中国为核心的区域性数字贸易条约和中国涉外数据法治的内容。

本章旨在提供一个全面而深入地了解中国在全球数据治理领域的理念、实践和贡献的窗口,以期为未来全球数据治理体系的完善提供有益的参考和启示。

7.1 全球数据治理的中国理念

7.1.1 实现全球数据安全自由流动

数据安全和数据自由流动长期居于全球数据治理坐标轴的两端,是数据治理最为重要的也是各国理念分歧最为显著的两个命题。中国倡导各国在充分尊重数据主权的基础上,实现全球范围内数据安全自由流动的总体目标。中国始终坚持发展与安全并重的原则,数据安全和数据自由流动都是全球数据治理的重要方面,不可顾此失彼,如追求绝对安全或绝对自由。我国提出的以数据安全为底线,实现数据依法有序自由流动,为全球数据治理提供了简明清晰、折中包容的中国方案。

1)承认和尊重数据主权

主权是一个古老又年轻的概念,其内涵与外延随着历史发展而动态演进。

"主权"一词最早被用以描述君主对内和对外与其他君主关系的个人权力,集中体现为君主个人的地位和尊严。[①] 一方面,随着君主专制的衰落和现代主权国家观念的成熟,主权由君主个人所有转变为国家所有。另一方面,工业时代的技术进步大大拓宽了人类活动空间,国家主权的主要适用范围由领陆发展至领水和领空。[②] 在互联网和大数据时代,网络空间成为人类生活的新领域,国家主权的适用范围亦与时俱进,由物理领土自然延伸至位于其领土之上的信息通信基础设施所承载的网络空间,并涵盖其中的数据信息。[③]

网络主权是一国基于国家主权对本国境内的网络设施、网络主体、网络行为,以及相关网络数据和信息等享有的最高权和对外独立权。中国向来倡导网络空间主权原则,承认和尊重各国网络主权。2010 年,《中国互联网状况》白皮书首次提出了"互联网主权"概念。2015 年 12 月第二届世界互联网大会上,习近平主席向世界发出构建"网络空间命运共同体"的倡议,强调尊重各国网络主权,每个国家都享有自主选择网络发展道路并根据各自不同的政治文化背景和法律框架管理网络空间的权利。[④] 我国《国家安全法》中第 25 条要求"维护国家网络空间主权",2016 年通过的《网络安全法》于第 1 条开门见山地明确应以"维护网络空间主权"为宗旨。2020 年 11 月,《上海合作组织成员国元首理事会关于保障国际信息安全领域合作的声明》中也重申在维护国际信息安全问题上的合作应基于《联合国宪章》基本原则,特别是国家主权。以美国为代表的一些国家、社会团体和个人试图以网络空间全球公域论、网络空间"巴尔干化"论、"多利益相关方(multi-stakeholders)模式"与网络主权不兼容等理由否定网络空间的主权行使。然而,许多重要的国际文件及《塔林手册 2.0》等具有广泛影响力的非官方文件已然确认了国家主权原则在网络空间的可适用性,世界各国也纷纷通过立法、行政、司法等方式践行网络空间主权原则。

数据主权是网络主权的子集,两者是包含与被包含的关系,[⑤]网络主权通过网络数据与信息范畴的国家活动体现为数据主权。数据主权是一国基于国家主权对本国境内的数据所享有的最高管辖权、对外独立和国际合作权。具体而言,数据主权对内表现为一国对其境内数据的生成、传播、处理、分析、利用和交

---

① 路易斯·亨金:《国际法:政治与价值》,张乃根等译,东北师范大学出版社,2005,第 10 页。
② 国家互联网信息办公室:《网络主权:理论与实践》(2.0 版),2020 年 11 月 25 日,https://www.cac.gov.cn/2020-11/25/c_1607869924931855.htm,访问日期:2024 年 4 月 20 日。
③ 方滨兴:《论网络空间主权》,北京:科学出版社,2017 年,第 82 页。
④ 《习近平在第二届世界互联网大会开幕式上的讲话》,https://www.gov.cn/xinwen/2015-12/16/content_5024712.htm,2024 年 4 月 20 日访问。
⑤ 同②,第 322 页。

易等拥有最高权力;对外表现为一国有权决定以何种程序、何种方式参与到国际数据活动中,并有权采取必要措施保护数据权益免受其他国家侵害。① 主权的独立意味着主权国家独立行使对数据的管理权、控制权及数据相关纠纷的司法管辖权等各项主权权力,有权对本国数据的流动进行管控,有权采取一定措施保护本国数据免遭泄露、窃取、破坏等危险,他国不得限制或干预。主权的平等要求各国遵守国际公法秩序,互相尊重数据主权,作为平等主体共同参与全球数据治理。尽管当前学界就数据主权的归属存有争议,国家数据主权论、共享数据主权论、个人数据主权论、企业数据主权论各有其主张,但主流观点均肯定国家是无可争议的权力和责任主体。②

我国始终秉持构建网络空间命运共同体的核心理念,在参与全球数据治理时尊重各国网络主权和数据主权。2015 年,我国国务院印发的《促进大数据发展行动纲要》首次使用了"网络空间数据主权"的表述。2020 年 9 月,中国在全球数字治理研讨会发起《全球数据安全倡议》,呼吁各国"尊重他国主权、司法管辖权和对数据的安全管理权,未经他国法律允许不得直接向企业或个人调取位于他国的数据",强调了国家主权原则在全球数据治理中的重要性。我国于2021 年颁布的《数据安全法》第 1 条"维护国家主权"的表述亦传达了我国主张国家享有数据主权的立场。

全球数据治理应先确认数据主权的基本共识。其原因在于:一是尊重数据主权是维护国家数据安全的本质要求。以美国为代表的个别国家试图以"网络全球公域"和"数据自由"为由否认和模糊数据主权,对位于他国的数据擅自进行访问和获取,行使"长臂管辖",其霸权主义的做法严重挑战了各国国家主权和数据安全。③ 只有在承认和尊重数据主权的秩序基础上,各国才能有效维护自身安全与利益。二是尊重数据主权是实现个人数据权利的现实需要。数据主权本身就关涉大量个人的人身及财产利益,国家重要数据中往往也包含公民个人隐私,国家通过立法、行政等方式保护本国公民个人数据,个人数据权利的救济也有赖于国家的司法主权行使。三是数据主权为数据安全自由流动提供保障。一方面,数据的价值在开放、流动和利用中体现,主权国家不仅负有维护数据安全、管控数据流动的责任,亦负有打击数据垄断,避免过度干预、保障数据正常流动的责任。另一方面,只有各国在主权平等的基础上共同参与全球数

---

① 齐爱民、盘佳:《数据权、数据主权的确立与大数据保护的基本原则》,《苏州大学学报(哲学社会科学版)》2015 年第 1 期,第 67 页。
② 冉从敬、刘妍:《数据主权主体论》,《武汉大学学报(哲学社会科学版)》2024 年第 2 期,第 42 页。
③ 刘天骄:《数据主权与长臂管辖的理论分野与实践冲突》,《环球法律评论》2020 年第 2 期,第 188—190 页。

据治理,才能真正实现数据跨境的互信合作,进而推动数据在全球范围的开放共享,让每个国家和地区都在数字经济的时代浪潮中充分受益。

2) 以数据安全为底线

数据安全是指通过采取必要措施,确保数据处于有效保护和合法利用的状态,以及具备保障持续安全状态的能力。① 当前,全球数据安全面临严峻挑战。在个人维度上,个人信息过度采集现象愈发严重,个人数据隐私侵权成为普遍性问题;在国家维度上,"没有网络安全就没有国家安全",而数据安全是广义网络安全中的重要组成部分,数据已成为国家基础性战略资源,公民个人信息、企业经营数据、国家关键数据的外流对各国主权安全和公共利益构成潜在威胁。自2013年的"棱镜门"事件后,数据安全问题愈发受到国际社会的关注,各国陆续出台并实施了不同程度的数据保护机制,包括在关键领域限制数据流动、强制要求数据本地存储、对数据的出入境进行安全审查评估等。即使是提倡数据自由流动的美国在近几年也放弃了绝对自由的立场,美国国会陆续推出《保护美国人数据免受外国监视法案》《确保信息通信技术及服务供应链安全最终规则》(征求意见稿)、《保护美国人免受外国对手控制应用程序侵害法》等法案,以国家安全等理由限制特定数据的流动。然而,不同国家和区域采取的单边数据保护规则的差异和冲突明显,现有全球性数据安全治理机制赤字严重,难以应对各类数据的潜在安全风险。

基于各方共同的数据安全关切,我国于2020年向世界发出了《全球数据安全倡议》,简洁、有力且务实地传达了我国对于全球数据治理中数据安全问题的基本立场。首先,我国主张各国应以事实为依据,全面客观地看待数据安全问题。其次,我国反对各种危害他国国家安全和社会公共利益,以及侵害个人信息权利的行为。再次,在数据本地化和数据调取问题上,我国主张各国不得要求本国企业将境外产生、获取的数据存储在境内,未经他国法律允许不得直接向企业或个人调取位于他国的数据。在网络犯罪治理过程中,国家间应缔结跨境调取数据双边协议,不得侵犯第三国司法主权和数据安全。最后,针对信息企业,我国提出不得在产品和服务中设置后门,非法获取用户数据、控制或操纵用户系统和设备,不得滥用用户对产品依赖性谋取不正当利益等具体要求。《全球数据安全倡议》的提出为全球数据安全治理提供了重要蓝本,表明了我国希望同各方携手共进、形成合力,就数据安全尽快达成多边层面、制度化和法律化的国际合作,共同实现数据安全的全球治理目标。

---

① 参见《中华人民共和国数据安全法》第3条。

当前,数据跨境流动已成常态,而数据安全为数据跨境流动的自由度划定了底线。各国实践中采取了不同程度的数据跨境流动限制,由低到高大致可分为数据自由流动、数据有条件流动和数据本地化三个层次。① 以美国为代表的部分信息强国基于其在互联网领域的绝对优势,长期秉持数据自由流动的立场,并试图将本国的数据自由流动政策推广至全球范围;以俄罗斯、印度为代表部分的国家则采取"数据防御主义",设置了相对严格的数据本地化要求,抵御自由主义的"数字殖民"。我国则采取审慎、折中的态度,主张以数据安全为数据自由流动的底线和前提,实现数据有条件的跨境流动。考察各国实际,限制数据流动的正当性事由通常包括保护个人权利、国家安全、公共秩序、经济发展。② 例如,欧盟采取个人数据权利严格保护的立场,依据《通用数据保护条例》(GDPR)等一系列法案,以个人权利保护为出发点,通过充分性认定规则等方式对数据跨境流动设置限制;印度的强数据本地化措施很大程度上是基于对本国技术企业和国家经济的保护。③ 而我国则倡导以数据安全作为数据自由流动的底线,不仅体现了对国家安全的重视,更吸纳了个人权利和公共秩序的内涵。④《全球数据安全倡议》在原则和具体规则中都多次提出了对社会公共利益和个人信息安全的关切,其中第三条明确要求各国"承诺采取措施防范、制止利用网络侵害个人信息的行为,反对滥用信息技术从事针对他国的大规模监控、非法采集他国公民个人信息"。我国于2022年颁布的《数据出境安全评估办法》第一条即阐明立法目的是"保护个人信息权益,维护国家安全和社会公共利益,促进数据跨境安全、自由流动"。可见,我国所理解的数据安全并非狭义的国家安全,而是综合了个人、社会和国家等多层次的安全要求,其内涵是更为丰富和包容的数据安全。

3）以数据依法有序自由流动为常态

数据在流动中产生价值。现今,数据要素已成为继土地、劳动力、技术、资本后的第五大生产要素。数据要素具有关键要素低成本、大规模可获得的基本特性,以及非竞争性、低复制成本、非排他性、外部性、即时性等技术-经济特征,这些特性与特征决定了数据只有在安全有序流动和充分共享的情形下才能发

---

① UNCTAD, *Digital Economy Report 2021: Cross-Border Data Flows and Development: For Whom the Data Flow* (Geneva: United Nations, 2021), 137, https://unctad.org/system/files/official-document/der2021_en.pdf, accessed 20 April 2024.

② 许可:《自由与安全:数据跨境流动的中国方案》,《环球法律评论》2021年第1期,第26—27、32页。

③ Arindrajit Basu, Elonnai Hickok, and Aditya Singh Chawla, *The Localisation Gambit: Unpacking Policy Measures for Sovereign Control of Data in India* (Bangalore: Centre for Internet and Society, 2021), 13-22, https://cis-india.org/internet-governance/resources/the-localisation-gambit.pdf, accessed 20 April 2024.

④ 同②。

挥对经济高质量发展的支撑作用。① 当前,一些国家采取了较为严格的数据本地化政策,一定程度上影响了全球范围的数据自由流动,数据治理合作难以达成,甚至推动了数字贸易保护主义、数据民族主义崛起。一方面,数据民族主义是数据所有权与民族主义的结合,具有明显的政治回应性。另一方面,各国数据治理规则和技术标准的不兼容亦造成了数据流通的困难。此外,平台企业不合理利用支配地位,实施数据垄断以谋求私人利润的情形时有发生。但总体来说,数据跨境流动仍然是常态。

中国一直重视数据安全问题,但这并不意味着我国实行数据保护主义或数据民族主义。中国始终倡导在保障数据安全的前提下,促进数据依法有序自由流动。构建网络空间命运共同体已成为全球数字经济发展的目标,而数据跨境流动带来的全球性经济效益已成为不争的共识。《全球数据安全倡议》提出"发展与安全并重"原则,要求在全球数据治理中平衡处理技术进步、经济发展与保护国家安全和社会公共利益的关系,其中"发展"离不开数据流动带来的数字经济效益。中国官方智库发布的《网络主权:理论与实践(2.0版)》亦指出网络主权和数据主权与数据的自由流动并不矛盾,"倡导与实践网络主权……并不否定网络空间的互联互通性、必要秩序基础上的信息自由流动性和创新性"。一国的国内数据治理是其参与全球数据治理的重要基础,两者相互贯通,在实践上往往具有一致性。② 在国内层面,我国《数据安全法》第 7 条、第 11 条明确要求保障和促进数据自由流动。2024 年 3 月,我国国家互联网信息办公室公布了《促进和规范数据跨境流动规定》,再次重申要促进数据依法有序自由流动,并适当降低了数据本地化的要求,放宽了数据出境的条件,展现了我国对数据开放和互通的积极态度。

7.1.2　构建多层次全球数据治理新秩序

虽然各国已然意识到就数字经济发展和数据治理进行国际协调与合作的必要性,但在实践中单边措施依然盛行,各国或区域的数据规则标准存在的冲突难以弥合,大国之间治理理念和政策方案分歧严重且互相竞争,数据治理体系整体呈碎片化态势,短时间内难以形成全球性正式或非正式的制度安排与协调机制。对此,中国期望未来同各国携手,以双边合作弥合重大分歧,以区域合作形成先进规则,以多边治理作为共同目标,构建双边、区域和多边的、多层次的

---

① 蔡跃洲、马文君:《数据要素对高质量发展影响与数据流动制约》,《数量经济技术经济研究》2021 年第 3 期。
② 蔡翠红、王远志:《全球数据治理:挑战与应对》,《国际问题研究》2020 年第 6 期,第 40 页。

全球数据治理新秩序。

1）寻求数据治理双边合作

当下,全球数据治理面临大国竞争、治理碎片化、规则内容缺乏实质公平等种种问题。接下来以中、美、欧三个主要经济体的数据治理为例进行分析。美国长期以来将数字治理同贸易问题挂钩,注重产业发展利益,以维护数字竞争优势为主旨,一方面在国际上奉行数据全面获取和数据自由流动逻辑,通过《澄清境外数据合法使用法》(Clarify Lawful Overseas Use of Data Act, Cloud Act)授权美国执法机构访问、获取位于境外的数据,并通过 USMCA、《美日数字贸易协定》、TPP、亚太经合组织(APEC)、跨境隐私保护规则(CBPR)等一系列双边和诸边协定构建数据跨境自由流动体系、禁止数据本地化,从而增强美国数字霸权实力。欧盟一方面强调个人数据保护,通过 GDPR 第 45、第 46 条规定的充分性认定规则和适当性保障措施约束个人数据的跨境流动;另一方面又通过 2019 年的《非个人数据自由流动条例》、2023 年 6 月颁布的《数据法》鼓励和促进非个人数据在欧盟内部的自由流动,以构筑区域内单一数字市场为战略目标,振兴欧盟数字经济。中国则期望实现数据在安全前提下依法有序自由流动,在国内出台《网络安全法》《数据安全法》《个人信息保护法》及一系列配套政策,在国际上通过区域贸易协定中的安全例外条款等方式实现安全诉求。除中、美、欧外,新加坡、日本、韩国、澳大利亚、俄罗斯、印度等众多主权国家也各有其不同的数据跨境流动规则。

在此背景下,双边合作为构建全球数据治理新秩序提供了良好的起点。首先,大国之间互信合作、达成共识往往是形成全球性制度安排的前提,而双边谈判是破除大国博弈、促成大国合作最为直接和有效的途径。长期以来,美欧之间就数据隐私的法律冲突问题做出了一系列努力。在 2015 年欧盟法院以难以充分保障欧盟个人隐私安全为由认定"安全港"协议无效后,美欧迅速达成"隐私盾"协议以取代"安全港"协议。然而,2020 年 7 月,欧盟法院发布"Schrems II"案判决,再次认定美欧"隐私盾"协议无效。2023 年,欧盟与美国历经三年谈判,在数据跨境流动领域又一次达成了新的"欧盟-美国数据隐私框架"协议,具体实施情况仍有待观察,但合作本身为未来进一步弥合数据规则差异打下了一定的基础。其次,双边协议的传播效应和规模效应有利于在世界范围内形成数据治理的普遍性认识,为形成全球数据治理新秩序奠定基础。例如,新加坡走在数字领域双边合作前列,先后与智利、新西兰、澳大利亚、英国等国就达成双边协议,在一定程度上就数据本地化、个人数据保护等问题达成小范围共识。再次,区域和多边层面的协定大多只能对承认数据跨境自由流动、数据存储本地化禁止等原则性内容加以规定,而双边协议往往能够触及数据规则的细节,在内容的广度和深度上都更具优势。① 例如,2019年,英国和美国达成《关于为打击严重犯罪而获取电子数据的协议》,是全球首个专门针对数据跨境求证的双边协议,对于数据调取命令的适用范围、调取数据类型、送达程序与对象等进行了详尽的约定。

中国在参与全球数据治理的过程中,支持和倡导各国积极达成数据治理双边合作,并在实践中积极寻求同友好各国达成数据治理的双边合作。例如,中国在同澳大利亚、韩国、新加坡、毛里求斯、柬埔寨、尼加拉瓜等国家达成的自由贸易协议中均涉及数据跨境流动规则。其中,《中国-新加坡自由贸易协议》经过2018年、2020年和2023年三次升级,在数据治理多个领域达成了较为深度的合作。当前,我国还以《中欧全面投资协定》(China-EU Comprehensive Agreement on Investment,CAI)为主要连结点,积极探寻同欧盟达成数据治理双边共识与合作的可能。此外,中国还依托"数字丝绸之路",与沿线多国签订了数字经济合作谅解备忘录。然而,双边合作应当以互利共赢、共同发展为根本目的,中国坚决反对借由合作名义,行打压和孤立第三国之实的"双边合作",亦反对利用自身国家地位和实力优势,将自身的数据治理主张强加给他国的霸权主义"双边合作"。

2) 构建区域性数据治理合作机制

由于多边层面的谈判难以推进,数据治理的区域合作已成为当前全球数据治理的主要模式。首先,一些区域性组织就个人隐私保护、数据自由流动等问题制定了专门文件,建立了区域性数据治理制度安排,包括经济合作与发展组织(OECD)发布的《关于隐私保护和个人数据跨境流动指南》、欧洲委员会发布的《关于个人数据自动化处理的个人保护公约》、APEC制定的《APEC隐私框架》,以及APEC跨境隐私规则体系、东南亚国家联盟发布的《个人数据保护框架》和《数据管理框架》等。其中,2022年,美国、加拿大、日本、韩国、菲律宾、新加坡、中国台湾地区共同发布了全球跨境隐私规则声明,将APEC中的数据传输规则特别分离出来,宣告成立新的全球CBPR论坛,旨在建立数据保护和隐私标准的国际认证体系。其次,综合性的区域贸易协定中的电子商务和数字贸易章节通常也包含数据治理的内容,例如USMCA、RCEP和CPTPP。最后,以《数字经济伙伴关系协定》(DEPA)为代表的纯数字贸易协定也正在兴起,协定内容更为丰富和创新,涉及金融技术合作、人工智能监管、数字身份认证等新兴问题,

---

① 冉从敬、郭潇凡、何梦婷:《国际跨境数据流动治理合作:机理、困境与变革》,《图书馆论坛》2023年第9期,第16页。

合作方式上也采取了灵活模块和成员国互认等创新方案。具有代表性和先进性的区域数据治理规则,尤其是契合数字经济未来发展趋势的 DEPA,也为未来的多边或全球性数据治理方案提供了重要蓝本。

中国充分认识到在当前阶段构建区域性数据治理合作机制的必要性和重要性,也在实践中积极开展数据治理的区域合作。一方面,中国积极寻求加入已有区域性数据治理合作机制,例如 DEPA 和 CPTPP,并在国内和双边层面力图对接 DEPA 和 CPTPP 中的高标准数据规则。另一方面,中国自身亦是区域性数据治理合作安排的发起者,积极依托 RCEP、"一带一路"等重要平台为区域数据安全流动和数字经济发展贡献智慧。例如,在 2022 年,中国同哈萨克斯坦共和国、吉尔吉斯斯坦共和国、塔吉克斯坦共和国、土库曼斯坦共和国、乌兹别克斯坦共和国达成《"中国+中亚五国"数据安全合作倡议》;2023 年,中国同阿根廷、柬埔寨等 20 国共同发起了《"一带一路"数字经济国际合作北京倡议》。

3)构建多边数据治理规则体系

虽然在可以预见的很长一段时间内,在多边层面形成数据治理的统一规则都将面临重重困难,但全球数字治理离不开各国政府在多边国际组织的对话与合作,全球性的数据治理制度安排也必然需要多边层次的讨论和确认。在联合国内部,双轨并行的联合国信息安全政府专家组(UNGGE)和联合国信息安全开放工作组(Open-Ended Working Group,OEWG)是多边意义上最主要的互联网治理和数据治理的讨论与对话平台。UNGGE 以主权国家闭门会议为基础,根据公平地域分配原则由 20 个国家组成,其中包括美国、英国、中国、俄罗斯、日本等主要网络和数据大国。OEWG 采取联合国成员国、企业、民间组织、技术专家等多方参与讨论的网络空间多利益相关方模式,以期减少国家间博弈对于达成共识的不利影响。数据安全自由流动是数字贸易发展的重要条件,数据跨境流动一直是国际贸易领域的热门议题,因此 WTO 也为数据治理的多边协调合作提供了重要平台。尽管现有的 WTO 框架并不能有效地回应和弥合数据跨境流动问题上各国规制的"自由化"与"本地化"的方向分歧,成员方可以自由制定跨境流动政策而不受最低标准的限制。但不可否认的是,WTO 仍是促进各方交流对话、提供磋商谈判机会、形成统一数字贸易规则最有潜力的国际平台,在近几轮的 WTO 电子商务谈判中,数据跨境流动是最为重要的议题之一,参会各方都积极表达了自身的主张。

形成多边数据治理规则是构建全球数据治理秩序的必然要求。当前,全球数据治理碎片化问题严重,一方面,单边、双边、诸边和区域数据规则林立,主要国家选择性合作,各自发展其数据"朋友圈",企图分而治之,数据流通受阻,数据治理合作困难,数字经济活力难以激发,而这些问题唯有通过多边层面的统一、具有约束力的制度安排才能解决。另一方面,单边、双边、诸边和区域层次的数据治理规则都不可避免地受到发达主义国家和数据强国的影响,发展中国家利益难以得到主张和实现。唯有在以联合国为核心的多边机制中,各国才能够平等参与数据治理规则讨论和制定,推动全球数据治理朝着更加公正合理的方向发展。

中国向来坚定维护以联合国为核心的国际体系和以国际法为基础的国际秩序。在全球数据治理中,中国始终秉持多边主义立场,倡导主权国家平等、普遍参与全球数据规则制定,构建多边数据治理规则体系。在 2023 年中国外交部发布的《关于全球治理变革和建设的中国方案》中,中国明确表示支持联合国在全球数字治理和规则制定方面发挥主导作用。在实践层面,中国亦积极参与联合国信息安全政府专家组和联合国信息安全开放式工作组的谈判及 WTO 电子商务谈判,并提出《全球数据安全倡议》,呼吁国际社会在普遍参与的基础上达成国际协议,以此为重要参考构建多边数据治理规则体系。2023 年 4 月,联合国世界数据论坛在中国杭州成功举办并发布了《杭州宣言》,中国在会议组织和承办、理念和经验分享等方面承担起大国责任,发挥了重要作用。

7.1.3 构建多元主体数据协调治理机制

数据安全与数据流动关乎国家、企业、个人等多元主体的权利和利益,全球数据治理不应只是国家的治理,也不应只是针对国家的治理。中国关切个人、企业和国家的数据权益协调,支持并欢迎个人、企业、非国家间组织等多元行为体参与全球数据治理,为当前国家中心的数据治理模式打造多元主体数据协调治理机制。

1) 在国家中心治理模式下吸纳多元主体参与治理

全球治理是以人类整体论和共同利益论为价值导向的,多元行为体平等对话、协商合作,共同应对全球变革和全球问题挑战的,一种新的管理人类公共事务的规则、机制、方法和活动。[1] 全球治理对治理主体的定位往往较为宽泛,传统的治理主体包括主权国家,以及由主权国家发起或参与的国际组织,新兴的治理主体则包括国际组织、非政府组织、跨国企业、利益团体等。[2] 全球数据治理作为全球治理的重要组成部分,自然也要求治理主体的多元化。

---

[1] 蔡拓:《全球治理的中国视角与实践》,《中国社会科学》2004 年第 1 期,第 95—96 页。
[2] 薛澜、关婷:《多元国家治理模式下的全球治理——理想与现实》,《政治学研究》2021 年第 3 期,第 67 页。

国家中心治理模式和传统治理手段难以应对数字时代的新问题,全球数据治理需要吸纳非国家行为体参与。首先,全球数据治理不仅是法律制度安排的难题,更是数字技术手段的难题,监测数据的跨境流动活动、区分不同类型的数据等都离不开技术的保驾护航,而这往往需要龙头企业、行业协会、技术社群、标准化机构的协助和支持,比如电气与电子工程师协会(Institute of Electrical and Electronics Engineers, IEEE)和国际互联网工程任务组(The Internet Engineering Task Force, IETF)。其次,当前各主权国家和国家间组织就数据治理的理念、模式分歧较大,各执一词,难以形成全球性制度安排,主权国家和国家间组织可以考虑适当让渡部分话语权给覆盖范围更广、立场较为中立的组织机构,利用广域平台拓展全球跨境数据治理合作的可能性。① 最后,数据是网络空间中的数据,数据治理处于广义的互联网治理范畴下,而多利益相关方的多元主体治理模式在互联网治理中长期居于主导地位。多利益相关方的治理模式的倡导者认为仅依靠政府无法有效监管复杂、庞大、无边无际且技术性强的网络空间。因此,技术公司、搜索引擎、互联网用户和民间组织等其他行为者也应参与互联网治理,包括 ICANN、联合国互联网治理论坛(IGF),以及联合国的 OEWG 在内的众多网络治理国际组织或团体都在不同程度上实践着多利益相关方模式。

我国支持和倡导多元主体参与全球数据治理。在《全球数据安全倡议》中,我国明确欢迎政府、国际组织、信息技术企业、技术社群、民间机构和公民个人等各主体,秉持共商共建共享理念,齐心协力促进数据安全。然而,需要明确的是,吸纳多元主体共商共治的前提是充分尊重国家数字主权,治理的参与应以主权权力为边界,任何非政府主体都不得挑战一国政府对其本国数据享有的管理权、控制权等基本权力。

2) 协调多元主体的数据权益

个人、企业、国家等数据治理的多元主体对数据有着不同利益诉求,在实践中往往存在矛盾与冲突。首先,个人与企业之间存在数据权益冲突。企业获取用户数据的过程往往十分隐秘,企业对个人信息过度收集、在未经个人同意情况下获取数据等侵犯个人隐私的现象屡禁不止。其次,个人与国家之间存在数据权益冲突。国家在收集、存储、调取公民数据的过程中可能存在因技术漏洞、法律漏洞、监管力度不足等导致的信息泄露甚至流向他国的情况。此外,一些

---

① 冉从敬、郭潇凡、何梦婷:《国际跨境数据流动治理合作:机理、困境与变革》,《图书馆论坛》2023 年第 9 期,第 12 页。

国家立法授权公共部门在紧急情况下未经个人同意强制获取信息,如美国的《爱国者法案》,这往往会给个人带来强烈的隐私担忧。相应地,个人隐私和公民信息的强保护措施也会导致国家难以收集足够的数据来支持政务工作。最后,企业与国家之间存在数据权益冲突。数据资源天然拥有垄断性,一些信息行业的龙头企业和跨国公司对数据的实际控制挑战着国家的数据主权与数据安全。例如,许多云企业将客户的数据分别存储在位于世界各地的服务器上,本应享有数据主权的国家对数据管理和调取困难,数据亦存在被他国获取的风险。

全球数据治理不仅是国家间的治理,更是个人、企业、国家多层次的治理,不仅要对国家间利益进行平衡,更需要对多元主体等权力边界进行明确,对多元主体的数据权益进行协调。《全球数据安全倡议》中,我国对国家安全、个人信息保护、企业责任等提出了原则性的要求,具体的协调方案,有待国际社会各方进一步讨论与明确。

7.2 全球性国际组织中的中国行动

在全球化与数字化迅速发展的今天,数据治理已成为国际社会关注的热点问题。数据治理不仅关乎个人隐私保护、数字技术的进步,更关系着国家安全和全球公平正义的实现。当前,世界各国虽尚未就数据治理等议题形成统一的国际规则和国家间相互协调的治理体系,但数据治理的多边机制发展迅速。数据与生俱来的高创新性、强渗透性、广覆盖性不断推动经济全球化及其治理的转型升级,主权国家与国际组织间的互动和博弈也将推进全球数字治理体系变革。作为世界上最大的发展中国家,中国在全球性国际组织中的行动展示了其在全球数据治理领域的影响力和承诺。本节将探讨中国如何在联合国及其他相关国际组织中推进数据治理议题,以及这些行动对于数据安全、隐私保护和数据跨境流动等方面的贡献和影响。

7.2.1 中国在联合国的数据治理倡议与影响

在数字化时代背景下,世界各国普遍面临着数据安全、隐私保护与数据跨境流动等严峻挑战。联合国作为全球治理的核心平台,其在推动国际数据政策的制定、标准的协调,以及提升数据利用的透明度和公平性方面发挥着关键作用。中国不仅积极参与联合国的多项数字化计划,而且在数据治理的国际对话中扮演了极为重要的角色。从联合国秘书长数字合作高级别小组到联合国人权理事会,再到联合国教科文组织和国际电信联盟,中国的参与深化了全球数据治理的国际合作,展示了其作为负责任大国的国际形象和影响力。

1) 在联合国秘书长数字合作高级别小组中

中国在联合国秘书长的数字合作高级别小组中担任了重要角色,凸显了其在全球数字议程制定中的领导地位。

2018年7月12日,联合国秘书长古特雷斯宣布启动数字合作高级别小组,旨在通过跨领域和跨国界合作,挖掘数字技术的社会和经济潜能,确保所有人都能受益于一个安全、普惠的数字化未来。该小组成员由来自联合国官员及全球17个国家的20位业内知名专家和领导者组成。阿里巴巴集团主要创始人马云与比尔及梅琳达·盖茨基金会联合创始人梅琳达·盖茨共同出任该高级别小组联合主席。[1]

2019年6月10日,该小组在纽约总部发布首份全球数字经济未来发展纲领性报告,即《数字相互依存的时代——联合国数字合作高级别小组报告》。[2] 联合国数字合作高级别小组在报告中提出五组共十一项重要建议,指导各国政府、社会各界和企业主体负责任地使用数字技术,助力实现可持续发展目标。该报告指出,数字时代全球的机遇大于风险,对数字经济的担忧会遏制全球创新,智慧的治理才会激发新的机遇。为了建设包容、信任与合作的数字未来,应让每位成年人到2030年前均有能力负担数字网络接入费用、平等获得数字化金融和健康服务;应采取具体政策确保妇女和边缘群体被数字社会充分包容,同时建立国际公认的衡量数字包容性的方法。该报告还建议对人权规范适用于数字技术的方式进行全球审查,并呼吁全球在数字信任和安全等方面做出承诺。马云表示:"数字技术革命与历史上的其他技术革命不同,它更具普惠性。"他呼吁,不要让担忧阻止我们最大限度地利用数字革命带来的机会。古特雷斯表示,数字时代为全球带来了一系列安全、公平和人权等方面的新问题,由此引发的质疑将阻碍数字技术在帮助全球实现2030年SDGs方面发挥潜力。联合国秘书长数字合作高级别小组的行动将大大增强人们对数字技术影响力的认知,并促进国际社会在数字领域的合作。

2) 在联合国人权理事会中

中国在联合国人权理事会论坛上积极讨论并推动数字时代的隐私权和数据

---

[1] 李晓宏:《联合国成立数字合作高级别小组》,http://world.people.com.cn/n1/2018/0716/c1002-30148063.html,访问日期:2024年4月1日。

[2] 联合国秘书长的高级别小组:《数字相互依存的时代——联合国数字合作高级别小组报告》,https://www.un.org/sites/www.un.org/files/uploads/files/HLP_Digital_Cooperation_Report_Executive_Summary_zh.pdf,访问日期:2024年4月1日。

保护议题，特别是针对大规模监控和数据收集的国际法规和标准，旨在促进形成广泛的国际共识。中国在这些讨论中坚持自己的立场，尤其强调了对个人数据保护和隐私权的重视，反对未经授权的数据收集和处理。此外，中国还在联合国对话和论坛上分享其在数据治理、网络安全法和个人信息保护等方面的经验与实践，为其他国家提供借鉴和参考。

2020年3月5日，联合国人权理事会第43次会议举行同隐私权问题特别报告员互动对话。中国外交部人权事务特别代表刘华在发言中指出，中方对有关国家在全球范围内实施的大规模电子监控和个人数据搜集行为，以及侵犯国家主权和人权特别是隐私权的行径深表关切。联合国应采取切实措施阻止有关国家在全球范围实施大规模电子监控和个人数据搜集行为。[1]刘华还指出，非法或任意监控通信和收集个人数据，不仅侵犯公民隐私权，还影响公民行使言论、结社和集会自由、享有知情权等权利。由于以互联网为代表的通信技术具有高度全球化特征，大规模电子监控不仅侵犯本国公民人权，而且肆意践踏他国民众人权，严重损害他国主权，违背尊重国家主权和领土完整、不干涉内政等《联合国宪章》宗旨和原则。刘华表示，信息技术的发展使信息传播更为方便、快捷，但与此同时，互联网也为违法犯罪行为提供新平台，对隐私权的保护提出新的挑战。中国政府高度重视保护公民个人隐私，一直致力完善保护个人隐私权的法律法规。中国《民法总则》（现已被《民法典》取代）、《网络安全法》和《全国人大常委会关于加强网络信息保护的决定》等法律法规，对个人信息的收集、使用、保护等做出明确规定。

2024年3月13日，中国人权研究会常务理事、东南大学人权研究院执行院长龚向在联合国人权理事会第55届会议发言，介绍中国为保障隐私权所做的努力。[2]龚向还在会上表示，尽管隐私权在中国是新近发展起来的法律概念，但随着中国与全球数据保护标准的接轨，迄今为止中国已制定一系列相关法律。这些立法有效地满足了国内对隐私保护的需求，并产生了一定的国际影响。[3]

3）在联合国数据论坛中

2023年4月，第四届联合国世界数据论坛在杭州举办。该论坛为全球数据政策的形成与执行提供了一个交流和合作的重要平台，进一步展示了中国在推

---

[1] 聂晓阳、陈俊侠：《外交部人权事务特别代表：联合国应阻止有关国家大规模电子监控和个人数据搜集行为》，https://www.gov.cn/xinwen/2020-03/06/content_5487626.htm，访问日期：2024年4月1日。

[2] 德永健：《中国专家在联合国人权理事会介绍中国为保障隐私权所作努力》，https://m.chinanews.com/wap/detail/chs/zw/10179690.shtml，访问日期：2024年4月1日。

[3] 邵婉云：《中国专家在联合国人权理事会第55届会议上介绍中国人权发展方案和实践经验》，https://www.chinanews.com.cn/gn/2024/03-14/10180257.shtml，访问日期：2024年4月1日。

动全球数据治理和数据驱动的可持续发展中的核心作用。

这次论坛在联合国经济和社会事务部统计司的支持下,由中国国家统计局和浙江省人民政府联合承办。以"拥抱数据,共赢未来"为主题,来自140多个国家的2 000多名数据领域专家参加现场会议,与会代表重点围绕数据生产、数据使用、数据道德、数据生态等内容,寻求解决方案,商讨未来战略,探寻创新成果。① 论坛主要聚焦数据创新与合作、挖掘数据价值、提高数据公信力和构建良好数据生态等四个领域,为全球数据生产和使用者深化数据创新应用与合作、推动落实联合国2030年可持续发展议程提供交流平台。

本届数据论坛共安排6场全体会议,其中1场是由我国主导并组织的中国全会,其他5场聚焦论坛四大主题领域,由联合国主导并组织。中国作为东道国,以"用数据决策、用数据治理、用数据创新的新机遇和新挑战"为主题,围绕数字化转型的探索实践,统计丈量民生、数据诠释发展,超越GDP、全面完整准确测度可持续发展三方面,来自联合国、世界银行、国际统计学会等国际组织,以及顺丰科技、北京大学、中国人民大学等方面的企业代表和专家学者做特邀报告或点评,深化数据交流互鉴,增进了解与理解,凝聚共识合力。中国全会积极分享中国经验,精心设计了政府数字化转型、大数据助力企业转型发展等方面内容,分享中国的具体实践和有效做法。还认真提出了中国方案,在传统GDP核算基础上,开展了"超越GDP"课题研究,研究构建了涵盖环境、资源、福祉等内容的综合性统计体系,以期为更好落实全球发展倡议和联合国2030年可持续发展议程提供参考。② 与前三届相比,本届论坛以"推动可持续发展、促进包容互鉴、贡献中国智慧、深化全球发展合作"为总体思路,着力体现时代要求、中国特色、创新导向、共同理念。论坛结束后,正式发布了《杭州宣言》,以加快《开普敦可持续发展数据全球行动计划》的实施进程。③

第四届联合国世界数据论坛彰显了中国在推动全球数据治理、促进数据创新应用与合作,并积极贡献于联合国2030年可持续发展议程的关键作用。论坛期间,中国积极推动国际数据合作和交流,不仅积极分享了在政府数字化转型和大数据助力企业转型发展的具体做法,而且提出了一系列诸如"超越GDP"

---

① 联合国新闻:《世界数据论坛:汇聚数字力量,加速实现可持续发展目标》,https://news.un.org/zh/story/2023/04/1117287,访问日期:2024年4月1日。
② 中华人民共和国国家统计局:《第四届联合国世界数据论坛专题新闻发布会实录》,https://www.stats.gov.cn/xw/tjxw/tjdt/202304/t20230413_1938611.html,访问日期:2024年4月1日。
③ 联合国新闻:《世界数据论坛圆满闭幕,〈杭州宣言〉为加快实施行动计划指明方向》,https://news.un.org/zh/story/2023/04/1117477,访问日期:2024年4月1日。

等新思路和方法,以更好地实现可持续发展目标。

4) 在联合国教科文组织中

中国在联合国教科文组织中积极推动关于人工智能和其他高科技的伦理使用讨论。2019年5月,中国政府与联合国教科文组织合作在北京举办国际人工智能与教育大会。会议以"规划人工智能时代的教育:引领与跨越"为主题。来自全球100多个国家、10余个国际组织的约500位代表共同探讨智能时代教育发展大计,审议并通过成果文件《北京共识》,形成了国际社会对智能时代教育发展的共同愿景。①

《北京共识》中特别强调,要确保教育数据和算法使用合乎伦理、透明且可审核。其中,第28条明确提出,应当认识到人工智能应用程序可能带有不同类型的偏见,这些偏见是训练人工智能技术使用和输入的数据自身所携带,以及流程和算法的构建或使用方式中所固有的;认识到在数据开放获取和数据隐私保护之间的两难困境;关注到与数据所有权、数据隐私和服务于公共利益的数据可用性相关的法律问题和伦理风险;意识到采纳合乎伦理、注重隐私和通过设计确保安全等原则的重要性。第29条提出,测试并采用新兴人工智能技术和工具,确保教师和学习者的数据隐私保护和数据安全。支持对人工智能领域深层次伦理问题进行稳妥、长期的研究,确保善用人工智能,防止其有害应用。制定全面的数据保护法规及监管框架,保证对学习者的数据进行合乎伦理、非歧视、公平、透明和可审核的使用和再利用。② 这两条法规共同强调了在教育领域中,对数据的合理使用和监管的必要性,旨在保护个人数据隐私并促进公平和安全的技术应用环境。

在2019年国际人工智能与教育大会达成的《北京共识》等成果文件的基础上,联合国教科文组织于2023年9月发布了全球首份关于在教育和研究领域使用生成式人工智能的指南。教科文组织指出,截至2023年1月,ChatGPT的月活跃用户数已突破一亿;至同年7月,在全球范围内,中国是唯一一针对生成式人工智能技术推出了专门管制措施的国家。ChatGPT模型目前是基于在线用户的数据进行训练,而这些数据反映的是全球北方国家的价值观与主导社会规范。因此,生成式AI如何在数字层面加剧数据鸿沟尤其值得思考。有鉴于此,联合

---

① 中华人民共和国教育部:《联合国教科文组织正式发布国际人工智能与教育大会成果文件〈北京共识——人工智能与教育〉》,http://www.moe.gov.cn/jyb_xwfb/gzdt_gzdt/s5987/201908/t20190828_396185.html?ivk_sa=1024320u,访问日期:2024年4月1日。

② 联合国教育、科学及文化组织:《人工智能与教育北京共识》,http://www.moe.gov.cn/jyb_xwfb/gzdt_gzdt/s5987/201908/W020190828311234679343.pdf,访问日期:2024年4月1日。

国发布指南为各国政府提出了七个关键步骤,用以管制生成式 AI。[①] 这些步骤包括:批准国际或地区通用数据保护条例(GDPR),或在国家层面制定这一条例;采取或修订并资助关于人工智能的"全政府"战略;巩固和实施针对人工智能伦理问题的专门监管措施等。而中国在 2023 年 8 月 15 日生效的《生成式人工智能服务管理暂行办法》便可作为全球国家,尤其是发展中国家监管生成式人工智能的重要参考。[②] 此外,中国也在逐步探索如何制定人工智能治理框架。2023 年 10 月,中国发布《全球人工智能治理倡议》,围绕人工智能发展、安全、治理三方面系统阐述了人工智能治理的中国方案。[③] 这些规定和倡议提供了一套具体的政策和法规框架,有助于填补全球在生成式 AI 监管方面的空白,推动更统一的全球治理标准。

5)在国际电信联盟中

国际电信联盟作为国际信息通信领域的核心国际组织,其宗旨在于促进合理使用全球电信资源,提高电信服务的效率,并协调各成员国的行动。从传统的电报、无线电资源分配,到当前的卫星、5G 等数字新兴领域的规则设定,国际电信联盟长期致力畅通全球通信网络建设,并将推进全球数字治理作为重要议题。国际电信联盟最初被视为"以欧洲国家为中心"的机构,而随着第二次世界大战后国际秩序的变动,美国逐渐成为国际电信联盟的主导者。近年来,以中国为代表的新兴国家在国际电信联盟中的话语权和影响力不断增大。自 1920 年正式加入国际电信联盟起,中国一直是国际电信联盟的坚定支持者,高度重视国际电联工作,长期担任国际电联理事国。[④] 作为该组织年度预算的主要捐助国之一,中国目前每年承诺 25 个会费单位,约合 4 470 万元人民币。[⑤]

在当前的数字时代,国际电信联盟的重点管辖事项与新兴数字技术的发展密切相关,中国与国际电信联盟的关系也更加紧密。首先,中国作为新兴数字技术标准领域的贡献者,不断在量子技术、5G 等领域为国际电信联盟提供最新的技术标准建议。具体而言,国家标准化管理委员会发布的《中国标准化发展年度报告(2020)》呼吁国家"深入参与国际标准制定组织的治理",而国际电信

---

① 联合国新闻:《教科文组织发布首份全球指南,力促对生成式 AI 在教育中的运用实施管制》,https://news.un.org/zh/story/2023/09/1121282,访问日期:2024 年 4 月 1 日。
② 陈兵:《促进生成式人工智能规范发展的法治考量及实践架构——兼评〈生成式人工智能服务管理暂行办法〉相关条款》,《中国应用法学》2023 年第 4 期,第 108—125 页。
③ 国家互联网信息办公室网站:《全球人工智能治理倡议》,http://www.cac.gov.cn/2023-10/18/c_1699291032884978.htm,访问日期:2024 年 4 月 1 日。
④ 孙南翔:《国际电信联盟》,社会科学文献出版社,2022,第 69 页。
⑤ 国际电联新闻:《国际电联的主要贡献者:中国》,https://www.itu.int/hub/2022/08/itu-top-contributors-china/,访问日期:2024 年 4 月 1 日。

联盟、国际标准化组织和国际电工委员会则成为三个最重要的国际标准制定组织。① 其次，中国分享数字治理的最佳实践，持续在国际电信联盟中分享数字治理的创新模式。最后，中国与国际电信联盟共同支持相关国家和地区的信息通信互联互通建设，推动全球经济、社会的协同发展。②

综上所述，中国在联合国及其附属机构推动数字化和数据治理的议题中扮演着至关重要的角色。从参与联合国秘书长的数字合作高级别小组，到在联合国人权理事会中提升隐私权和数据保护讨论，再到推动联合国世界数据论坛和联合国教科文组织关于人工智能的伦理使用，中国不断展示其在全球数据治理中的影响力和领导力。此外，通过国际电信联盟等平台，中国积极参与全球通信网络的构建和数字新兴技术标准的制定，彰显了其在国际数字经济中的积极作用。这些努力不仅加强了国际数据领域的合作，而且有助于推动全球可持续发展的共同目标。

7.2.2 中国与世界贸易组织的互动

数字技术的兴起带动全球数字经济蓬勃发展，为国际贸易创造了崭新机会。WTO 在货物贸易、服务贸易、知识产权等领域形成了比较完备的规则体系，但在数字经济和数字贸易领域尚未建立专门规则。在此背景下，WTO 积极组织以成员提案为基础的电子商务谈判，不仅致力填补现有规则的空白，而且旨在适应快速变化的数字技术环境，提升全球贸易体系的连续性和效率。③

自 2017 年 WTO 布宜诺斯艾利斯部长级会议决定启动电子商务谈判以来，中国积极参与相关讨论和谈判工作。中方是谈判的重要参与方和主要提案方，以积极建设性立场参与所有议题磋商，先后提出了 9 份提案，涉及 20 余个具体议题，且多数被纳入共识。④ 我国商务部世界贸易组织司负责人表示，在谈判过程中，中方与其他参加方保持密切沟通，关键阶段促谈促成，多次就焦点问题提出务实解决方案，主动弥合各方分歧。中方还发挥桥梁纽带作用，呼吁解决发展中成员的核心关切，为推动谈判达成有利于发展中成员的成果贡献力量。中方在此谈判中发挥了重要的建设性作用，得到各方的一致高度评价。⑤

---

① Nathan Picarsic and Emily de La Bruyère, *International Telecommunication Union*, https://www.fdd.org/analysis/2021/06/30/international-telecommunication-union/#easy-footnote-bottom-1-119135, accessed on April 1, 2024.
② 孙南翔：《国际电信联盟的数字治理面向》，http://www.fxcwx.org.cn/dyna/content.php?id=26780，访问日期：2024 年 4 月 1 日。
③ 岳云嵩、霍鹏：《WTO 电子商务谈判与数字贸易规则博弈》，《国际商务研究》2021 年第 1 期，第 73—85 页。
④ 中国贸易救济信息网：《商务部解读 WTO 电子商务谈判：中方是谈判的重要参加方和主要提案方，先后提出 9 份提案》，https://cacs.mofcom.gov.cn/article/flfwpt/jyjdy/cgal/202312/179136.html，访问日期：2024 年 4 月 6 日。
⑤ 同上。

中国支持电子商务谈判中数字贸易便利化方面的内容。① 2016 年 11 月,中国与巴基斯坦联合向 WTO 总理事会及其他相关理事会提交了一份文件,文件建议电子商务议题应从相对简单的议题开始,并主要集中在促进通过互联网实现的货物和服务贸易,讨论的目标应着眼于澄清和改进现有多边规则,不应增加关税减让的新的市场准入承诺。2017 年 10 月,在 WTO 第十一次部长会议召开前,中国再次向总理事会和其他相关理事会提交了文件,就部长会议的电子商务议题提出建议,此次提案既体现出对上次提案的继承性,又增加了一些新的内容。其主要包括延续对电子传输免征关税的决定、促进跨境数字贸易便利化、推动无纸化贸易,认同电子发票、电子合同和电子签名等的法律效力、提高法规政策透明度,以及进一步促进数字化转型和发展与合作等。此次提案更为关注电子商务谈判中发展议题的"维度",建议解决电子商务基础设施问题,确保发展中国家获得相关技术支持和能力建设。② 就具体后续谈判事宜,中国也提出相应的主张,中国支持建立平行机构来开展电子商务方面工作,并建议成立专门机构,以此作为主要的电子商务讨论平台。③

在数据跨境流动和数据本地化议题上,中国主张尊重各国关于数据管理的法律法规,坚持强保护立场。④ 作为发展中国家,中国与其他发展中国家成员一样,将网络安全和国家安全置于优先地位,提倡采取限制数据跨境流动的措施,或将计算设施本地化、披露或转让源代码作为在本地开展业务的前提条件。⑤ 此外,我国很早就认识到仅从贸易角度探讨数据跨境流动的局限性,2019 年在 WTO 电子商务诸边谈判最初提案中也强调,应将电子商务界定为通过互联网进行的跨境货物贸易及相关支付和物流等服务,由于数据跨境流动等问题具有复杂性和敏感性,应进行更多的探讨。⑥

7.2.3 中国与世界知识产权组织的交流

中国政府高度重视并积极参与同国际社会的知识产权合作与交流,加强中国在国际知识产权领域的地位,充分发挥中国的作用。1980 年 6 月,中国加入世界知识产权组织。此后,中国与世界知识产权组织始终保持着密切友好的关

---

① 王新奎:《数字经济全球化与 WTO 电子商务谈判》,《对外经贸实务》2020 年第 7 期,第 8—10 页。
② 程斌琪、李杨:《后疫情时代 WTO 电子商务议题谈判前景》,《国际经济合作》2021 年第 3 期,第 15—24 页。
③ 柯静:《WTO 电子商务谈判与全球数字贸易规则走向》,《国际展望》2020 年第 12 期,第 43—62 页。
④ 中国信息通信研究院:《全球数字经贸规则年度观察报告(2023 年)》,http://www.caict.ac.cn/english/research/whitepapers/202312/P020231212299401574193.pdf,访问日期:2024 年 4 月 6 日。
⑤ 李墨丝:《WTO 电子商务规则谈判:进展、分歧与进路》,《武大国际法评论》2020 年第 4 期,第 55—77 页。
⑥ 刘金瑞:《迈向数据跨境流动的全球规制:基本关切与中国方案》,《行政法学研究》2022 年第 4 期,第 73—88 页。

系。2014 年,WIPO 中国办事处(WOC)在北京成立,将双方密切合作推向新高度。① 中国作为世界第二大经济体和实际上的"全球数据中心",是全球数据治理不可或缺的重要一员,长期以来积极参与 WIPO 组织的全球数据治理活动,贡献中国智慧和方案。

1) 数字环境下的版权保护和执法

中国对《世界知识产权组织版权条约》(WIPO Copyright Treaty,WCT)起草和签署的贡献是,其使国内版权法与国际标准接轨并积极参与全球知识产权治理的更需要广泛努力的一部分。为了应对数字传播技术的挑战,世界知识产权组织于 1996 年组织成员国缔结了 WCT,要求成员国在《伯尔尼公约》的基础上加强数字环境下的著作权保护。例如,WCT 第 5 条的标题为"数据汇编(数据库)"规定了对构成知识创造的任何形式数据或其他资料的汇编提供保护。② 直到 2006 年 12 月 29 日,我国才决定加入 WCT。在此之前,我国也为加入 WCT 做了一些准备工作,如在 2001 年对《中华人民共和国著作权法》进行修正使其尽量符合 WCT 的要求。

2) 数字治理领域的培训和能力建设

中国政府还注重通过教育和宣传活动,提升公众对数字时代知识产权保护重要性的认识。其中,最具影响力的便是 WIPO-China 暑期学校,它是 WIPO 学院与世界知名大学联合组织的重要活动,为在校大学生和青年专业人士提供学习知识产权知识的机会,使他们可以了解知识产权在经济、社会、文化和技术发展等方面发挥的作用。2022 年 WIPO-China 暑期学校在南京举行,主题是"数字经济与知识产权",来自全球 11 个国家的 22 位专家将通过线上+线下的方式开讲。中国专家提出,针对数字经济发展的趋势,第一个是要完善适合数字经济发展中知识产权保护的相关规则、相关政策和相关法律。"数字产业化意味着有很多数字新技术",如何在产业化的过程中加大知识产权的创造和保护。第二个是产业数字化面临着转型升级,需要应对很多挑战。第三是数据治理,如何加强数据治理及加强数据基础设施建设,这些是未来知识产权人才大有可为的地方③。

7.2.4 中国参与的其他全球性国际组织及贡献

以 G20、OECD 等为代表的国际多边治理机构,对多边框架下的数字治理规

---

① China Daily, Overview of China's Copyright Undertaking, https://govt.chinadaily.com.cn/s/201812/12/WS5c0f6777498eefb3fe46e994/overview-of-chinas-copyright-undertaking.html, accessed on April 6, 2024.
② WIPO Copyright Treaty (WCT), https://wipolex.wipo.int/en/text/295761, accessed on April 6, 2024.
③ 沈杨:《如何用知识产权为"数字经济"腾飞插上"翅膀"? WIPO-China 暑期学校首次在江苏开班》,https://www.163.com/dy/article/HHLKE8MO05149HUS.html,访问日期:2024 年 4 月 6 日。

则进行了多种探索,具体包括创设多边议程、开展国际研讨交流、制定规则方案等。其中,中国也在推动全球数字治理领域中发挥了积极和建设性的作用,促进了国际社会在面对数字时代挑战时的合作与对话[①]。

1) G20 框架下全球数字经济和数据治理议题

中国以高度责任感引领性与创造性地促成数字经济倡议等全球数字治理重大成果。数字经济概念与内容规范的里程碑式落实,要归功于中国做出的开创性努力。2016 年 G20 杭州峰会召开之前,中国本着开放、透明、包容的精神与各成员方密切协作。作为"数字经济"议题的主席国,中国于 2016 年 3 月邀请美国、南非作为联合主席,组织二十国集团成员、嘉宾国、国际组织及专家成立了 G20 数字经济工作组。在半年的时间内,组织召开了各类多双边国际视频会议及面对面会议共计 30 多场,通过千余封邮件往来,征求了十几轮意见,最终形成了成果文件《二十国集团数字经济发展与合作倡议》(以下简称《数字经济倡议》)并在峰会上获得共同签署,其也成为全球首个由多国领导人共同签署的数字经济政策文件,受到各成员方的普遍欢迎和高度赞赏[②]。

《数字经济倡议》阐述了数字经济的概念、意义和指导原则,提出了创新、伙伴关系、协同、灵活、包容、开放和有利的商业环境、注重信任和安全的信息流动等七大原则,明确了宽带接入、ICT 投资、创业和数字化转型、电子商务合作、数字包容性、中小微企业发展等数字经济发展与合作的六大关键优先领域,在知识产权、尊重自主发展道路、数字经济政策制定、国际标准的开发使用、增强信心和信任、无线电频谱管理六大领域鼓励成员加强政策制定和监管领域的交流,营造开放和安全的环境。面向未来,鼓励 G20 成员开展多层次交流,包括交流政策制定、立法经验和最佳实践,在培训和研究领域积极开展合作,与国际组织及其他团体积极互动,共同推动数字经济快速健康发展。推动数字经济创新与合作,将为各国经济增长注入新动力,使世界经济焕发新活力,让数字经济的发展成果惠及世界各国人民。[③]

2) OECD 中数字税收方案的讨论

全球数字税"双支柱"方案的成功落地,也离不开中国的深度参与和坚定支持。自 2017 年起,G20 委托 OECD 通过税基侵蚀与利润转移(base erosion and

---

[①] 中华人民共和国国家发展和改革委员会:《关于数字经济发展情况的报告》,https://www.ndrc.gov.cn/fzggw/wld/hlf/lddt/202211/t20221116_1341446.html,访问日期:2024 年 4 月 6 日。

[②] 中华人民共和国国家互联网信息办公室:《G20 杭州峰会通过〈G20 数字经济发展与合作倡议〉为世界经济创新发展注入新动力》,https://www.cac.gov.cn/2016-09/29/c_1119648535.htm,访问日期:2024 年 4 月 6 日。

[③] 中华人民共和国国家互联网信息办公室:《二十国集团数字经济发展与合作倡议》,https://www.cac.gov.cn/2016-09/29/c_1119648520.htm?eqid=f5638fe30000036b000000005642685dd,访问日期:2024 年 4 月 6 日。

profit shifting，BEPS）包容性框架研究应对数字经济所带来税收挑战的共识性解决方案，中国全程深度参与多边方案的设计与谈判，推动形成符合处于不同发展阶段经济体利益诉求的多边解决方案。经过各国曲折艰辛的谈判，2021年10月8日，OECD发表声明，以"双支柱"为基本框架、针对跨国数字平台企业的国际税制改革方案，最终得到了BEPS包容性框架下140个成员中的136个国家（地区）的同意。① "支柱一"方案主要是解决在数字产业化的全球化背景下，市场所在国能不能参与、如何参与税收分配的一系列理论和操作问题；"支柱二"则旨在解决反税基侵蚀的全球合作问题。②

在支柱一上，一方面，中国坚定认为经济全球化和数字化是世界经济发展的必由之路，大力倡导增长友好型国际税收政策，认同解决经济数字化税收挑战的最佳路径是通过多边谈判达成广泛共识，反对实施各种单边措施引发贸易战，始终是促谈止战的中坚力量；另一方面，中国税务部门在长期国际税收管理实践中，探索了一套关于市场在跨国公司跨境利润分配中是重要价值创造因素的理论，主张给予市场所在辖区合理的税收回报，维护市场国正当的税收权益。从这个视角看，支柱一与中国税务部门国际税收领先理念相契合。③ 在支柱二上，中国自2013年起参与BEPS行动计划以来，一直支持打击税基侵蚀和利润转移，反对有害税收竞争，认同全球最低税是解决BEPS问题的有效手段。同时，中国也认为，国际税收协调必须兼顾不同发展阶段经济体的发展需要，避免影响各国自主决定本国税制和政策的税收主权；尊重跨国企业集团具有合理商业目的投资布局决策，要特别避免对跨境实质性经济活动产生不利影响。④

作为全球第一大贸易国与第二大消费市场，中国所处发展阶段和独特的经济结构决定了中国在国际税收领域与其他国家不存在激烈的利益矛盾，也决定了中国必然倾向于更为平和、合理、中立的政策立场。同时，作为有影响力的发展中国家，中国坚定代表发展中国家的利益。中国始终坚定认同应对经济数字化税收挑战的最佳路径是通过多边谈判达成广泛共识的，在数字税谈判过程中发挥了重要的示范效应。

---

① 许恒瑞：《跨国数字平台企业避税机制研究——兼论经合组织"双支柱"共识的意义》，《电子知识产权》2021年第12期，第76—88页。

② OECD/G20 Base Erosion and Profit Shifting Project, Statement on a Two-Pillar Solution to Address the Tax Challenges Arising From the Digitalisation of the Economy, https://www.oecd.org/tax/beps/statement-on-a-two-pillar-solution-to-address-the-tax-challenges-arising-from-the-digitalisation-of-the-economy-october-2021.htm, accessed on April 6, 2024.

③ 孙红梅：《"双支柱"方案将启全球税收治理新篇章》，《经济参考报》2021年10月12日，第8版。

④ 同上注。

7.3 以中国为核心的区域性规则

7.3.1 《区域全面经济伙伴关系协定》

RCEP 是中国以对话伙伴国家身份加入的区域性条约。与数据跨境流动有关的规定集中在 RCEP 的第 8 章"服务贸易"和第 12 章"电子商务",包含数据自由流动的一般条款和有限的例外条款,体现出 RCEP 安全的数据跨境流动理念。

1) RCEP 结构概述

《区域全面经济伙伴关系协定》(RCEP),是由东盟十国(文莱、柬埔寨、印度尼西亚、老挝、马来西亚、缅甸、菲律宾、新加坡、泰国和越南)和五个对话伙伴国家(中国、日本、韩国、澳大利亚、新西兰)共同参与谈判并签署的自由贸易协定。RCEP 于 2021 年 1 月 1 日生效,涵盖约 35 亿人口,GDP 总和达到 23 万亿美元,约占全球总量的三分之一。RCEP 建立了当前世界上人口最多、经贸规模最大、最具发展潜力的自由贸易区。

RCEP 协定由序言、20 个章节和 4 个市场准入承诺表附件组成。RCEP 内容广泛,包括货物贸易、服务贸易、投资、知识产权、电子商务、经济技术合作等重要领域。该协定整合了东盟与对话伙伴国家多个"10+1"自贸协定及中、日、韩、澳、新西兰 5 国之间已有的多对自贸伙伴关系。RCEP 通过实施区域累积原产地规则,加强了区域内产业链和价值链的融合。该协定借助先进技术简化了海关程序,推动了跨境物流的创新和发展。同时,利用负面清单方式促进了投资领域的自由化,并提高了投资政策的透明度,这些措施共同推动了区域内贸易和投资规则的改进与统一。RCEP 还实现了高质量和包容性的平衡,在纳入高水平的知识产权、电子商务等现代化议题的同时,考虑到不同国家国情的差异,给予最不发达国家特殊与差别待遇,通过规定加强经济技术合作,满足发展中国家和最不发达国家的实际需求。

RCEP 机构由部长会议、联合委员会和附属机构组成。部长会议每年由缔约方召开,讨论协议相关事项。联合委员会的主要职能是考虑与协定执行、修改和解释的相关事项;向附属机构转交事项、分配任务或委托职能,并监督和协调附属机构的工作;向 RCEP 部长报告,并可以将事项提交给 RCEP 部长进行考虑和决定;等等。其中,附属机构包括货物贸易委员会、服务和投资委员会、可持续发展委员会和商业环境委员会,负责 RCEP 协定下重要领域的工作。

2）RCEP 数据相关规则

RCEP 协定涉及跨境数据流动与管理有关的规则集中于第八章、第十二章，分别涉及服务贸易和电子商务领域。相关数据条款可以分为一般条款和例外条款。其中，一般条款体现数据跨境自由流动的原则；而例外条款则考虑国家监管、个人信息保护、公共政策目标和基本安全利益，在特定情况下允许缔约方采取与一般条款不符的措施。

（1）一般条款。

一般条款是有关数据本地化、数据跨境转移限制行为的禁止性规范。RCEP 的第八章"服务贸易"附件一第九条第二款规定，缔约方不得阻止其领土内金融服务提供者为进行日常营运所需信息的转移，包括通过电子方式或其他方式进行数据转移，以及信息处理。附件二第四条第三款规定，缔约方应保证另一缔约方的服务提供者可以使用公共电信网络和服务在其领域内或跨境传输信息，包括此类服务提供者的公司内部通信，以及接入任何缔约方领域内数据库所包含的信息，或者以机器可读形式存储的信息。附件一条款确保金融服务提供者信息转移和处理。附件二条款表明，一国服务提供者在所有缔约方领域内都可以利用该缔约方的信息公共设施来传输和接入数据。

RCEP 的第十二章"电子商务"第十四条第二款规定，缔约方不得将要求涵盖的人使用该缔约方领土内的计算设施或者将设施置于该缔约方领土内，作为在该缔约方领土内进行商业行为的条件。第十五条第二款规定，一缔约方不得阻止涵盖的人为进行商业行为而通过电子方式跨境传输信息。上述两项条款中，前者对数据本地化的行为进行禁止，而后者则确保数据跨境传输的通畅性。两项条款"所涵盖的人"为 RCEP 协定其他章节定义的投资者和服务提供者；[①] 条款所涉及行为是商业行为，所以此处的数据流动应理解为商业数据的跨境流动。[②]

综上可知，这些条款反映了 RCEP 数据治理的核心原则和目的，即确保数据跨境自由流动，消除各国数据壁垒和贸易壁垒，降低数据相关的运营和交易成本，促进区域数字贸易的发展。

（2）例外条款。

例外条款对缔约方在特定情况下或基于特殊考虑限制数据跨境流动的行为

---

① RCEP 第十二章第一条第二款："涵盖的人指：1.第十章第一条（定义）第（一）项定义的'涵盖投资'；2.第十章第一条（定义）第（五）项定义的'一缔约方的投资者'，但不包括金融机构的投资者或金融服务提供者的投资者；或者 3.第八章第一条（定义）定义的缔约方的服务提供者，但不包括第八章附件一（金融服务）第一条（定义）定义的'金融机构'、'公共实体'或者'金融服务提供者'。"

② 洪治纲、霍俊先：《RCEP 对数据跨境流动的规制及其重要影响》，《西南金融》2020 年第 4 期，第 87 页。

予以认可。RCEP 的第八章附件一第九条第三款,针对第二款指出:第二款中的任何规定,并不阻止一缔约方的监管机构出于监管或审慎原因,要求其领土内的金融服务提供者遵守与数据管理、存储和系统维护、保留在其领土内的记录副本相关的法律和法规,只要此类要求不被用于规避一缔约方在本协定项下承诺或义务的手段。附件二第四条第 4 款规定,一缔约方对数据跨境可以采取必要措施,以保证信息的安全性和机密性,并且保护公共电信网络或服务终端用户的个人信息,只要该措施不以对服务贸易构成任意、不合理的歧视或者构成变相限制的方式实施。

在非逃避义务、歧视或变相限制的前提下,附件一条款允许缔约方制定相关法律法规,要求金融服务提供者合规地进行信息数据转移和处理。附件二条款则允许缔约方在提供信息公共设施时,采取确保信息安全或保护个人信息的措施。由于一国的金融、电信领域的信息敏感度高,因此在保障数据自由流动和处理与信息设施访问的同时,应当充分考虑缔约方对这些领域数据安全的合理诉求。

第十二章第十四条第三款与第十五条第三款的文本内容相同,均规定该款所在条目下的任何规定不得组织缔约方采取或维持特定与第二款不符的措施,只要该措施为:① 该缔约方认为是实现合法的公共政策目标所必需的措施,且不构成任意、不合理的歧视或变相的贸易限制;② 该缔约方认为对保护其基本安全利益所必要的措施。同时,对于此类措施,其他缔约方不得发表异议。

第十二章的例外条款,以国家的"公共政策目标"和"基本安全利益"为基本适用条件,平衡了一般条款的禁止性规范,体现 RCEP 协定对缔约方的安全需求的尊重。两项例外条款具有很大弹性,均给予了缔约方充分的自由裁量权,只要"该缔约方"认为特定措施符合许可条件,则允许其实施,且不会受到其他缔约方质疑。特别地,在公共政策目标条款脚注中,缔约方指出,"实施此类合法公共政策的必要性应当由实施政策的缔约方决定"。现对例外条款的具体内容进行介绍与分析。

公共政策目标例外条款。"公共政策目标"这一适用条件的范围没有明确界定,且由于各国历史、文化、社会、宗教等背景的差异,公共政策所涵盖的内容不尽相同,这可能导致该条款在适用和解释上的困难。学者认为,根据 RCEP 协定的第十九章第四条第二款规定[①],同时考虑第十二章例外条款的立法渊

---

① RCEP 第十九章第四条第二款:"关于纳入本协定的《WTO 协定》的任何条款,专家组也应当考虑 WTO 争端解决机构通过的 WTO 专家组报告和 WTO 上诉机构报告中所作出的相关解释。专家组的裁定和决定不得增加或减少本协定项下的权利和义务"。

源——GATT 与 GATS，可以且有必要参考 WTO 争端解决实践对公共政策目标，以及公共道德、公共秩序这类同样宽泛的概念的解释。因此，提出公共政策目标应当根据成员方法律、法规来解释，同时也应关注例外条款的其他适用条件。① 公共政策目标例外条款包含限制条件，即该措施不得构成"任意或不合理的歧视或变相的贸易限制"。可见，缔约方的数据本地化或限制数据跨境流动的争议措施，如果实质上是为歧视或贸易限制目的，而非为实施缔约方所声称的合法公共政策目的，则不得援引本例外条款。

基本安全利益例外条款。该条款对于"基本安全利益"同样也未规定具体适用标准，但在第十七章"一般条款和例外"第十三条第二款中，列举了保护基本安全利益的行动所涉及情形：裂变和聚变物质或衍生此类物质；武器、弹药和作战物资的交易，以及直接或间接供应或给养军事机关的此类交易运输的其他货物和物资或提供的服务；保护包括通信、电力和水利基础设施在内的关键的公共基础设施；国家紧急状态，或战时，或国际关系中的其他紧急情况。"基本"一词表明所涉及的安全利益是实现国家关键职能不可或缺的。虽然缔约方拥有对基本安全利益的定义权，但仍然应受到善意原则限制。如在"俄罗斯运输案"中，专家组将基本安全利益限缩为国家根本性功能有关权利，认为国家应以真诚善意行使自裁权，且应通过"合理性测试"判断争议措施与利益的联系。② 因此，基本安全利益例外条款虽未包含非歧视与非贸易限制条件，但缔约方在界定基本安全利益和采取争议措施时，仍然应受到主观和客观约束。

RCEP 协定的数据规则，通过一般条款与例外条款的模式，在保障数据跨境自由流动的同时，充分考虑各缔约方不同数字贸易发展水平，尊重并满足各国的数据安全与数据主权需求。各缔约方认识到自由流动对发挥数据价值的重要性，并结合区域特色，在数据保护和安全之间找到合适的平衡点，以缩小各国之间的数字鸿沟，释放 RCEP 区域的数字经济潜力。

3）RCEP 对中国数据法治的影响与应对

RCEP 规定各成员国原则上不能进行数据本地化和不得妨碍数据跨境流动，这对数据跨境流动的自由化提出较高的要求。目前，我国的数据跨境流动规范体系主要由《网络安全法》《数据安全法》和《个人信息保护法》构成。虽然确立了促进跨境数据安全、自由流动的原则，但也重视数据本地化、出境安全评

---

① 张晓君、屈晓濛：《RCEP 数据跨境流动例外条款与中国因应》，《政法论丛》2022 年第 3 期，第 112—113 页。
② 张晓君、刘泽扬：《RCEP 数据跨境流动基本安全例外条款与中国方案》，《郑州大学学报（哲学社会科学版）》2023 年第 4 期，第 37 页。

估、部门管理和专业机构认证等措施的实施,整体而言是更注重维护数据安全。① 为了加深与 RCEP 成员国的经济合作与数据交流,对接国际数据治理标准,尽快参与到全球数字经济全球规则的制定中,我国应兼顾数据保护与开放,坚持数据跨境自由流动原则,并合理适用例外条款。

7.3.2 亚太经济合作组织

中国于 1991 年 11 月加入 APEC。在跨境数据治理领域,APEC 关注个人隐私保护,其主要工作成果为《亚太经合组织隐私探路者》《亚太经合组织隐私框架》和《跨境隐私规则》,目的是建立起一个自愿参与、问责制的个人隐私信息负责任跨境流动的系统。

1) APEC 概述

亚太经济合作组织(APEC),由 21 个成员经济体(中国、中国香港、中国台北、日本、韩国、马来西亚、印度尼西亚、文莱、菲律宾、新加坡、泰国、越南、澳大利亚、新西兰、巴布亚新几内亚、智利、秘鲁、墨西哥、美国、加拿大和俄罗斯),以及 3 个观察员(东盟秘书处、太平洋经济合作理事会和太平洋岛国论坛秘书处)组成。APEC 成立于 1989 年,旨在促进亚太地区贸易和投资自由化及经济技术合作。APEC 是亚太地区层级最高、领域最广、最具影响力的经济合作机制。它通过非正式的方式运作,不强制要求成员之间签订具有法律约束力的协议,而是致力减少贸易和投资壁垒。

APEC 的合作领域非常广泛,工作主题覆盖贸易和投资、农业、能源、化学、科学技术、健康、数字经济、数据隐私等 51 个重要领域。APEC 注重通过合作应对全球挑战,如气候变化、环境问题和全球疫情等。近年来,APEC 开始重视和特别强调数字经济发展,认为数字技术对公众、商业和提供公共服务的重要性日益凸显,数字经济将成为提升地区经济增长的重要途径。② APEC 作为一个重要的区域经济合作平台,大力促进成员国之间的经济合作与发展,为亚太乃至全球经济的增长和繁荣做出了重要贡献。

APEC 共有 5 个层次的运作机制:领导人非正式会议、部长级会议、高官会、委员会和工作组及秘书处。领导人非正式会议是最高级别会议,每年举办一次,由各领导人参加。部长级会议包括双部长会议和专业部长会议,双部长会议在领导人会议前举办一次,专业部长会议定期或不定期举行。高官会每年举

---

① 张晓君、屈晓濛:《RCEP 数据跨境流动例外条款与中国因应》,《政法论丛》2022 年第 3 期,第 115 页。
② 中国太平洋经济合作全国委员会:《2021 年 APEC 优先议题(三):追求创新和数字驱动的复苏》,http://www.pecc-china.org/article/467,访问日期:2024 年 4 月 20 日。

行四到五次,负责执行领导人和部长会议的决定,审议各委员会、工作组和秘书处的活动,筹备部长级会议、领导人非正式会议及协调实施会议后续行动等事宜。委员会由贸易和投资委员会(CTI)、经济委员会(EC)、经济技术合作高官指导委员会(SCE)和预算和管理委员会(BMC)组成。各委员会下设多个工作组、专家小组和分委会等机制,从事专业活动和合作。秘书处为APEC各层次的活动提供支持与服务。①

2)APEC数据治理规则

2004年,APEC部长批准《亚太经合组织隐私框架》(简称《隐私框架》),该框架后于2015年更新,于2016年重新批准。更新后的《隐私框架》填补电子商务政策和监管框架的空白,以平衡跨境信息和数据的自由流动和个人信息保护。2007年,APEC建立《亚太经合组织数据隐私探路者》(简称《探路者》)。2011年,APEC领导人发布指令,实施《跨境隐私规则》(CBPR)体系,该体系与《隐私框架》规则相一致。总的来说,APEC以成员经济体自愿参与的形式,由《隐私框架》构建并由CBPR体系实施兼顾数据跨境自由流动和个人信息保护的数据治理规则,实现《探路者》提出的APEC区域个人信息负责任跨境流动的目标。

(1)《亚太经合组织数据隐私探路者》。

《探路者》明确,APEC数据治理的总体目标是建立信任基础,促进整个地区负责任的数据流动,并强调在信息时代,跨境流动的数据正是推动数字经济发展的"货币"。

根据总体目标,《探路者》提出了五个重要方向:① 概念框架原则。与可能参与实施和执行这些规则的各方协商,推动制定一个概念性框架,说明跨境规则应如何在各经济体之间发挥作用。② 磋商程序。促进协商进程的发展,探讨如何以最佳方式让利益相关方(包括监管机构、负责机构、立法机构、行业、第三方隐私解决方案提供商和消费者代表)参与规则和程序的制定及其运行审查和优化。③ 实务文件。促进制定支持跨境隐私规则的实务文件和程序,如自我评估表、审查标准、承认/接受程序和争端解决机制。④ 实施。探讨如何以灵活、可信、可执行、可预测和较少官僚主义的方式,在充分考虑到有关各方的任务及其运作的法律框架的情况下,在实践中执行各种文件和程序。⑤ 教育和外联。促进必要的教育和外联活动,让利益攸关方和潜在参与者考虑如何在参与经济

---

① 中华人民共和国外交部:《亚太经合组织》,https://www.mfa.gov.cn/web/gjhdq_676201/gjhdqzz_681964/lhg_682278/jbqk_682280/,访问日期:2024年4月20日。

体之间实现负责任的数据流动。

（2）《亚太经合组织隐私框架》（2015）。

《隐私框架》建立了一个旨在保护各经济体内部外部隐私、并实现个人信息区域传输的框架，以充分释放数字经济的巨大潜力，确保数据流动有利于消费者、企业和政府。《隐私框架》由序言、范围、信息隐私原则和实施四部分组成。

① 序言部分阐明 APEC 成员经济体对数据跨境流动和隐私保护的态度，强调了数据治理工作的重要内容。政府和企业的合作是数据流动和隐私保护的关键。信息通信技术带来了巨大的经济效益，同时也使得收集、分析和使用大量信息的行为更加便捷且不易被个人察觉。[①]《隐私框架》力求协调隐私与商业、社会需求及商业利益。[②] 成员经济体强调这七个重要方面：一是保护个人信息隐私；二是促进信息自由流动；三是制定和实施个人信息获取和使用统一方法；四是授权隐私执法机构；五是促进和实施隐私保护的国际和区域机制，保持经济体之间、经济体与其贸易伙伴之间信息流动的连续性；六是鼓励各组织对所控制个人信息负责；七是促进与其他地区隐私安排之间的互操作性。[③]

② 范围部分对《隐私框架》中的重要概念进行定义和解释，从而划定框架的适用领域。其中，第 9 条将"个人信息"定义为"已识别或可识别个人的任何信息，包括能够单独或与其他信息结合来识别个人身份的信息"。第 10 条将"个人信息控制者"定义为"控制个人信息的收集、持有、处理、使用、披露或转让的个人或组织，包括指示他人或组织代其执行这些职能的个人或组织，但不包括受他人指示履行此职能的个人或组织"。第 11 条将"公开信息"定义为"个人在知情的情况下向公众提供或允许向公众提供的信息，或通过合法途径获得和获取的信息"。第 12 到 16 条则介绍《隐私框架》实施中的主要系统和机构。

③《隐私框架》提出了九项信息隐私原则。根据第 19 条，由于各原则之间密切相关，应当整体地看待和解释信息隐私原则。这九项原则分别为预防伤害、通知、收集限制、个人信息的使用、选择性、个人信息完整性、安全保障、查询及更正和问责制原则。

④ 实施部分包括国内实施和国际实施，并列出成员经济体在国内实施框架时应考虑的措施和 APEC 范围内实施该框架跨境要素的安排。一方面，国内实施应注意最大限度地发挥隐私保护和信息流动效益；落实 APEC《隐私框架》；制定可操作的隐私管理计划；推广保护隐私的技术措施；面向公众进行教育和宣

---

① 《亚太经合组织隐私框架》第 2 条。
② 《亚太经合组织隐私框架》第 6 条。
③ 《亚太经合组织隐私框架》第 8 条。

传；加强公私部门各自内部及两者之间的合作；提供隐私补救措施和建立国内实施情况报告机制。另一方面，国际实施中，成员经济体应考虑成员经济体之间共享信息；开展调查和执法跨境合作；建立跨境隐私机制；保障跨境信息传输；增强隐私框架之间的互操作性。

（3）《跨境隐私规则》。

亚太经济合作组织（APEC）的跨境隐私规则（CBPR）体系是一个旨在促进跨境数据流动和互操作性的自愿性、基于问责制的框架。CBPR 体系从责任代理机构、隐私执法机构和公司三个层面进行了机制设计，以实现该体系的四个要素——自我评估、合规审查、认可与接受、争议解决与执行。[1]

责任代理机构是 CBPR 体系的核心机构，其工作与上述四个要素都有关。经济体在加入 CBPR 后，须提名其管辖区域内至少一个责任代理机构，提交申请并获得 APEC 的承认。责任代理机构向公司发放调查问卷，并让公司完成自我评估。基于问卷审查公司的隐私政策，责任代理机构将符合 CBPR 计划要求的公司认证为 CBPR 达标公司，并将所认可的公司提交至公开名录中。消费者可通过名录知悉参与 CBPR 体系的公司的信息，以及与公司相关的责任代理机构和隐私执法机构的信息。责任代理机构还负责回应与处理消费者的问题与投诉。

隐私执法机构是负责执行隐私法并有权进行调查或提起执法程序的任何公共机构，主要负责落实争议解决与 CBPR 系统的执行。在参与 CBPR 系统前，经济体必须加入跨境隐私执法安排（Cross-border Privacy Enforcement Arrangement，CPEA），至少拥有一个隐私执法机构。CPEA 提供了信息共享平台，确保 CBPR 参与者能够通过隐私执法机构展开跨境隐私保护执法合作。当消费者针对某一公司提出投诉或问题时，如果不能由该公司或责任代理机构处理，则隐私执法机构应能调查投诉或问题，开展执法行动。例如，当一国公民个人隐私信息受到外国企业侵犯时，可求助当地执法机构依法对该企业进行惩罚。[2]

公司作为信息的控制或处理实体，自愿向责任代理机构递交隐私保护认证申请。[3] 公司可以通过自我评估流程帮助自己制定或完善隐私政策，确保其相关做法满足 CBPR 系统的计划要求。只有获得责任代理机构认可的公司才可以用展示印章、信任标记或其他方式表明自己为 CBPR 的积极参与者。对公司而言，参与 CBPR 的益处是：加强消费者的信任；获得隐私保护与合规路线图；对

---

[1] CBPR, *APEC Cross-Border Privacy Rules System-Policies*, *Rules and Guidelines*, https://cbprs.org/wp-content/uploads/2019/11/4.-CBPR-Policies-Rules-and-Guidelines-Revised-For-Posting-3-16-updated-1709-2019.pdf, accessed 20 April 2024.

[2] 弓永钦、王健：《APEC 跨境隐私规则体系与我国的对策》，《国际贸易》2014 年第 3 期，第 31 页。

[3] 此处公司仅为《隐私框架》"范围"中定义的"信息控制者"。而对"信息处理者"而言，证明自己有能力协助控制者遵守隐私义务的方法是通过信息处理者隐私认证（Privacy Recognition for Processors，PRP）。

执法机关做出合规承诺;降低合规负担,减少贸易摩擦;利用灵活的机制,结合自身情况,在负担和干扰最小的情况下实现隐私目标。①

3) APEC 框架下中国数据规制体系构建

在数字经济背景下,APEC 提供了自愿、灵活且可执行的数据跨境和隐私保护框架。通过加入该框架,各成员经济体可以增强公民隐私保护,提高本国企业竞争力和促进全球贸易流动。因此,为了推动隐私保护区域合作,我国应积极加入以 CBPR 体系为核心的 APEC 隐私保护框架。这就要求我国成立或授权建立一批符合 APEC 要求的责任代理机构和隐私执法机构,根据《隐私框架》提出的隐私保护最低标准完善国内个人信息保护法律法规,并努力使国内企业了解隐私保护对数字贸易的重要作用,鼓励其制定符合标准的隐私政策。

7.3.3 《中欧全面投资协定》

《中欧全面投资协定》(CAI,简称《协定》)是中华人民共和国与欧洲联盟之间的双边投资协定,旨在构建中欧双边投资制度安排。该协定的谈判始于 2013 年 11 月,并于 2014 年 1 月开始第一轮谈判。经过七年的努力,共三十五轮谈判,双方在 2020 年 12 月 30 日宣布完成谈判。该协定对标国际高水平经贸规则,是一个全面、平衡和高水平的协定。它为中国和欧盟这两个互为重要贸易伙伴的经济体带来广阔的市场投资机会,提升双边经贸合作水平,实现互利共赢;更重要的是,还为今后 5 至 10 年中欧经贸关系发展规划好了时间表和路线图,推动中欧经贸合作迈上新台阶。②《协定》的签署将有利于中欧加强投资合作、构建开放的经济秩序、推动全球化。

1) CAI 的核心内容

《协定》主要包含四个方面的核心内容:市场准入与投资自由化、公平竞争、可持续发展和争端解决。市场准入和投资自由化方面,双方采用"准入前国民待遇加负面清单模式",对于负面清单外的行业,包括石油和天然气、资源管理、贸易和金融服务,双方应保护外国投资者投资,并确保设立和运营时享受国民待遇和平等保护;公平竞争方面,对国有企业、补贴透明度、技术许可等方面进行了规定;可持续发展方面,双方提出环境和气候承诺;争端解决方面,《协定》建立了标准的国家对国家的争端解决机制,该机制首先提供协商机制,如果

---

① CBPR, *Benefits of the APEC Cross-Border Privacy Rules*, http://cbprs.org/wp-content/uploads/2019/05/Benefits-of-CBPR-System-Guide_Jan_2019_FINAL.pdf, accessed 20 April 2024.

② 中国政府网:《投资协定谈判如期完成——中欧为全球经济复苏发挥重要示范效应》,https://www.gov.cn/xinwen/2021-01/03/content_5576297.htm,访问日期:2024 年 4 月 20 日。

无法达成解决方案,可以诉诸仲裁小组程序。①

尽管《协定》尚未批准生效,但鉴于中欧在世界经济和地缘政治的重要性,两个经济体在未来的合作值得详细讨论。

2) CAI 数据相关规则

《协定》中关于数据流动的具体条款主要涉及金融信息的转移和处理。金融是数据密集、流动频繁且流动范围较广的服务业之一,完善的金融数据跨境流动制度的重要性不言而喻。一方面,金融服务的提供和改进有赖于数据的流动,在跨境或涉外金融业尤为明显;另一方面,金融服务涉及大量的重要商业数据和客户个人隐私信息。

"金融服务"章节位于《协定》第 3 部分"监管框架"中。第 1 条第 3 款,将"金融服务"定义为各缔约方的金融服务提供者提供的任何金融性质的服务,其中包括金融信息的提供与转让、金融数据处理及相关软件。在此基础上,第 4 条第 1 款规定,各缔约方应允许在其境内设立的另一缔约方的金融服务提供者,提供根据本国法律类似情况下允许本国金融服务提供者提供的任何新的金融服务。

为了平衡金融自由化措施,该部分也包含一些例外条款。第 2 条引入审慎例外,允许缔约方出于审慎原因,为保护投资者、存款人等而采取或维持措施,尽管该措施违反协定。但缔约方不得将此作为规避协定承诺或义务的手段;缔约方没有义务披露与个人消费者的实务和账户有关的信息,以及公共实体掌握的机密和专有信息。第 5 条规定了特殊例外,即不得阻碍缔约方及公共实体在其领土上开展与社会保障、公共退休方案、国家资助相关的活动。

7.3.4 中国数据安全合作倡议

作为数据安全的倡导者和先行者,中国在许多重要场合都发表了相关倡议。最有代表性是《全球数据安全倡议》《中阿数据安全合作倡议》和《"一带一路"数字经济国际合作北京倡议》。上述倡议体现的安全理念,覆盖国家、企业和个人多个维度,涉及数据收集、处理、使用和流动的全过程。

1)《全球数据安全倡议》

2020 年 9 月 8 日,中国在"抓住数字机遇,共谋合作发展"国际研讨会上提出《全球数据安全倡议》(简称《全球倡议》)。中国认识到信息技术、数字经济的更新迭代和高速发展,使人类的生产生活方式发生了深刻变革,对"各国经济

---

① Guillaume Van der Loo, *Lost in translation? The Comprehensive Agreement on Investment and EU-China trade relations*, https://www.epc.eu/content/PDF/2021/EU-China_trade_DP.pdf, accessed 20 April 2024。

社会发展、全球治理体系、人类文明进程"产生深远的影响。在该背景下,数据成为数字技术的最关键要素。全球数据的增长和聚集,正推动创新发展,重塑日常生活,且关乎国家安全与经济发展。因此,该倡议强调各国"应保护涉及本国国家安全、公共安全、经济安全和社会稳定的重要数据及个人信息安全",并遵守法律法规,共建共享网络空间命运共同体。

《全球倡议》从国家和企业两个层面,呼吁各国及国内企业维护数据安全、稳定,尊重他国数据主权,保护用户数据权益。在国家层面,各国应维护信息技术产品和服务供应链的开放、安全和稳定;各国应反对利用信息技术破坏他国关键基础设施或窃取重要数据;采取措施防范、制止利用信息技术侵害个人信息;各国应要求企业严格遵守法律,不得要求境外数据本地化;各国应尊重他国主权、司法管辖权和数据安全管理权;各国出于执法需要,可以通过司法协助或协议解决跨境调取数据问题。在企业层面,企业不得设置后门,进而利用产品或服务非法获取用户数据、控制或操纵用户系统和设备;不得利用产品谋取不正当利益,且应当对产品的缺陷进行告知,并提出补救措施。

《全球倡议》反映中国对全球数字治理的参与和贡献,表明中国正积极推动各方建立数据安全共识,加强沟通交流,以区域或双边协定形式落实数据安全承诺。并在国际社会普遍参与的基础上,达成国际协议,共同构建开放包容、公平合理、安全的全球数字环境。

2)《中阿数据安全合作倡议》

《中阿数据安全合作倡议》(简称《中阿倡议》)是中国与阿拉伯国家联盟在2021年3月29日共同发表的一项重要倡议。

《中阿倡议》是对《全球倡议》目的和原则的继承和发展,对数据安全、个人信息和网络安全等问题,提出八个方面的原则和承诺。同时,在《全球倡议》的基础上,《中阿倡议》针对中阿双方的数字发展特点进行细化和调整。例如,将"反对滥用信息技术从事针对他国的大规模监控、非法采集他国公民个人信息"替换为"反对滥用信息技术非法采集他国公民个人信息",将禁止境外数据本地化改为不得直接向企业或个人调取位于他国的数据等。

《中阿数据安全合作倡议》通过加强中阿之间的合作,不仅促进了双方在数字经济领域的共同发展,而且为全球数字治理规则的建立和完善提供了重要的参考和借鉴对象。

3)《"一带一路"数字经济国际合作北京倡议》

《"一带一路"数字经济国际合作北京倡议》(简称《"一带一路"倡议》)是在2023年10月18日第三届"一带一路"国际合作高峰论坛期间,由中国、阿根廷、柬埔寨、科摩罗、古巴共和国、埃塞俄比亚、冈比亚、肯尼亚、老挝、马来西亚、缅甸、巴勒斯坦、圣多美和普林西比、泰国共同提出的二十条倡议和共识,主要涵盖基础设施、产业转型、数字能力、合作机制等多个方面,体现了"一带一路"倡议下的数字经济合作成果和发展方向。

《"一带一路"倡议》的主要内容为:① 数字丝绸之路建设。提倡加强数字基础设施建设,提高数字服务的可及性、质量和安全性,缩小数字鸿沟。② 推动数字政府、经济和社会的合作。分享数字化转型的经验和案例,促进高质量发展。③ 农业现代化。利用数字技术提升农业生产和管理的数字化水平,推进智慧农业合作。④ 工业数字化转型。鼓励制造业的数字化、网络化、智能化发展,探索合作模式,挖掘智能制造潜力。⑤ 公共服务数字化。提升数字政府服务能力,促进政务服务便利化,开展合作示范项目。⑥ 绿色转型。推动数字化与绿色化相互促进,提高能源效率,实现绿色、低碳、可持续发展。⑦ 数字贸易与电子商务。促进数字贸易、电子商务和数字支付的发展,推进跨境贸易便利化。⑧ 数字创新创业。支持基于数字技术的研发创新,打造有利的生态系统。⑨ 中小微企业发展。通过政策支持,促进中小微企业使用数字技术,提高竞争力。⑩ 数字素养与技能提升。加强数字化技能培训,提升公众和从业人员的数字技能。⑪ 投资促进。推动构建开放、公平的数字营商环境,鼓励投资数字技术和基础设施。⑫ 城市间合作。探索城市间的数字经济合作,建立互惠互利的伙伴关系。⑬ 数字包容性。缩小数字鸿沟,提高弱势群体的数字技能,推动数字减贫。⑭ 透明数字经济政策。发展公开、透明的政策制定方式,鼓励政府数据公开。⑮ 国际标准化合作。推动数字市场开放,制定与电子发票等相关的基本措施,促进电子系统的互通。⑯ 人工智能发展。鼓励发展人工智能等产业,推进数字技术赋能传统行业。⑰ 增强信心和信任。发展安全的数字基础设施,打击网络犯罪,保护个人隐私。⑱ 尊重自主发展道路。鼓励合作伙伴加强交流,减少监管要求差异。⑲ 网络空间治理。共建和平、安全、开放的网络空间,制定全球可互操作的数字规则。⑳ 多层次交流机制。促进各方沟通交流,加强数字经济培训和研究合作。

《"一带一路"倡议》是一个全面、多层次的国际合作框架,它不仅关注数字经济的技术和应用层面的合作,而且致力通过数字经济的发展推动全球经济的增长和社会的进步。

7.4 中国涉外数据法治

涉外法治在全面推进依法治国战略中具有举足轻重的地位。习近平总书记在中央全面依法治国工作会议上,着重强调了国内法治与涉外法治必须统筹推进的重要性。涉外法治,这种独特的法治形态,如同国内法治与国际法治之间的桥梁,其复杂性和特殊性不容忽视。我国正致力涉外法治的建设,目标是构建一个更加完善、高效的法治体系,以应对全球化带来的挑战。[1] 特别是在数据领域,涉外数据法治的构建显得尤为关键。随着数字时代的全面到来,数据已成为一种至关重要的资源。数据法域外适用成为各国在国际舞台上竞争数据治理主导权、推广数据治理理念、巩固和扩大本国数据优势的重要手段。在这个时代背景下,域外适用条款在数据立法中愈发普遍。[2] 此外,数据管辖已超越了单纯的网络监管策略,如今是实现数据资源自主掌控、确保网络设备完整性和独立性的核心手段。随着数据管辖逐渐跨越传统地理边界,域外管辖的实施日益显得重要。[3][4][5] 但这种域外管辖在追求其目标时,可能会与其他国家的主权和管辖权产生冲突,进而引发数据管辖权的竞合问题。同时,我国关于数据跨境流动的规定,不仅关乎中国数据与外部世界的互联互通,更涉及数据安全、隐私权利及国家主权等多个敏感领域。数据跨境流动规则是中国涉外数据法治的重要组成部分,它不仅塑造了我国的数据管理形象,而且体现了我国在全球数据管理中的立场和主张。因此,如何在保障国家利益的基础上,积极推动国际数据的合作与共享,成为一个值得深思和探索的重要议题。

7.4.1　国内法中数据规则的涉外适用

"域外适用"指的是国家法律在其管辖范围之外的实施。"域外适用"包括两种情况:一是国内权力机构对境外发生的行为或事件适用国内法律;二是外国权力机构在其国境内适用其他国家的法律规范来裁决案件。[6] 第二种情况在国际私法领域很常见,因为外国权力机构主动让权,采用其他国家的法律,这通常不会在国际法上引起争议。然而,对于第一种情况,即国内权力机构对境外发生的行为或事件应用国内法律,可能引发的国际法争议。从国际法的视角出发,法律通常在主权国家的法域内得适用,而国家的地理边界往往决定了法律

---

[1] 何志鹏:《涉外法治的国家范式与全球范式》,《法商研究》2024年第02期,第23—42页。
[2] 邵怿:《网络数据长臂管辖权——从"最低限度联系"标准到"全球共管"模式》,《法商研究》2021年第06期,第73—87页。
[3] 唐小然、吴玄:《个人信息保护法的域外适用研究》,《青海社会科学》2022年第4期,第156—163页。
[4] 王燕:《数据法域外适用及其冲突与应对——以欧盟〈通用数据保护条例〉与美国〈澄清域外合法使用数据法〉为例》,《比较法研究》2023年第01期,第187—200页。
[5] 孔庆江、于华溢:《数据立法域外适用现象及中国因应策略》,《法学杂志》2020年第8期,第76—88页。
[6] 霍政欣:《域外管辖、"长臂管辖"与我国法域外适用:概念厘定与体系构建》,《新疆师范大学学报(哲学社会科学版)》2023年第02期,第72—83页。

的地域适用范围。法律适用的范围主要由其与适用对象(包括人、事、物)之间的连接点决定。但随着国际交往的日益频繁,法律适用的连接点也日趋多元化,涵盖了国籍、住所、活动、技术,乃至国家基本利益等多个维度。如果法律可以适用于域外,应该存在明确的依据表明其适用于域外的效力。

鉴于数据具有天然的跨境流动性,仅在单一国家框架内进行数据治理往往效果有限,这推动了规则域外适用的必然趋势。同时,数据法律不仅规范了数据的处理和使用,而且深刻反映了国家的数据战略意图,进而对整个产业链的布局和发展产生深远影响。全球各国在数据治理理念上的差异,促使各国通过立法来传达自身的数据治理观念,并在全球数据治理领域中争夺话语权,这成为当前数据立法中域外适用不断扩展的重要原因。① 在欧盟和美国的数据法律体系中,均可以找到域外适用的相关条款。以欧盟的《通用数据保护条例》(GDPR)为例,该条例自2018年5月25日起生效,其中第三条明确规定GDPR的适用范围并不限于欧盟境内。该条款融合了数据主体、数据处理或控制实体、数据处理行为的特性等多重因素,以决定某项行为是否应纳入GDPR的管理范畴。具体而言,欧盟的GDPR的适用范围并不以地域为限。根据欧盟GDPR第3.1条,只要数据控制者在欧盟建立了"存在",欧盟法院即对其具有管辖权。而所谓"存在"仅要求"数据控制者通过稳定的安排与欧盟建立有效和真实的联系"。② 这意味着,在欧盟有"存在"的主体若在境外进行数据相关活动,将受到欧盟的监管。同时,GDPR第3.2条采用"目标指向"标准,即非欧盟境内的主体若向欧盟境内的主体提供商品或服务,或对欧盟境内的主体实施监督,都将纳入GDPR的管辖范围。此条例涵盖了在欧盟境内设立的数据控制者或处理者在其业务范畴内对个人数据的所有处理行为,且无论这些行为是否在欧盟境内实际发生。③ 同时,第3.3条进一步扩展了GDPR的适用范围,包括了在欧盟外部设立但受国际法成员国法律管辖的数据控制者所处理个人数据,例如欧盟成员国在境外的大使馆、领事馆内的数据处理活动。④ 因此,可以明确看出,GDPR可规制发生于域外的行为。在微软谷歌案的催化下,美国国会通过了具有深远影响的《澄清合法使用境外数据法》(CLOUD),显著提升了美国获取境外数据的能力。CLOUD法案明确要求电子通信和远程计算机服务提供商必须妥善管理、保存、备份和披露所掌握的用户电传、电子通信等信息。法案的适

---

① 张新民、张稷锋:《网络法域外适用的法理阐释:概念、逻辑与原则》,《太平洋学报》2022年第12期,第26—38页。
② General Data Protection Regulation Article 3.1.
③ General Data Protection Regulation Article 3.2.
④ General Data Protection Regulation Article 3.3.

用范畴不仅覆盖美国本土数据,更将海外数据纳入其中,强调无论数据存储位置如何,供应商都需要遵守 CLOUD 法案。① 这也让 CLOUD 具有了超越美国领土适用的效力。

为了捍卫国家的数据安全和主权,中国已构建一套具有域外适用效力的数据法规体系。我国对于法律的域外适用一直持比较谨慎的态度,仅在《中华人民共和国刑法》《中华人民共和国反垄断法》《中华人民共和国海洋环境保护法》等少数法律中写入了域外适用规则。但在数据领域却不乏构建域外适用条款,这是对于"法律属地主义"的一种修正。②《网络安全法》《数据安全法》《个人信息保护法》被称为数据保护的"三辆马车"。

《网络安全法》于 2016 年 11 月 7 日正式通过,自 2017 年 6 月 1 日起开始施行。该法律的第 2 条明确规定了其适用范围,即在中华人民共和国境内进行的网络的建设、运营、维护和使用活动,以及对网络安全的监督管理,都必须遵守这部法律。望文生义,《网络安全法》主要针对的是在中华人民共和国境内进行的与网络相关的活动,以及为确保网络安全而采取的相关监督和管理措施。深入研读《网络安全法》后便可发现,该法律同样具有域外约束力。以第 66 条为例,若关键信息基础设施的运营者违反数据出境的相关规定,无论是在境外存储还是提供网络数据,都将面临法律的制裁。具体而言,相关部门会责令其改正并给予警告,违法所得将被没收,同时还将面临五万元至五十万元的罚款。更严重的后果可能包括业务暂停、停业整顿、网站关闭,以及吊销业务许可证或营业执照。对于直接负责的主管和其他相关人员,也会受到一万元至十万元的罚款。③ 这表明,即便行为发生在境外或涉及境外数据存储,也逃脱不了《网络安全法》的约束。《数据安全法》于 2021 年 6 月 10 日通过,自 2021 年 9 月 1 日起施行。《数据安全法》第 2 条规定,"在中华人民共和国境内开展数据处理活动及其安全监管,适用本法。在中华人民共和国境外开展数据处理活动,损害中华人民共和国国家安全、公共利益或者公民、组织合法权益的,依法追究法律责任"。可知,《数据安全法》可以适用于中华人民共和国域外,也即如果在中华人民共和国域外开展数据处理活动,并且有损国家安全或公民、组织的合法权益,则应该依据该法承当相应责任。该法律为保护在中华人民共和国域外发生的数据处理活动中国家和公民的权利提供了依据。《个人信息保护法》于 2021 年 8 月 20 日通过,自 2021 年 11 月 1 日起施行。《个人信息保护法》第 3 条明确

---

① CLOUD Act, §103(a)(1).
② 唐小然、吴玄:《个人信息保护法的域外适用研究》,《青海社会科学》2022 年第 4 期,第 156—163 页。
③ 《中华人民共和国网络安全法》第六十六条。

指出,凡在中华人民共和国境内进行的处理自然人个人信息的所有活动,均受本法约束。同时,该条款也涵盖了境外对中华人民共和国境内自然人个人信息的处理行为。具体而言,在以下情形中,即便信息处理活动发生在境外,也需要遵循本法规定:一是旨在向国内自然人提供商品或服务的行为;二是对国内自然人的行为进行分析或评估的活动;三是法律、行政法规规定应适用本法的其他情况。这样的规定确保了无论信息处理行为发生在何地,只要涉及国内自然人的个人信息,都将受到《个人信息保护法》的严格监管。这些法律规定的出台,不仅加强了对国内数据处理活动的监管,而且为保护在境外发生的数据处理活动中涉及的中国国家和公民的权利提供了有力的法律支撑。它体现了中国对数据安全的坚定立场和决心,确保了无论是在国内还是境外,任何损害中国国家安全、公共利益,以及侵犯公民、组织合法权益的数据处理行为都将受到法律的严惩。

7.4.2　数据的域外管辖

"域外管辖权"是指国家对其领土外的行为或事项的管辖权力,它通常基于相关法律的域外适用条款。一般而言,域外适用条款又可称为立法管辖,将直接决定司法管辖和执法管辖的边界①。由于国家主权原则,一国通常无法对其领土外的事物行使域外管辖,国家的管辖限制于其领土范围内,以属地管辖为基础。这种基于明确地理边界的管辖原则因客观且无冲突,在国际法中得到普遍认可。但步入数字化时代,地域管辖原则面临新的挑战。数据的跨地域传输和复杂的管辖利益使这一原则受到前所未有的冲击。数据作为当代的重要资产,其流动性和易复制性打破了传统地域界限。因此,在数据法领域中,单纯依赖属地管辖原则显然已经无法满足现实需求。为此,各国的实践正积极地推动着国际法的发展与完善。具体而言,各国在传统的属地管辖原则的基础上,通过创造性地引入新的联结因素,逐渐衍生出了属人原则、保护原则和普遍原则等,这些新原则的引入使得法律适用的范围得以在一定程度上向域外延伸。同时,各国还通过对属地原则进行深入的技术性解释,有效地扩大了其适用范围,其中"效果原则"就是在这种解释背景下应运而生的一个典型范例。这些努力共同构成了对国际法发展的积极贡献,也更好地适应了数据法领域的复杂性和多样性。这些管辖原则使国家的权力能够跨越国界。数据的特性和相关的特

---

① 霍政欣:《域外管辖、"长臂管辖"与我国法域外适用:概念厘定与体系构建》,《新疆师范大学学报(哲学社会科学版)》2023年第02期,第72—83页。

殊利益导致各国在数据管辖上形成了竞争态势。例如,GDPR 第 3 条明确其采用以属地管辖(欧盟域内)为主导,辅以属人管辖(数据控制者)及其扩展版(目标指向标准),可以被视为欧盟立法机构对个人数据收集、处理和跨境流动日益增长的管辖问题的实质性回应。通过这种模式,欧盟正致力在全球范围内推广其数据治理理念和标准,以期在全球数据治理中占据主导地位。① 根据 GDPR 第 58.5 条规定,各成员国应通过立法手段,确保其数据保护监管机构在执行相关条例时具备明确的权力。② 这些机构不仅有权将违反条例的行为提交给司法机关处理,还可以在适当的情况下主动发起或参与到法律诉讼中。这样的规定实质上赋予了监管机构两方面的重要权力:一方面,它们可以直接对数据侵权行为进行行政处罚;另一方面,它们也获得了提起诉讼或参与诉讼的权利,从而在一定程度上承担了司法职能。这种设置不仅加强了数据保护监管机构的权威性和效力,还为成员国在域外行使对欧盟境内产生的数据行使司法管辖权开辟了新的可能性。美国的 CLOUD 法案允许对数据控制者实施属人管辖,这种管辖要求数据控制者与美国存在实质性联系,而这种联系不仅限于国籍。③ 只要满足判例法中的"最低程度联系"原则,美国就可以对其进行法律管辖。这种扩展的属人管辖原则显示出美国数据法中的灵活性。④

我国的数据法律也不仅局限于传统的"属地管辖",还结合了"属人管辖"和基于"效果原则"的属地管辖。例如,《网络安全法》构建了"关键信息基础设施的运营者"这一概念。依据《网络安全法》第 31 条,关键信息基础设施运营者指的是负责运营、管理那些在公共通信和信息服务、能源、交通、水利、金融、公共服务、电子政务等重要行业或领域中的关键信息基础设施的实体。这些基础设施一旦遭到破坏、功能丧失或数据泄露,可能会对国家安全、国计民生、公共利益造成严重危害。这些运营者承担着对这些重要设施和数据进行特别保护的责任,确保其网络安全、稳定运行,以防范潜在的安全威胁和风险。实际上,"关键信息基础设施的运营者"与欧盟 GDPR 中的数据控制者功能相接近,这也意味着我国也确立了"属人"为基础的数据管辖权。在国际法上,属人管辖权是对属地管辖权的合法补充,也因此成为域外管辖的正当性基础。《数据安全法》第 46 条规定,如果"关键信息基础设施的运营者"违反法律规定,向境外提供在中华人民共和国境内运营中收集和产生的重要数据,将受到严厉处罚,包括罚款、

---

① 俞胜杰:《〈通用数据保护条例〉中的域外管辖问题研究》,华东政法大学博士学位论文 2020 年,第 5 页。
② General Data Protection Regulation Article 58.5.
③ CLOUD Act, §103(a)(1).
④ 邵怿:《网络数据长臂管辖权——从"最低限度联系"标准到"全球共管"模式》,《法商研究》2021 年第 06 期,第 73—87 页。

暂停相关业务、停业整顿、吊销许可证或营业执照等。这就意味着"关键信息基础设施的运营者"在中华人民共和国领域外发生的行为也会受到规制。《个人信息保护法》确定了个人信息处理者的义务,并且第66条规定,如果个人信息处理者违反个人信息处理规定或未履行个人信息保护义务的,将承担法律责任。具体责任包括责令改正、警告、没收违法所得,对违法处理的应用程序可能面临暂停或终止服务的处罚。对于拒不改正的,还将面临最高一百万元的罚款,直接负责的主管人员和其他责任人员也可能面临一万元至十万元的罚款。若违法行为情节严重,处罚将更为严厉,包括最高五千万元或上一年度营业额5%的罚款,并可能面临业务暂停、停业整顿、吊销业务许可或营业执照等更严重的后果。这些严格的法律责任规定,旨在确保个人信息的安全与合规处理,维护公民权益和市场秩序。除了属人管辖,我国数据法律还通过引入"效果原则"来扩展了传统的属地管辖概念。这意味着,除了关注行为的发生地,也重视行为效果所产生的地点,从而确定管辖权。根据《个人信息保护法》的第3条,该法律在判断其域外适用性时,以"效果产生地"为连接点,主要基于两个关键标准:一是考虑是否对境内的自然人产生了实质且直接的影响,这种影响可能包括但不限于明显的侵害,还可能包括一系列较轻程度的行为;二是从主观、客观两个角度全面评估境外的信息处理行为。这包括判断境外主体是否有明确意向为境内提供产品或服务,并为此提供了必要条件,以及是否对境内自然人在网络上的行为进行了数字跟踪等数据分析,从而产生了实质性影响。这一原则也意味着,即使个人信息处理者的行为发生在中华人民共和国领域之外,只要其行为效果触及境内,也会受到相应法律的规制。

  然而,中国在积极行使域外管辖权时可能导致与其他国家的管辖存在冲突。具体而言,当某一国家根据"属人"原则或者基于"效果原则"的"属地"原则主张管辖权,意图对与数据处理相关的域外行为进行规制时,而另一国家则依据"属地"原则坚持对其境内发生的案件进行管辖,在这种情况下,两国之间就可能会出现管辖权的冲突问题。因此,在行使数据的域外管辖权时,通常会受到实际联系原则和司法礼让原则的约束。所谓实际联系原则是指根据习惯国际法,争端涉及的事项与主张对其拥有管辖权的国家之间应当存在真正的联系。如果没有合法利益或者没有受到某一行为的影响,一国通常不能行使其管辖权[①]。所谓司法礼让原则由荷兰学者乌尔里希·胡伯提出,主张外国法在国内的效力是基于主权者的"礼让",该原则为各国在立法、行政和司法上的相互

[①] Cedric Ryngaert, *Jurisdiction in International Law*, 2nd ed. (Oxford: Oxford University Press, 2015), 39.

承认和尊重提供基础。① 实际联系原则和司法礼让原则有助于减缓各国主权国家之间对于管辖的冲突。

7.4.3 数据跨境流动规则

数据跨境流动,指的是数据从一个国家或地区传输到另一个国家或地区的过程。在现今的大数据时代,数据的自由流动变得越来越重要。数据的流动性与其产生的经济效益成正比,流动性越强,产生的乘数效应也越大,进而能带来更大的经济价值。相反,如果数据系统封闭,就可能导致"数据孤岛"现象,阻碍信息的流通与共享。然而,各国或地区对其境内产生的数据跨境流动都有相应的监管规则。这些规则虽然主要针对境内行为,但也会对境外产生影响,使得本国的法律间接在域外适用。相关规则的间接域外适用主要通过规范国内主体的行为来实现。例如,不按照一国的国内规则进行数据传输,就可能会受到相应的处罚。以欧盟的《通用数据保护条例》(GDPR)为例,根据 GDPR 第 45 条规定,只有经过欧盟委员会评估并认定第三国、第三国境内地区或特定行业、国际组织能够提供充分的数据保护水平时,欧盟境内的个人数据才能向这些国家或组织传输。欧盟委员在评估时会考虑被评估对象的法律规则完备性、监督机构运行有效性和国际条约实践情况等因素。在缺乏充分性认定的情况下,根据 GDPR 第 46 条,数据控制者或处理者只有在提供适当保障措施,并确保数据主体权利可执行和提供有效法律救济途径的前提下,才能将数据传输至第三国或国际组织。否则,其将会面临着一系列的处罚。

同样地,中国的法律也设置了严格的数据跨境流动和传输的标准。作为中国最早颁布的与数据规制相关的法律,《网络安全法》最先对特定数据主体的数据出境活动进行了规范,并对"关键基础设施运营者"的数据出境设定了安全评估的标准。《网络安全法》第 37 条规定,关键信息基础设施的运营者在境内运营过程中收集和产生的个人信息及重要数据,必须在境内存储。若因业务需求需要向境外提供这类数据,必须遵循国家网信部门和国务院相关部门制定的规定进行安全评估。

《数据安全法》对数据跨境流动的主体则进行了更为详尽的分类,明确区分了"关键基础设施运营者"与"其他数据处理者",并针对这两类主体的数据出境行为制定了具体规定。《数据安全法》第 31 条规定,关键信息基础设施运营者在境内收集和产生的重要数据的出境安全管理遵循《网络安全法》。对于其他

---

① 杜涛:《国际私法原理》,复旦大学出版社,2019,第 8 页。

数据处理者在境内收集和产生的重要数据的出境安全管理,具体办法将由国家网信部门和国务院相关部门联合制定。

除此之外,《个人信息保护法》特别设立了一个专章,对个人信息的跨境流动问题进行了深入且全面的规定。具体而言,《个人信息保护法》第三章明确规定了"个人信息处理者"在跨境分享个人信息时必须严格遵循的准则,以及其应尽的职责和义务。为了确保个人信息的合理流动与权益保障,该法律进一步将个人信息的跨境分享细分为三种具体情形,分别是基于业务需求的数据传输、遵循国际条约规定的信息交流,以及响应外国司法或执法机构正式请求的数据提供。针对这三种不同的情形,法律制定了具有针对性的监管规定,以确保在各种场景下个人信息的跨境流动都能得到合法、合规的管理与保障。就基于业务需求进行的数据传输而言,《个人信息保护法》第 38 条第 1 款规定明确规定,当个人信息处理者因业务需求等正当理由需要将个人信息传输至境外时,必须通过以下三种方式之一来确保信息的安全性和合法性:一是通过严格的安全评估,二是获得个人信息保护认证,三是与境外接收方签订遵循国家网信部门标准的合同,并在此合同中清晰界定双方的权利与义务。这三种方式并非并列要求,而是选择其一来满足法律规定。就遵循国际条约的规定而言,第 38 条第 2 款规定,在个人信息跨境流动的管理中,如果中华人民共和国缔结或参加的国际条约、协定对向境外提供个人信息的条件等有具体规定,那么个人信息处理者可以按照这些国际法规的规定来执行。这一做法不仅体现了我国在国际法框架下的合规性,而且为个人信息在全球化背景下的安全、合法流动提供了明确的指导,进一步保障了信息主体的权益和国家的数据安全。第 39 条规定,当个人信息处理者有意向中华人民共和国境外提供个人信息时,其必须向信息主体详尽地告知相关信息。这些信息包括境外接收方的名称或姓名、联系方式、处理个人信息的具体目的和处理方式、所涉及个人信息种类,以及信息主体如何向境外接收方行使本法所规定的权利等关键事项。更重要的是,个人信息处理者在进行这类跨境信息传输之前,必须获得信息主体的明确且单独的同意。就响应外国司法或执法机构正式请求的数据传输而言,《个人信息保护法》第 41 条的规定,中华人民共和国主管机关在处理外国司法或执法机构关于获取存储在境内个人信息的请求时,必须严格依据国内相关法律,以及我国缔结或参与的国际条约和协定。在未得到中华人民共和国主管机关的明确批准前,任何个人信息处理者都不得擅自向外国司法或执法机构提供存储在我国境内的个人信息。除了一般的"个人信息数据处理者",《个人信息保护法》还对关键信息基础设施运营者和处理个人信息达到国家网信部门数量的个人信息处理者进行的数据出境行为进行了特别规制。《个人信息保护法》第 40 条对关键信息基础设施运营者，以及处理个人信息数量达到国家网信部门规定标准的个人信息处理者，在数据出境行为上施加了特别的规制。根据该条规定，这些特定的处理者必须将在中国境内收集和产生的个人信息存储在国内。如果确实需要将这些信息提供到境外，那么必须通过国家网信部门组织的安全评估。

除了上位的法律，还有下位的行政法规和行政规章对具体的数据出境行为做出了规制。国家互联网信息办公室于 2022 年 7 月 7 日颁布了《数据出境安全评估办法》，该办法详细规定了安全评估的具体内容和申报指南。这一评估主要通过行政许可的方式，对计划出境的重要数据、关键信息基础设施运营者所处理的个人信息，以及大规模个人信息进行重点评估。上述数据处理者在进行数据跨境传输时，必须对数据出境和境外接收方数据处理的合法性、正当性和必要性，出境数据的规模、范围、种类、敏感程度及其可能带来的风险进行自我评估。其评估的核心在于判断这些信息出境后可能对国家安全、社会公共利益及个人信息权益产生的潜在风险。而对于非重要数据、非关键信息基础设施运营者处理的个人信息，以及中小规模的个人信息出境，其相关规范则由《个人信息出境标准合同办法》和《个人信息保护认证实施规则》进行具体规定。

《个人信息出境标准合同办法》于 2023 年 6 月 1 日正式实施，个人信息出境标准合同办法的制定旨在保护个人信息权益，同时规范个人信息出境活动。该办法适用于个人信息处理者通过标准合同将个人信息提供给境外的情形。《个人信息出境标准合同办法》贯彻了自主缔约与备案管理相结合、保护权益与防范风险相结合的原则，以确保个人信息跨境流动的安全性和合法性。其主要适用于非关键信息基础设施运营者和处理个人信息数量不满 100 万人的情况。这些主体在进行个人信息出境活动前，必须进行个人信息保护影响评估，重点评估处理个人信息的合法性、出境个人信息的潜在风险等因素。《个人信息出境标准合同办法》附件给出了标准合同的内容，相关主体必须按照附件来订立合同，也可在此基础上根据双方协商约定加入其他条款。只有在标准合同生效后，个人信息处理者才可开展个人信息出境活动。此外，个人信息处理者还需要向省级网信部门备案标准合同和评估报告，以确保监管的透明度和有效性。在特定情形下，若个人信息出境的目的、范围等发生变化，或者境外个人信息保护政策有所调整时，则需要对个人信息处理者重新进行评估，并可能需要补充或重新订立合同，以适应新的环境和要求。其主要目标是为那些进行个人信息收集、存储、使用、加工、传输、提供、公开、删除和跨境等处理活动的个人信息处理者，设定明确的认证标准和要求。《个人信息保护认证实施规则》是依据《中华人民共和国认证认可条例》而制定。其清晰地指出,认证的基准来源于《信息安全技术个人信息安全规范》和《个人信息跨境处理活动安全认证规范》,同时强调应优先遵循这些标准的最新版。数据处理者唯有在通过此项认证后,方有资格将数据传送出境。

  中国在数据流动领域总体上更侧重于数据传输的安全性,而对数据自由流动持有一定的保留态度。中国对数据本地化持坚定立场,主要出于国家安全的考量,因此对数据出境进行了严格限制,并对个人信息实施了严密监管。国内法律明确要求,如国家机关、关键信息基础设施运营者等处理的个人信息必须本地化存储。尽管这样的规定有助于维护国家安全,但同时也可能引发数据处理成本上升和效率低下等问题。与此相反,一些国际条约(如 DEPA)则反对数据本地化,期望打造一个高效、互信的数字贸易环境。[①] 数据本地化要求数据在国内储存和处理,并对其的国外流动进行限制。若中国未来考虑加入此类条约,则需要对现行政策进行相应调整。

[①] 宋云博:《DEPA 个人信息跨境流动的规则检视与中国法调适》,《法律科学(西北政法大学学报)》2024 年第 1 期,第 1—10 页。

后　记

　　数据已成为数智时代的重要资源和生产要素,其跨境流动在全球化背景下也呈现出不可抑制的趋势。因此,开展关于数据流动的国际法问题的研究有着较强的现实意义。本书围绕国际数据法学可能涉及的基本理论、实证的国际条约规范和相关实践,以及国际数据法学面对的前沿问题、争端解决等进行了梳理,并基于现有的文献展开了一定的研究,意在为当下数据的国际流动提供理论支撑和法律依据。

　　本书第1章分析了本书的写作目的意义、基本框架及主要内容等,意图让读者对其总体概貌有一个了解。第2章全面勾勒了国际数据法的基本理论框架,从概念界定到原则阐释,明确了国际数据法的研究范围和核心议题,剖析了国际数据法的内涵、外延及其特征,揭示了其与传统法律领域的区别,并强调了全球化背景下规范数据流动和隐私保护的必要性。在此基础上,本章介绍了国际数据法的基本原则,包括数据主权、数据自由流动、个人信息保护等,还从历史视角追溯了国际数据法的起源和发展。第3章、第4章分别讨论和分析了现有实证的国际数据法规范或机制,主要从与数据相关的全球性多边国际组织与规范、区域性或双边的国际法规范与机制两个层面展开分析。前者包括对全球性的国际组织与多边条约,即联合国、国际电信联盟、世界贸易组织等与国际数据法之间关系的分析及就有关规范的内容进行介绍等;后者主要包括欧盟的相关规则、以美国为核心的区域性及双边规则、环太平洋地区的区域性及双边规则等。第5章探讨了国际数据法的前沿问题,如人权与国际数据法、国际贸易与国际数据法、国际金融与国际数据法、知识产权与国际数据法、区块链与国际数据法等方面面对的挑战与应对。第6章和第7章分别就国际数据争端与解决、国际数据法学与中国进行了探讨。本书遵循的逻辑是以数智时代下的数据国际流动为背景,以相关的理论为支撑,以实证的数据国际法规范为主要分析和论证的内容与依据,以国际数据法学的前沿问题和国际数据争端与解决为探索,以国际数据法学与中国为落脚点和归宿,试图构成一个具有一定特色的国际数据法学体系,从而服务于数据在合规、合法前提下的跨境流动及其价值的实现。

未来,国际数据法领域内还有以下七个重点议题,值得读者予以关注和研究:

(1)数据主权的法律问题。数据主权是数字经济时代国家主权的新表现形式,主张并行使数据主权是实现后续管理目标的前提条件。未来的研究需要重点关注数据主权的国际共识、数据霸权、数据跨境流动等问题,并探讨如何在国际社会中推动数据主权的共识和实践。具体关注重点有:第一,数据主权的法律化表达。数据主权的法律化需要明确其定义和内涵,包括国家对数据的所有权、控制权、管辖权和使用权。未来的研究需要从法律角度探讨数据主权的具体内容和行使方式,确保数据主权的法律化表达能够适应数据的无形性、可分性和可移动性带来的挑战。第二,数据主权与国际共识。数据主权的国际共识尚未达成,不同国家和地区对数据主权持有不同的态度和立场。未来的研究需要推动国际社会在数据主权概念和范围上达成共识,促进国际规则的制定和实施。中国可以利用其数据体量优势,推动构建国际规则,发展壮大本国产业,加快完善数据主权相关法律法规,为维护国家数据主权和网络安全提供保障。第三,数据主权与长臂管辖。数据自由论强调数据可以排除主权干预地自由流动,而数据主权论则主张数据治理仍从属于传统主权。未来的研究需要探讨如何在尊重数据主权的基础上,实现数据的自由流动和合理利用,避免数据霸权和长臂管辖带来的负面影响。第四,有关数据主权的国际合作。国际合作是数据主权研究的重要方向之一。未来的研究需要关注国际社会在数据治理方面的合作机制,探讨如何通过国际条约或国际治理框架,推动数据跨境流动的国际协调机制。中国可以积极参与国际规则制定,化被动为主动,促进数据合理、合法、平等共享。

(2)数据跨境流动的法律规制。数据跨境流动是全球数字贸易的重要组成部分,涉及数据的自由流动和数据保护的平衡。未来的研究需要关注数据跨境流动的规制手段和规制程度,探讨如何在保障数据安全的同时促进数据的自由流动。例如,欧盟的《通用数据保护条例》(GDPR)和美国的《澄清境外数据合法使用法案》(CLOUD Act)都对跨境数据流动提出了严格的要求。具体而言,未来相关国际法的发展重点包括:第一,数据跨境流动的法律规制模式。全球主要形成了数据自由流动模式、数据权利保护模式、数据本地化保护模式三种数据跨境流动的治理模式。美国主张数据自由流动,而欧盟则强调数据权利保护,中国等发展中国家则倾向于数据本地化保护。未来的研究需要从多个国家的治理模式入手,为中国数据跨境流动治理提出有效的建议。第二,数据本地化与数据存储。许多国家通过数据本地化措施来加强对数据资源的管理和控制。例如,俄罗斯和澳大利亚通过对立法的动态调整来强化对数据的控制,要求数据存储在本国境内。未来的研究需要探讨数据本地化对数据跨境流动的影响及其法律规制。第三,技术发展与数据跨境流动治理。技术发展对数据主权的实现提出了新的挑战。大数据、云计算、人工智能等技术的发展使得数据的利用和管理更加复杂。未来的研究需要关注技术发展带来的数据安全风险,制定有效的技术防护措施。

(3)数据隐私保护的国际法问题。数据隐私保护是数据国际法治中的重要内容,尤其是在物联网时代,数据的收集和使用需要更加注重用户的隐私权。未来的研究需要探讨如何在数据利用和保护中平衡隐私权,制定有效的隐私保护政策和技术。

(4)数据产权的国际法律协调。数据产权问题是一个新兴的法律问题,涉及数据的权属、使用权和收益权。未来的研究需要从国际法角度探讨数据产权的界定、保护和交易,确保数据的合法利用和流通。当前,学界对此仍存在显著争议。学者对于数据产权问题可以划分为赞成派和反对派,赞成派认为应当创设新型数据财产权,以促进创新和数字经济发展。

(5)国际数据治理的法律合作。国际数据治理需要各国之间的合作和协调。未来的研究需要关注国际社会在数据治理方面的合作机制,探讨如何通过国际条约或国际治理框架,推动建立数据跨境流动的国际协调机制。例如,中国已具备相当丰硕的技术成果,理应主动、迅速地融入国际沟通中,以主动权赢得规则制定权。

(6)数据安全的国际法规制。随着大数据的深度应用,网络空间数据安全问题日益凸显。未来的研究需要关注数据安全治理,探讨如何通过国际立法与法律实施,在保障数据安全的同时促进数据的有效利用。例如,《数据安全法》和《个人信息保护法》的相继出台,使得数据安全治理成为未来数据治理领域持续关注的热点。

(7)国际法视域下的数据协同治理。数据治理应聚合多方主体力量协同进行,通过发挥各方优势、平衡各方利益,共同提高治理效率与质量。未来的国际数据法研究需要探讨多元主体协同、技术协同和平台协同的具体法律机制和实施路径。

综上可知,国际数据法是一个多维度、跨学科的研究领域。未来,仍有待进一步综合考虑法律、经济、技术等多个方面的因素,进行深度、细化的国际数据法研究,从而推动数据国际法治的理论和实践不断进步。

主要参考文献

[1] 武长海.国际数据法学[M].北京:法律出版社,2021.
[2] 张敏.数据法学[M].北京:中国政法大学出版社,2023.
[3] 武长海,等.数据法学前沿[M].北京:中国政法大学出版社,2024.
[4] 李爱君,王艺.数据出境法学原理与实务[M].北京:法律出版社,2023.
[5] 邹军.欧盟《通用数据保护条例》的个人数据跨境流动规制机制研究[J].新闻大学,2019(12):16-27,119.
[6] 范思博.数据跨境流动中的个人数据保护[J].电子知识产权,2020(6):85-97.
[7] 王佳宜,王子岩.个人数据跨境流动规则的欧美博弈及中国因应——基于双重外部性视角[J].电子政务,2022(1):99-111.
[8] 石静霞,张舵.跨境数据流动规制的国家安全问题[J].广西社会科学,2018(8):128-133.
[9] 孙方江.跨境数据流动:数字经济下的全球博弈与中国选择[J].西南金融,2021(1):3-13.
[10] 刘宏松,程海烨.跨境数据流动的全球治理——进展、趋势与中国路径[J].国际展望,2020(6):65-88,148-149.
[11] 时业伟.跨境数据流动中的国际贸易规则:规制、兼容与发展[J].比较法研究,2020(4):12.
[12] 眭占,刘敏.跨境数据贸易规制的国际规约与中国因应[J].图书与情报,2022(6):34-42.
[13] 黄琳琳.金融数据跨境流动的国际贸易法规制[J].上海对外经贸大学学报,2023(6):66-77.
[14] 郭德香,桑琦.数字贸易背景下国内与国际数据监管规则协调之困境[J].当代经济,2023(1):30-37.
[15] WANG J Y. The Best Data Plan Is to Have a Game Plan: Obstacles and Solutions to Reaching International Data Privacy Agreements[J]. Michigan Technology Law Review, 2022, 28(2): 385-420.
[16] BERNIER A, MOLNÁR-GÁBOR F, KNOPPERS B M. The international data governance landscape[J]. Journal of Law and the Biosciences, 2022, 9(1): lsac005.
[17] MITCHELL A D, GYANCHANDANI V. Convergence & Divergence in Digital Trade Regulation: A Comparative Analysis of CP-TPP, RCEP, and EJSI[J]. SCJ Int'l L. & Bus., 2022, 19: 98.
[18] ZECH H. Besitz an Daten? [M]//PERTOT (Hrsg.). Rechte an Daten. Tübingen: Mohr Siebeck, 2020: 92.
[19] 吴桂德.商业数据作为知识产权客体的考察与保护[J].知识产权,2022(7):91-109.
[20] 北京互联网法院课题组.数据权益知识产权司法保护的体系协调与规则创新[J].法律适用,2024(4):102-119.
[21] 杜栋.信息管理学教程[M].5版.北京:清华大学出版社,2019:4-10.
[22] 梅夏英.信息和数据概念区分的法律意义[J].比较法研究,2020(6):151-162.
[23] 张敏,杨红霞,郭思辰.论数据法的调整对象和基本原则[J].西北工业大学学报(社会科学版),2022,42(3):99-107.
[24] 张茉楠.数字主权背景下的全球跨境数据流动动向与对策[J].中国经贸导刊,2020(18):49-52.
[25] 相丽玲,张佳彧.中外跨境数据流动的法律监管制度研究[J].情报理论与实践,2021,44(4):74-78,49.
[26] 冉从敬,郭潇凡,何梦婷.国际跨境数据流动治理合作:机理、困境与变革[J].图书馆论坛,2023,43(1):1-9.
[27] 田旭.自贸区内数据跨境传输机制构建刍议[J].上海法学研究,2021,13:142-149.
[28] 刘金河,崔保国.数据本地化和数据防御主义的合理性与趋势[J].国际展望,2020(6):89-107,149-150.
[29] 刘博雅,兰迪.人类命运共同体视阈下的网络反恐法制论[J].云南警官学院学报,2021(3):64-70.

[30] 方滨兴.论网络空间主权[M].北京:科学出版社,2017:82.
[31] [美]希瑟·M.罗夫.网络和平——从积极和平的视角看网络安全[J].信息安全与通信保密,2016(12):30-40.
[32] SCHMITT M N. Tallinn manual 2.0 on the international law applicable to cyber operations [M]. Cambridge: Cambridge University Press, 2017.
[33] 许开轶,俞润泽.基于多重场域原理的网络空间主权生成逻辑[J].社会科学研究,2020(2):49-56.
[34] 刘晗,叶开儒.网络主权的分层法律形态[J].华东政法大学学报,2020,23(4):67-82.
[35] KRASNER S D. Sovereignty: organized hypocrisy[M]. Princeton: Princeton University Press, 1999.
[36] 张晓君.数据主权规则建设的模式与借鉴——兼论中国数据主权的规则构建[J].现代法学,2020,42(6):136-149.
[37] 杨永红.美国域外数据管辖权研究[J].法商研究,2022,39(2):146-157.
[38] 王玫黎,陈雨.中国数据主权的法律意涵与体系构建[J].情报杂志,2022,41(6):92-98.
[39] 冉从敬,刘妍.数据主权主体论[J].武汉大学学报(哲学社会科学版),2024,77(2):41-50.
[40] 卜学民.论数据本地化模式的反思与制度构建[J].情报理论与实践,2021,44(12):80-87,79.
[41] 文铭,李星熠."自由-规制"框架下跨境数据流动治理及中国方案[J].中国科技论坛,2024(4):106-116.
[42] 邵怿.跨境数据流动规制的自由化与本地化之辩[J].政法论丛,2023(5):139-148.
[43] 张光,宋歌.数字经济下的全球规则博弈与中国路径选择——基于跨境数据流动规制视角[J].学术交流,2022(1):96-113,192.
[44] 韩关锋.从分歧到共识:欧美数据跨境流动合作的逻辑[J].国际关系研究,2024(3):135-154,159.
[45] 商建刚.从保护到流通:我国数据治理范式反思[J].苏州大学学报(哲学社会科学版),2024,45(1):100-110.
[46] 管荣齐.论数据保护的法律边界[J].知识产权,2023(11):23-41.
[47] 余筱兰.个人数据处理中权益的冲突与和解[J].西南民族大学学报(人文社会科学版),2022,43(9):72-81.
[48] 贡静慧.我国海事主管机关适用国际海事公约问题研究[D].大连:大连海事大学,2011.
[49] 毛俊响,杨逢柱.制定及实施国家人权行动计划的国际法依据[J].广州大学学报(社会科学版),2012,11(1):22-27.
[50] 金晶.欧盟的规则,全球的标准?数据跨境流动监管的"逐顶竞争"[J].中外法学,2023,35(1):46-65.
[51] 金晶.个人数据跨境传输的欧盟标准——规则建构、司法推动与范式扩张[J].欧洲研究,2021,39(4):7,89-109.
[52] 单文华,邓娜.欧美跨境数据流动规制:冲突、协调与借鉴——基于欧盟法院"隐私盾"无效案的考察[J].西安交通大学学报(社会科学版),2021,41(5):94-103.
[53] 张晏.网络安全等级保护下数据安全治理措施[J].通讯世界,2023,30(6):58-60.
[54] 李冰峰.金融科技对商业银行流动性影响的实证研究[D].成都:成都理工大学,2021.
[55] 熊光清.推动跨境数据流动国际合作治理[J].前线,2023(10):36-39.
[56] 谷月.基于算法的消费者价格歧视的反垄断规制探究[D].北京:中国社会科学院研究生院,2021.
[57] 徐怡雯,韩璐.跨境数据流动治理困境与中国—东盟数字经济合作策略优化[J].东南亚纵横,2022(6):90-100.
[58] 罗早西.人工智能如何影响跨境数据流动规则[J].中国外资,2023(10):44-47.
[59] 李春桥.数据可携权研究[D].武汉:华中师范大学,2020.
[60] 高富平.个人数据保护和利用国际规则:源流与趋势[M].北京:法律出版社,2016.
[61] FISHMAN W L. Introduction to transborder data flows[J]. Stanford Journal of International Law, 1980, 16(2): 1-26.
[62] ROBINSON P. Legal issues raised by transborder data flow[J]. Canada-United States Law Journal, 1986, 11: 295.
[63] 田旭.欧盟个人数据保护法的全球影响成因与启示[J].江西财经大学学报,2020(4):135-147.
[64] 程文婷.试验数据知识产权保护的国际规则演进[J].知识产权,2018(8):82-96.
[65] 马忠法,胡玲.论数据使用保护的国际知识产权制度[J].电子知识产权,2021(1):14-26.
[66] REICHMAN J H, SAMUELSON P. Intellectual property rights in data[J]. Vanderbilt Law Review, 1997, 50: 49-166.
[67] DAVISON M. Database protection: lessons from Europe, Congress, and WIPO[J]. Case Western Reserve Law Review, 2007, 57(3): 829-852.

[68] TOY A. Generating standards for privacy audits: theoretical bases from two disciplines[J]. Journal of Law, Information and Science, 2017, 25: 26-50.
[69] LACHAUD E. ISO/IEC 27701 standard: threats and opportunities for GDPR certification[J]. European Data Protection Law Review, 2020, 6(2): 194-210.
[70] CORDERO J A V. The use of certification mechanisms as an efficient guarantee of personal data protection[J]. Catalana Journal of Public, 2021, 62: 160-180.
[71] 陈舒,何延哲.从国际标准ISO/IEC27701视角评析2020版《个人信息安全规范》[J].保密科学技术,2020(4): 15-18.
[72] THORPE C. Metadata: the dangers of metadata compel issuing ethical duties to scrub and prohibit the mining of metadata[J]. Notre Dame Law Review, 2008, 84: 257-288.
[73] 李想.数据库的知识产权保护范式研究[J].政法学刊,2020,37(4): 51-58.
[74] 陈国军.论大数据时代个人信息的私法保护与共享[J].河南师范大学学报(哲学社会科学版),2022,49(1): 66-73.
[75] 涂萌.欧盟《数据保护指令》与《通用数据保护条例》对比研究以及我国立法启示[J].中国法研究,2017,30: 27-71.
[76] GLON C. Data protection in the European Union: a closer look at the current patchwork of data protection laws and the proposed reform that could replace them all[J]. International Journal of Legal Information, 2014, 42(3): 471-492.
[77] 何润韬.欧盟精细化数据立法下的数据保护与流通[J].网络安全与数据治理,2024,43(4): 61-66.
[78] 赵景欣,岳星辉,冯崇朋,等.基于通用数据保护条例的数据隐私安全综述[J].计算机研究与发展,2022,59(10): 2130-2163.
[79] 马斌.B2B场景下非个人数据共享——以事前监管措施与事后竞争规则为视角[J].科技与法律(中英文),2021(6): 29-39.
[80] 肖红军,张丽丽,阳镇.欧盟数字科技伦理监管:进展及启示[J].改革,2023(7): 73-89.
[81] 吴沈括,柯晓薇.欧盟《数据法案》的规范要旨与制度启示:以个人信息保护为视角[J].信息通信技术与政策,2024,50(1): 2-6.
[82] 陈珍妮.欧盟《数字服务法案》探析及对我国的启示[J].知识产权,2022(6): 110-126.
[83] 吴沈括,胡然.平台治理的欧洲路径:欧盟《数字服务法案》《数字市场法案》两项提案分析[J].中国信息安全,2021(1): 71-74.
[84] 曹博.浅析欧盟《数字市场法》——兼评我国立法借鉴[J].网络安全技术与应用,2021(8): 142-144.
[85] WÖRSDÖRFER M. The Digital Markets Act and EU competition policy: a critical ordoliberal evaluation[J]. Philosophy of Management, 2023, 22(1): 149-171.
[86] 吴佩乘.数字平台反垄断的范式反思和规则调适——以欧盟《数字市场法》秩序自由主义面向为镜鉴[J].苏州大学学报(哲学社会科学版),2024,45(2): 85-97.
[87] 徐德顺,张宇嫣.欧盟"数字双法"对数字经济的影响研究[J].国际贸易,2024(1): 29-39.
[88] 潘多,王明进.《贸易与合作协定》与英欧未来关系[J].国际论坛,2022,24(6): 25-45,156-157.
[89] 刘洪愧,林宇锋.数字贸易国际规则的主要"模板"、融合前景与中国应对[J].全球化,2023(4): 90-99,136.
[90] 周杰,张嘉欣.《欧盟-越南自贸协定》简析及对中国的启示[J].河北企业,2021(1): 33-34.
[91] 吴泽林.欧盟与越南签署自贸协定及其影响[J].和平与发展,2020(5): 104-118,135-136.
[92] 宋锡祥,孙琪琦.《欧盟-越南自由贸易协定》透视及其对中国的启示[J].欧洲法律评论,2020,5: 113-148.
[93] 金丹.《越南与欧盟自由贸易协定》签署及对越南经济发展影响[J].亚太经济,2020(4): 80-88,150.
[94] 纪琳琳.欧盟数据流动范式的扩张以及中国的思考[C]//上海对外经贸大学法学院.上海法学研究(2023年第3卷)——上海对外经贸大学"国际法学"学术论坛文集.上海:上海人民出版社,2023: 159-166.
[95] YU W, LEE H S. Trade strategy of European Union and the impact of EU-South Korea FTA[J]. RUDN Journal of Economics, 2022, 30(1): 70-78.
[96] 沈思言.网络强国战略下数据资源的国际法规制[J].国际商务(对外经济贸易大学学报),2019(3): 112-123.
[97] 陈寰琦,周念利.从USMCA看美国数字贸易规则核心诉求及与中国的分歧[J].国际经贸探索,2019,35(6): 104-114.
[98] 白洁,苏庆义.《美墨加协定》:特征、影响及中国应对[J].国际经济评论,2020(6): 7,123-138.
[99] 林杨荟晨,孙晓辉.《欧美数据隐私框架》机制分析[J].信息技术与标准化,2024(4): 53-56.

[100] 李墨丝,应玲蓉,徐美娜.DEPA 模式数字经济新议题及启示[J].国际经济合作,2023(1):27-36,93.
[101] 赵旸顗,彭德雷.全球数字经贸规则的最新发展与比较——基于对《数字经济伙伴关系协定》的考察[J].亚太经济,2020(4):58-69,149.
[102] 陈静,黄传峰.CPTPP 数字贸易规则及中国应对之策[J].南京工程学院学报(社会科学版),2022,22(1):72-77.
[103] 白洁,张达,王悦.数字贸易规则的演进与中国应对[J].亚太经济,2021(5):53-61.
[104] 赵若锦,李俊,张威.新加坡数字经贸规则体系构建及对我国的启示[J].国际贸易,2023(12):40-49.
[105] 周念利,廖宁,黄宁."贸易面向型"数字技术规则的发展演进研究——基于"美式模板"及"新式模板"对比的视角[J].亚太经济,2024(2):28-39.
[106] 张爱宁.国际人权法专论[M].北京:法律出版社,2006.
[107] 曹建明,周洪钧,王虎华.国际公法学[M].北京:法律出版社,1998.
[108] 周忠海,谢海霞.论国际法上的人权保护[J].中国法学,2001(1):165-169.
[109] 周鲠生.国际法[M].北京:商务印书馆,1976.
[110] [美] 路易斯·亨金.权利的时代[M].信春鹰,等,译.北京:知识出版社,1997.
[111] [日] 大沼保昭.人权、国家与文明[M].王志安,译.2 版.北京:生活·读书·新知三联书店,2014.
[112] 黄志雄,韦欣妤.美欧跨境数据流动规则博弈及中国因应——以《隐私盾协议》无效判决为视角[J].同济大学学报(社会科学版),2021,32(2):31-43.
[113] 李墨丝.欧美日跨境数据流动规则的博弈与合作[J].国际贸易,2021(2):82-88.
[114] 田晓萍.贸易壁垒视角下的欧盟《一般数据保护条例》[J].政法论丛,2019(4):123-135.
[115] 谢卓君,杨署东.全球治理中的跨境数据流动规制与中国参与——基于 WTO、CPTPP 和 RCEP 的比较分析[J].国际观察,2021(5):98-126.
[116] 时业伟.跨境数据流动中的国际贸易规则:规制、兼容与发展[J].比较法研究,2020(4):173-184.
[117] 谭观福.数字贸易规制的免责例外[J].河北法学,2021(6):102-120.
[118] 黄宁,李杨."三难选择"下跨境数据流动规制的演进与成因[J].清华大学学报(哲学社会科学版),2017(5):172-182,199.
[119] 孔庆江.国家经济安全与 WTO 例外规则的应用[J].社会科学辑刊,2018(5):134-138.
[120] 李墨丝.WTO 电子商务规则谈判:进展、分歧与进路[J].武大国际法评论,2020(4):55-77.
[121] 石静霞.世界贸易组织谈判功能重振中"联合声明倡议"开放式新诸边模式[J].武大国际法评论,2022(5):3-17.
[122] 石静霞.数字经济背景下的 WTO 电子商务诸边谈判:最新发展及焦点问题[J].东方法学,2020(2):170-184.
[123] 戴龙.论数字贸易背景下的个人隐私权保护[J].当代法学,2020(1):148-160.
[124] REIDENBERG J R. Resolving conflicting international data privacy rules in cyberspace[J]. Stanford Law Review, 2000, 52: 1315-1366.
[125] 彭岳.数字贸易治理及其规制路径[J].比较法研究,2021(4):158-173.
[126] MITCHELL A D, MISHRA N. Regulating cross-border data flows in a data-driven world: how WTO law can contribute[J]. Journal of International Economic Law, 2019, 22: 389-409.
[127] 韩关锋.从分歧到共识:欧美数据跨境流动合作的逻辑[J].国际关系研究,2024(3):135-154,159.
[128] 赵海乐.数字贸易谈判背景下的个人信息保护行业自律规范构建研究[J].国际经贸探索,2021,37(12):101-112.
[129] MITCHELL A D, MISHRA N. Regulating cross-border data flows in a data-driven world: how WTO law can contribute[J]. Journal of International Economic Law, 2019, 22: 389-412.
[130] 邢会强.大数据时代个人金融信息的保护与利用[J].东方法学,2021(1):47-60.
[131] 蔺捷,田晨.个人金融数据跨境流动规制研究[J].上海大学学报(社会科学版),2021,38(6):95-107.
[132] 钟红,杨欣雨.金融数据跨境流动安全与监管研究[J].新金融,2022(9):38-44.
[133] 郭德香,李晓豫.我国个人金融数据跨境流动的法治保障[J].河南财经政法大学学报,2022,37(6):80-88.
[134] 许多奇,董家杰.我国跨境数据流动中的金融企业合规治理[J].吉林大学社会科学学报,2024,64(3):41-60,235.

[135] 许多奇.金融科技的"破坏性创新"本质与监管科技新思路[J].东方法学,2018(2):4-13.
[136] 商建刚,马忠法.数据权益的实现:从保护到运用[J].社会科学辑刊,2023(3):46-57.
[137] WARREN S, BRANDEIS L. The right to privacy[J]. Harvard Law Review, 1890, 4: 193-220.
[138] REYNOLDS O M. Review of Privacy and Freedom by A. F. Westin[J]. Administrative Law Review, 1969, 22(1): 101-106.
[139] LAUDON K C. Markets and privacy[J]. Communications of the ACM, 1996, 39(9): 92-104.
[140] LESSIG L. Privacy as property[J]. Social Research, 2002, 69(1): 247-269.
[141] LUND J. Property rights to information[J]. Northwestern Journal of Technology and Intellectual Property, 2011, 10(1): 1-18.
[142] 吴桂德.商业数据作为知识产权客体的考察与保护[J].知识产权,2022,32(7):91-109.
[143] 高富平.数据知识产权保护论纲[J].数字法治,2024(2):1-17.
[144] 冯晓青.知识产权法利益平衡理论[M].北京:中国政法大学出版社,2006.
[145] 靳思远.全球数据治理的DEPA路径和中国的选择[J].财经法学,2022(6):96-110.
[146] 陈喆.DEPA数据开放共享规则:中国立场与规则对接[J].学术论坛,2023,45(6):33-46.
[147] 李艳.大数据的知识产权保护与共享:冲突与解决[J].科技与法律(中英文),2023,13(3):124-136.
[148] 蔡从燕.气候变化推动国际法演进[N].中国社会科学报,2023-10-17(A05).
[149] 马忠法,赵建福.论《巴黎协定》技术转让规定的实施[J].复旦国际关系评论,2021(2):62-87.
[150] PENG S Y, et al. Artificial intelligence and international economic law: a research and policy agenda[M]//PENG S Y, et al., eds. Artificial intelligence and international economic law: disruption, regulation, and reconfiguration. Cambridge: Cambridge University Press, 2021.
[151] 高泽晋.潘多拉的魔盒:人工智能训练数据的来源、使用与治理——面向100位AI开发者的扎根研究[J].新闻记者,2022(1):86-96.
[152] 刘艳红.生成式人工智能的三大安全风险及法律规制——以ChatGPT为例[J].东方法学,2023(4):29-43.
[153] 陈昌凤,张梦.由数据决定?AIGC的价值观和伦理问题[J].新闻与写作,2023(4):15-23.
[154] 董新义,梅贻哲.生成式人工智能之规制框架——基于技术风险与专项治理的视角[J].东方论坛(青岛大学学报社会科学版),2024(3):107-120.
[155] 曹建峰.迈向可信AI:ChatGPT类生成式人工智能的治理挑战及应对[J].上海政法学院学报(法治论丛),2023,38(4):28-42.
[156] 王禄生.论"深度伪造"智能技术的一体化规制[J].东方法学,2019(6):58-68.
[157] 斜晓东.论生成式人工智能的数据安全风险及回应型治理[J].东方法学,2023(5):106-116.
[158] 邵奇峰,金澈清,等.区块链技术:架构及进展[J].计算机学报,2018,41(5):969-988.
[159] 夏昌琳,宋玉蓉,等.一种优化的权益证明共识策略[J].计算机工程,2019,45(5):25-28,34.
[160] 郭少飞.区块链智能合约的合同法分析[J].东方法学,2019(3):4-17.
[161] 朱悦.技术与市场之间——试论个人信息最小化原则的理解和适用[J].经贸法律评论,2021(6):16-37.
[162] VOIGT P, VON DEM BUSSCHE A. The EU General Data Protection Regulation (GDPR): a practical guide[M]. Cham: Springer, 2017.
[163] 韩旭至.司法区块链的价值目标及其实现路径[J].上海大学学报(社会科学版),2022,39(2):29-44.
[164] 李俊.全球服务贸易发展指数报告(2018)——数字贸易兴起的机遇与挑战[M].北京:社会科学文献出版社,2018.
[165] 屠新泉,朱林竹.WTO为网络赌博撑腰?——安提瓜和巴布达诉美国影响跨境赌博服务的措施案评析[J].世界贸易组织动态与研究,2007(4):21-26.
[166] 陈寰琦.从"例外"和"负面清单"看美国跨境数据自由流动限制性措施[J].国际经贸探索,2023,39(9):99-116.
[167] 邵军,杨丹辉.全球数字服务税的演进动态与中国的应对策略[J].国际经济评论,2021(3):7,121-136.
[168] RABINOVICH-EINY O, KATSH E. Digital justice: reshaping boundaries in an online dispute resolution environment[J]. International Journal of Online Dispute Resolution, 2014, 1: 30-31.
[169] ELLICKSON R. Order without law[M]. Cambridge: Harvard University Press, 1991.
[170] United States International Trade Commission. Digital trade in the U.S. and global economies, part 2[R]. Washington: USITC, 2014: 29-31.
[171] GAO H. Regulation of digital trade in US free trade agreements: from trade regulation to digital regulation

[J]. Legal Issues of Economic Integration,2018,45:47.
[172] 陈卫国.世界贸易组织的逻辑[M].北京:对外经济贸易大学出版社,2013.
[173] 李墨丝.超大型自由贸易协定中数字贸易规则及谈判的新趋势[J].上海师范大学学报(哲学社会科学版),2017,46(1):100-107.
[174] 武雅斌,王勇.树立合作式国际贸易摩擦解决机制的中国理念[J].社会科学文摘,2018(4):8-10.
[175] 何志鹏.国家利益维护:国际法的力量[M].北京:法律出版社,2018.
[176] 黄洁.个人数据保护对投资仲裁的挑战[J].上海法学研究,2022,7(2):30-47.
[177] 王梦颖.国际投资仲裁中数据保护法适用问题研究[J].商事仲裁与调解,2024(1):88-104.
[178] 黄世席.欧盟投资协定中的投资者国家争端解决机制——兼论中欧双边投资协定中的相关问题[J].环球法律评论,2015,37(4):149-160.
[179] 王艺,王以玮.涉数据相关纠纷争议解决机制的探讨——以仲裁作为解决机制为视角[J].武汉社会科学,2023(4):109-116.
[180] 杨成铭.人权保护区域化的尝试:欧洲人权机构的视角[M].北京:中国法制出版社,2000.
[181] 贺鉴.论欧洲区域性国际人权保护制度[J].贵州师范大学学报(社会科学版),2005(2):13-17.
[182] 赵海峰,窦玉前.美洲人权法院——在困难中前进的区域人权保护司法机构[J].人民司法,2005(12):95-98.
[183] 刘玉民,于海侠.构建人权与民族权的区域性司法保护机制——以非洲人权与民族权法院为例[J].世界民族,2008(1):9-17.
[184] 金晶.欧盟《一般数据保护条例》:演进、要点与疑义[J].欧洲研究,2018,36(4):1-26.
[185] 程莹.元规制模式下的数据保护与算法规制——以欧盟《通用数据保护条例》为研究样本[J].法律科学(西北政法大学学报),2019,37(4):48-55.
[186] 漆彤,施小燕.大数据时代的个人信息"被遗忘权"——评冈萨雷斯诉谷歌案[J].财经法学,2015(3):104-114.
[187] 邹青松.内部管理型规制:数字经济风险的欧盟法回应[J].南京大学学报(哲学·人文科学·社会科学),2023,60(1):105-115.
[188] [美] 路易斯·亨金.国际法:政治与价值[M].张乃根,等,译.长春:东北师范大学出版社,2005.
[189] 蔡拓.全球治理的中国视角与实践[J].中国社会科学,2004(1):94-106.
[190] 薛澜,关婷.多元国家治理模式下的全球治理——理想与现实[J].政治学研究,2021(3):67-78,158.
[191] 岳云嵩,霍鹏.WTO 电子商务谈判与数字贸易规则博弈[J].国际商务研究,2021,42(1):73-85.
[192] 王新奎.数字经济全球化与 WTO 电子商务谈判[J].对外经贸实务,2020(7):8-10.
[193] 柯静.WTO 电子商务谈判与全球数字贸易规则走向[J].国际展望,2020,12(6):43-62.
[194] 刘金瑞.迈向数据跨境流动的全球规制:基本关切与中国方案[J].行政法学研究,2022(4):73-88.
[195] 张晓君,屈晓濛.RCEP 数据跨境流动例外条款与中国因应[J].政法论丛,2022(3):112-113.
[196] 张晓君,刘泽扬.RCEP 数据跨境流动基本安全例外条款与中国方案[J].郑州大学学报(哲学社会科学版),2023,56(4):36-42,127.
[197] 何志鹏.涉外法治的国家范式与全球范式[J].法商研究,2024,41(2):23-42.
[198] 邵怿.网络数据长臂管辖权——从"最低限度联系"标准到"全球共管"模式[J].法商研究,2021,38(6):73-87.
[199] 唐小然,吴玄.个人信息保护法的域外适用研究[J].青海社会科学,2022(4):156-163.
[200] 王燕.数据法域外适用及其冲突与应对——以欧盟《通用数据保护条例》与美国《澄清域外合法使用数据法》为例[J].比较法研究,2023(1):187-200.
[201] 霍政欣.域外管辖、"长臂管辖"与我国法域外适用:概念厘定与体系构建[J].新疆师范大学学报(哲学社会科学版),2023,44(2):72-83.
[202] 张新民,张稷锋.网络法域外适用的法理阐释:概念、逻辑与原则[J].太平洋学报,2022,30(12):26-38.
[203] 俞胜杰.《通用数据保护条例》中的域外管辖问题研究[D].上海:华东政法大学,2020.
[204] RYNGAERT C. Jurisdiction in international law[M]. 2nd ed. Oxford: Oxford University Press, 2015.
[205] 杜涛.国际私法原理[M].上海:复旦大学出版社,2019.
[206] 宋云博.DEPA 个人信息跨境流动的规则检视与中国法调适[J].法律科学(西北政法大学学报),2024,42(1):1-10.